OFFERT
CE GUIDE
au format numérique

Retrouvez cette offre en page 67

VOTRE GUIDE DE VOYAGE DEVIENT **INTERACTIF**

TAPEZ **PETITFUTE.APP** DANS LE NAVIGATEUR DE VOTRE SMARTPHONE.

PRENEZ UNE PHOTO DE LA PAGE DÈS QU'ELLE A CE PICTO !

VOUS TÉLÉCHARGEREZ LE FICHIER GPX DE VOTRE BALADE

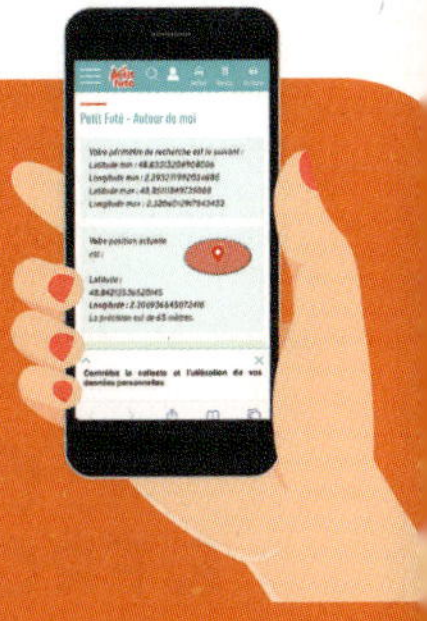

PENDANT VOTRE VOYAGE, PRENEZ EN PHOTO CETTE PAGE ET VOUS AUREZ LES BONNES ADRESSES AUTOUR DE VOUS !

CEUX QUI AIMENT BIEN LES QR CODE PEUVENT SCANNER CELUI-CI SANS PASSER PAR PETITFUTE.APP

BON À SAVOIR

« Vélo & Fromages », c'est l'histoire d'une union entre deux emblèmes de l'art de vivre à la française : la bicyclette, évocatrice de liberté et le fromage, mets d'excellence du patrimoine culinaire français. Chaque été, le Tour de France marque la saison estivale et enchante les amateurs de cyclisme sur le bord des routes départementales. Des routes et des chemins qui ravissent aussi bien les professionnels de la petite reine que les cyclotouristes. Plus de 21 millions de Français font du vélo pendant leurs vacances et la France séduit de plus en plus le marché européen du tourisme à vélo. Allié au fromage, la star de nos assiettes et ses quelques 1 200 variétés, il y en a pour tous les goûts : vache, chèvre, brebis. « Vélo & Fromages » ne manque pas d'atouts pour vous séduire lors de vos escapades en famille, montée de cols, chemins de halage ou encore circuits VTT !

DÉPARTEMENTS, VÉLO ET FROMAGES : UN TRIO GOURMAND

› Des itinéraires affinés par les Départements

À travers « Vélo & Fromages », l'Assemblée des Départements de France et ses partenaires placent l'attractivité des territoires au cœur de l'action. Garants de l'aménagement et de l'entretien des routes, et par là-même des itinéraires cyclables, les Départements assurent également des missions de proximité aussi variées que la promotion touristique, le développement des mobilités douces, l'éducation et le sport, le numérique, le développement des circuits-courts, etc. Autant de compétences exercées au quotidien, respectueuses des valeurs et des identités de chaque territoire, réunies à travers ce nouveau concept d'échappées belles et savoureuses !

Ainsi, grâce à l'imagination, la créativité et l'implication des Départements, les 123 itinéraires déjà labellisés mettent en valeur une grande diversité : richesse gastronomique, sportivité des parcours, attractivité touristique, etc. Les Départements sont le meilleur échelon pour valoriser et faire rayonner les territoires et leurs produits tel que le fromage, symbole français par excellence.

Vélo
& FROMAGES
LA FRANCE
SUR UN PLATEAU

› La France terre de lait : du goût, du caractère, de la diversité !

Une géographie riche de différents terroirs, un climat tempéré propice aux pâturages et aux cultures de fourrages, des réserves d'eau : la France est par nature une terre de lait. Camembert, Munster, Roquefort, Ossau-Iraty, etc., chaque fromage révèle un terroir et un savoir-faire local inégalé. Plus de 75 000 producteurs de lait (vaches, chèvres, brebis) œuvrent au quotidien, au cœur des Départements, pour offrir des produits laitiers bons et accessibles.

› Vélo & Fromages, une association qui roule

Des 8 km de « La balade Brigasque » dans les Alpes-Maritimes aux 380 km du Tour de la Creuse, des parcours les plus physiques tels que « La Boucle Sportive en Bigorre » dans les Hautes-Pyrénées (réel défi montagnard pour cyclistes valeureux) à la balade familiale « Plaine du Comtat Arbre et Patrimoine » dans les Hautes-Alpes, en passant par « Le circuit des Châteaux » dans la Drôme qui propose un itinéraire 100% Bio, les cyclotouristes amateurs de bons produits seront comblés.

› Une marque pour se régaler en toute sécurité

Les itinéraires retenus ont fait l'objet d'une analyse par un jury d'experts, sur la base de conditions à respecter. Pour être éligible, un parcours devait nécessairement s'appuyer sur un itinéraire existant sécurisé et balisé (schéma cyclable départemental, véloroutes & voies vertes, EuroVelo…) et respecter un ratio équilibré de sites fromagers. Ces derniers (produc-

PÉDALER, DÉCOUVRIR, SE RÉGALER AVEC les Départements de France

Quoi de mieux que le vélo et le fromage pour représenter toute la diversité de la France des Départements ? C'est autour de ces deux tendances positives et fédératrices que l'Assemblée des Départements de France (ADF), le Centre National Interprofessionnel de l'Economie Laitière (Cniel), ADN Tourisme et Vélo & Territoires ont lancé en avril 2019 le projet « Vélo & Fromages, la France sur un plateau ». Derrière ce concept se cachent des parcours thématiques à vélo à la découverte des spécialités fromagères des Départements.

Le vélo garantit un rythme idéal pour prendre le temps de découvrir, rencontrer et partager. À travers un réseau structuré de plus de 17 500 kilomètres de véloroutes et voies vertes, aménagées en partie par les Départements, précurseurs dans le domaine, la France à vélo fait office de référence. À destination d'un public novice ou chevronné, ces itinéraires sont d'autant plus accessibles depuis l'essor du vélo à assistance électrique. Héritage de la tradition et du savoir-faire local, le fromage est un symbole du patrimoine français et de nos Départements. Souvent associé à un moment de convivialité et de plaisir, il n'en fallait pas moins pour le marier à la bicyclette : rien de tel qu'une découverte des saveurs fromagères des Départements pour ponctuer une balade à vélo, après l'effort le réconfort !

À travers « Vélo & Fromages », des visites de fermes, de caves d'affinage, des musées, des rencontres avec des producteurs passionnés, des transformateurs, des crémiers-fromagers, des pauses dans les marchés, etc. sont proposées tout au long des parcours, une véritable route des fromages à vélo à l'échelle de 51 Départements labellisés ! Des balades les plus sportives aux plus familiales, ces 123 itinéraires « Vélo & Fromages » font la promesse de près de 8 830 kilomètres de routes à sillonner à bicyclette, avec plus de 1 400 sites fromagers à découvrir. Des idées d'escapades roulantes et gourmandes... sur un plateau.

Partagez vos expériences, vos découvertes & vos coups de coeur #veloetfromages
Suivez-nous sur Facebook et Instagram

SOMMAIRE

LÉGENDES PICTOS

- Éleveur/Ferme
- Atelier de transformation
- Cave d'affinage
- Crémier-fromager
- Musée/Événement fromager
- Marché & Espace de vente
- Restaurateur
- Hébergement
- Hôtel/Restaurant

teur, affineur, crémier-fromager, restaurateur, marché, etc.) devaient quant à eux être situés à moins de 6 km d'un itinéraire cyclable (sauf site remarquable) et ouverts à la visite et/ou à la vente au public au moins un jour par semaine ou sur rendez-vous.

Cette deuxième édition du guide vous amène à la rencontre de plus de 1 400 sites fromagers à travers 51 Départements. Entremêlant la route et le fromage, le vélo et le terroir, le logo « Vélo & Fromages » permet de vous repérer sur les itinéraires et d'identifier les sites fromagers susceptibles de vous accueillir. La garantie d'une sortie vélo récréative et alléchante à partager sur les réseaux sociaux avec le hashtag #VeloetFromages !

LES PARTENAIRES DU PROJET

Initié par l'Assemblée des Départements de France, avec la complicité du Cniel, d'ADN Tourisme et de Vélo & Territoires, le projet n'aurait pu se développer et prendre une telle ampleur sans l'engouement et l'investissement des Départements et de leurs agences touristiques que nous remercions !

› L'Assemblée des Départements de France (ADF)

Créée en 1946, l'ADF est une association pluraliste qui réunit les Présidents des 102 collectivités adhérentes, dont 95 Départements et 7 collectivités territoriales à compétences départementales. Elle remplit une triple mission : représenter les Départements auprès des pouvoirs publics, constituer un centre de ressources permanent pour les Conseils départementaux et offrir aux élus départementaux et à leurs collaborateurs les moyens de confronter leurs idées, d'échanger leurs expériences et d'arrêter des positions communes sur les grands sujets nationaux.

› Le Centre National Interprofessionnel de l'Economie laitière (Cniel)

Le Centre National Interprofessionnel de l'Économie laitière (Cniel) est l'interprofession qui réunit l'ensemble des acteurs de la filière laitière : les éleveurs laitiers, les coopératives et industriels laitiers, ainsi que les acteurs de la grande distribution, du commerce et de la restauration. Association loi 1901 reconnue par les pouvoirs publics français et européens, le Cniel est un lieu d'échange entre les acteurs de la filière, de concertation et de débat intégrant les réalités du monde professionnel et les attentes et préférences des consommateurs-citoyens et de la société civile.

Coopérative fromagère de Bouverans dans le Doubs.

› ADN Tourisme

ADN Tourisme née le 11 mars 2020 réunit les organismes institutionnels du tourisme : Comités Régionaux du Tourisme, Agences de développement et/ou réservation touristiques, et Comités départementaux de tourisme ainsi que les Offices de Tourisme. Elle représente au niveau national les forces conjuguées de près de 1 300 structures représentant 12 000 salariés. Elle accompagne ses adhérents dans le développement et l'évolution de leurs activités (promotion, observation, ingénierie…), ainsi que dans leurs démarches de qualification des services. Engagée pour un tourisme responsable et de qualité, elle participe activement, au niveau national, au déploiement de filières et des marques et labels tels que Accueil Vélo, Tourisme & Handicap, Vignobles & Découvertes ou Qualité Tourisme.

› Vélo & Territoires

Vélo & Territoires mobilise 11 Régions, 66 Départements, 50 intercommunalités et un partenaire Voies Navigables de France dans une dynamique collégiale pour construire la France à vélo en 2030. Au cœur de ce cap stratégique : achever les schémas vélo au profit de l'équilibre des territoires ; faire du vélo un outil de mobilité à part entière ; porter la France au premier rang des destinations mondiales du tourisme à vélo ; faire de la France une grande nation cyclable.

CITÉ MÉDIÉVALE EN BOCAGE

Un itinéraire affiné dans l'Allier

Terre de bocage, de pâturage et d'élevage, la partie nord/nord-ouest du Département concentre un nombre important de sites fromagers, de fermes et de crémiers. C'est autour de la boucle cyclotouristique n°2 « Cité médiévale en bocage », située autour de Souvigny et Bourbon-l'Archambault, que l'on retrouve un des plus emblématiques parcours du Département en terme de patrimoine et de paysage. À découvrir sans tarder !

DISTANCE *68 km*
DURÉE ESTIMÉE *4h30*
DÉNIVELÉ POSITIF *564 m*
NIVEAU ▲▲△△△

FROMAGERIE DÉRET ET FILS

Route de Saint-Pardoux
03350 THENEUILLE
✆ 04 70 67 57 58
Horaires d'ouverture : Tous les mercredis et vendredis de 14h à 17h et de 9h à 12h
Distance : 6 km
Fromages : Le Cérilly

FERME DES BONNES

Les Bonnes - 03210 MARIGNY
✆ 06 71 87 95 29
Horaires d'ouverture : tous les jours de 14h à 18h sauf dim.
Distance : sur l'itinéraire
Fromages : Chèvre

LA CHÈVRE-FEUILLE / LE P'TIT LOQUET

Les Guillou - 03000 MONTILLY
✆ 04 70 48 98 26
Horaires d'ouverture : du vend. 12h au dim. 12h et pour les groupes en semaine
Distance : 5 km

CHÂTEAU D'YGRANDE

Le mont - 03160 YGRANDE
✆ 04 70 66 33 11
Horaires d'ouverture : tous les jours
Distance : 1 km
Fromages : locaux et régionaux

AUBERGE DES TILLEULS

9 place Saint-Éloy
03210 SOUVIGNY
✆ 04 70 43 60 70
Horaires d'ouverture : tous les jours 12h-14h et 19h-21h30, sauf le mer. et le dim. soir
Distance : sur l'itinéraire
Fromages : locaux et régionaux

FERME DÉBARNOT DU GRAND CROTTET

Le grand Crottet
03160 FRANCHESSE
✆ 07 63 66 19 90
Horaires d'ouverture : tous les jours de 10h à 12h
Fromages : Yaourt au lait de vache, tomme

MEUBLÉ WITTE - LA LUE ET LA TOUR

La lue
03210 AGONGES
✆ 04 70 43 91 57
Distance : 2 km

GÎTE ET CHAMBRE D'HÔTES LA TROLIÈRE

Lieu-dit La Trolière
03210 AUTRY-ISSARDS
✆ 06 62 33 36 91
Distance : 1 km

GRAND HÔTEL MONTESPAN TALLEYRAND

2, 3 et 4 Place des Thermes
03160 BOURBON-L'ARCHAMBAULT
✆ 04 70 67 00 24
Horaires d'ouverture : tous les jours
Distance : 1 km
Fromages : locaux et régionaux

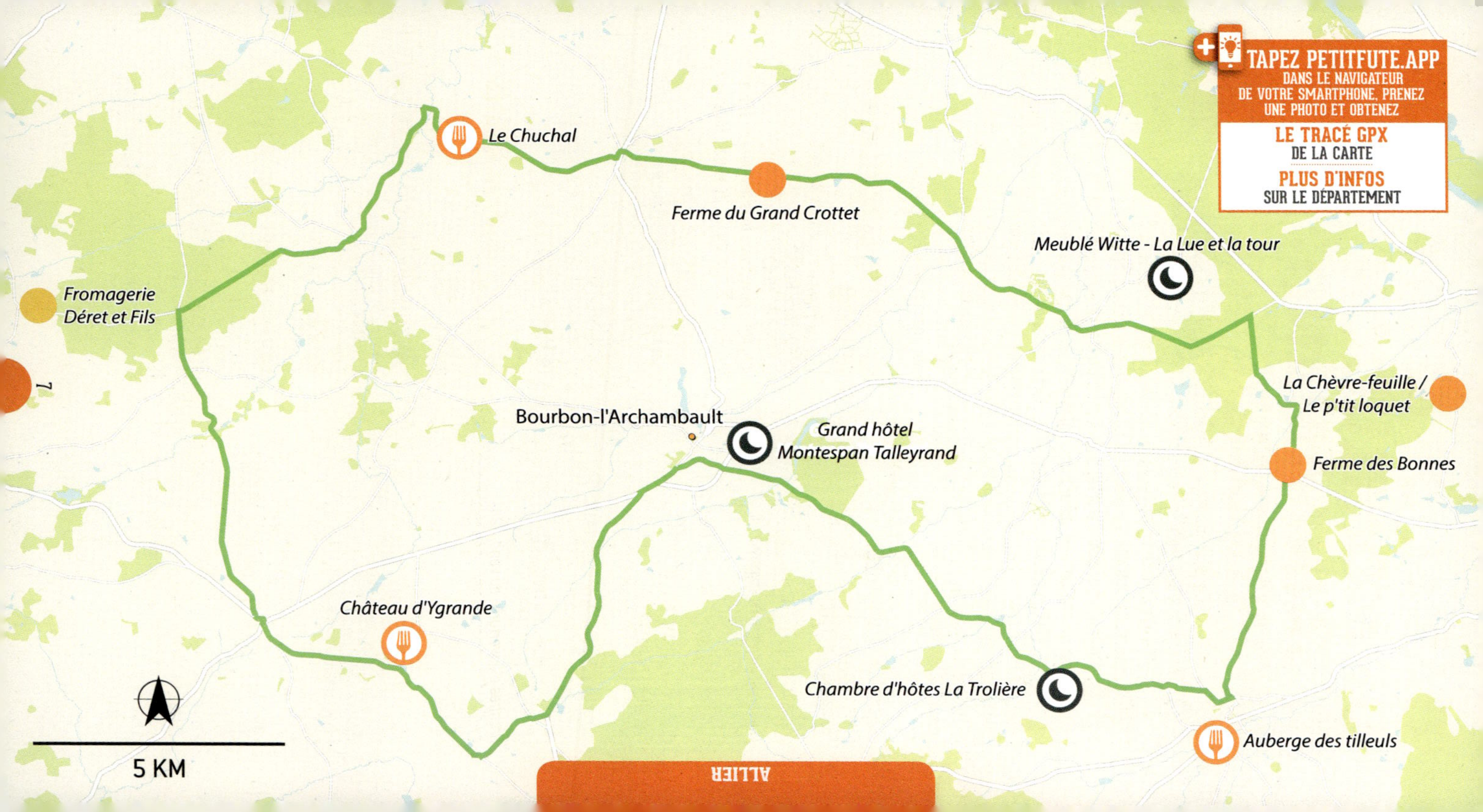
TAPEZ PETITFUTE.APP
DANS LE NAVIGATEUR
DE VOTRE SMARTPHONE, PRENEZ
UNE PHOTO ET OBTENEZ
LE TRACÉ GPX
DE LA CARTE
PLUS D'INFOS
SUR LE DÉPARTEMENT
Le Chuchal
Ferme du Grand Crottet
Meublé Witte - La Lue et la tour
Fromagerie
Déret et Fils
La Chèvre-feuille /
Le p'tit loquet
Bourbon-l'Archambault
Grand hôtel
Montespan Talleyrand
Ferme des Bonnes
Château d'Ygrande
Chambre d'hôtes La Trolière
Auberge des tilleuls
5 KM

CANAL DE BERRY DE MONTLUÇON À SAINT-AMAND-MONTROND

Un itinéraire affiné dans l'Allier et le Cher

Partez de Montluçon jusqu'au centre historique de Saint-Amand-Montrond en passant par la petite cité de caractère de Drevant et son patrimoine gallo-romain. Faites un arrêt au hameau de Magnette, au musée du Canal de Berry où l'on vous contera l'histoire du canal. Il faudra franchir le Cher par le pont-canal de la Tranchasse pour arriver dans le département éponyme… Ces 55 km réjouiront les amoureux d'histoire et, bien entendu, de fromages !

DISTANCE *55 km*
DURÉE ESTIMÉE *4h*
NIVEAU ▲△△△△

LE COMPTOIR AUX FROMAGES

23, rue Bretonnie
03100 MONTLUÇON
© 04 70 05 11 44 / 06 33 64 06 31
Horaires d'ouverture : Fromagerie ouverte du mardi au samedi de 9h à 12h30 et de 16h à 19h30, le dimanche de 9h à 12h. Restaurant ouvert du jeudi au samedi de 12h à 14h30 et de 19h à 23h - Dimanche (brunch) de 10h à 13h
Distance : 0,8 km
Fromages : Fermiers locaux

MARCHÉ DE MONTLUÇON PIQUAND

Place Édouard Piquant
03100 MONTLUÇON
Horaires d'ouverture : Le samedi de 8h30 à 12h30
Distance : 4 km

HÔTEL L'UNIVERS

38, avenue Marx Dormoy
03100 MONTLUÇON
© 04 70 05 33 47
Distance : 0,8 km

MARCHÉ DE MONTLUÇON DORMOY

Place Jean Dormoy
03100 MONTLUÇON
Horaires d'ouverture : Les mercredis et dimanches de 8h30 à 12h30
Distance : 4 km

MARCHÉ DE MONTLUÇON ATHANOR

Parking Athanor, rue Albert Einstein
03100 MONTLUÇON
Horaires d'ouverture : Le vendredi de 16h30 à 19h30
Distance : 4 km

MARCHÉ DE DOMERAT

Place Bacchus - 03410 DOMERAT
Horaires d'ouverture : Le vendredi de 8h30 à 12h30
Distance : 4 km

AUX BABOTEURS

3 rue Jean-Jaurès
03190 VALLON-EN-SULLY
© 04 70 05 55 56 / 06 01 82 31 80
Distance : Sur l'itinéraire

MARCHÉ DE VALLON EN SULLY

Place du Docteur Noguière
03190 VALLON-EN-SULLY
Horaires d'ouverture : Le mardi de 7h à 13h
Distance : 0,5 km

LES CHÈVRES GUICHARD'HIER

Les Boutais
03190 VALLON-EN-SULLY
© 04 70 06 54 32 / 06 19 87 57 80
Horaires d'ouverture : Sur RDV par téléphone
Distance : 5,8 km
Fromages : Fromage sec, frais ail et fines herbes, poivre

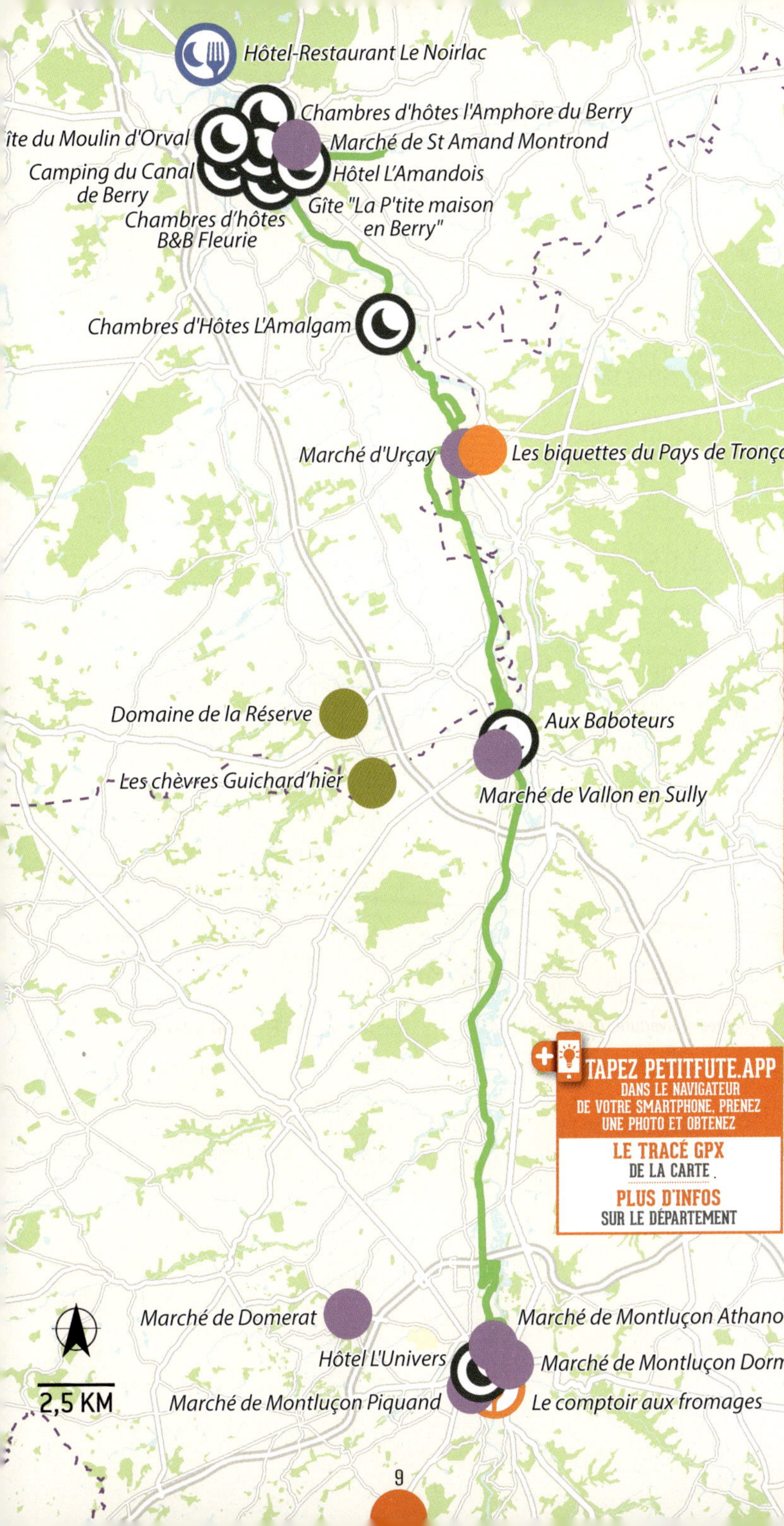
Hôtel-Restaurant Le Noirlac
Chambres d'hôtes l'Amphore du Berry
îte du Moulin d'Orval
Marché de St Amand Montrond
Camping du Canal de Berry
Hôtel L'Amandois
Gîte "La P'tite maison en Berry"
Chambres d'hôtes B&B Fleurie
Chambres d'Hôtes L'Amalgam
Marché d'Urçay
Les biquettes du Pays de Tronçais
Domaine de la Réserve
Aux Baboteurs
Les chèvres Guichard'hier
Marché de Vallon en Sully
Marché de Domerat
Marché de Montluçon Athanor
Hôtel L'Univers
Marché de Montluçon Dormoy
Marché de Montluçon Piquand
Le comptoir aux fromages
2,5 KM

ÇANAL DE BERRY DE MONTLUÇON À SAINT-AMAND-MONTROND

Un itinéraire affiné dans l'Allier et le Cher

DOMAINE DE LA RÉSERVE
Route de Vesdun - 18360 SAINT-VITTE
✆ 02 48 63 07 99 / 06 13 81 73 64
Horaires d'ouverture : Du lundi au samedi de 9h30 à 12h30
Distance : 6,1 km
Fromages : Crottin, bûche pyramide

MARCHÉ D'URÇAY
Place Centrale - 03360 URÇAY
Horaires d'ouverture : Le mercredi de 8h30 à 12h30
Distance : 4 km

LES BIQUETTES DU PAYS DE TRONÇAIS
Les Combes, Chemin de Pied-Bertin
03360 URÇAY
✆ 06 46 29 53 12
Horaires d'ouverture : Tous les jours visite guidée à 14h30 sur réservation - Vente directe de fromages et traite des chèvres de 17h30 à 18h30
Distance : 1,5 km
Fromages : Fromage frais aromatisé

CHAMBRES D'HÔTES L'AMALGAM
1, place de l'Église
18200 AINAY-LE-VIEIL
✆ 06 79 89 73 66
Distance : 0,4 km

CAMPING DU CANAL DE BERRY
Chemin de la Roche
18200 SAINT-AMAND-MONTROND
✆ 06 33 40 03 16
Distance : Sur l'itinéraire

CHAMBRES D'HÔTES L'AMPHORE DU BERRY
25, rue Docteur Vallet
18200 SAINT-AMAND-MONTROND
✆ 06 76 56 28 79
Distance : 0,5 km

GÎTE « LA P'TITE MAISON EN BERRY »
34, rue du Docteur Vallet
18200 SAINT-AMAND-MONTROND
✆ 06 11 72 62 61
Distance : 0,5 km

MARCHÉ DE SAINT-AMAND-MONTROND
10, cours Manuel
18200 SAINT-AMAND-MONTROND
Horaires d'ouverture : Les mercredis et samedis de 8h30 à 12h30
Distance : 0,3 km

HÔTEL L'AMANDOIS
7-9 rue Henri Barbusse
18200 SAINT-AMAND-MONTROND
✆ 02 48 63 72 00
Distance : 0,3 km

CHAMBRES D'HÔTES B&B FLEURIE
11 avenue Félix Pyat
18200 SAINT-AMAND-MONTROND
✆ 02 48 60 80 05
Distance : 0,5 km

GÎTE DU MOULIN D'ORVAL
2, rue du Moulin
18200 ORVAL
✆ 02 48 96 57 40
Distance : 2,8 km

HÔTEL-RESTAURANT LE NOIRLAC
215 route de Bourges
18200 SAINT-AMAND-MONTROND
✆ 02 48 82 22 00
Horaires d'ouverture : De 12h à 14h et de 19h à 21h30
Distance : 3 km

Canal de Berry Sud.

© AD2T

TOUR DE LA MONTAGNE DE CHABRE

Un itinéraire affiné dans les Hautes-Alpes

Le tour de la montagne de Chabre permet d'effectuer une belle boucle au départ de Laragne-Montéglin, avec pour seule difficulté l'ascension de 6 kilomètres du col Saint-Jean. Ce circuit permet de découvrir les gorges de la Méouge, de côtoyer les routes bordées de champs de lavande, d'avoir une vue sur la vallée du Céans et de découvrir le village médiéval d'Orpierre, ancienne cité des Baronnies.

DISTANCE 65,2 km
DÉNIVELÉ POSITIF 790 m
NIVEAU ▲▲△△△

FERME DU COQ À L'ÂNE

Les Clots
05300 LAGRAND
✆ 04 92 54 71 16 / 06 79 79 30 04
Ouvert du lundi au dimanche, de 8h à 19H
Fromages : chèvre

CHEZ LA BERGÈRE

Le Village
05300 ÉOURRES
✆ 04 92 65 14 08
Fromages : chèvre et brebis

LA FROMAGERIE FERMIÈRE

La Gadelle
05300 SALERANS
✆ 06 42 04 81 34
Horaires d'ouverture : du lun. au mer. 09h-12h et 17h30-20h et du jeu. au dim. 17h30-20h
Fromages : chèvre, Faisselle, Fromage sec, Tomme de la Méouge, Gavotin, Cabrichon, Tomme à l'ancienne

GAEC DE LA LOZANCE

L'Adret - 26560 LACHAU
✆ 06 63 57 68 26 / 06 61 64 74 23
Horaires d'ouverture : du lundi au dimanche, de 8H à 19H
Fromages : Vache et Tomme

LA TOMIÈRE

L'Adret - 26560 LACHAU
✆ 04 75 27 89 45 / 06 67 37 31 02
Vente à la ferme en soirée à l'heure de la traite
Fromages : chèvre fermier

HAUTES-ALPES

La tome Izoard.

Ferme du coq à l'âne
P.N.R. des Baronnies Provençales
Réserve Biologique Dirigée des Gorges de la Méouge
La fromagerie Fermière
La Tomière
GAEC de la Lozance
Chez la bergère
5 KM

PARCOURS DU GAPENÇAIS

Un itinéraire affiné dans les Hautes-Alpes

Cette boucle au départ de Gap emprunte des tronçons de voies vertes et de véloroutes ainsi que de petites routes partagées. Vous partirez à la découverte du Gapençais où la richesse du patrimoine et la beauté des paysages se mêlent à des rencontres inattendues qui vous laisseront des souvenirs inoubliables...

DISTANCE 41,4 km
DÉNIVELÉ POSITIF 976 m
NIVEAU ▲▲▲▲△

HAUTES-ALPES

GAEC LA BELETTE

Rte du Lac - Romette - 05000 GAP
✆ 04 92 51 04 62 / 06 74 05 16 25
Horaires d'ouverture : lundi au samedi, 9h-11h30 et 17h-18h30
Fromages : lait cru en berlingots, faisselle à l'ancienne, tomme de montagne, fromage Tendre Belette,

LA FERME DE PIC PONÇON

Les Eyssagnières - 05000 GAP
✆ 04 92 52 49 05 / 06 77 75 12 19
Ouvert du mer. au sam. 17h-18h30 hors vacances scolaires et du lun. au sam. 17h-18h30 durant les vacances scolaires
Fromages : chèvre et vache, tommes, bleus, faisselles

© FRANCOIS ROUX - SHUTTERSTOCK.COM
La ville de Gap.

LA FERME DE CHRISTEL

Les Gays - 05000 RAMBAUD
✆ 06 73 39 73 07
Horaires d'ouverture : lundi au samedi, de 9h à 13h et de 15h à 19h
Fromages : Fourme du clocher, Alpin, Martagon Bleu

LE COIN DES FROMAGERS

79 Av. d'Embrun
05000 GAP
04 92 66 35 39
Horaires d'ouverture : 9h - 19h, restauration sur place.
Fromages : producteurs locaux (fromages, crèmes dessert…)

LA CHÈVRERIE DU ROCHER

Le Village - 05000 LA ROCHETTE
✆ 06 75 54 27 27
Fromages : fromages lactiques

A'TRAPOLOU

Les Lunels Route du Col de Gleize
05000 GAP
✆ 04 92 23 35 78 / 06 84 01 51 09
Fromages : brebis, brousses, tomes, faisselles, bleu

LA CRÉMERIE DU COIN

Rue du Colonel Roux
05000 GAP
✆ 04 92 46 81 04
Ouvert du mar. au ven. 9h-13h30 et 15h-19h. Le sam. 8h-13h30 et 15h-19h
Fromages : producteurs locaux et MOF

A'Trapolou
Parc National
des Écrins
La chévrerie du rocher
GAEC la Belette
Le Coin des Fromagers
La crémerie du coin
La ferme de Christel
La ferme de Pic Ponçon
3 KM

LE BOCAGE DU CHAMPSAUR

Un itinéraire affiné dans les Hautes-Alpes

Le circuit du Bocage du Champsaur au départ de Saint-Bonnet-en-Champsaur effectue, tout en restant au-dessus des 1 000 m d'altitude, une boucle au profil vallonné. Vous découvrirez les derniers rares bocages de montagne préservés d'Europe, des points de vue sur la vallée du Drac, les stations de sports d'hiver à vocation familiale de Saint-Léger-les-Mélèzes et d'Ancelle et les paysages de plaine de Lachaup et du plateau d'Ancelle. Un régal pour les yeux et pour les papilles !

DISTANCE *45 km*
DÉNIVELÉ POSITIF *819m*
NIVEAU ▲▲▲△△

HAUTES-ALPES

GAEC DU PRÉ LA COMBE

Chemin des Maisons Vieilles
05260 CHABOTTES
✆ 06 08 64 96 55
Horaires d'ouverture : lundi au jeudi, de 9H à 12H
Fromages : faisselles, fromage blanc, Tomme du Champsaur

FROMAGERIE EBRARD

Route d'Orcières
05260 CHABOTTES
✆ 04 92 22 39 76
Horaires d'ouverture : lundi au dimanche, 9h-12h et 14h-19h
Fromages : Fromages au lait thermisé de vache, chèvre et brebis

GAEC DU BOIS NOIR

Edouard Pierre - Chemin de Lachaup
05260 ANCELLE
✆ 06 75 94 48 98
Horaires d'ouverture : lundi au dimanche, de 17H à 18H30
Fromages : fromages de chèvre

GAEC DES COUNNIÈRES

Col de Manse
05260 FOREST-ST-JULIEN
✆ 06 75 94 48 98
Horaires d'ouverture : du lun. au sam. de 9h-12h
Fromages : Fromages de vache Bio, Tomme, Bleu, Raclette, Meule

LAITERIE DU COL BAYARD

Quartier Grand Pré
05500 LAYE
✆ 04 92 50 15 23
Horaires d'ouverture : lundi au dimanche, de 8h30 à 19h
Fromages : fromage blanc, fromage frais, fromages à pâte molle, persillée et pressée chèvre, vache, brebis

FERME PELLEGRIN FAMILY

Les Payas
05500 ST-BONNET-EN-CHAMPSAUR
✆ 04 92 54 42 09
Horaires d'ouverture : lundi au dimanche, de 17H30 à 19H30
Fromages : Tommes, Camembert

LA FERME DE LA TUILERIE

11 avenue des Esclots
05500 ST-BONNET-EN-CHAMPSAUR
✆ 04 92 50 50 70
Horaires d'ouverture : tous les jours 9h-12h et 17h-20h
Fromages : lait, faisselles, vache

FROMAGERIE DU CHAMPSAUR

Les Barraques
05500 LA FARE-EN-CHAMPSAUR
✆ 04 92 57 86 91
Horaires d'ouverture : du lun. au ven. 10h-12h et 15h30-18h30 et le sam. 9h-12h et 15h30-18h30
Fromages : Tomme, Bleu, Goustarou, Taillon, Raclette, Mélange à fondue, faisselle

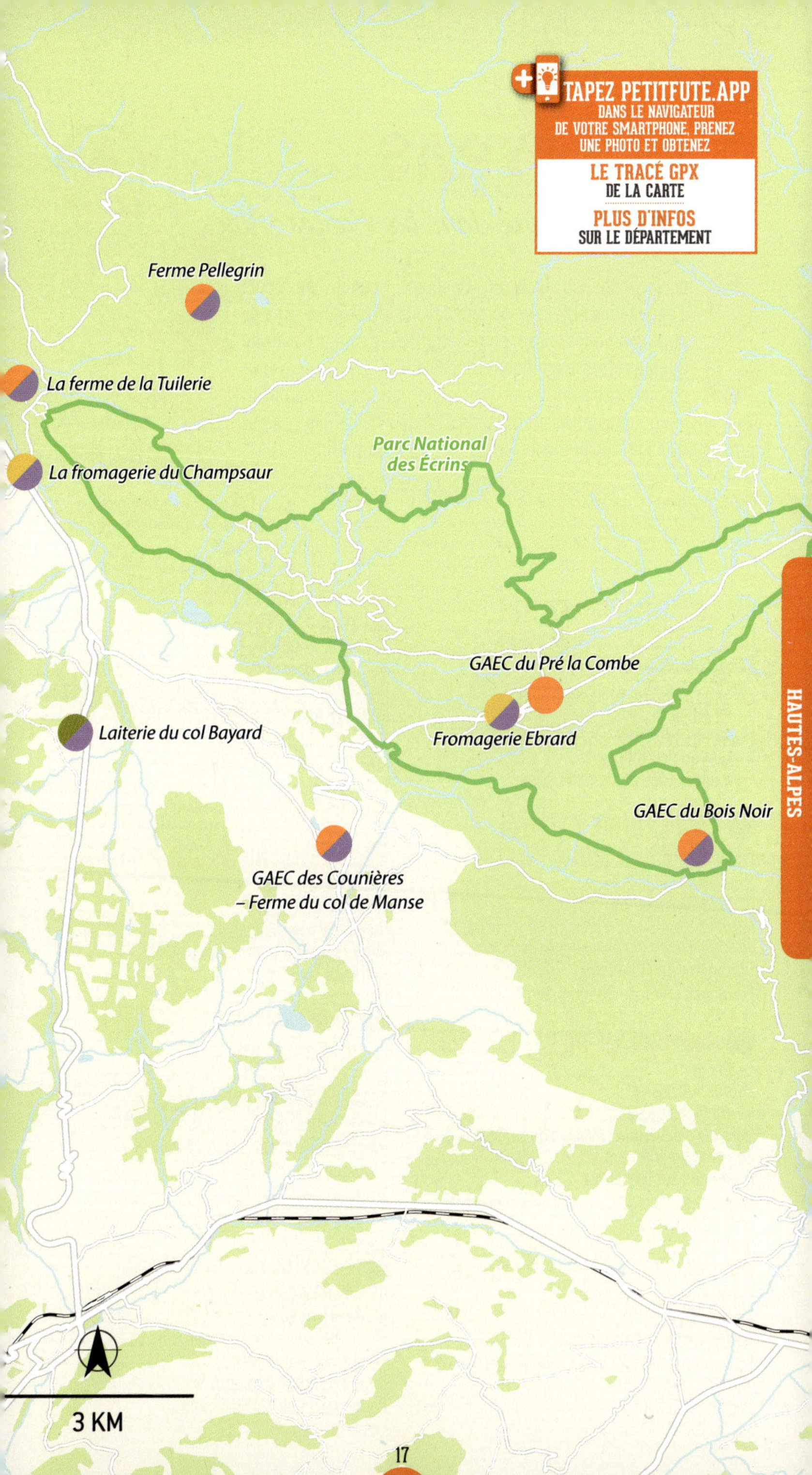
TAPEZ PETITFUTE.APP
DANS LE NAVIGATEUR DE VOTRE SMARTPHONE, PRENEZ UNE PHOTO ET OBTENEZ
LE TRACÉ GPX
DE LA CARTE
PLUS D'INFOS
SUR LE DÉPARTEMENT
Ferme Pellegrin
La ferme de la Tuilerie
La fromagerie du Champsaur
Parc National des Écrins
GAEC du Pré la Combe
Fromagerie Ebrard
Laiterie du col Bayard
GAEC du Bois Noir
GAEC des Counières – Ferme du col de Manse
3 KM

LA ROUTE DU QUEYRAS

Un itinéraire affiné dans les Hautes-Alpes

Sur la route du Bleu du Queyras, fromage en cours d'appellation AOP, cet itinéraire dévoile un territoire riche de paysages variés, alliant entre autres les sommets élevés du Queyras et les magnifiques Gorges du Guil. Ce parcours vous emmènera sur les traces d'anciennes cités fortifiées, du fort Vauban de Montdauphin à Fort-Queyras, Château Vieille Ville… Lieux prestigieux où le Bleu prend désormais le temps de s'affiner.

DISTANCE *32 km*
DURÉE ESTIMÉE *2h*
DÉNIVELÉ POSITIF *918 m*
NIVEAU ▲▲▲△△

Attention, itinéraire sur route partagée.

Points de départ et d'arrivée : Coopérative Laitière Des Alpes Du Sud, Place de la mairie confluence - 05600 EYGLIERS > Maison de l'artisanat - Coopérative Des Artisans Du Queyras - 05350 CHÂTEAU-VILLE-VIEILLE

COOPÉRATIVE LAITIÈRE DES ALPES DU SUD

Place de la mairie confluence
05600 EYGLIERS
✆ 04 92 52 05 63
Horaires d'ouverture : De 9h à 13h et de 15h à 19h
Distance : Sur l'itinéraire
Fromages : Bleu du Queyras, tome

COOPÉRATIVE LAITIÈRE DES ALPES DU SUD

Caserne Rochambeau
05082 MONTDAUPHIN
Horaires d'ouverture : Information visite auprès de l'Office de tourisme au 04 92 24 77 61
Distance : Sur l'itinéraire
Fromages : Bleu du Queyras, tome

FROMAGERIE DE LA DURANCE

Le Villard
05600 GUILLESTRE
✆ 04 92 45 06 93
Horaires d'ouverture : Du lundi au samedi de 9h à 12h et 14h à 18h
Distance : Sur l'itinéraire
Fromages : Bleu du Queyras, tomes de vache, chèvre et brebis

GAEC LA FERME DE CHAGNE

Les Hauches
05600 RISOUL
✆ 04 92 20 37 97
Horaires d'ouverture : Toute l'année de 17h30 à 19h30
Distance : 3,8 km
Fromages : Yaourt, faisselle, beurre, fromage blanc, petits fromages frais, fromages affinés, lait entier et demi écrémé

EARL LA FERME DE PRA-CHIRIOU

Pra-Chiriou - 05600 CEILLAC
✆ 06 79 32 95 36
Horaires d'ouverture : Tous les jours de 11h à 12h et de 17h à 19h30
Distance : 6 km
Fromages : Tomme de Ceillac, Bleu de Ceillac, fromages de type Gruyère et Reblochon, fromage frais, yaourts, faisselles, lait cru au détail

LA CHÈVRERIE DES MOULINS

Les Moulins - 05350 ARVIEUX
✆ 06 03 45 60 88
Horaires d'ouverture : Tous les jours de 17h30 à 19h. Prise de RDV préférable par SMS.
Distance : 5,8 km

FROMAGERIE DE CHÂTEAU-QUEYRAS

Les « Eaux Douces »
05350 CHÂTEAU-VILLE-VIEILLE
✆ 04 92 46 73 16
Horaires d'ouverture : Toute l'année 9h à 18h
Distance : sur l'itinéraire
Fromages : Bleu du Queyras, Viso, raclette Estoilie

MAISON DE L'ARTISANAT

05350 CHÂTEAU-VILLE-VIEILLE
✆ 04 92 46 80 29
Horaires d'ouverture : Tous les jours de 9h30 à 12h30 et 14h à 17h30
Distance : sur l'itinéraire
Fromages : Bleu de Saint-Véran

Maison de l'artisanat - COOPÉRATIVE DES ARTISANS DU QUEYRAS
Fromagerie de Château-Queyras
La Chèvrerie des Moulins
5 KM
Coopérative Laitière des Alpes du Sud
Coopérative Laitière des Alpes du Sud
Fromagerie de la Durance
GAEC la ferme de CHAGNE
EARL la ferme de Pra-Chiriou
TAPEZ PETITFUTE.APP
DANS LE NAVIGATEUR
DE VOTRE SMARTPHONE, PRENEZ
UNE PHOTO ET OBTENEZ
LE TRACÉ GPX
DE LA CARTE
PLUS D'INFOS
SUR LE DÉPARTEMENT

LE TOUR DU DÉVOLUY

Un itinéraire affiné dans les Hautes-Alpes

Cet itinéraire sur voie partagée de type « difficile » présente un dénivelé positif de 1 394 mètres autour de la montagne de Faraut qui permet d'apprécier les paysages particuliers du Dévoluy. Malgré la difficulté, cette boucle vous conduira sur des routes ombragées longeant la Souloise du Drac, et vous offrira des points de vue exceptionnels. L'ascension du Col du Noyer, Col mythique des Hautes-Alpes et principale difficulté de la boucle, vous donnera accès à des décors dignes de cartes postales !

DISTANCE *62,5 km*
DURÉE ESTIMÉE *4h*
DÉNIVELÉ POSITIF *1 394 m*
NIVEAU ▲▲▲▲▲

Attention, itinéraire sur route partagée.

GAEC DES COUTTIÈRES

Les Couttières
05250 LE DÉVOLUY
✆ 06 98 30 00 69
Horaires d'ouverture : Les mardis et vendredis de 16h30 à 18h, le samedi matin de 10h30 à 12h
Distance : 0,4 km
Fromages : Fromage de vache type tomme

LE PETIT GALOU

La joue du loup
05250 LE DÉVOLUY
✆ 04 92 58 97 93
Horaires d'ouverture : Tous les jours de 8h à 13h et de 16h à 18h
Distance : Sur l'itinéraire
Fromages : Faisselle chèvre, tomme de brebis, fromage blanc

FERME LES CHANTERELLES

Le Courtil - Saint-Étienne
05250 LE DÉVOLUY
✆ 04 92 58 93 13 / 06 74 46 96 92
Horaires d'ouverture : Le lundi, mardi, jeudi, vendredi et samedi de 10h à 12h et de 14h30 à 18h
Distance : 0,2 km
Fromages : Fromages et produits frais au lait de brebis

LA SOULOISE

Saint-Étienne-en-Dévoluy
05250 LE DÉVOLUY
✆ 04 92 58 82 05
Horaires d'ouverture : Du mardi au samedi, de 8h à 12h30 et de 16h à 17h45. Le dimanche de 8h à 12h30
Distance : Sur l'itinéraire
Fromages : locaux

L'ÉTERLE

Saint-Étienne-en-Dévoluy - 05250 LE DÉVOLUY
✆ 04 92 21 41 66
Horaires d'ouverture : Du mardi au dimanche, de 9h à 12h et de 15h à 18h
Distance : Sur l'itinéraire
Fromages : locaux

MARCHÉ HEBDOMADAIRE SAINT-ÉTIENNE EN DÉVOLUY

05250 LE DÉVOLUY
Horaires d'ouverture : Le vendredi matin à partir de juin
Distance : Sur l'itinéraire

MARCHÉ HEBDOMADAIRE SUPERDÉVOLUY

05250 LE DÉVOLUY
Horaires d'ouverture : Le lundi matin en juillet et août
Distance : 4 km

MARCHÉ HEBDOMADAIRE LA JOUE DU LOUP

05250 LE DÉVOLUY
Horaires d'ouverture : Le mardi matin en juillet et août
Distance : 2 km

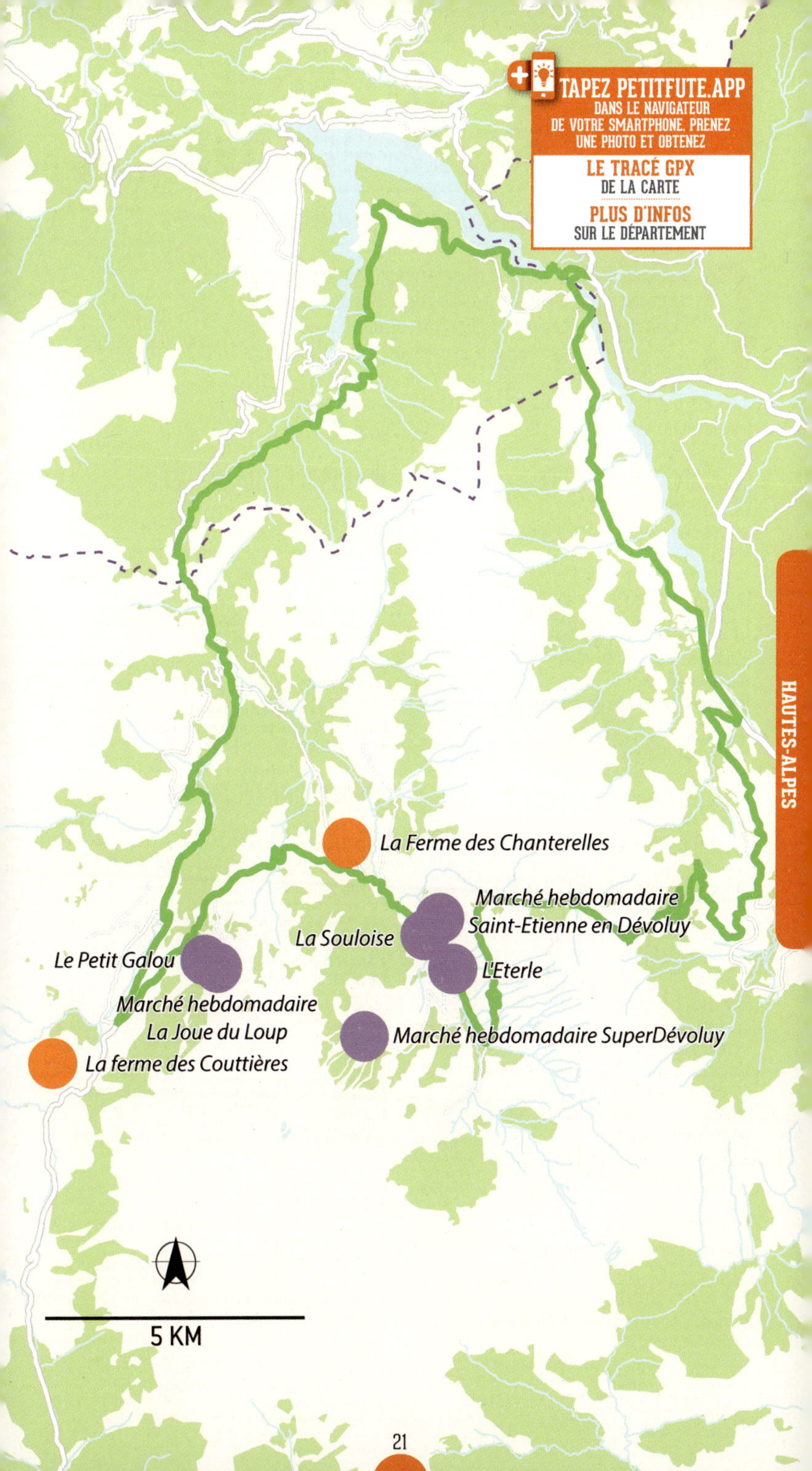
TAPEZ PETITFUTE.APP
DANS LE NAVIGATEUR
DE VOTRE SMARTPHONE, PRENEZ
UNE PHOTO ET OBTENEZ
LE TRACÉ GPX
DE LA CARTE
PLUS D'INFOS
SUR LE DÉPARTEMENT
La Ferme des Chanterelles
Marché hebdomadaire
Saint-Etienne en Dévoluy
La Souloise
Le Petit Galou
L'Eterle
Marché hebdomadaire
La Joue du Loup
Marché hebdomadaire SuperDévoluy
La ferme des Couttières
5 KM

À LA DÉCOUVERTE DES GORGES ROUGES

Un itinéraire affiné dans les Alpes-Maritimes

Ce splendide circuit propose de serpenter à travers les roches de couleur ocre en reliant les villages de Guillaumes, Péone, Beuil et Puget-Théniers. Il offre aux cyclistes aguerris des paysages étonnants et des sensations à l'occasion d'une longue descente technique entre Valberg et la fin des Gorges du Cians. Une boucle sportive à agrémenter de pauses fromagères chez les éleveurs, les producteurs et les coopératives du tracé !

DISTANCE *83 km*
DÉNIVELÉ POSITIF *1 450 m*
NIVEAU ▲▲▲▲△

CAMPING DU PONT DE LA MARIÉE
Quartier Tire-Boeuf - 06470 GUILLAUMES
✆ 04 93 05 53 50

VACANCÉOLE - RÉSIDENCE LES GORGES ROUGES
1 avenue Francis Ravel - 06470 GUILLAUMES
✆ 04 93 05 50 37
Horaires d'ouverture : sur réservation

COOPÉRATIVE AGRICOLE
Avenue Alexandre Durandy
06470 GUILLAUMES
Horaires d'ouverture : Ouvert toute l'année de 9h-12h et de 14h-18h, fermé le dimanche

MARCHÉ DE GUILLAUMES
Place Napoléon III - 6470 GUILLAUMES
Ouvert toute l'année (sauf en janvier) le 2e samedi matin du mois

LA PETITE FERME DE PÉONE
Audrey Verhoeven
La Baumette - 06470 PÉONE ✆ 06 77 85 47 63
Horaires d'ouverture: De 10h30 à 18h, visite sur rendez-vous (07 71 61 44 69)
Fromages : Fromages, yaourts, crèmes au lait de chèvre et de brebis

RESTAURANT LE SAPET
11 avenue de Valberg - 06470 PÉONE
✆ 04 93 03 14 98
Horaires d'ouverture : sur réservation

L'ÉPICERIE
Avenue Saint Bernard, Immeuble le Beau Site
06470 VALBERG
Horaires d'ouverture : Tous les jours de 8h30 à 12h30 et de 16h à 19h. Fermé le lundi toute la journée et le jeudi et dimanche après-midi

MARCHÉ DE VALBERG
Place Charles Ginésy
06470 VALBERG
Horaires d'ouverture : Ouvert de septembre à juin le mardi matin et le vendredi matin

LE RELAIS DU MERCANTOUR
1 Route de Nice
06470 BEUIL
✆ 04 93 02 35 94
Horaires d'ouverture : Tous les jours de 7h30 à 18h, sauf le mardi
Bistrot de Pays

MARCHÉ DE PUGET-THÉNIERS
Place Adolphe Conil
06470 PUGET-THÉNIERS
Horaires d'ouverture : Ouvert toute l'année le dimanche matin

TRAITEUR GARCIA ANDRÉ
Place Adolphe Conil
06470 PUGET-THÉNIERS
✆ 04 93 05 00 41
Horaires d'ouverture : Ouvert du mardi au samedi de 8h-12h et 15h15-19h, le dimanche de 8h-12h30

LE BUFFET DE LA GARE L'OUSTALET
N202 - 06470 PUGET-THÉNIERS
✆ 04 93 05 04 11
Horaires d'ouverture : Ouvert du mardi au jeudi de 9h à 14h30 et du vendredi au samedi de 9h à 14h30 et de 19h à 21h30 sur réservation

MONTAGNES PAYSANNES
19 rue Alexandre Barety
06260 PUGET-THÉNIERS
✆ 07 70 26 81 57
Horaires d'ouverture : vendredi (9h30-12h30 et 15h30-19h), samedi et dimanche (9h30-12h30)

Parc National du Mercantour
La Petite Ferme de Péone, Audrey Verhoeven
Parc National du Mercantour
Marché de Valberg
Coopérative agricole
Valberg
L'Epicerie
Beuil
Vacancéole - Résidence Les Gorges Rouges
Marché de Guillaumes
Camping du Pont de la Mariée
Guillaumes
Restaurant le Sapet
Le Relais du Mercantour (Bistrot de pays)
Réserve Naturelle des Gorges de Daluis
Marché de Puget-Théniers
Montagnes Paysannes
Puget-Théniers
Boucher traiteur GARCIA André
Le buffet de la gare L'Oustalet
P.N.R. des Préalpes d'Azur
Réserve Biologique Intégrale de Cheiron
5 KM

AUTOUR DU COL DE VENCE

Un itinéraire affiné dans les Alpes-Maritimes

Ce parcours vous propose deux boucles autour du célèbre Col de Vence. La première boucle démarre sur une route sinueuse en faux plat montant jusqu'aux villages de Bouyon et Coursegoules où de délicieux fromages vous attendent avant la descente rapide du Col de Vence. La deuxième boucle, plus sportive, emprunte le col en montant et se poursuit sur des routes à faible circulation. Après le plateau de Caussols et le village perché de Gourdon, une pause fraîcheur sera bienvenue dans les Gorges du Loup.

DISTANCE *55/86 km*
DÉNIVELÉ POSITIF *1034 / 1737 m*
NIVEAU ▲▲▲▲△

INTER-HÔTEL LE FLORÉAL
440 avenue Rhin Danube - 06140 VENCE
✆ 04 93 58 64 40
Ouvert toute l'année

HÔTEL DIANA
79 avenue des Poilus - 06140 VENCE
✆ 04 93 58 28 56
Ouvert toute l'année

CAMPING DOMAINE DE LA BERGERIE
1330 chemin de la Sine - 06140 VENCE
✆ 04 93 58 09 36
Ouvert de mars à octobre

HÔTEL RESTAURANT & SPA CANTEMERLE
258 chemin de Cantemerle - 06140 VENCE
✆ 04 93 58 08 18
Ouvert toute l'année

HÔTEL MIRAMAR
Plateau Saint-Michel
167 avenue Joseph Bougaerel - 06140 VENCE
Horaires d'ouverture : à l'année

HÔTEL DES CAYRONS
2340 Route de Cagnes - 06140 VENCE
✆ 04 93 58 11 27
Ouvert toute l'année

GAEC FROMAGERIE DE LA CHÈVRE BLANCHE
Jean et Mathieu Cassar
1139 chemin de Berdine - 06510 BOUYON
✆ 06 07 50 28 06
Visite de l'exploitation de mars à novembre
Fromages : Fromages, yaourts et produits au lait de chèvre

GAEC DU CHEIRON
Serge, Sylvie, Steve et Mickaël Maurel
1280 Route de l'Ourméou - 06140 COURSEGOULES
✆ 06 16 50 27 99 / 06 77 32 54 24
Horaires d'ouverture : Sur Rdv par téléphone
Fromages : Fromages de chèvre et de vache

ÉPICERIE DU CHEIRON
37 Place Neuve - 06140 COURSEGOULES
✆ 04 93 24 17 73
Horaires d'ouverture: de 8h30 à 12h30 et de 15h à 19h, le dimanche de 9h à 12h30. Fermé le mardi et le 2e dimanche du mois

LE BISTROT DE SOPHIE
37 Place Neuve - 06140 COURSEGOULES
✆ 04 93 59 11 19
Ouvert tous les jours sauf le mercredi de 8h30 à 19h30
Bistrot de Pays

LA COOPÉRATIVE DES BAOUS
Route de St Barnabé - 06140 COURSEGOULES
✆ 06 12 59 29 81
Horaires d'ouverture: Le samedi et dimanche de 10h à 17h. Possibilité de manger sur place

LE LOGIS NEUF, SOPHIE GUIGOU
1182 Route de la Sine - 06460 CAUSSOLS
✆ 04 93 09 26 41
Horaires d'ouverture: De 14h à 19h sur réservation
Fromages : Fromages de chèvre

FROMAGERIE DES COURMETTES, BRUNO GABELIER
3860 Route des Courmettes
06140 TOURRETTES-SUR-LOUP
✆ 06 14 01 21 97
Horaires d'ouverture : De 8h30 à 12h, sur réservation. Attention accès difficile

TAPEZ PETITFUTE.APP
DANS LE NAVIGATEUR
DE VOTRE SMARTPHONE, PRENEZ
UNE PHOTO ET OBTENEZ
LE TRACÉ GPX
DE LA CARTE
PLUS D'INFOS
SUR LE DÉPARTEMENT
Réserve Biologique Intégrale de Cheiron
Bouyon
GAEC Fromagerie de la Chèvre Blanche, Jean et Mathieu Cassar
Greolieres
Epicerie du Cheiron
Coursegoules
Le Bistrot de Sophie (Bistrot de pays)
GAEC du Cheiron, Serge, Sylvie, Steve et Mickaël Maurel
P.N.R. des Préalpes d'Azur
25
La Coopérative des Baous
Le Logis Neuf, Sophie Guigou
St Jeannet
Caussols
Hôtel Diana
Fromagerie des Courmettes, Bruno Gabelier
Inter-hôtel Le Floréal
Hôtel Miramar
Tourrettes sur Loup
Vence
Hôtel Restaurant & Spa Cantemerle
Gourdon
Camping Domaine de la Bergerie
Hôtel des Cayrons
5 KM
ALPES - MARITIMES

LE GRAND TOUR DES PRÉALPES D'AZUR

Un itinéraire affiné dans les Alpes-Maritimes

Ce parcours de 6 jours au départ de Grasse, capitale du parfum, traverse le Parc naturel régional des Préalpes d'Azur. Au fil des étapes et des paysages bercés de lumière, vous découvrirez des sites surprenants : canyons vertigineux aux eaux turquoises, villages colorés sur leurs éperons rocheux, bourgs chargés d'histoire, bisons d'Europe... sans oublier les délicieux fromages provençaux !

DISTANCE 265 km
DÉNIVELÉ POSITIF 3 722 m
NIVEAU ▲▲▲▲△

VILLA TAO & SOIRÉE DE RÊVE
25 Chemin du Santon
06130 GRASSE
✆ 04 93 09 38 68
Ouvert toute l'année

BASTIDE LOU PANTAIL
25 Chemin du Santon
06130 GRASSE
✆ 04 93 70 71 62
Horaires d'ouverture : de 16h à 19h

BEST WESTERN ELIXIR GRASSE
Rue Martine Carol - 06160 GRASSE
✆ 04 93 70 70 70
Ouvert toute l'année

MARCHÉ DE PRODUCTEURS
Square Cauvin - 06530 PEYMEINADE
Horaires d'ouverture : samedi matin

CHÈVRERIE DU BOIS D'AMON
Edith Sellier et Pascal Valkenborg
1307 Route de Grasse
06530 ST-CÉZAIRE-SUR-SIAGNE
✆ 06 37 78 34 75
Horaires d'ouverture : de mars à novembre sur rdv
Fromages : Fromages, yaourts, faisselles et glaces au lait de chèvre et de vache

MARCHÉ DE PRODUCTEURS
Le Grand Pré
06460 SAINT-VALLIER-DE-THIEY
Horaires d'ouverture : vendredi et dimanche matin

RÉSERVE DES MONTS D'AZUR
Domaine du Haut Thorenc - 06750 THORENC
✆ 04 93 60 00 78
Ouvert toute l'année

FERME DE L'ESCAILLON
Jean-Dominique et Fabienne Varrone
1450 Route de Castellane
06750 ANDON
✆ 04 93 60 00 57
Horaires d'ouverture : 9h-12h et 14h-18h
Fromages : Fromage de vache

MARC ET CAROLE PERRIMOND
123 Chemin de Caladou
Les Deffends
06850 SAINT-AUBAN
✆ 04 93 60 43 15 / 06 62 56 13 50
Horaires d'ouverture : Vente à la ferme tous les matin de 9h à 12h, sauf le jeudi
Fromages : Fromage de brebis, tomme et lactique

SERRE LIONS, DIDIER GASTAUD
Quai Serre Lions
06260 SAINT-ANTONIN
✆ 06 86 96 29 35 / 04 93 05 82 43
Horaires d'ouverture : De 9h à 19h30
Fromages : Fromages de vache, yaourts

MARCHÉ DU MOULIN DE PALI
Croisement des routes La Penne/ Saint-Pierre
06260 LA PENNE
Ouvert d'avril à novembre, le samedi matin

MARCHÉ PAYSAN DE LA PENNE
5311 route du Chanan
06260 LA PENNE
Ouvert tous les jours en juillet et août

LA BERGERIE DU GOURDAN

Jean-Philippe et Dominique Girod
La Penne 06260 LA PENNE
✆ 06 26 19 08 99
Marché de la Penne samedi matin
Fromages : tomes et desserts de brebis

MARCHÉ DE PUGET-THÉNIERS

Place Coril
06260 PUGET-THÉNIERS
Horaires d'ouverture : le dimanche matin

TRAITEUR GARCIA ANDRÉ

Place Adolphe Conil
06470 PUGET-THÉNIERS
✆ 04 93 05 00 41
Ouvert du mardi au samedi de 8h-12h et 15h15-19h, le dimanche de 8h-12h30

LE BUFFET DE LA GARE L'OUSTALET

N202 06470 PUGET-THÉNIERS
✆ 04 93 05 04 11
Ouvert du mardi au jeudi de 9h à 14h30 et du vendredi au samedi de 9h à 14h30 et de 19h à 21h30 sur réservation

MONTAGNES PAYSANNES

19 rue Alexandre Barety
06260 PUGET-THÉNIERS ✆ 07 70 26 81 57
Horaires d'ouverture: le mercredi et dimanche de 9h30 à 12h30 et le vendredi de 15h à 19h

AU RELAIS FLEURI

5 rue des Laves - 06830 GILETTE
✆ 04 93 08 56 45 - Ouvert toute l'année

DOMAINE DE L'OLIVAIE

3965 route de Gilette - 06830 GILETTE
✆ 04 93 08 57 33
Séjours du samedi au samedi

FROMAGERIE DE LA CHÈVRE BLANCHE

Jean et Mathieu Cassar - 1139 chemin de Berdine
06510 BOUYON ✆ 06 07 50 28 06
Visite de l'exploitation de mars à novembre
Fromages : Fromages, yaourts et produits au lait de chèvre

GAEC DU CHEIRON

Serge, Sylvie, Steve et Mickaël Maurel
1280 Route de l'Ourméou
06140 COURSEGOULES
✆ 06 16 50 27 99 / 06 77 32 54 24
Horaires d'ouverture: Le matin sur Rdv
Fromages : Fromages de chèvre et de vache

© ELLENTEURLINGSPHOTOGRAPHE

Chèvres.

ÉPICERIE DU CHEIRON

37 Place Neuve
06140 COURSEGOULES
✆ 04 93 24 17 73
Horaires d'ouverture : De 8h30 à 12h30 et de 15h à 19h30, le dimanche de 9h à 12h30. Fermé le mardi

LE BISTROT DE SOPHIE

37 Place Neuve
06140 COURSEGOULES
✆ 04 93 59 11 19
Ouvert tous les jours sauf le mercredi de 8h30 à 19h30
Bistrot de Pays

LA COOPÉRATIVE DES BAOUS

Route de St Barnabé
06140 COURSEGOULES
✆ 06 12 59 29 81
Horaires d'ouverture : Le samedi et dimanche de 10h à 17h

LA NOUVELLE CRÉMERIE

40 place des Pins, Pré du Lac
06740 CHÂTEAUNEUF
✆ 09 52 37 34 35
Ouvert du mardi au samedi (8h30-12h30 et 15h30-19h30), le dimanche (8h30-12h30)

Le buffet de la gare L'Oustalet
March
Montagnes Paysannes
Boucher traiteur
Garcia André
Aiglun
St Auban
Marc Perrimond
P.N.R. du
Verdon
Réserve des Monts d'Azur
Thorenc
Ferme de l'Escaillon,
Jean-Dominique et Fabienne Varrone
P.N.R. des
Préalpes d'Azur
St Vallier de Thiey
Marché producteurs
Grass
Chèvrerie du Bois d'Amon,
Edith Sellier et Pascal Valkenborg
St Cezaire sur Siagne
Best West
Elixir Gr
Marché producteurs
5 KM

TAPEZ PETITFUTE.APP
DANS LE NAVIGATEUR DE VOTRE SMARTPHONE, PRENEZ UNE PHOTO ET OBTENEZ
LE TRACÉ GPX DE LA CARTE
PLUS D'INFOS SUR LE DÉPARTEMENT
La Bergerie du Gourdan, Jean-Philippe et Dominique Girod
Ascros
Marché du Moulin de Pali
Serre Lions, Didier Gastaud
St Antonin
Marché paysan de la Penne
Roquesteron
Gilette
Aiglun
Au Relais Fleuri
Domaine de l'Olivaie
Réserve Biologique Dirigée de Cheiron
Bouyon
Fromagerie de la Chèvre Blanche, Jean et Mathieu Cassar
Greolieres
Coursegoules
Epicerie du Cheiron
Le Bistrot de Sophie (Bistrot de Pays)
GAEC du Cheiron, Serge, Sylvie, Steve et Mickaël Maurel
La Coopérative des Baous
Gourdon
La Nouvelle Crèmerie
Bastide Lou Pantail
Villa Tao & Soirée de rêve
Baie des Anges

LA BALADE BRIGASQUE

Un itinéraire affiné dans les Alpes-Maritimes

Aux portes du Mercantour, cet itinéraire accessible à tous permet de découvrir en famille un écrin naturel et patrimonial préservé. À 800 m d'altitude, le village classé de La Brigue vous accueille et dévoile des richesses d'exception entre histoire et panoramas uniques. Cette balade emprunte la route départementale jusqu'à Notre-Dame-des-Fontaines, où des variantes sportives attendent les plus aguerris !

DISTANCE *8 km*
DÉNIVELÉ POSITIF *476 m*
NIVEAU ▲△△△△

HÔTEL LE MIRVAL

3 rue Saint Vincent Ferrier
06430 LA BRIGUE
✆ 04 93 04 63 71
Ouvert toute l'année
Fromages : Fromages de chèvre et brebis

AUBERGE SAINT-MARTIN

Place Saint-Martin
06430 LA BRIGUE
✆ 04 93 53 97 15
Horaires d'ouverture : Tous les jours en été de 8h à 22h, fermé le lundi
Fromages : Assortiment de fromages ; brebis, vache et chèvre

© ROLFST - ISTOCKPHOTO.COM

Le charmant village de La Brigue.

FLEURS DES ALPES

1 place Saint-Martin
06430 LA BRIGUE
✆ 04 93 04 61 05
Horaires d'ouverture : Hébergement ouvert du 1er novembre au 31 mars.
Restaurant ouvert du 15mars a fin octobre de 7h30 à 23h, sauf le mercredi
Fromages : Yaourt et ricotta de brebis, fromages de chèvre

MUSÉE DU PATRIMOINE ET DES TRADITIONS BRIGASQUES

26 Avenue du Général de Gaulle
06430 LA BRIGUE
✆ 06 88 49 33 14
En juillet-août, ouvert tous les jours sauf le mardi de 10h à 12h30 et de 14h30 à 18h30

CHRISTOPHE

Place de Nice
06430 LA BRIGUE
✆ 06 29 76 88 85
Horaires d'ouverture : Marché du dimanche
Fromages : Fromages de chèvre

GAEC DA PERA BRIGASCA

4 rue Etroite
06430 LA BRIGUE
✆ 06 08 11 12 36
Vente au marché de La Brigue et à la ferme d'alpage. Horaires d'ouverture: Sur Rdv
Attention accès difficile à VTT
Fromages : Brebis, vache

ALPES - MARITIMES

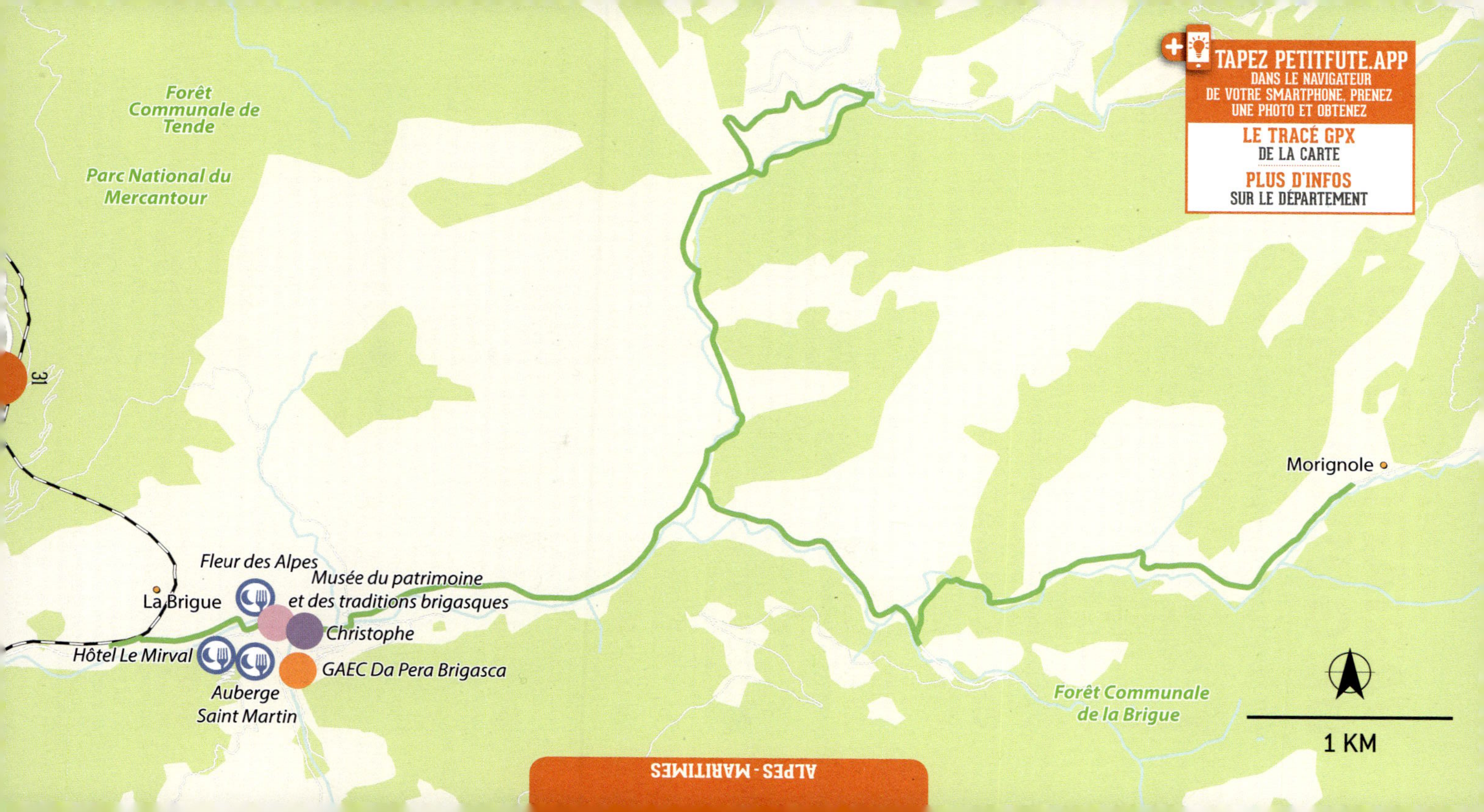

TAPEZ PETITFUTE.APP
DANS LE NAVIGATEUR
DE VOTRE SMARTPHONE, PRENEZ
UNE PHOTO ET OBTENEZ
LE TRACÉ GPX
DE LA CARTE
PLUS D'INFOS
SUR LE DÉPARTEMENT
Forêt Communale de Tende
Parc National du Mercantour
Morignole
Fleur des Alpes
Musée du patrimoine et des traditions brigasques
La Brigue
Christophe
Hôtel Le Mirval
GAEC Da Pera Brigasca
Auberge Saint Martin
Forêt Communale de la Brigue
1 KM
31

VARIATIONS AUTOUR DE GUILLAUMES

Un itinéraire affiné dans les Alpes-Maritimes

Les combinaisons de circuits autour de Guillaumes sont multiples ! Et les paysages traversés sont variés : des marnes grises de Châteauneuf-d'Entraunes aux panoramas montagneux du col des Champs, des vertes forêts dans l'ascension vers le village perché de Sauze aux falaises rocailleuses autour de Péone, vous allez tout autant vous régaler sur votre vélo qu'auprès des fromagers du circuit !

DISTANCE 50 km
DÉNIVELÉ POSITIF 2856 m
NIVEAU ▲▲▲▲▲

CAMPING DU PONT DE LA MARIÉE
Quartier Tire-Boeuf - 06470 GUILLAUMES
✆ 04 93 05 53 50

VACANCÉOLE - RÉSIDENCE LES GORGES ROUGES
1 avenue Francis Ravel - 06470 GUILLAUMES
✆ 04 93 05 50 37
Horaires d'ouverture : sur réservation

COOPÉRATIVE AGRICOLE
Avenue Alexandre Durandy - 06470 GUILLAUMES
Horaires d'ouverture : Ouvert toute l'année de 9h-12h et de 14h-18h, fermé le dimanche

MARCHÉ DE GUILLAUMES
Place Napoléon III - 06470 GUILLAUMES
Horaires d'ouverture : Ouvert à l'année (sauf en janvier) le 2e samedi matin du mois

LA FERME DU VIEUX SAUZE
Basile Gaubert - Sauze Vieux - 06470 SAUZE
✆ 06 68 66 50 24
Horaires d'ouverture : Ouvert de mars à octobre sur rendez-vous de 9h à 18h
Fromages : Fromage et lait de vache

AUBERGE DE SAUZE
Place de la Mairie - 06470 SAUZE
✆ 04 93 05 57 70
Horaires d'ouverture : De 6h30 à 22h, fermé le jeudi. Attention accès difficile.
Bistrot de pays

FERME DES BLANCS
Nicolas Guillaumot - Quartier Les Blances
06470 SAINT-MARTIN-D'ENTRAUNES
✆ 04 93 02 03 86
Horaires d'ouverture : De 10h à 18h30
Fromages : Fromage de vache

LA FERME DE LA BARLATTE
Samuel et Audrey Nyddeger
Le Village
06470 CHÂTEAUNEUF-D'ENTRAUNES
✆ 06 95 12 91 22
Horaires d'ouverture : Sur rendez-vous et vente sur les marchés (Châteauneuf-d'Entraunes, Guillaumes et Montagnes paysannes à Puget-Théniers)
Bivouac sur place possible
Agriculture biologique : brebis

RESTAURANT LE SAPET
11 avenue de Valberg
06470 PÉONE
✆ 04 93 03 14 98
Horaires d'ouverture : sur réservation

LA PETITE FERME DE PÉONE
Audrey Verhoeven
La Baumette
06470 PÉONE
✆ 07 71 61 44 69
Horaires d'ouverture : De 10h30 à 18h.
Visite sur Rdv
Fromages : Fromages, yaourts, crèmes au lait de chèvre et de brebis

MARCHÉ DE VALBERG
Place Charles Ginésy
06470 VALBERG
Horaires d'ouverture : Ouvert de septembre à juin le mardi matin et le vendredi matin

L'ÉPICERIE
Avenue Saint-Bernard
Immeuble le Beau Site
06470 VALBERG
✆ 04 93 02 52 30
lepicerie.valberg@gmail.com
Horaires d'ouverture : Tous les jours de 8h30 à 12h30 et de 16h à 19h. Fermé le lundi toute la journée et le jeudi et dimanche après-midi

TAPEZ PETITFUTE.APP
DANS LE NAVIGATEUR
DE VOTRE SMARTPHONE, PRENEZ
UNE PHOTO ET OBTENEZ
LE TRACÉ GPX
DE LA CARTE
PLUS D'INFOS
SUR LE DÉPARTEMENT

ALPES-MARITIMES

LA GRANDE TRAVERSÉE VTT DE L'ARDÈCHE

Un itinéraire affiné en Ardèche

L'itinéraire se décompose en 7 étapes qui traduisent toute la diversité et la richesse du Département. La Grande Traversée de l'Ardèche prend sa source au départ de Saint-Félicien, ville berceau de la plus grande cyclotouriste d'Europe : l'Ardéchoise. Longeant le bord ouest du Département, elle permet de découvrir les superbes paysages préservés du Parc naturel régional des Monts d'Ardèche, entre Massif Central et Cévennes, en passant notamment au pied des fameux monts Mézenc et Gerbier-de-Jonc.

DISTANCE *315 km*
DÉNIVELÉ POSITIF *5569 m*
NIVEAU ▲▲▲▲▲

AUBERGE LES MURETS

6 route des Martins Lengarnayre
07230 CHANDOLAS
✆ 04 75 39 08 32
Ouvert tous les jours

AUBERGE DE CHANALEILLES

Chassagnes bas
07140 LES VANS
✆ 04 75 94 96 01
Ouvert de Pâques à Toussaint

TERRA CABRA

Quartier de l'Eglise
07230 PLANZOLLES
✆ 04 75 39 92 31
Ouvert tous les jours
Distance : 1 km
Fromages : chèvre et Picodon AOP

Le village de Beaulieu.

MARCHÉ HEBDOMADAIRE

Le village - 07460 BAULIEU
Ouvert du 17/04 au 25/12 le dim. 8h-12h30

LA FERME DES DIVOLS

Les Divols - 07460 BEAULIEU
✆ 04 75 89 98 72
Ouvert tous les jours du 01/03 au 31/12
Fromages : chèvre

CARABASSE

Pléoux - 07460 BEAULIEU
✆ 06 17 89 73 58
Ouvert tous les jours (fermé en janvier)

MARCHÉ HEBDOMADAIRE BERRIAS

Place André Rouveyrol
07460 BERRIAS-ET-CASTELJAU
✆ 04 75 38 81 76
Horaires d'ouverture : jeu. 8h-12h30

MARCHÉ HEBDOMADAIRE

07310 BORÉE
Horaires d'ouverture : mar. 14h-16h

MARCHÉ DE PRODUCTEURS

Chemin de la Barrière
07700 BOURG-SAINT-ANDÉOL
Horaires d'ouverture : mer. sauf le 01/01 et le 25/12

© LC-ADT07

Plateau de fromages de l'Ardèche.

DOMAINE NOTRE DAME DE COUSIGNAC

Quartier Cousignac
07700 BOURG-SAINT-ANDÉOL
✆ 04 75 54 61 41
Ouvert tous les jours

LES DÉLICES DE LA MONTAGNE ARDÉCHOISE

RN 102-07660 LANARCE

BOUCHERIE CHARCUTERIE PUZZI

07660 LANARCE ✆ 04 66 69 44 79
Fromages : locaux

AUBERGE DES FERMIERS DU MÉZENC

Le Bourg - 43150 LES ESTABLES
✆ 04 71 08 34 30

MARCHÉ HEBDOMADAIRE LES VANS

Place Ollier, Rue du Marché, Place du Marché
07140 LES VANS
Horaires d'ouverture : sam. 8h-14h

ACCORD PICODON ET VIN

07140 LES VANS
✆ 04 75 37 24 48
Horaires d'ouverture : du 01/03 au 31/10
Fromages : chèvre

LA FROMAGERIE VANSÉENNE

10 place Henri Thibon
07140 LES VANS
✆ 04 75 38 79 14
Ouvert du mar au sam. 9h-12h45 et 16h-19h

AUX FERMES DES RAYOLS

4 avenue Charles de Gaulle
07140 LES VANS
✆ 04 75 94 00 93
Fromages : locaux

LA MAISON DU GERBOUL

MALARCE SUR LA THINES
✆ 04 75 36 22 10
Fromages : chèvre

FERME LE SAVOYARD

Les Bois
07510 MAZAN-L'ABBAYE
✆ 06 15 37 41 45
Horaires d'ouverture : sur rdv
Fromages : Picodon AOC et chèvres

CHRISTELLE RANC

Prat Clos
07140 MONTSELGUES
Fromages : chèvre

L'ESCAPADE

Place de l'église
07320 ROCHEPAULE
✆ 04 75 30 54 67
Horaires d'ouverture : du 01/03 au 30/12.
Fermé le lun. mer. soir et dim. soir.

HÔTEL AUBERGE CHANÉAC

Le village
07450 SAGNES-ET-GOUDOULET
✆ 04 75 38 80 88
Fromages : locaux

LA GRANDE TRAVERSÉE VTT DE L'ARDÈCHE

Un itinéraire affiné en Ardèche

SALAISONS TEYSSIER

Entreprise du Patrimoine vivant Place de Verdun
07320 SAINT-AGRÈVE
✆ 04 75 30 14 22
Fromages : locaux

LA CHÈVRE D'ANDAURE

Les Champs de Guilhaume
07320 SAINT-JEURE-D'ANDAURE
✆ 06 95 54 43 48
Fermé du 8/11 au 9/02
Fromages : chèvre

MARCHÉ

07320 SAINT-AGRÈVE
Horaires d'ouverture : lun. 8h-13h

LA TRADITION ARDÉCHOISE

La Tradition Ardéchoise - Route du Tunnel
07510 SAINT-CIRGUES-EN-MONTAGNE
✆ 04 75 88 84 37
Fromages : Coucouron, du Béage et du Lac d'Issarlès

FERME DES BORDS DE LOIRE

07510 SAINTE-EULALIE
✆ 04 75 38 84 21
Ouvert du 01/03 au 31/10

FERME DE LA SOURCE DE LA LOIRE

Mont Gerbier-de-Jonc
07510 SAINTE-EULALIE
✆ 04 75 38 81 76
Ouvert du 15/03 au 15/11

VISITES GOURMANDES DE SAINT FÉLICIEN

Office de tourisme - 19 place de l'Hôtel de ville
07410 SAINT-FÉLICIEN
✆ 04 75 08 10 23
Fromages : chèvre

MARCHÉ

Place du village
07700 SAINT-MARCEL-D'ARDÈCHE
Horaires d'ouverture : jeu. 8h-12h30

MARCHÉ SAISONNIER DU GERBIER DE JONC

07310 SAINT-MARTIAL
Ouvert du 07/04 au 04/11, tous les jours 10h-18h

RESTAURANT FERME DE LA BESSE

La Besse
07510 USCLADES-ET-RIEUTORD
✆ 04 75 38 80 64
Ouvert du 15/03 au 15/12

MARCHÉ HEBDOMADAIRE DE VALLON PONT D'ARC

07150 VALLON-PONT-D'ARC
Horaires d'ouverture : jeu. 8h-13h

DOMAINE LE GRAND JARDIN

Rond Point des Vignerons - Le Grand Jardin
07150 VALLON-PONT-D'ARC
✆ 04 75 37 72 08
Ouvert du 01/02 au 31/12

AUBERGE DU PONT D'ARC

Le Pont d'Arc - Route des Gorges
07150 VALLON-PONT-D'ARC
✆ 04 75 88 01 57
Horaires d'ouverture : du 30/03 au 11/11

AUX GLACES DE MON PÈRE

Route de Ruoms - Rond-Point des Sources
07150 VALLON-PONT-D'ARC
✆ 04 75 88 14 02
Horaires d'ouverture : de Pâques à Toussaint

GLACIER LE PETIT BEATRIX

10 place Armand Puaux
07150 VALLON-PONT-D'ARC
✆ 09 73 56 82 08
Ouvert tous les jours de Pâques à fin Septembre

AIGON THIERRY MAÎTRE GLACIER

8 rue Jean Jaurès
07150 VALLON-PONT-D'ARC
✆ 06 81 93 78 27
Ouvert du 01/04 au 30/09 tous les jours 9h-23h

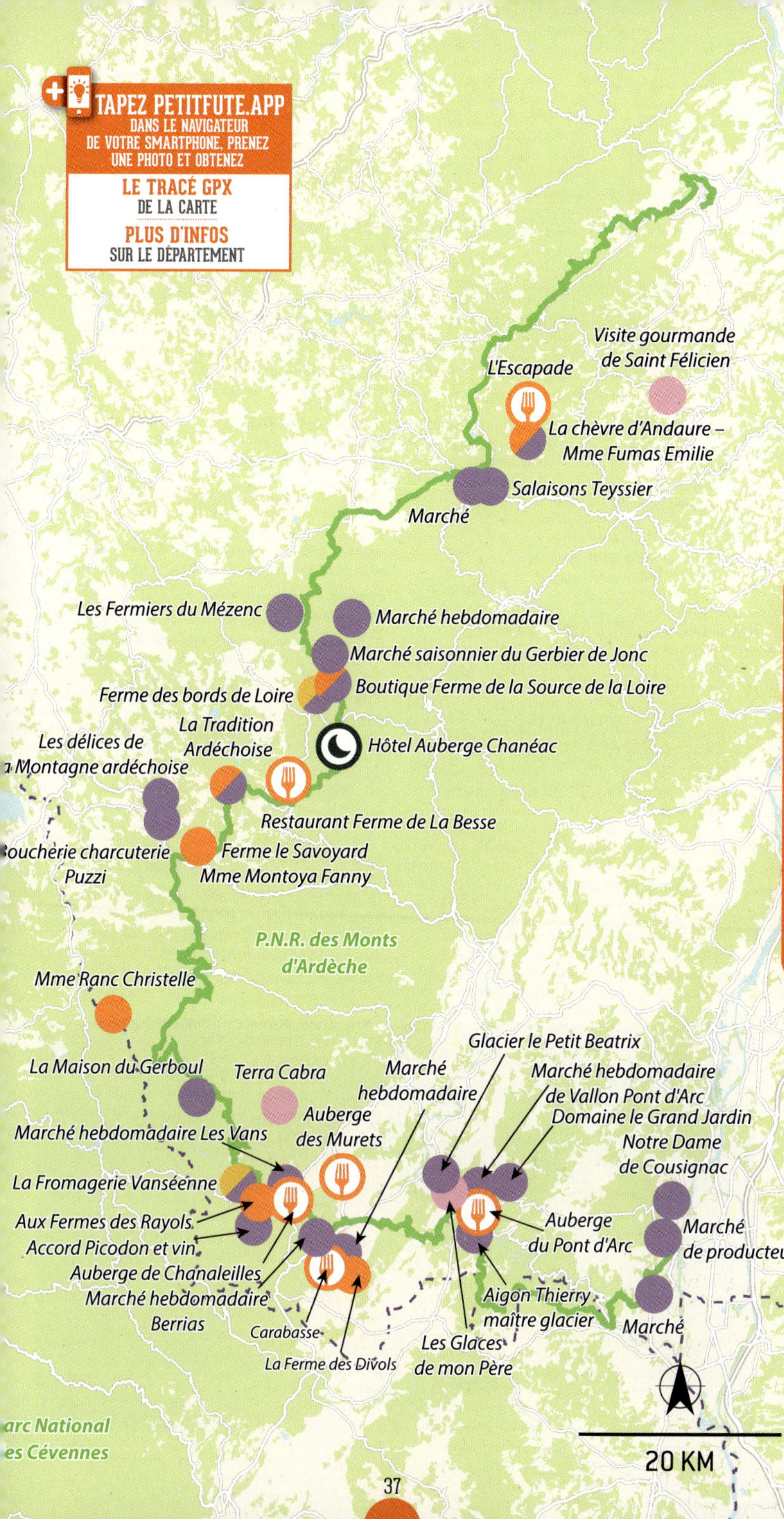
TAPEZ PETITFUTE.APP
DANS LE NAVIGATEUR DE VOTRE SMARTPHONE, PRENEZ UNE PHOTO ET OBTENEZ
LE TRACÉ GPX
DE LA CARTE
PLUS D'INFOS
SUR LE DÉPARTEMENT
Visite gourmande de Saint Félicien
L'Escapade
La chèvre d'Andaure – Mme Fumas Emilie
Salaisons Teyssier
Marché
Les Fermiers du Mézenc
Marché hebdomadaire
Marché saisonnier du Gerbier de Jonc
Ferme des bords de Loire
Boutique Ferme de la Source de la Loire
La Tradition Ardéchoise
Hôtel Auberge Chanéac
Les délices de la Montagne ardéchoise
Restaurant Ferme de La Besse
Boucherie charcuterie Puzzi
Ferme le Savoyard
Mme Montoya Fanny
P.N.R. des Monts d'Ardèche
Mme Ranc Christelle
La Maison du Gerboul
Terra Cabra
Marché hebdomadaire
Glacier le Petit Beatrix
Marché hebdomadaire de Vallon Pont d'Arc
Domaine le Grand Jardin
Auberge des Murets
Marché hebdomadaire Les Vans
Notre Dame de Cousignac
La Fromagerie Vanséenne
Aux Fermes des Rayols
Accord Picodon et vin
Auberge de Chanaleilles
Marché hebdomadaire Berrias
Auberge du Pont d'Arc
Marché de producteurs
Aigon Thierry maître glacier
Marché
Carabasse
La Ferme des Divols
Les Glaces de mon Père
Parc National des Cévennes
20 KM

LA VÉLOROUTE 81 DE FOIX À ST-GIRONS

Un itinéraire affiné en Ariège

Territoire de nature et de caractère par excellence, les motivations de séjour en Ariège sont variées : si l'envie de se détendre et de se relaxer domine, rien ne vaut un petit détour par la Véloroute 81 ! Au départ de Foix (Cité du pont de l'Echo), cet itinéraire doux, au coeur du Parc des Pyrénées Ariégeoises, est une invitation à la balade. Tomme des Pyrénées, tome du Couserans, fromage de Bethmale... vous découvrirez à quel point l'Ariège aime le vélo... et les fromages !

DISTANCE *42 km*
DURÉE ESTIMÉE *2h30*
NIVEAU ▲△△△△

MARCHÉ DE FOIX
Halle aux Grains - 09000 FOIX
Marché le vendredi matin (8-13h)
et marché fermier le mardi matin

FROMAGERIE DE L'ABBAYE NOTRE-DAME DU PESQUIÉ
Le Pesquié - 09000 SERRES-SUR-ARGET
✆ 05 61 02 97 55
Vente à l'abbaye (10h30-12h et 16-18h)
et sur le marché à Foix le vendredi.
Fromages : Transformation du lait et fabrication de fromages : tomme, Saint-Paterne, faisselle, beurre.

LA CHÈVRERIE DE MONDÉLY
Le Pla de la Borde
09240 LA BASTIDE-DE-SÉROU
✆ 05 61 64 54 06
Vente directe à la ferme tous les jours de mars à décembre 10h-12h et 14h-19h
Fromages : chèvre

LA FERME DE LA BISCARRERE
Hameau les Estaniels
09240 LA BASTIDE-DE-SÉROU
✆ 05 34 14 07 22
Horaires d'ouverture : ts les jrs de 9-12h et de 14-19h & marché de Foix le vend.
Fromages : Camembert, crottins de chèvre

LA FERME DE MÉRAS
Nescus
09240 LA BASTIDE-DE-SÉROU
✆ 05 61 64 50 66
Chambres & table d'hôtes servant des assiettes de fromages locaux

LA FERME DE CARREGAUT
09240 CASTELNAU-DURBAN
✆ 05 61 04 95 82
Tous les jours de 10h à 12h et de 14h à 18h. Vente sur le marché de Foix le vendredi
Fromages : tomme des Pyrénées

ARIÈGE

© RAPHAËL KANN

Voie verte en Ariège.

TAPEZ PETITFUTE.APP
DANS LE NAVIGATEUR
DE VOTRE SMARTPHONE, PRENEZ
UNE PHOTO ET OBTENEZ

LE TRACÉ GPX
DE LA CARTE

PLUS D'INFOS
SUR LE DÉPARTEMENT

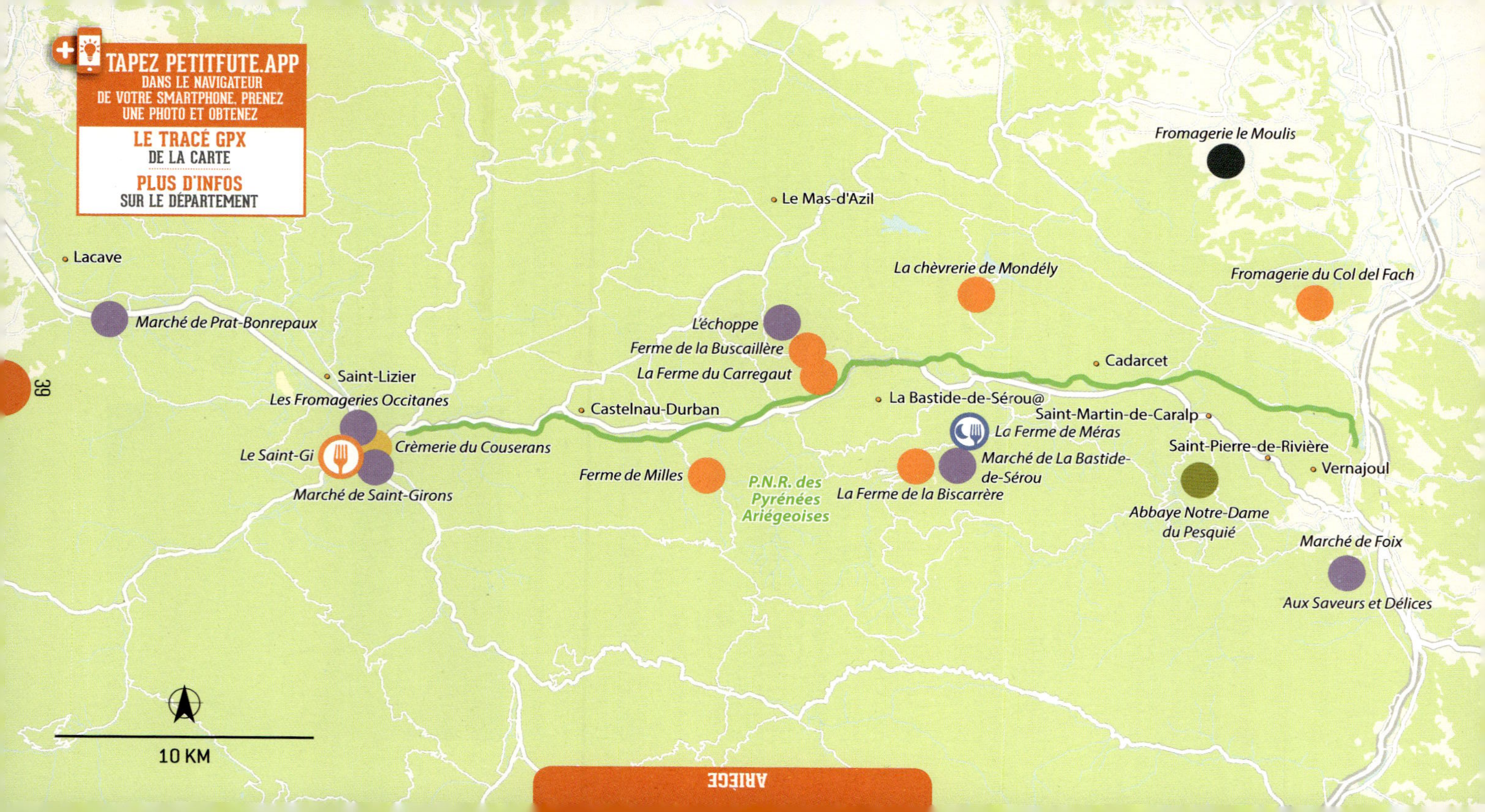

LA VÉLOROUTE 81 DE FOIX À ST-GIRONS

Un itinéraire affiné en Ariège

FERME DE MILLES
Milles - 09420 RIMONT
✆ 05 61 02 87 24 - 06 09 06 17 51
Ouvert tous les jours sauf le samedi matin.
Fromages : chèvre, tomme des Pyrénées au lait cru de chèvre

CRÈMERIE DU COUSERANS
3 rue de la République
09200 ST-GIRONS
✆ 05 61 66 50 30
Ouvert du mardi au samedi de 9h-12h15 et de 15h-19h
Fromages : tomes du Couserans

MARCHÉ DE SAINT-GIRONS
Champs de Mars
09200 SAINT-GIRONS
Horaires d'ouverture : samedi matin
Fromages : locaux

RESTAURANT LE SAINT-GI
14 Rue du Pujol
09200 SAINT-GIRONS
✆ 05 61 04 99 13
Fromages : locaux

LES FROMAGERIES OCCITANES
Pont du Baup
09190 SAINT-LIZIER
✆ 05 34 14 65 03
nicolas.oddon@lfo-occitanes.fr
Horaires d'ouverture : Le lundi de 8h30 à 12h30, du mardi au samedi de 8h30 à 12h30 et de 14h à 18h30
Fromages : locaux

MARCHÉ DE PRAT-BONREPAUX
Halle de Prat - 09160 PRAT
Ouvert le dimanche de 8h à 13h
Fromages : locaux

AUX SAVEURS ET DÉLICES
37 rue Labistour - 09000 FOIX
✆ 05 61 03 18 48
Horaires d'ouverture : Tous les jours de 9h à 19h30

FROMAGERIE DU COL DEL FACH
7 chem Col Del Fach - 09000 LOUBIERES
✆ 05 61 05 35 25
Fromages : Tomme Cabrioulet, le Cabri Ariègeois et le petit fiancé des Pyrénées

MARCHÉ DE LA BASTIDE-DE-SÉROU
Centre-ville
09240 LA BASTIDE-DE-SEROU
Horaires d'ouverture : Le jeudi de 8h à 13h

FERME DE LA BUSCAILLÈRE
La Buscaillère
09420 CASTELNAU-DURBAN
✆ 05 61 96 38 90
Horaires d'ouverture : Le lundi, mercredi et jeudi de 9h à 13h
Fromages : Lait, Confiture de Lait, Yahourt, Faisselle, Fromage blanc

L'ÉCHOPPE
Association Vallée Vivante, Promenade des Platanes
09240 CASTELNAU-DURBAN
Horaires d'ouverture : Tous les jours de 10h à 13h30 et de 14h à 19h

FROMAGERIE LE MOULIS
1 rue Principale
Lieu-dit Luzenac
09200 MOULIS
✆ 06 74 88 41 55
Fromages : Vache, chèvre et brebis

Voie Verte.

LA VÉLOROUTE DU PAYS CATHARE "PUIVERT-PUILAURENS"

Un itinéraire affiné dans l'Aude

D'un château à l'autre, parcourez cet itinéraire en passant par le plateau de Sault et la Vallée du Rebenty où de magnifiques paysages vous attendent. Sur de petites routes partagées, profitez de ces moments riches de dégustation, de produits fermiers, de visites inoubliables et de découvertes magiques. Cet itinéraire jonctionne la véloroute du Piémont Pyrénéen (V 81) dans sa partie audoise.

DISTANCE *49 km*
DÉNIVELÉ POSITIF *882 m*
NIVEAU ▲▲▲△△

AUDE

GAEC LA FERME DE LA PLANEILLE

La Planeille - 11140 CAILLA
✆ 04 68 20 52 65 / 06 89 87 27 04
Horaires d'ouverture : sur RDV
Distance : 2,1 km
Fromages : Fromages frais, yaourts et tomme

FERME DE LAPRADE

Hameau de Laprade - 11140 CAILLA
✆ 04 68 74 10 84
Ouvert tous les jours de 17h00 à 19h00
Distance : 2,1 km
Fromages : Fromage blanc frais, Tommes

LES PYRÉNÉENNES DU P'TIT PLATEAU

Le Village - Rue du Balech - 11140 GALINAGUES
✆ 06 03 49 32 96
Ouvert tous les matins, sauf le mardi de 9h30 à 12h30
Distance : 3,3 km
Fromages : Fromages de chèvres, fromage blanc campagnard

LA COMBIQUETTE

Hameau de Caillens
11140 RODOME
✆ 06 49 70 28 41
Ouvert de mars à décembre, sur RDV.
Distance : 4,6 km
Fromages : Fromages de chèvre dont Le Bentaillole, Tomme de chèvre, faisselles.

LE DOMAINE DES MASSOLS

Domaine des Massols
11140 MARSA
✆ 04 68 31 89 81
Ouvert tous les jours de 9h00 à 23h00
Distance : sur le parcours
Fromages : Fromages piémont pyrénéens

AUX QUATRE SAISONS

101 Route de Font-Romeu
11140 AXAT
✆ 04 68 20 14 67
En hiver, ouvert du vendredi au samedi soir, service à 19h30. Les autres soirs par réservation en avance uniquement.
Distance : sur le parcours
Fromages : Fromages piémont pyrénéens

LE CATHAROME

24 Avenue du Languedoc
11140 PUILAURENS
✆ 04 68 69 16 24
Ouvert ts les jrs sauf le mercredi, de 12h00 à 2h30.
Distance : sur le parcours
Fromages : Fromages piémont pyrénéens

HOSTELLERIE DU GRAND DUC

2 Route de Boucheville
11140 GINCLA
✆ 04 68 20 55 02
Horaires d'ouverture : non renseigné
Distance : 5,6 km
Fromages : Fromages piémont pyrénéens

5 KM
TAPEZ PETITFUTE.APP
DANS LE NAVIGATEUR
DE VOTRE SMARTPHONE, PRENEZ
UNE PHOTO ET OBTENEZ
LE TRACÉ GPX
DE LA CARTE
PLUS D'INFOS
SUR LE DÉPARTEMENT
Forêt Domaniale des Fanges
Domaine des Massols
Ferme de Laprade (Françoise Faure et Philippe Guitard)
La Combiquette Solange Blachère
Les Pyrénéennes du P'tit Plateau
La Ferme de la Planeille
Aux 4 Saisons
Le Catharome
Hostellerie du Grand Duc
AUDE

ROUTE DU LAGUIOLE AOP ET DES FROMAGES DE L'AUBRAC ET DU CARLADEZ

Un itinéraire affiné en Aveyron

Ce circuit de 114 km permet de relier ce grand territoire fromager formé de l'Aubrac, le Carladez et la Viadène, un parcours cyclotouristique sur les traces du Laguiole AOP, délicieux fromage au lait cru de vache produit dans le fief de la coutellerie. Pour les moins sportifs, deux variantes VTT, de 35 km autour de Laguiole et de 15kms au départ de la Coopérative de Thérondels sauront ravir vos papilles ! Circuits en cours d'élaboration, renseignements auprès de l'Office de tourisme, à Laguiole, au 05 65 44 35 94.

DISTANCE *114 km*
DURÉE ESTIMÉE *2 jours*
NIVEAU ▲▲▲△△

EARL DE FAYT

Le Bourg - 12210 CASSUEJOULS ✆ 05 65 44 35 54
Horaires d'ouverture : Visite et goûter à la ferme sur réservation
Distance : sur le parcours
Fromages : Laguiole AOP, Tome Fraîche de l'Aubrac

COOPÉRATIVE JEUNE MONTAGNE

La Borie Neuve - 12210 LAGUIOLE
✆ 05 65 44 35 54
Ouvert du lundi au samedi 8h-12h et 14h-18h et le dimanche 9h-12h. En été, du lundi au samedi 8h-19h en continu et le dimanche 9h-13h, 14h-18h. Visite gratuite, dégustation et vente toute l'année
Distance : sur le parcours
Fromages : Laguiole AOP, Tome Fraîche de l'Aubrac, Aligot de l'Aubrac, Ecir, Buronnier

© PIERRE SOISSONS

Cave d'affinage du Laguiole AOP à la Coopérative Jeune Montagne.

GAEC MIQUEL

Cervel - 12210 LAGUIOLE
✆ 05 65 44 35 54
Horaires d'ouverture : Visite et goûter à la ferme sur réservation
Distance : 1,5 km
Fromages : Laguiole AOP, Tome Fraîche de l'Aubrac

MARCHÉ TRADITIONNEL DE LAGUIOLE

Place du Foirail - 12210 LAGUIOLE
Ouvert le samedi matin
Distance : sur le parcours

LES BURONNIERS

Allée de l'Amicale - 12210 LAGUIOLE
✆ 05 65 44 25 12
Horaires d'ouverture : Tous les jours de 9h à 19h
Distance : sur le parcours
Fromages : Fromages régionaux

GAEC CESTRIÈRES DES PRADELLES

Lieu-dit Lindières
12210 MONTPEYROUX
Horaires d'ouverture : Visite et goûter à la ferme sur réservation auprès de la Coopérative Jeune Montagne (✆ 05 65 44 35 54)
Distance : 6 km
Fromages : Laguiole AOP, Tome Fraîche de l'Aubrac

GAEC LA BORIE ALTE

Lieu-dit La Borie Haute
12460 SAINT-AMANS DES CÔTS
Horaires d'ouverture : Visite et goûter à la ferme sur réservation auprès de la Coopérative Jeune Montagne (✆ 05 65 44 35 54). Vente directe à la ferme (✆ 05 65 44 39 77/ 06 31 07 03 14)
Distance : sur le parcours
Fromages: Laguiole AOP, Tome Fraîche de l'Aubrac, Fourmette de la Viadène

MARCHÉ TRADITIONNEL DE SAINT-AMANS DES CÔTS

Place de l'Église - 12460 SAINT-AMANS DES CÔTS
Horaires d'ouverture : Ouvert le jeudi matin
Distance : sur le parcours

GAEC LA BORIE DU CAUVEL (SUR LA VARIANTE)

Ucafol - 12210 LAGUIOLE
Horaires d'ouverture : Visite et goûter à la ferme sur rendez-vous (✆ 05 65 44 35 54)
Distance : 300 m
Fromages : Laguiole AOP, Tome fraîche de l'Aubrac

LA FERME DE DILHAC

Dilhac - 12600 LACROIX-BARREZ ✆ 05 65 66 19 78
Horaires d'ouverture : Ouvert du lundi au samedi 7h30-19h30
Distance : 1,5 km
Fromages : Produits fermiers bio

MARCHÉ TRADITIONNEL DE MUR-DE-BARREZ

Place de Monaco - 12600 MUR-DE-BARREZ
Horaires d'ouverture : Ouvert le jeudi matin
Distance : sur le parcours
Fromages : Fromages régionaux

BOULANGERIE BOS

5 Place de Monaco - 12600 MUR-DE-BARREZ
Horaires d'ouverture : mardi, jeudi, vendredi, samedi 7h-12h30 et 14h-19h, mercredi 14h-19h (seulement l'été), dimanche et lundi 7h-12h30
Distance : sur le parcours
Spécialités : Tarte à la tome

COOPÉRATIVE FROMAGÈRE DE THÉRONDELS

Route de Laussac - 12600 THÉRONDELS
✆ 05 65 44 24 32
Horaires d'ouverture : Visites guidées gratuites, dégustation et vente les vendredi et samedi 9h-12h
Distance : sur le parcours
Fromages : Cantal AOP au lait cru, Thérondels, Aligot de Thérondels, Tarte à l'Encalat

© GERALD VILLENA - STOCK.ADOBE.COM

Laguiole.

GAEC DE LA VOLTE

Biac - 12420 CANTOIN
✆ 05 65 44 35 54
Horaires d'ouverture : Visite et goûter sur réservation
Distance : 4 km
Fromages : Laguiole AOP, Tome fraîche de l'Aubrac

MARCHÉ TRADITIONNEL D'ARGENCES-EN-AUBRAC

Place des Tilleuls -12420 ARGENCES-EN-AUBRAC
Horaires d'ouverture : Ouvert le mercredi matin
Distance : sur le parcours
Fromages : Fromages régionaux

GAEC VALADIER EN ARGENCES

Lieu-dit Les Clauzels - 12210 LA TERRISSE
Horaires d'ouverture : Visite et goûter à la ferme sur réservation auprès de la Coopérative Jeune Montagne (✆ 05 65 44 35 54)
Distance : sur le parcours
Fromages: Laguiole AOP, Tome fraîche de l'Aubrac

LIONEL VIGUIER

Le Bourg - 12210 LA TERRISSE
Horaires d'ouverture : Visite et goûter à la ferme sur rendez-vous (✆ 05 65 44 35 54)
Distance : sur le parcours
Fromages : Laguiole AOP, Tome Fraîche de l'Aubrac

GAEC DU ROUCADEL

La Borie de Mondou - 12210 LAGUIOLE
✆ 05 65 48 44 30 / 06 88 96 02 46
Vente directe à la ferme
Distance : 1,8 km
Fromages : Laguiole AOP, Tome Fraîche de l'Aubrac

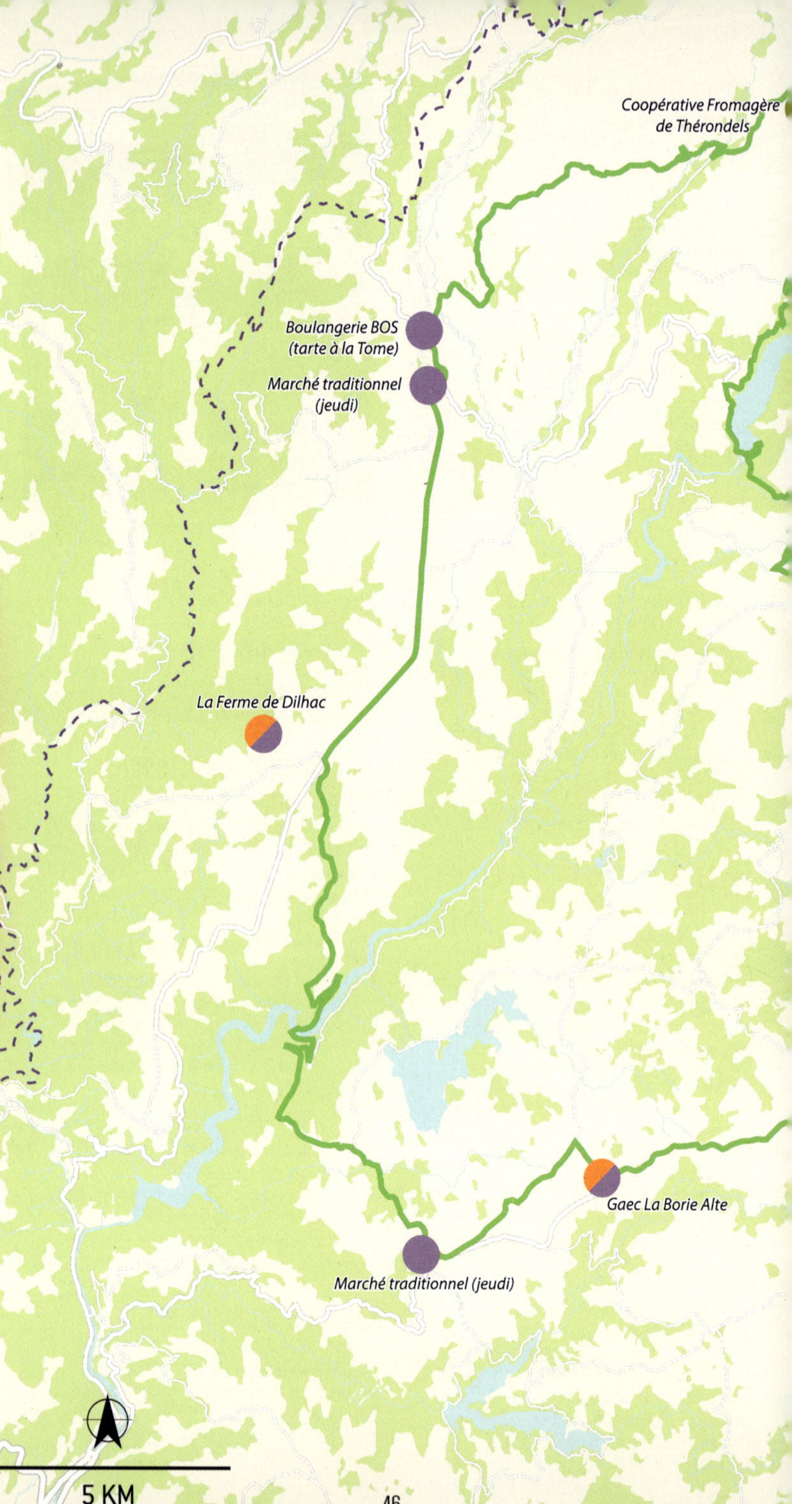
Coopérative Fromagère de Thérondels
Boulangerie BOS (tarte à la Tome)
Marché traditionnel (jeudi)
La Ferme de Dilhac
Gaec La Borie Alte
Marché traditionnel (jeudi)
5 KM

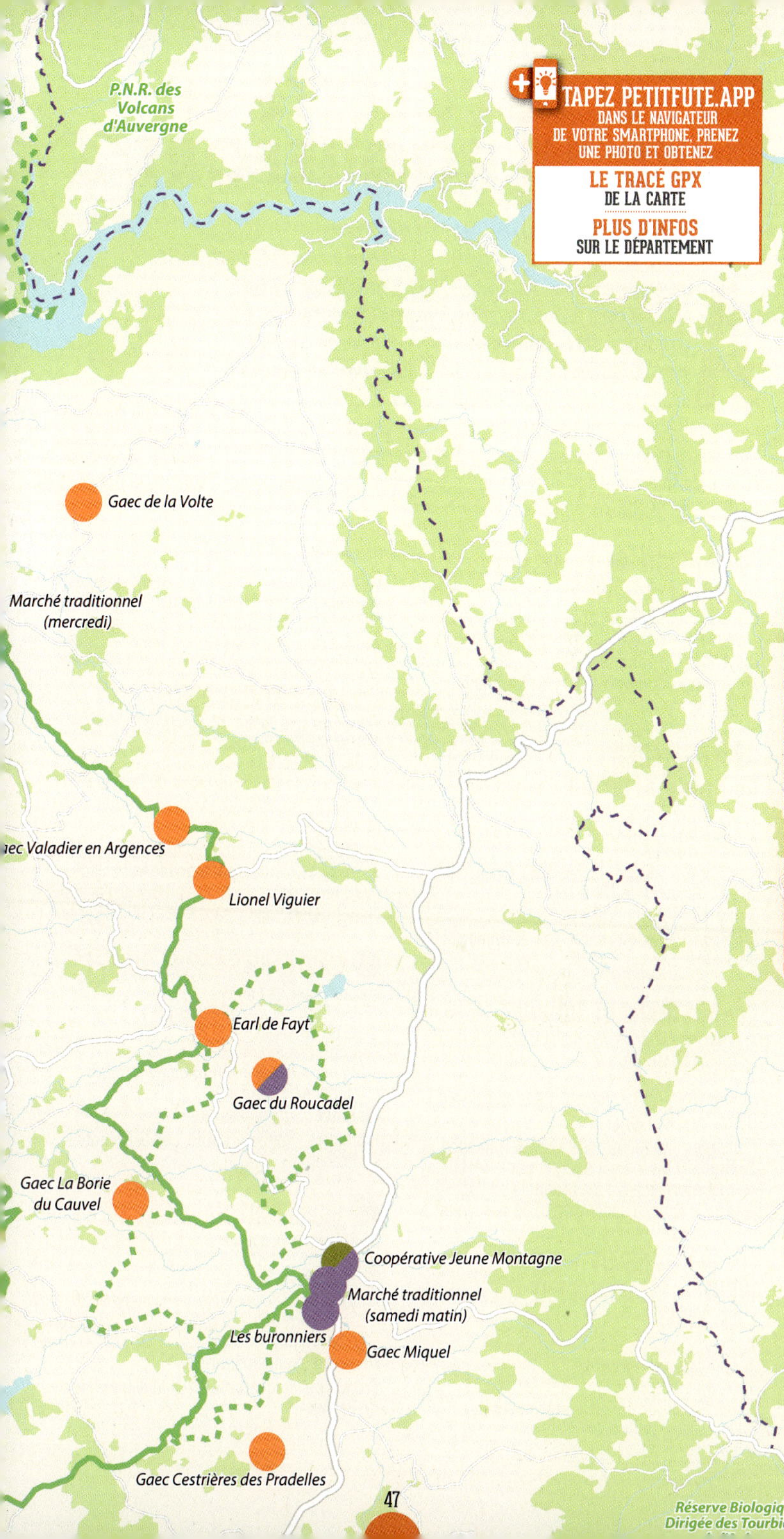

TAPEZ PETITFUTE.APP
DANS LE NAVIGATEUR DE VOTRE SMARTPHONE, PRENEZ UNE PHOTO ET OBTENEZ

LE TRACÉ GPX
DE LA CARTE

PLUS D'INFOS
SUR LE DÉPARTEMENT

BREBIS'CYCLETTE EN PAYS DU ROQUEFORT

Un itinéraire affiné en Aveyron

À travers ce circuit cyclotouristique de 61 km, c'est un territoire riche, au cœur du Parc naturel régional des Grands Causses qui vous tend les bras. Un périple en Pays du Roquefort, à la découverte du Roi des fromages, de son histoire singulière et de son patrimoine agropastoral qui vous mènera jusqu'aux mythiques caves d'affinage nichées au creux des failles du Combalou. Circuit disponible sur rando.parc-grands-causses.fr et renseignements auprès de l'Office de Tourisme Pays du Roquefort sur roquefort-tourisme.fr ou au ✆ 05 65 58 56 00.

DISTANCE
61 km ou 47 km
DURÉE ESTIMÉE
4h05 ou 3h10
DÉNIVELÉ POSITIF
937 m ou 650 m
NIVEAU ▲▲▲▲△

AVEYRON

MARCHÉ DE PLEIN AIR DE SAINT-AFFRIQUE

Boulevard Victor Hugo- 12400 SAINT-AFFRIQUE
Horaires d'ouverture : Tous les samedis matin
Distance : Sur l'itinéraire
Fromages : Roquefort AOP - Lait & fromages de Brebis

FROMAGERIE DE SAINT-AFFRIQUE

34, boulevard de la République
12400 SAINT-AFFRIQUE
✆ 05 65 49 05 32
Horaires d'ouverture : Du mardi au samedi de 8h30 à 12h15 et de 15h à 19h
Distance : Sur l'itinéraire
Fromages : Roquefort AOP - Lait & fromages de Brebis

RESTAURANT DU PONT NEUF

3, boulevard Charles de Gaulle
12400 SAINT-AFFRIQUE
✆ 05 65 99 02 33
Horaire d'ouverture : Tous les jours midi et soir.
Distance : Sur l'itinéraire
Fromages : Roquefort AOP - Lait & fromages de Brebis. Laissez-vous tenter par le moelleux au roquefort, le veau aveyronnais ou encore le gigot d'agneau accompagné de son aligot.

RESTAURANT « LA PIÈCE DE BŒUF » DU COMPLEXE HÔTELIER CAP VERT

Rue Lamartine
12400 SAINT-AFFRIQUE
✆ 05 65 98 23 44
Horaires d'ouverture : Ouvert toute l'année du mardi au dimanche midi et soir.
Distance : Sur l'itinéraire
Fromages : Roquefort AOP - Lait & fromages de Brebis. Cadre à la fois tendance et raffiné, une cuisine de terroir inventive aux accents de l'Aubrac et du Roquefort.

LE CHAT QUI DORT

Place François Fabié
12400 SAINT-AFFRIQUE
✆ 05 65 49 05 94
Horaires d'ouverture : Ouvert toute l'année mardi et dimanche midi, du mercredi au samedi midi et soir.
Distance : Sur l'itinéraire
Fromages : Roquefort AOP - Lait & fromages de Brebis. Cuisine traditionnelle française et du terroir avec des plats autour de l'agneau, du Roquefort, aligot/saucisse et du foie gras.

CAVES ROQUEFORT SOCIÉTÉ

Avenue François Galtier
12250 ROQUEFORT-SUR-SOULZON
✆ 05 65 58 54 38
Horaires d'ouverture : Ouvert tous les jours de 10h à 12h et de 13h30 à 17h (horaires adaptés en fonction de la saison)
Distance : Sur l'itinéraire
Fromages : Roquefort AOP - Lait & fromages de Brebis

ROQUEFORT GABRIEL COULET

5 - 7, avenue de Lauras
12250 ROQUEFORT-SUR-SOULZON
✆ 05 65 59 24 27
Horaires d'ouverture : Tous les jours de 9h30 à 12h30 et de 13h30 à 17h30 (horaires adaptés en fonction de la saison)
Distance : Sur l'itinéraire
Fromages : Roquefort AOP - Lait & fromages de Brebis

© PATRICE THEBAULT

MAISON COMBES - ROQUEFORT LE VIEUX BERGER

7, avenue du Combalou
12250 ROQUEFORT-SUR-SOULZON
✆ 05 65 59 91 48
Horaires d'ouverture : Du lundi au vendredi 9h à 12h et de 14h à 16h30.
Distance : Sur l'itinéraire
Fromages : Roquefort AOP

LES CAVES PAPILLON

8 bis, avenue de Lauras
12250 ROQUEFORT-SUR-SOULZON
✆ 05 65 67 23 50
Horaires d'ouverture : Tous les jours de 10h à 18h.
Distance : Sur l'itinéraire
Fromages : Roquefort AOP - Lait & fromages de Brebis

« ROQUEFORT UN TERRITOIRE EN FÊTE »

12250 ROQUEFORT-SUR-SOULZON
Début juin : Événement organisé par la Confédération Générale de Roquefort dans le village de Roquefort.
Distance : Sur l'itinéraire
Fromages : Roquefort AOP

RESTAURANT LA CAVE DES SAVEURS

Avenue François Galtier
12250 ROQUEFORT-SUR-SOULZON
✆ 05 65 58 58 11
Horaires d'ouverture : Ouvert tous les jours, du 1er avril au 6 novembre (midi).
Distance : Sur l'itinéraire
Fromages : Roquefort AOP - Lait & fromages de Brebis. Profitez d'une parenthèse et dégustez nos plats à base de notre Roquefort le temps d'un déjeuner dans le cadre des voûtes de la cave Reynès.

CRÊPERIE LA BERGERIE

Place de l'église
12250 ROQUEFORT-SUR-SOULZON
✆ 05 65 72 48 37
Horaires d'ouverture : Du 05/05 au 11/11, ouvert du lundi au dimanche (midi), fermé les samedis
Distance : Sur l'itinéraire
Fromages : Roquefort AOP - Lait & fromages de Brebis. Une cuisine traditionnelle simple et savoureuse vous séduira à coup sûr avec des produits locaux pour apprécier les classiques Aveyronnais en salé comme en sucré.

ROQUEFORT CARLES

Zone Artisanale de Lauras
12250 ROQUEFORT-SUR-SOULZON
✆ 05 65 59 90 28
Horaires d'ouverture : Du lundi au vendredi de 8h15 à 12h et de 13h15 à 17h30.
Distance : 3,5 km
Fromages : Roquefort AOP

ROQUEFORT VERNIÈRES

ZA de Lauras
12250 ROQUEFORT-SUR-SOULZON
✆ 05 65 59 90 23
Horaires d'ouverture : Du lundi au vendredi de 8h15 à 16h30 (Vente directe)
Distance : 3,5 km
Fromages : Roquefort AOP

BREBIS'CYCLETTE EN PAYS DE ROQUEFORT

Un itinéraire affiné en Aveyron

LES FROMAGERIES OCCITANES - ROQUEFORT LA PASTOURELLE

ZA de Lauras - 12250 ROQUEFORT-SUR-SOULZON
✆ 05 65 59 90 11
Horaires d'ouverture : Du lundi au vendredi de 9h à 12h et de 14h à 16h
Distance : 3,5 km
Fromages : Roquefort AOP

FERME DES FLEURINES

Chemin de Médéric, Lauras
12250 ROQUEFORT-SUR-SOULZON
✆ 06 47 60 63 72
Horaires d'ouverture : Du 01/06 au 30/09/2022, visite de la ferme du lundi au vendredi à 17h sur réservation
Distance : 3,5 km
Fromages : Roquefort AOP

RESTAURANT LE COMBALOU

Lauras - 12250 ROQUEFORT-SUR-SOULZON
✆ 05 65 59 91 70
Horaires d'ouverture :Ouvert tous les jours du lundi au samedi (service midi et soir) et le dimanche midi.
Distance : 3,5 km
Fromages : Roquefort AOP - Lait & fromages de Brebis. Cuisine traditionnelle avec des spécialités au Roquefort (crème brûlée au Roquefort, croquilles d'escargots, aligot/saucisse, burger au Roquefort et frites maison, charcuterie de pays, confit de canard…).

FERME D'ALCAS

St-Jean-d'Alcas
12250 ST-JEAN-ET-ST-PAUL
✆ 06 83 02 82 64
Horaires d'ouverture : Ouvert tous les jours pour la visite à partir de 17h30 pendant la traire (groupe sur réservation).
Distance : Sur l'itinéraire
Fromages : Ferme en Agriculture Biodynamique élevant des brebis laitières et produisant des yaourts fermiers.

RESTAURANT LA POURTANELLE

Fort de Saint-Jean d'Alcas
12250 ST-JEAN-ET-ST-PAUL
✆ 05 65 97 79 50
Horaires d'ouverture : Ouvert toute l'année, les mardis, mercredis, jeudis et dimanches midi et les vendredis et samedis midi et soir.
Distance : 0,5 km
Fromages : Roquefort AOP - Lait & fromages de Brebis

FERME D'HERMILIX - RICARD ALICE

Hermilix
12400 VERSOLS-ET-LAPEYRE
✆ 05 65 99 06 46 / 06 13 78 98 56
Ouvert toute l'année uniquement pour les groupes sur réservation.
Distance : Sur l'itinéraire
Fromages : Roquefort AOP

Troupeau Lacaune.

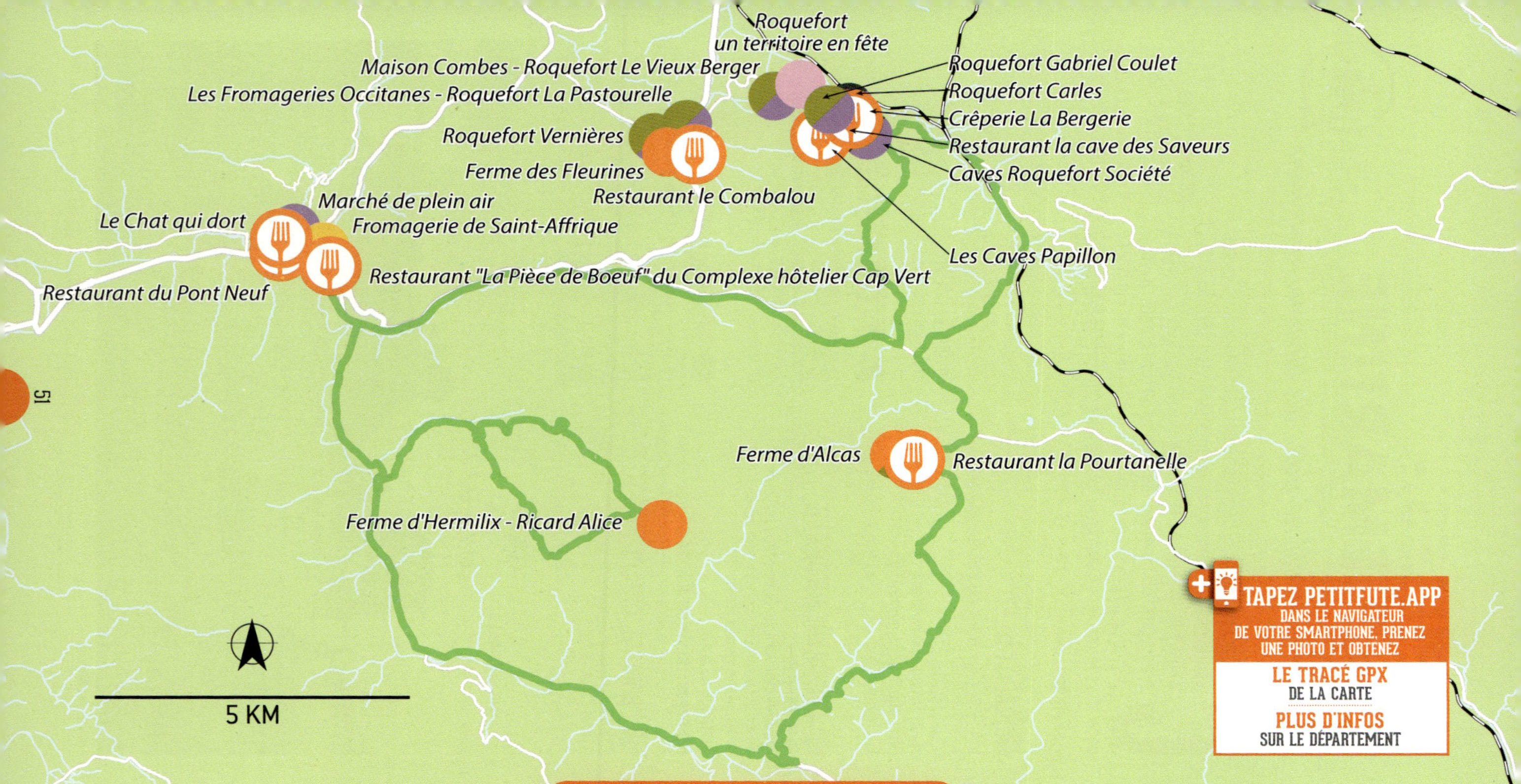

Roquefort
un territoire en fête
Maison Combes - Roquefort Le Vieux Berger
Les Fromageries Occitanes - Roquefort La Pastourelle
Roquefort Vernières
Ferme des Fleurines
Restaurant le Combalou
Roquefort Gabriel Coulet
Roquefort Carles
Crêperie La Bergerie
Restaurant la cave des Saveurs
Caves Roquefort Société
Les Caves Papillon
Marché de plein air
Fromagerie de Saint-Affrique
Le Chat qui dort
Restaurant du Pont Neuf
Restaurant "La Pièce de Boeuf" du Complexe hôtelier Cap Vert
Ferme d'Alcas
Restaurant la Pourtanelle
Ferme d'Hermilix - Ricard Alice
5 KM
TAPEZ PETITFUTE.APP
DANS LE NAVIGATEUR
DE VOTRE SMARTPHONE, PRENEZ
UNE PHOTO ET OBTENEZ
LE TRACÉ GPX
DE LA CARTE
PLUS D'INFOS
SUR LE DÉPARTEMENT

ALPILLES - ROQUEMARTINE

Un itinéraire affiné dans les Bouches-du-Rhône

Cet itinéraire propose deux variantes, sur des petites routes sportives de campagne, permettant de découvrir les paysages du Sud de la France où fermiers et fromagers produisent du fromage de chèvre et de brebis. Il vous permet d'aller à la rencontre des producteurs directement dans leurs fermes et de découvrir toutes les étapes de la fabrication du fromage.

DISTANCE *64 km*
DURÉE ESTIMÉE *4h30*
NIVEAU ▲▲△△△

GAEC GILLET

Les Plantiers, Chemin des plantiers d'en bas
13930 AUREILLE
✆ 06 20 19 67 17
Vente et visite sur rendez-vous
Distance : sur l'itinéraire
Fromages: Chèvre du Rove, Brousse, faisselle

LES CABRES D'OR'ELIE

Route des fioles
13930 AUREILLE
✆ 06 09 05 46 52
Vente à la ferme sur rendez-vous
Distance : 1 km
Fromages : chèvre et yaourts

FROMAGE CHIARI

Chemin Du Mas d'Espagne
13430 EYGUIÈRES
✆ 04 90 57 88 85
Horaires d'ouverture : Vente à la ferme le vendredi, visite sur rendez-vous, vente sur le marché d'Eyguières le vendredi soir (en été)
Distance : 2,5 km
Fromages : chèvre

ÉPICERIE FINE CHEZ EMILY

124 Rue de la République - 13810 EYGALIÈRES
✆ 06 99 15 45 85
Horaires d'ouverture : du mardi au samedi de 9h à 13h et de 15h30 à 19h.
Distance : sur l'itinéraire

CHÈVRERIE DE LA CORALINE

19, route de Salon - 13890 MOURIÈS
✆ 06 84 07 49 81
Vente à la ferme sur rendez-vous. Vente sur le marché de Mouriès le mercredi
Distance : marché sur l'itinéraire
Fromages : chèvre

Le village d'Orgon.

TAPEZ PETITFUTE.APP
DANS LE NAVIGATEUR
DE VOTRE SMARTPHONE. PRENEZ
UNE PHOTO ET OBTENEZ
LE TRACÉ GPX
DE LA CARTE
PLUS D'INFOS
SUR LE DÉPARTEMENT
Orgon
Réserve Biologique Dirigée du Petit Luberon
Maison du Parc des Alpilles
Eygalières
Epicerie fine Chez Emily
Emily PON BAEHNI
P.N.R. des Alpilles
Eyguières
Mouriès
GAEC Gillet
Virginie et Sylvain GILLET
Chèvrerie de la Coraline
Coralie BOYER
Les Cabres d'OR'ELIE
Aurélie BANIS
Fromage Chiari - Christine CHIARI
Réserve Naturelle de Poitevine Regarde-Venir
Réserve Naturelle Coussouls de Crau
.N.R. de
ımargue
5 KM

ALPILLES - VAL D'ENFER

Un itinéraire affiné dans les Bouches-du-Rhône

Le parcours emprunte le chemin passant par le Val d'Enfer, un itinéraire difficile, de 42 km, au coeur d'une nature préservée et sauvage. Vous apprécierez les jolis points de vue sur le Massif des Alpilles et le calme de ce parcours.

DISTANCE 42 km
DURÉE ESTIMÉE 3h30
NIVEAU ▲▲▲▲△

FROMAGERIE ROUMANILLE

196 petite route d'Eyragues
13210 SAINT-RÉMY-DE-PROVENCE
© 06 77 39 03 40
Vente à la ferme sur RDV. Vente sur les marchés : le samedi matin à Saint-Rémy de Provence, le lundi soir à Barbentane, le mardi soir à Noves.
Distance : 1,5 km
Fromages : Fromage de chèvre

LA CAVE AUX FROMAGES

1 Place Joseph Hilaire
13210 SAINT-RÉMY-DE-PROVENCE
© 06 87 61 26 05
Ouvert du mardi au samedi de 9h à 19h
Distance : sur l'itinéraire
Fromages : chèvre

LA FROMAGERIE DES ALPILLES

Route des Baux Les Joncades Basses
13210 SAINT-REMY-DE-PROVENCE
© 04 90 92 07 02
Horaires : Du lundi au vendredi de 8h à 12h et de 14h à 19h. Le samedi de 8h à 12h.
Distance : 2 km
Fromages : chèvre

FROMAGERIE DE MAUSSANE

94 Avenue de la Vallée des Baux
13520 MAUSSANE-LES-ALPILLES
Horaires : Du mardi au samedi de 9h à 12h30 et de 15h30 à 19h. Le dimanche de 9h à 12h30.
Distance : sur l'itinéraire

FERME DU MAS DES TOURS

Saint-Gabriel
13150 TARASCON
© 06 71 72 44 72
Horaires : Tous les jours de 10h à 19h
Distance : sur l'itinéraire
Fromages : Lait cru de vache, sur commande avec sa bouteille ou bidon

BOUCHES-DU-RHÔNE

© IMAREVA - STOCK.ADOBE.COM

Le Val d'Enfer.

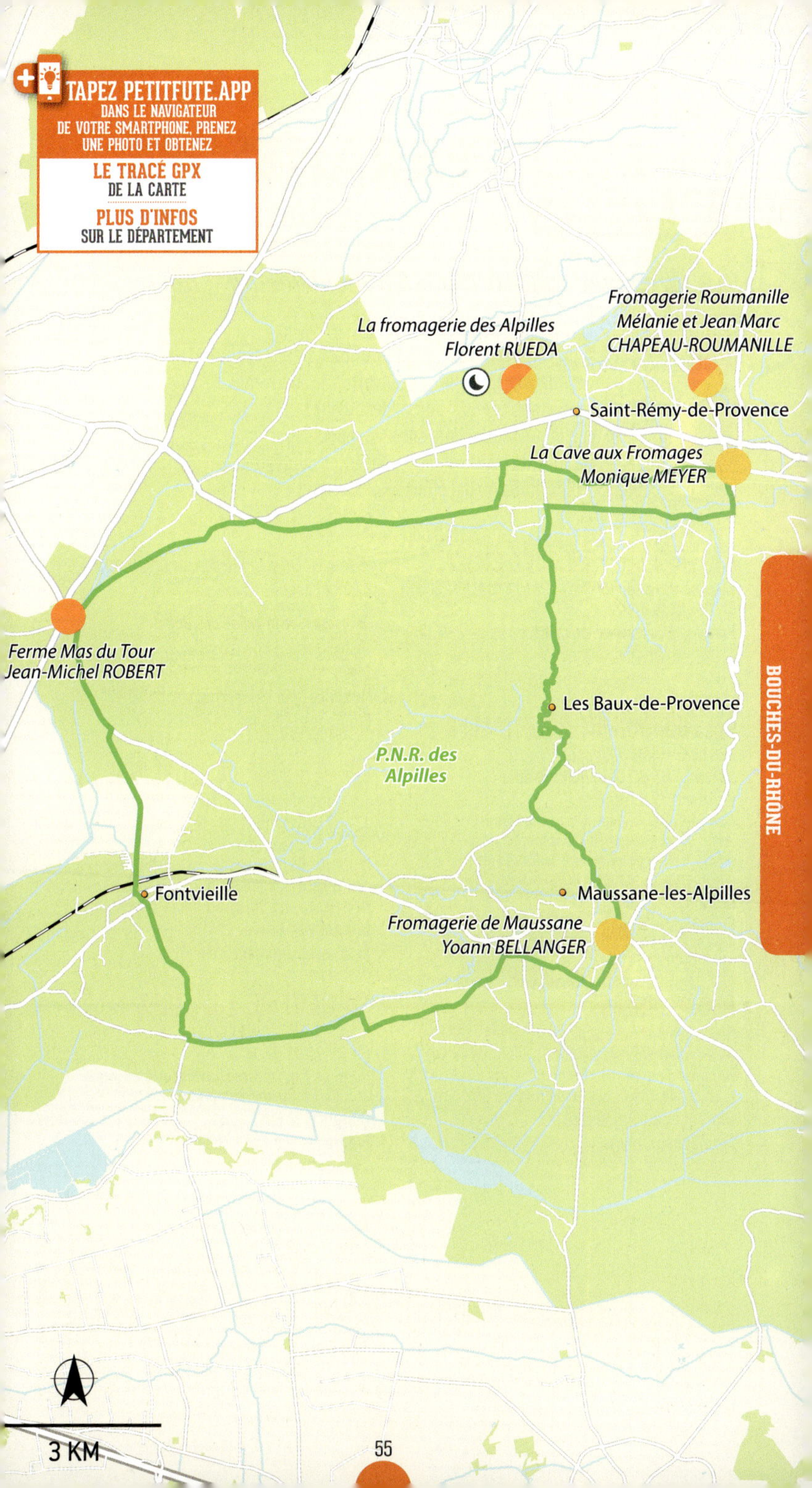
La fromagerie des Alpilles
Florent RUEDA
Fromagerie Roumanille
Mélanie et Jean Marc
CHAPEAU-ROUMANILLE
Saint-Rémy-de-Provence
La Cave aux Fromages
Monique MEYER
Ferme Mas du Tour
Jean-Michel ROBERT
Les Baux-de-Provence
P.N.R. des
Alpilles
Fontvieille
Maussane-les-Alpilles
Fromagerie de Maussane
Yoann BELLANGER
3 KM

EUROVELO 8 – LA MÉDITERRANÉE À VÉLO

Un itinéraire affiné dans les Bouches-du-Rhône

Cette portion de l'EuroVelo 8 au départ du Tronçon Tarascon vous permet de partir à la découverte de nouveaux paysages méditerranéens. Vous découvrirez sur cet itinéraire cyclotouristique des sites fromagers qui vous accueilleront afin de visiter leurs espaces et de déguster leurs productions locales après un bel effort à vélo !

DISTANCE *38 km*
DURÉE ESTIMÉE *3h30*
NIVEAU ▲▲△△△

BOUCHES-DU-RHÔNE

ÉPICERIE FINE CHEZ EMILY

124 Rue de la République - 13810 EYGALIÈRES
✆ 06 99 15 45 85
Horaires d'ouverture : du mardi au samedi de 9h à 13h et de 15H30 à 19h
Distance : 3 km

FROMAGERIE ROUMANILLE

196 petite route d'Eyragues
13210 SAINT-RÉMY-DE-PROVENCE
✆ 06 77 39 03 40
Horaires d'ouverture : Vente à la ferme sur RDV. Vente sur les marchés : le samedi matin à Saint-Rémy de Provence, le lundi soir à Barbentane, le mardi soir à Noves.
Distance : 1 km
Fromages : Fromage de chèvre

LA FROMAGERIE DES ALPILLES

Route des Baux Les Joncades Basses - 13210 SAINT-RÉMY-DE-PROVENCE ✆ 04 90 92 07 02
Horaires d'ouverture : Du lundi au vendredi de 8h à 12h et de 14h à 19h. Le samedi de 8h à 12h.
Distance : sur l'itinéraire
Fromages : chèvre

LA CAVE AUX FROMAGES

1 Place Joseph Hilaire
13210 SAINT-RÉMY-DE-PROVENCE
✆ 06 87 61 26 05
Horaires d'ouverture : Du mardi au samedi de 9h à 19h
Distance : sur l'itinéraire
Fromages : chèvre

BERGERIE DE LA PLAINE

1284 chemin de Saint-Henri La Plaine
13440 CABANNES
✆ 06 17 64 98 51
Horaires d'ouverture : Vente à la ferme sur rendez-vous, vente sur les marchés le samedi matin à Arles, le vendredi après-midi à Graveson
Distance : 4 km
Fromages : Fromage de chèvre

LAITERIE « LA TAPY »

RD24 - 13670 SAINT-ANDIOL
✆ 04 90 95 02 04
Horaires d'ouverture : Ouvert tous les jours 16h30-18h30 sauf dimanche
Distance : 2 km
Fromages : Lait de vache

57
Tarascon
La fromagerie
des Alpilles
Florent RUEDA
Fromagerie Roumanille
Mélanie et Jean Marc
CHAPEAU-ROUMANILLE
Saint-remy-de-provence
Maison du Parc
des Alpîlles
La Cave aux Fromages
Monique MEYER
Laiterie « La Tapy »
Jean-François et Jacques MICHEL
Bergerie de la Plaine
Yolande LEROY
Orgon
Réserve Biologique
Dirigée du Petit
Luberon
P.N.R. du
Luberon
P.N.R. des
Alpilles
Eygalieres
Epicerie fine Chez Emily
Emily PON BAEHNI
TAPEZ PETITFUTE.APP
DANS LE NAVIGATEUR
DE VOTRE SMARTPHONE, PRENEZ
UNE PHOTO ET OBTENEZ
LE TRACÉ GPX
DE LA CARTE
PLUS D'INFOS
SUR LE DÉPARTEMENT
5 KM
BOUCHES-DU-RHÔNE

LA ROUTE DE LA CHAÎNE DES CÔTES

Un itinéraire affiné dans les Bouches-du-Rhône

À la lisière nord du Département, cet itinéraire entre plaines et collines propose un spectaculaire mélange de paysages et d'architecture provençaux. Il peut être réalisé en trois boucles entre le Val de Durance et le massif boisé de la Chaîne des Côtes. Ces liaisons vertes vous permettront de découvrir 4 sites fromagers spécialisés dans les fromages de chèvre.

DISTANCE *93 km*
DURÉE ESTIMÉE *6h*
NIVEAU ▲▲△△△

LA FERME D'AURONS

Route de Pélissanne
Quartier des Beaumales
13121 AURONS
✆ 06 25 68 29 01
Horaires d'ouverture : ven. et sam. 10h-13h et dim. matin sur le marché de Pélissanne.
Distance : 4 km
Fromages : chèvre, faisselles et brousses

LES ROVES DE LA JACOURELLE

Route de Sainte Anne
13640 LA ROQUE-D'ANTHÉRON
✆ 04 42 50 56 79
Horaires d'ouverture : lun. au sam. 9h-12h et jeu. matin sur le marché à la Roque d'Anthéron
Distance : 3 km
Fromages : chèvre

LA FERME DU BRÉGALON

Chemin du Gour
Mas du Brégalon
13840 ROGNES
✆ 04.42.50.14.32
Horaires d'ouverture : Du mardi au samedi de 15h à 19h
Distance : sur l'itinéraire
Fromages : chèvre

LA CHÈVRERIE DES PERRIÈRES

Les Perrières
13410 LAMBESC
✆ 06 70 65 28 71 / 06 02 18 63 15
Horaires d'ouverture : Le samedi et le vendredi de 16h à 19h. Vente sur le marché de Lambesc le mardi après-midi et sur le marché de Pelissanne le mercredi et dimanche
Distance : 1,5 km
Fromages : chèvre

BOUCHES-DU-RHÔNE

La chapelle Saint-Roch à Lambesc.

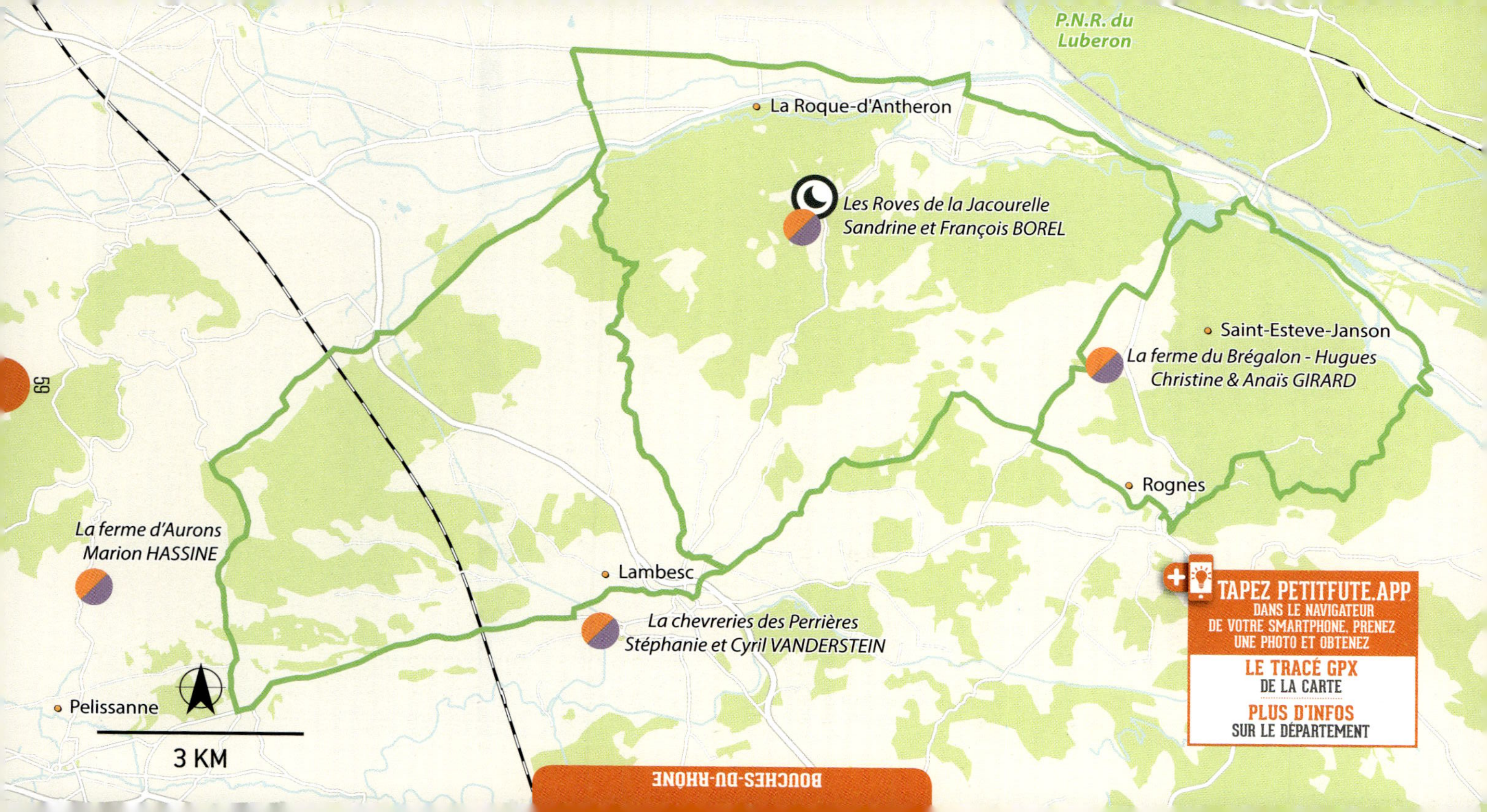

TAPEZ PETITFUTE.APP
DANS LE NAVIGATEUR
DE VOTRE SMARTPHONE, PRENEZ
UNE PHOTO ET OBTENEZ

LE TRACÉ GPX
DE LA CARTE

PLUS D'INFOS
SUR LE DÉPARTEMENT

LE PIEMONT DU GARLABAN

Un itinéraire affiné dans les Bouches-du-Rhône

Ce parcours au départ d'Aubagne se réalise en une boucle de 22 km agrémentée de visites et de découvertes gustatives. Cet itinéraire est riche par la diversité de ses paysages avec en point d'orgue le Garlaban, ce sommet rocheux qui domine la verte vallée de l'Huveaune. Les fromages de chèvre et de brebis sont principalement mis à l'honneur dans les 4 sites fromagers que vous pourrez retrouver lors de votre balade à vélo.

DISTANCE *22 km*
DURÉE ESTIMÉE *2h30*
NIVEAU ▲▲△△△

FROMAGERIE BELLON

22 Rue Rastègue
13400 AUBAGNE
✆ 04 42 08 27 35
Horaires d'ouverture: Du mardi au samedi de 8h à 13h et de 15h30 à 19h et le dimanche de 8h30 à 12h30

Distance : sur l'itinéraire

Fromages : Brie ail fines herbes, le brie truffé, le camembert aux cèpes, le brie au basilic, la cachaille provençale, Lou Fadoli

LES CHÈVRES DE LA BAUME

700, chemin de la Baume
13360 ROQUEVAIRE
✆ 06 19 06 24 67
Horaires d'ouverture : Vente chez Lionel et Sylvain CHIAPELLO sur la RN96 le vendredi de 14h à 19h, le dimanche de 10h à 12h et de 14h à 19h et sur le marché de Gémenos le mercredi matin

Distance : sur l'itinéraire

Fromages : chèvre

LA FERME DE L'ANDAIN

331 chemin du Fauge
13420 GEMENOS
✆ 06 71 02 65 02
Horaires d'ouverture: Du mardi au samedi de 17h à 18h30, téléphoner avant

Distance: 4 km

Fromages : Fromage de brebis, brousse, yaourt, lait

© JACKIN - STOCK.ADOBE.COM

Le massif du Garlaban.

TAPEZ PETITFUTE.APP
DANS LE NAVIGATEUR DE VOTRE SMARTPHONE, PRENEZ UNE PHOTO ET OBTENEZ
LE TRACÉ GPX
DE LA CARTE
PLUS D'INFOS
SUR LE DÉPARTEMENT
P.N.R. de la Sainte-Baume
Les chèvres de la Baume - Sébastien et Elodie GRAND
Fromagerie Bellon - Charles-Henri Bellon
La ferme de l'Andain
2 KM

VOIE VERTE DE MÉZIDON-CANON À LISIEUX

Un itinéraire affiné dans le Calvados

Au départ de Mézidon-Canon, cet itinéraire emprunte de petites routes à travers le Pays d'Auge avant de rejoindre la voie verte au Mesnil-Mauger. D'ici, la promenade longe la vallée de la Vie, ses bocages, ses pommiers et ses vaches normandes. Un cadre bucolique qui vous mènera jusqu'à Livarot, commune éponyme de la plus ancienne AOP fromagère de Normandie, et la fameuse basilique de Lisieux.

DISTANCE *70 km*
DURÉE ESTIMÉE *4h30*
NIVEAU ▲△△△△

FERME DE LA TUILERIE

Chemin de l'Eglise, La Tuilerie
14140 LE MESNIL-DURAND
✆ 02 31 32 02 37
Visites dès 16h, réservation obligatoire le week-end

FROMAGERIE GRAINDORGE

42 rue du Général Leclerc
14140 LIVAROT
✆ 02 31 48 20 10
Horaires d'ouverture : du 02/11 au 31/03 : lun-ven (10h-12h30 et 14h30-17h30) et sam. (10h-13h).
Du 01/04 au 31/10 : lun-sam (9h30-13h et 14h-17h30).
Du 01/07 au 31/08 : lun-sam (9h30-17h30) et dim. (10h30-17h30).
Fromages : Musée du Livarot, atelier de transformation et espace de vente.

Fromage Livarot.

FROMAGERIE DE LA HOUSSAYE

La Houssaye
14170 BOISSEY
✆ 02 31 20 64 00
Ouvert du lundi au vendredi de 9h-18h
Fromages : Pont L'Evêque, Livarot, Deauville et Pavé d'Auge

GÎTE DE LA COUR ST JEAN

Sainte-Marguerite-de-Viette
14140 SAINT-PIERRE-EN-AUGE
✆ 02 14 10 14 04 - 06 21 76 27 60
Ouvert toute l'année

DOMAINE SAINT HIPPOLYTE

Route de Livarot
14100 SAINT-MARTIN-DE-LA-LIEUE
✆ 06 11 74 02 62
Horaires d'ouverture : vendredi de 14h-16h
Fromages : Pont l'évêque, Livarot fermier AOP, Pavé d'Auge, crème fraîche fermière

FERME DE LA MOISSONNIÈRE

La Moissonnière - 14140 FERVAQUES
✆ 02 31 32 31 23
Ouvert du lundi au vendredi 8h-13h et 14h-16h ; le samedi 8h-13h
Fromages : Pont l'Evêque, Pavé d'Auge et Fervaques

MARCHÉ DE LISIEUX

Place de la République / Rue Pont-Mortain
14100 LISIEUX
Marché les samedis matin (8h à 13h) et les samedis journée (Été : 8h-17h45 ; Hiver : 8h-16h45)
Fromages : locaux

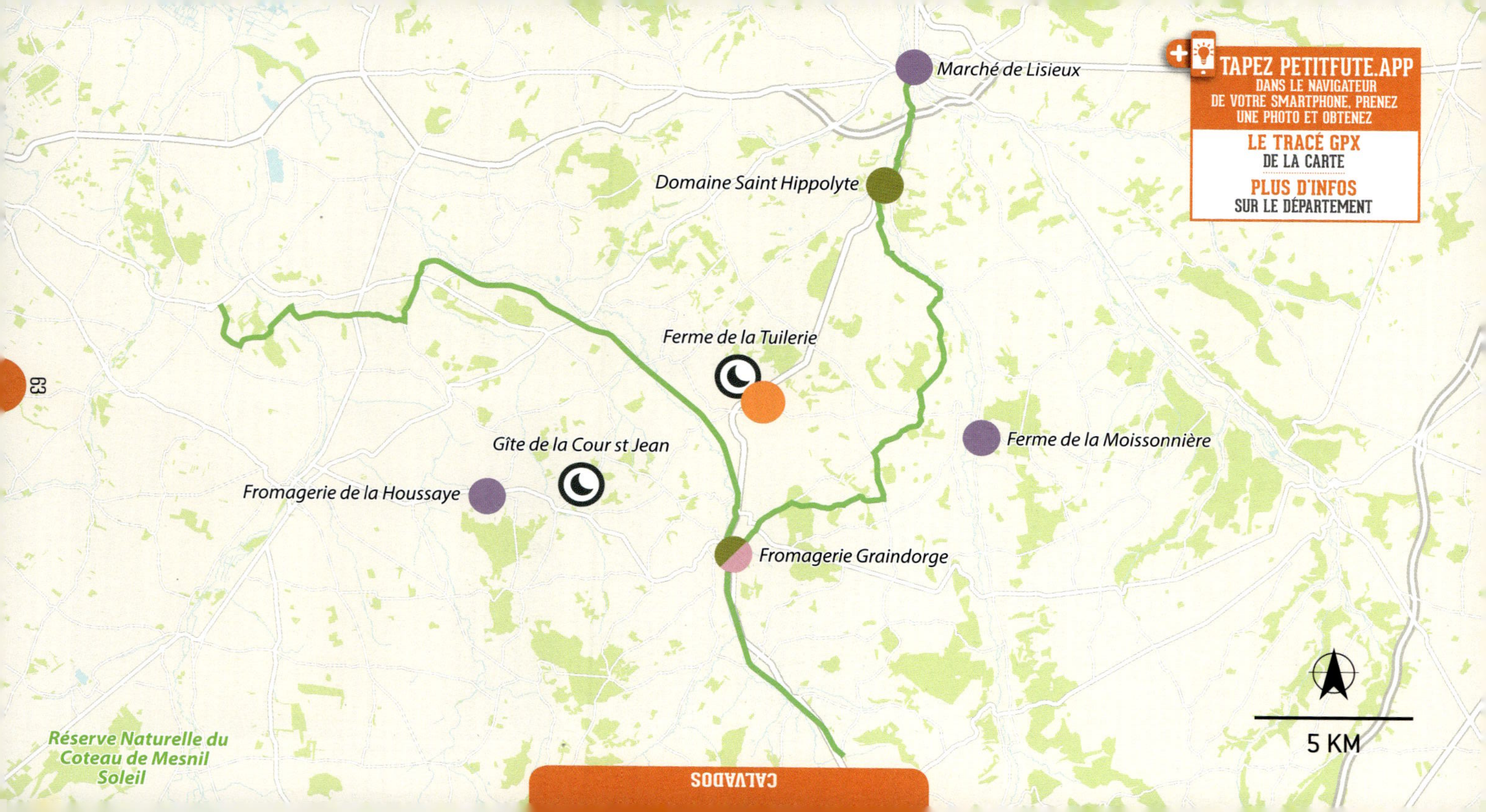
TAPEZ PETITFUTE.APP
DANS LE NAVIGATEUR
DE VOTRE SMARTPHONE, PRENEZ
UNE PHOTO ET OBTENEZ
LE TRACÉ GPX
DE LA CARTE
PLUS D'INFOS
SUR LE DÉPARTEMENT
Marché de Lisieux
Domaine Saint Hippolyte
Ferme de la Tuilerie
Ferme de la Moissonnière
Gîte de la Cour st Jean
Fromagerie de la Houssaye
Fromagerie Graindorge
Réserve Naturelle du Coteau de Mesnil Soleil
5 KM

LA VÉLOMARITIME ÉPICURIENNE SUR LES TERRES DU PONT L'ÉVÊQUE

Un itinéraire affiné dans le Calvados

Cet itinéraire commun à la Vélomaritime et à la Seine à Vélo, relie Deauville à Honfleur en passant par Pont l'Évêque, ville éponyme du célèbre fromage AOP. Les visites de marchés, de fermes, de fromageries et de crémeries à proximité du parcours vous feront inéluctablement apprécier le Pays d'Auge et ses saveurs authentiques.

DISTANCE *47 km*
DURÉE ESTIMÉE *3h*
DÉNIVELÉ POSITIF *295 m*
NIVEAU ▲▲△△△

CALVADOS

MARCHÉ BIO
Square de l'Eglise Saint-Augustin - Allée Armand Esders
14800 DEAUVILLE
Horaires d'ouverture : Le jeudi matin
Distance : sur l'itinéraire

MB FROMAGERIE
62 Rue Gambetta
14800 DEAUVILLE
✆ 09 67 60 53 03
Horaires d'ouverture : Tous les jours de 8h à 19h30
Distance : 0,5 Km
Fromages : Locaux

© JEAN-PATRICK GRATIEN / CALVADOS ATTRACTIVITÉ

Pont l'Evêque.

CHEZ MADELEINE
13 Rue Breney
14800 DEAUVILLE
✆ 02 31 88 17 86
Horaires d'ouverture : De 9h à 13h et de 15h à 19h, le dimanche de 9h à 13h, fermé le mercredi
Distance : 0,6 Km
Fromages : AOP Camembert, Livarot, Pont l'Evêque, Neufchâtel

MARCHÉ
Place du Marché
14800 DEAUVILLE
Horaires d'ouverture : Tous les matins de 8h à 13h
Distance : 0,6 Km

L'INSTANT FROMAGE
50 Rue des Bains
14600 TROUVILLE-SUR-MER
✆ 02 31 98 28 14
Horaires d'ouverture : Tous les jours de 9h30 à 19h sauf le lundi
Distance : 1,4 Km
Fromages : Camembert, Livarot, Pont l'Evêque, Neufchâtel

FERME DU LIEU BILL
Ferme du Lieu Bill
14910 BLONVILLE-SUR-MER
✆ 06 71 54 79 91
Distance : 4,1 Km

AUBERGE DU VIEUX TOUR
36 D677
14800 CANAPVILLE
✆ 02 31 65 21 80
Distance : 3,3 Km

Marché de Honfleur
Marché Bio
Gourmandises Normandes
l'Absinthe
La Fromagère et Le Vigneron
5 KM
L'Instant fromage
Marché
Chez Madeleine
MB Fromagerie
Marché Bio
Fromagerie Maître Pennec
Auberge du Vieux Tour
Ferme du lieu Bill
Le Petit Blonvillais
Ferme du Haut au Coudray Rabut –
Bienvenue à la Ferme
L'auberge de La Touques
Marché campagnard à l'ancienne
Crèmerie d'Annabelle
Marché
CALVADOS
TAPEZ PETITFUTE.APP
DANS LE NAVIGATEUR
DE VOTRE SMARTPHONE, PRENEZ
UNE PHOTO ET OBTENEZ
LE TRACÉ GPX
DE LA CARTE
PLUS D'INFOS
SUR LE DÉPARTEMENT

LA VÉLOMARITIME ÉPICURIENNE SUR LES TERRES DU PONT L'ÉVÊQUE

Un itinéraire affiné dans le Calvados

CALVADOS

LE PETIT BLONVILLAIS

Carrefour des Forges
Le Lieu Herpin
14950 SAINT-PIERRE-AZIF
✆ 02 31 87 90 66
Horaires d'ouverture : Du lundi au vendredi de 17h à 19h
Distance : 2,8 Km

FERME DU HAUT AU COUDRAY RABUT

L'Église Pont-l'Évêque
14130 PONT-L'ÉVÊQUE
✆ 06 46 74 67 10
Distance : 3 Km

MARACANA

43 rue Saint-Michel
14130 PONT-L'ÉVÊQUE
✆ 02 31 64 97 19
Horaires d'ouverture : Du mercredi au dimanche de 11h à 15h et de 18h à 22h30
Distance : 0,5 Km

MARCHÉ

Place du Mal Foch
14130 PONT-L'ÉVÊQUE
Horaires d'ouverture : Le lundi matin et le dimanche matin en juillet-Août
Distance : sur l'itinéraire

MARCHÉ CAMPAGNARD À L'ANCIENNE

Place du Tribunal
14130 PONT-L'ÉVÊQUE
Horaires d'ouverture : Tous les dimanches en juillet-août de 10h à 13h
Distance : Sur l'itinéraire

L'AUBERGE DE LA TOUQUES

2 place de l'église
14130 PONT-L'ÉVÊQUE
✆ 02 31 64 01 69
Horaires d'ouverture : Tous les jours sauf mardi mercredi
Distance : 0,2 Km

CRÈMERIE D'ANNABELLE

11 Rue Hamelin
14130 PONT-L'ÉVÊQUE
✆ 0231655437
Horaires d'ouverture : Du mardi au jeudi de 9h à 13h, le vendredi et samedi de 9h à 12h30 et de 15h30 à 19h
Distance : Sur l'itinéraire
Fromages : Pont l'Evêque, Livarot, Camembert de Normandie, Neufchâtel

FROMAGERIE MAÎTRE PENNEC

RD 675 - 576 Route de Beuzeville
14130 SAINT-BENOIT-D'HEBERTOT
✆ 02 31 64 39 49
Horaires d'ouverture : Du lundi au vendredi de 10h à 16h
Distance : 1,6 Km
Fromages : AOP Pont l'Evêque, Camembert

LA FROMAGÈRE ET LE VIGNERON

29 rue de la république - 14600 HONFLEUR
✆ 02 31 88 60 54
Horaires d'ouverture : Tous les jours de 9h15 à 19h30 sauf le lundi
Distance : 0,2 Km
Fromages : Locaux

GOURMANDISES NORMANDES

6 Place Pierre Berthelot - 14600 HONFLEUR
✆ 02 31 81 56 91
Horaires d'ouverture : Tous les jours de 10h30 à 18h30, fermé le mercredi et jeudi
Distance : Sur l'itinéraire
Fromages : Camembert de Normandie, Livarot, Pont l'Évêque, Neufchâtel

MARCHÉ DE HONFLEUR

Cours des Fossés à la Place Sainte-Catherine
14600 Honfleur
Horaires d'ouverture : Le samedi matin
Distance : Sur l'itinéraire

MARCHÉ BIO

Place Sainte Catherine
14600 HONFLEUR
Horaires d'ouverture : Le mercredi matin
Distance : Sur l'itinéraire

L'ABSINTHE HÔTEL

10 quai de la Quarantaine
14600 HONFLEUR
✆ 02 31 89 39 00
Distance : Sur l'itinéraire

LA GRANDE TRAVERSÉE DU MASSIF CENTRAL À VTT

Un itinéraire affiné dans le Cantal

Créé il y a plus de vingt ans pour les passionnés de voyage à VTT en pleine nature, cet itinéraire au départ d'Avallon est un parcours mythique, un itinéraire de collection comme il en existe peu en France ! Sa notoriété a d'ailleurs dépassé les limites de l'Hexagone, portant loin l'identité unique et méconnue d'un Massif Central particulièrement adapté à l'itinérance.

DISTANCE *100 km*
DÉNIVELÉ POSITIF *2000 m*
NIVEAU ▲▲▲▲▲

GAEC DE FERRAND
Mons de Ferrand - 15170 NEUSSARGUES EN PINATELLE
✆ 04 71 20 01 43
Ouvert tous les jours 9h-12h et 17h30-19h
Fromages : AOP Salers et Cantal

ÉLEVAGE MERLE
Le Bourg - 15170 NEUSSARGUES EN PINATELLE
✆ 04 71 20 14 77
Ouvert tous les jours 8h-11H et 17h-19h30
Fromages : AOP Salers et Cantal

MARCHÉ DE NEUSSARGUES EN PINATELLE
Rue de la gare - 15170 NEUSSARGUES EN PINATELLE
Horaires d'ouverture : merc. 8h-13h

SAS MARCEL CHARRADE
13 Route de Murat - 15170 NEUSSARGUES EN PINATELLE
✆ 04 71 20 51 93
Ouvert tous les jours sur rdv
Fromages : régionaux

GAEC DU LIORAN
1 Rue de la Prade - 15300 LAVEISSIÈRE
✆ 06 64 66 55 07
Ouvert tous les jours sur rdv et vacances scolaires : 9h-11h et 16h-19h
Fromages : AOP Salers et Cantal, tomme

© P.MAZIN

Marcel Charrade Affineur.

LA GRANGE DE LA HAUTE VALLÉE
Pignou - 15300 ALBEPIERRE-BREDONS
✆ 06 07 50 65 61
Visite sur rdv et vente 10h-12h30 et 15h-18h30
Fromages : AOP Salers, Cantal Bleu d'Auvergne, Saint Timothée, Pignou, tome

FROMAGERIE CALDERA
3 Rue Justin Vigier - 15300 MURAT
✆ 04 71 20 21 84
Horaires d'ouverture : du mar. au sam. 09h-12h30 et 14h30-19h00 et le dim. 9h-12h
Fromages : locaux

MARCHÉ DE MURAT
15300 MURAT - Ouvert le vendredi 8h-12h

MARCHÉ DE USSEL
Place Celestin Lafon
15300 USSEL
Horaires d'ouverture au public : samedi 8h-13h

CRÉMERIE DES LACS
53 Rue des Lacs - 15100 SAINT FLOUR
✆ 04 71 60 08 20
Ouvert du mar. au sam. 9h-12h30 et 14h30-19h et le dim. 9h-12h30.
Fromages : régionaux

LES FROMAGERIES OCCITANES
Rue Léopol Chastang - 15100 SAINT-FLOUR
✆ 04 71 60 53 28
Ouvert du mar. au ven. 09h30-12h et 14h-18h et sam 09h30-12h
Fromages : Fourme d'Ambert, bleus locaux et régionaux, carré d'Aurillac

MARCHÉ DE SAINT-FLOUR
Halle aux Bleds, Place de la Halle
15100 SAINT-FLOUR
Horaires d'ouverture : samedi 7h-12h

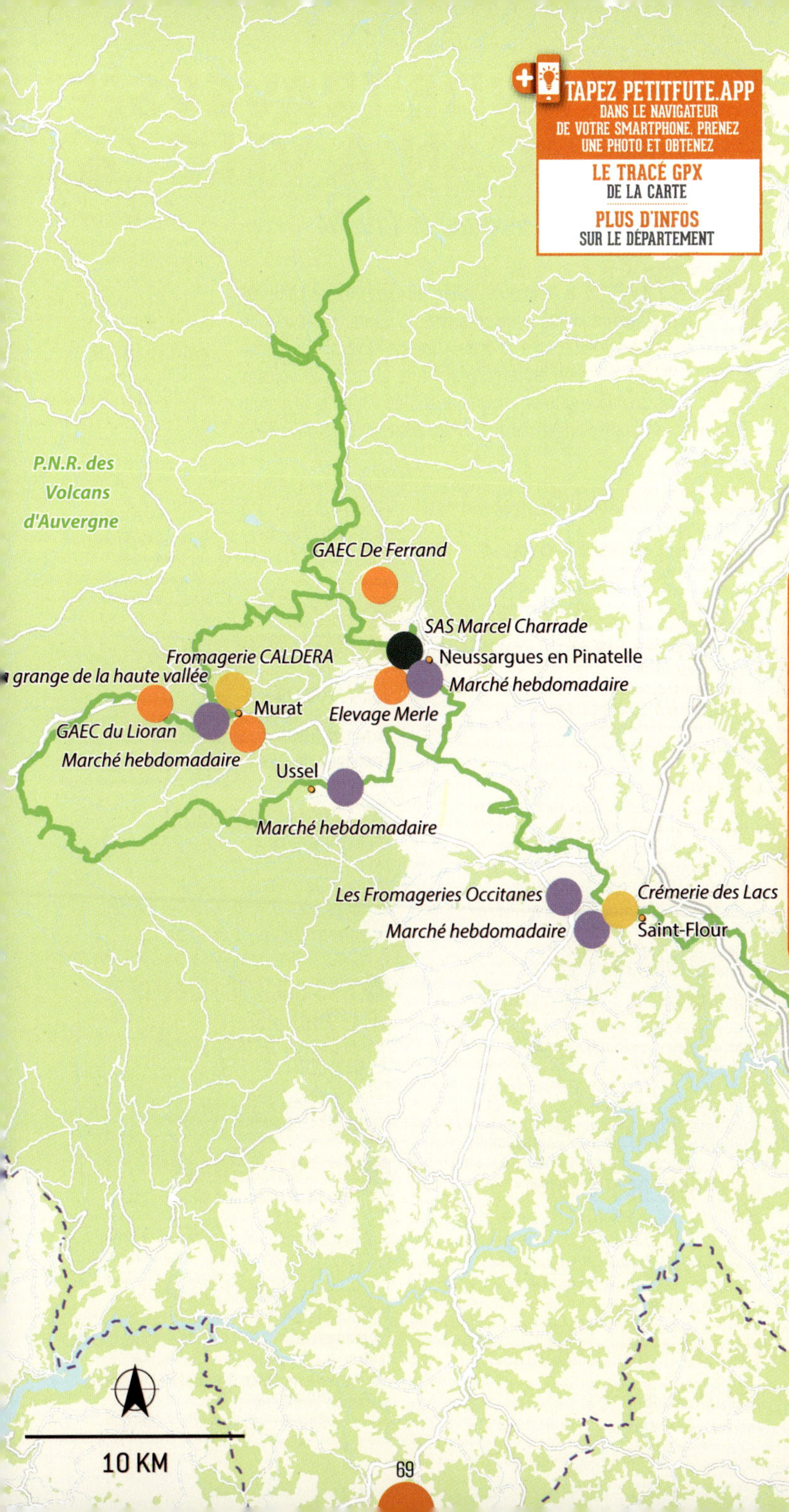
TAPEZ PETITFUTE.APP
DANS LE NAVIGATEUR DE VOTRE SMARTPHONE, PRENEZ UNE PHOTO ET OBTENEZ
LE TRACÉ GPX
DE LA CARTE
PLUS D'INFOS
SUR LE DÉPARTEMENT
P.N.R. des Volcans d'Auvergne
GAEC De Ferrand
SAS Marcel Charrade
Neussargues en Pinatelle
Marché hebdomadaire
Fromagerie CALDERA
grange de la haute vallée
Murat
Elevage Merle
GAEC du Lioran
Marché hebdomadaire
Ussel
Marché hebdomadaire
Les Fromageries Occitanes
Crémerie des Lacs
Marché hebdomadaire
Saint-Flour
10 KM

LA GRANDE TRAVERSÉE DU VOLCAN À VÉLO

Un itinéraire affiné dans le Cantal

Créée en 2007, la Véloroute Vallée du Lot - Haute-Loire est le fruit d'une politique volontariste du Cantal en faveur du cyclotourisme. Le tracé de cette « Grande Traversée du Volcan à Vélo » serpente entre gorges, hauts plateaux et volcans dans un cadre naturel exceptionnel. Une véritable invitation à l'itinérance et à une plongée dans l'intimité des territoires traversés !

DISTANCE *150 km*
DÉNIVELÉ POSITIF *2300 m*
NIVEAU ▲▲▲▲▲

LA FERME DU BOS

Le Bos - 15600 LEYNHAC
✆ 04 71 49 05 59 / 06 70 77 25 18
Ouvert tous les jours sur rdv

FERME DE LA MAISON ROUGE

15220 VITRAC
✆ 06 78 57 14 35
Ouvert tous les sam. 9h30-12h
Fromages : vache

FERME DE LABOUYGUES EARL CALDAYROUX

Chemin Labouygues
15130 ARPAJON-SUR-CÈRE
✆ 04 71 64 28 68 / 06 88 57 73 00
Ouvert tous les jours pendant la période de fabrication du Salers, du 15/04 au 15/11 à 16H30
Fromages : AOP Cantal

FERME DE LAVEISSIÈRE

Laveissière - Saint-Julien de Jordanne
15590 MANDAILLES-SAINT-JULIEN
✆ 04 71 47 95 05 / 06 22 29 33 28
Ouvert du lun. au sam. 9h-11h et 17h-20h et le dim. 9h-11h
Fromages : AOP Salers, AOP Cantal, tome

FERME DE RAYMOND

15590 MANDAILLES-SAINT-JULIEN
✆ 04 71 47 97 33
Ouvert tous les jours sur rdv
Fromages : Cabécou « le Mandailles », tome de chèvre

FERME DE LA CHAPELLE

La Chapelle
15300 LAVIGERIE
✆ 04 71 20 82 70
Visite tous les jours, vente : de mai à octobre 9h30-19h30 de novembre à avril de 10h-17h
Fromages : Cantal fermier et Salers AOP

FERME DE LA MATHONIÈRE

Saint-Herem
15160 ALLANCHE
✆ 06 31 56 12 02
Ouvert tous les jours 8h-12h et 14h-19h
Fromages : AOP Cantal, Salers, Saint Nectaire

FROMAGERIE BONAL

6 rue Denis Papin
15000 AURILLAC
✆ 04 71 48 22 85
Ouvert tous les jours 8h-12h30 et 15h-19h
Fromages : AOP Cantal et Salers

SAS SOCIÉTÉ FROMAGÈRE DU LIVRADOIS

Rue du Cezallier - 15160 ALLANCHE
✆ 04 71 20 44 32
Ouvert tous les jours
Fromages : AOP Cantal et Salers

GIE CHATAIGNERAIE L'ÉLEVEUR OCCITAN

1, rue Ampère - ZAC de Laborie
15600 MAURS
✆ 04 71 46 75 82
Ouvert du lun. au ven. 8h30-12h30 et 13h30-17H30
Fromages : AOP Cantal et Salers, tome fraîche, bleu au lait de vache et de bufflonne, Fleur d'Auvergne Bio, Piastrellou, Mozzarella au lait de bufflonne

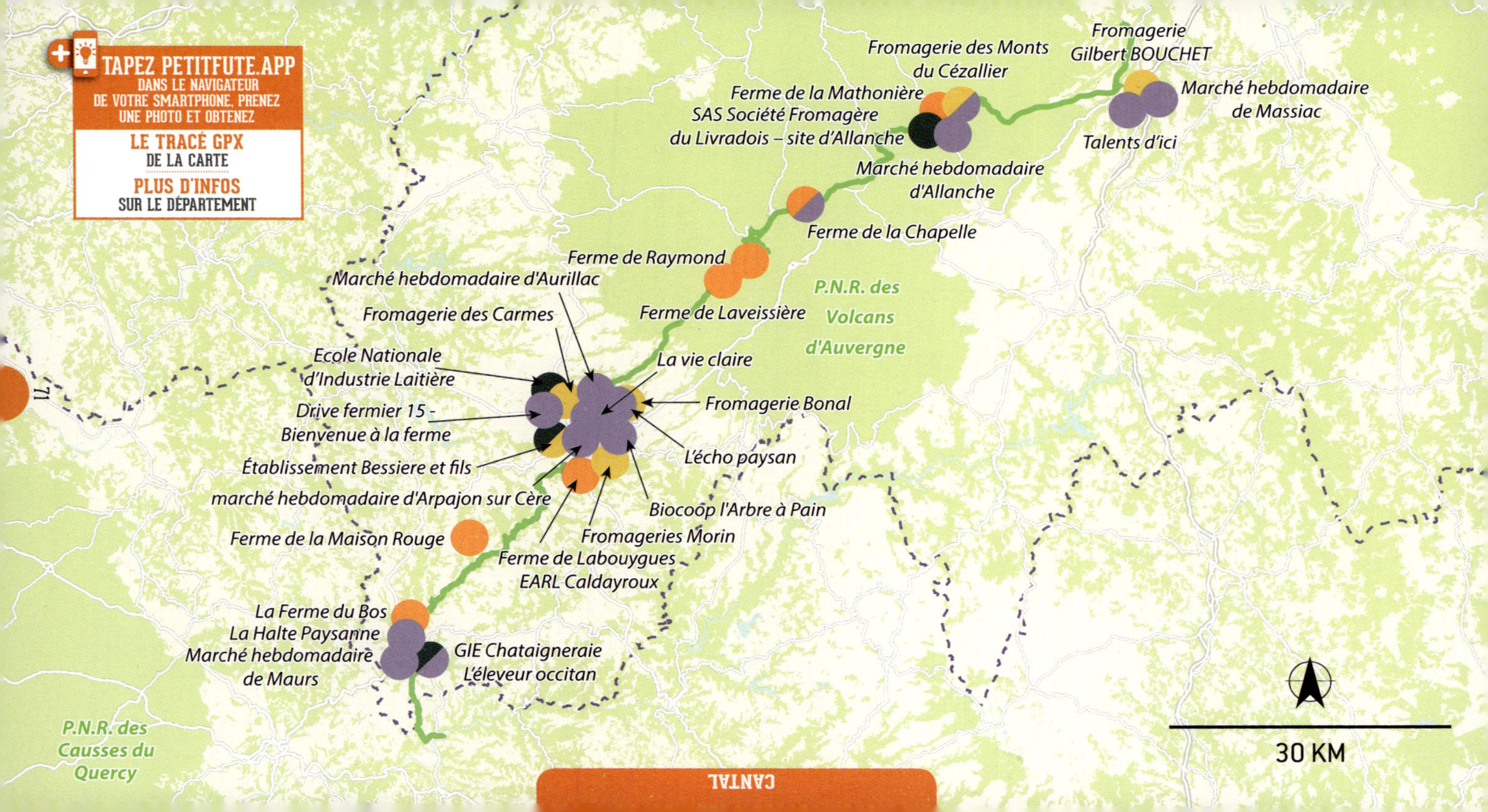
TAPEZ PETITFUTE.APP
DANS LE NAVIGATEUR DE VOTRE SMARTPHONE, PRENEZ UNE PHOTO ET OBTENEZ
LE TRACÉ GPX DE LA CARTE
PLUS D'INFOS SUR LE DÉPARTEMENT
Fromagerie Gilbert BOUCHET
Marché hebdomadaire de Massiac
Talents d'ici
Fromagerie des Monts du Cézallier
Ferme de la Mathonière
SAS Société Fromagère du Livradois – site d'Allanche
Marché hebdomadaire d'Allanche
Ferme de la Chapelle
Ferme de Raymond
Ferme de Laveissière
P.N.R. des Volcans d'Auvergne
Marché hebdomadaire d'Aurillac
Fromagerie des Carmes
La vie claire
Ecole Nationale d'Industrie Laitière
Fromagerie Bonal
Drive fermier 15 - Bienvenue à la ferme
L'écho paysan
Établissement Bessiere et fils
marché hebdomadaire d'Arpajon sur Cère
Biocoop l'Arbre à Pain
Fromageries Morin
Ferme de la Maison Rouge
Ferme de Labouygues
EARL Caldayroux
La Ferme du Bos
La Halte Paysanne
Marché hebdomadaire de Maurs
GIE Chataigneraie
L'éleveur occitan
P.N.R. des Causses du Quercy
30 KM
CANTAL
71

LA GRANDE TRAVERSÉE DU VOLCAN À VÉLO

Un itinéraire affiné dans le Cantal

CANTAL

ÉCOLE NATIONALE D'INDUSTRIE LAITIÈRE
21 Rue du Château Saint-Étienne
15000 AURILLAC
✆ 04 71 46 26 78
Ouvert tous les jours, pour groupes sur rdv
Fromages : AOP Cantal et Salers

FROMAGERIES MORIN
7 Rue du Buis -15000 AURILLAC
Horaires d'ouverture : du mar. au sam. 8h30-12h30 et 14h30-19h
Fromages : vache, brebis, chèvre

FROMAGERIE DES CARMES
46 Rue des Carmes - 15000 AURILLAC
✆ 04 71 48 33 01
Ouvert tous les jours 09 h-19h sauf mer. et dim.
Fromages : 5 AOP d'Auvergne, tome fraiche, fromages et locaux

ÉTABLISSEMENT BESSIERE ET FILS
59 Boulevard Jean Jaurès - 15000 AURILLAC
✆ 04 71 48 74 98
Horaires d'ouverture : le ven. 6h30-12h30

FROMAGERIE DES MONTS DU CÉZALLIER
3 Rue du Cézallier - 15160 ALLANCHE
✆ 04 71 20 44 32
Horaires d'ouverture : du mar. au sam. 10h-19h
Fromages : 5 AOP d'Auvergne, tome fraiche, fromages et locaux

FROMAGERIE GILBERT BOUCHET
49 avenue du Général de Gaulle - 15500 MASSIAC
✆ 04 71 23 02 76
Horaires d'ouverture : tous les jours
Fromages : Cantal, Salers, St Nectaire, bleu d'Auvergne, fourme d'Ambert, chèvres

LA HALTE PAYSANNE
3 Place de l'Europe - 15600 MAURS
✆ 04 71 64 33 58
Horaires d'ouverture : jeu. 9h-12h30 et 15h30-19h, ven.et sam. 9h30-12h30 et 15h30-19h, dim. 9h30-12h30 (du 01/05 au 31/10)
Fromages : locaux et régionaux

BIOCOOP L'ARBRE À PAIN
150 avenue du Général Leclerc - 15 000 AURILLAC
✆ 04 71 63 56 40
Horaires d'ouverture : lun. 14h-19h et du mar. au sam. 9h30-19h, 19h30 le ven. fermé le dim.
Fromages : locaux et régionaux

L'ÉCHO PAYSAN
15 allée Georges Pompidou - 15000 AURILLAC
✆ 04 71 64 22 83
Horaires d'ouverture : du lun. au ven. 9h-12h30 et 14h30-19h et sam 9h-12h
Fromages : locaux

LA VIE CLAIRE
2 avenue Georges Pompidou - 15000 AURILLAC
✆ 04 71 48 67 66
Ouvert tous les jours 9h-19h30 sauf dim.

DRIVE FERMIER 15
Rue Bernard Palissy - 15000 AURILLAC
✆ 06 87 03 58 51
Horaires d'ouverture : ven. 12h30-18h30

TALENTS D'ICI
97 bis avenue du Général de Gaulle
15500 MASSIAC
Horaires d'ouverture : lun. 9h-12h15 du mar. à ven. 9h-12h15 et 15h-19h et sam. 9h-18h

MARCHÉ DE MAURS
Tour de Ville - 15600 MAURS

MARCHÉ D'ARPAJON SUR CÈRE
Place de la République
15130 ARPAJON SUR CÈRE
Ouvert dimanche matin.

MARCHÉ D'AURILLAC
Place de l'Hôtel de Ville - 15000 AURILLAC
Horaires d'ouverture : Mercredi et samedi 8h-13h

MARCHÉ D'ALLANCHE
Centre-Village - 151600 ALLANCHE
Horaires d'ouverture : mardi 8h-12h

MARCHÉ DE MASSIAC
Place des Pupilles - 15500 Massiac
Horaires d'ouverture : mardi 8h-13h

Tome des volcans, L'Eleveur Occitan.
© P.MAZIN

GRANDE TRAVERSÉE DE LA CHARENTE-MARITIME

Un itinéraire affiné en Charente-Maritime

L'itinéraire démarre à l'entrée Nord du Département, en provenance de la Vendée sur les routes de La Vélo Francette. Une fois arrivé à La Rochelle, vous longerez la côte et les cabanes à carrelet typiques de la façade atlantique, sur les chemins de la Vélodyssée, avant d'emprunter après Rochefort, La Flow Vélo. Un cadre idéal pour improviser des pique-niques fromagers ou des pauses glaces au lait de vache !

DISTANCE *154 km*
DURÉE ESTIMÉE *3 jours*
NIVEAU ▲▲△△△

CHARENTE-MARITIME

EARL DE L'ANGLE GIRAUD

L'Angle Giraud 17170
ST-JEAN-DE-LIVERSAY
✆ 06 14 59 71 04 / 06 99 26 84 85
Ouvert tous les jours de 16h-19h en accès libre, fermé le dimanche
Distance : 6 km

MARIE-CÉCILE MONNIER

5 Petite Rue du Palais
17137 MARSILLY
Horaires d'ouverture : marché de Ste Marie de Ré, mercredi, vendredi et samedi matin 8h-13h toute l'année
Distance : 7,3 km

LA CHÈVRE RIT

10 chemin de Bel Air
17139 DOMPIERRE-SUR-MER
✆ 05 46 56 11 16
Horaires d'ouverture : le vendredi 15h-19h et le samedi 9h-12h et 15h-19h
Distance : 2 km

ASINERIE DE VARENNE

1 Fief des Varennes
17139 DOMPIERRE-SUR-MER
✆ 06 15 15 12 29
Ouvert le mercredi et le samedi 15h-17h
Lait d'ânesse et produits cosmétiques
Distance : 1,4 km

L'AFFINE HEURE

11 place Charles de Gaulle
17138 PUILBOREAU
✆ 05 16 85 77 86
Horaires d'ouverture : du mardi au samedi de 9h30-13h et 15h30-19h, le dimanche matin 10h-13h. Fermé le lundi
Distance : 3 km

BEILLEVAIRE

12 rue du 11 novembr
17138 PUILBOREAU
✆ 05 46 31 03 02
Ouvert du lundi au samedi 9h-19h30
Distance : 2 km

PANIER DE NOS CAMPAGNES

1-7 place Jean Zay
17000 LA ROCHELLE
✆ 05 46 01 98 28
Ouvert tous les jours fériés le matin et mercredi 15h-19h. Jeudi et vendredi 9h30-19h, samedi 9h30-12h30
Distance : 1,6 km

L'ESTIVE

1 rue Gambetta
17000 LA ROCHELLE
Ouvert tous les jours marché des halles 7h-13h30
Distance : 1 km

FROMAGERIE L'EPICURIUM

6 rue Gargoulleau
17000 LA ROCHELLE
✆ 05 46 42 48 57
Ouvert du mardi au samedi de 9h30-13h et 15h30-19h
Distance : 1 km

HISTOIRES D'AFFINEUR
Rue Gambetta - 17000 LA ROCHELLE
✆ 06 63 60 05 29
Horaires d'ouverture : marché de La Rochelle, toute l'année du mardi au dimanche 7h-13h30
Distance : 1 km

LA CRÉMERIE DE PAULINE
Place du marché, bancs n°61 et 62, 17000 LA ROCHELLE
✆ 05 46 41 44 96
Ouvert tous les jours 8h-13h30
Distance : 1 km

MARTINE POUPARD
Rue Gambetta - 17000 LA ROCHELLE
Horaires d'ouverture : marché de Courçon le mercredi 8h-13h et marché de La Rochelle mercredi et samedi 8h-13h
Distance : 1 km

ERICK JARNAN
Rue Gambetta - 17000 LA ROCHELLE
Horaires d'ouverture : grandes surfaces et crémeries du 14/07 au 31/08/2020, tous les dimanche matin marché de Port des Barques 8h-13h
Distance : 1 km

FROMAGERIE CASSIUS
4 rue Saint Nicolas - 17000 LA ROCHELLE
✆ 05 86 56 43 00
Ouvert du mardi au samedi 11h30-15h et 17h30-22h, restauration sur place
Distance : 400 m

ERNEST LE GLACIER
15 rue du Port - 17000 LA ROCHELLE
✆ 05 46 50 55 60
Ouvert du 1er mai au 30 septembre 12h-23h
Distance : 500 m

ERNEST LE GLACIER
48 cours des Dames, 1 rue St Jean Perot 17000 LA ROCHELLE
Ouvert du 1er mai au 30 septembre 12h-23h
Distance : 500 m

BEILLEVAIRE
30 avenue ZAC des Fourneaux 17690 ANGOULINS
Ouvert du lundi au samedi 9h-19h30
Distance : 1,5 km

100% FERMIERS
22 avenue des Fourneaux - 17690 ANGOULINS
✆ 05 46 37 47 14
Ouvert le jeudi et vendredi 9h30-19h et le samedi 9h30-13h
Distance : 1,5 km

GLACIER DES DUNES
64 bd de la Mer
17340 CHATELAILLON-PLAGE
Fermé de novembre à mars, ouvert basse saison le weekend 14h-20h
Distance : sur le parcours

ERICK JARNAN
48 rue du marché
17340 CHATELAILLON-PLAGE
Ouvert tous les jours sur les halles du marché de Chatelaillon Plage de 8h-13h
Distance : sur le parcours

ERICK JARNAN
Rue de la Halle - 17450 FOURAS
Ouvert tous les jours sur les halles du marché de Fouras Plage de 8h-13h
Distance : 6 km

FROMAGERIE OLIVIER JUIN
Halle aux légumes -17450 FOURAS
✆ 06 15 31 57 34
Ouvert tous les jours marché de Fouras 7h-13h30
Distance : 6 km

FROMAGERIE CHEZ MOI
61 rue de la Halle - 17450 FOURAS
✆ 09 83 39 79 71
Ouvert du mardi au samedi 8h-13h et 16h-19h30. Dimanche 8h30-16h. Marché de la Couarde (juillet /août) tous les jours de 8h-13h
Distance : 6 km

LA FERME DE BEL AIR
1 rue Bel Air
17780 SAINT-NAZAIRE-SUR-CHARENTE
✆ 05 46 84 51 71 / 06 81 42 05 02
Vente de lait en heures d'hiver 18h-20h, heures d'été 19h-20h30
Distance : 6,8 km (par Pont Transbordeur)

LA P'TITE SOURIS
69 avenue Léon Gambetta - 17300 ROCHEFORT
✆ 05 46 99 76 91
Ouvert du mardi au vendredi 8h30-13h et 15h-19h30, samedi 8h30-19h30
Distance : 1,5 km

GRANDE TRAVERSÉE DE LA CHARENTE-MARITIME

Un itinéraire affiné en Charente-Maritime

LAITERIE GILBERT

53 rue Audry de Puyravault - 17300 ROCHEFORT
✆ 05 46 53 26 81
Ouvert du mardi au samedi de 8h30-12h30 et 15h-19h30, dimanche de 9h-12h
Distance : 1 km

LA CRÉMERIE DE BABETTE

28 rue Lesson - 17300 ROCHEFORT
✆ 05 46 99 38 89
Ouvert mardi et jeudi 9h-12h45, du mardi au samedi 17h30-19h15, mercredi et vendredi 10h-12h45, samedi 8h-13h
Distance : sur le parcours

CHEZ RÉGIS

Les Halles, Banc n° 20t - Rue Jean-Jaurès
17300 ROCHEFORT
Ouvert mardi, jeudi et samedi de 7h30-13h30
Distance : sur le parcours

CHÈVRERIE LA P'TITE TROUPE

Les Halles - 17300 ROCHEFORT
✆ 06 11 96 21 52
Ouvert de mars à décembre. Magasin ouvert sur le site de la ferme le mercredi et vendredi de 16h30-18h
Distance : sur le parcours

LE GUIGNE CHÈVRE

Les Halles - 17300 ROCHEFORT
Ouvert tous les samedi matin 8h-13h
Distance : sur le parcours

ERICK JARNAN

Avenue Charles de Gaulle - 17300 ROCHEFORT
Vente en grandes surfaces et crèmeries, Halles de Rochefort
Distance : sur l'itinéraire

FERME DE LA VARENNE

Les Varennes - 17430 TONNAY-CHARENTE
✆ 05 46 44 18 82
Ouvert du mercredi au vendredi 9h30-12h30 et 15h-19h, samedi 9h30-12h30 et 15h-18h
Distance : 800 m

FERME DE LIBERNEUIL

La Brossardière
17350 TAILLEBOURG
✆ 06 27 10 93 53
Ouvert d'avril à décembre
Visite libre de l'élevage et vente de produits le mercredi et samedi 17h-19h
Distance : 3 km
Fromages : Fromages de chèvres

RÉGIS MOREAU

35 Chemin des Motillons
17100 BUSSAC-SUR-CHARENTE
Horaires d'ouverture : Saintes le mardi et vendredi (marché au Cours Reverseaux) 8h-13h, mercredi et samedi (marché Saint Pierre) 7h-14h à Cozes
Distance : 5,5 km

FERME FROMAGÈRE DE LA NOUGERÉE

2 Chemin de la Nougerée
17810 SAINT-GEORGES-DES-COTEAUX
Horaires d'ouverture : à la ferme le jeudi et vendredi 17h-19h, à Saintes (Cours Reverseaux) le vendredi 8h-13h, à Arvert le mercredi 8h-13h
Distance : 5,2 km

L'ANGELYS

ZA de la Sauzaie
17100 FONCOUVERTE
✆ 05 46 74 88 00
Ouvert du lundi au vendredi de 9h-12h et 14h-18h
Distance : 6,6 km

FROMAGERIE FINE

Place du 11 novembre, Marché
17100 SAINTES
✆ 05 46 74 53 38 / 06 18 65 73 99
Ouvert mardi et vendredi 8h-13h
Distance : 600 m

POT D'VACHE

23 rue Saint Pierre - 1700 SAINTES
Horaires d'ouverture : marché de Saint Pierre le samedi 8h-13h
Distance : sur le parcours

POT D'VACHE

25 chemin de chez Viaud
17100 LA CHAPELLE-DES-POTS
Ouvert le vendredi 17h30-19h et le samedi de 10h-12h
Distance : 7,5 km (par le Bac de Chaniers)

Carrelets le long de la Vélodyssée.

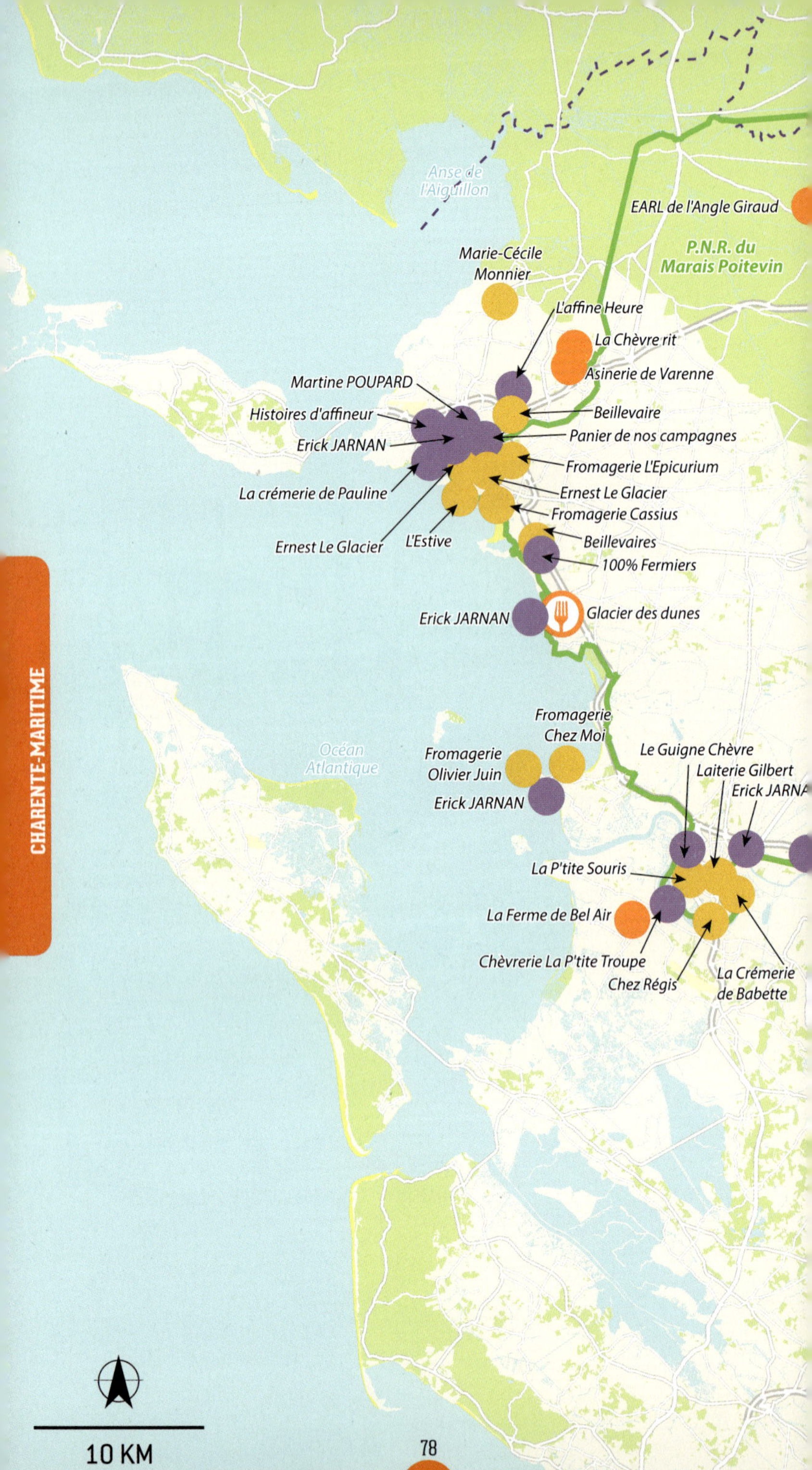
Anse de l'Aiguillon
EARL de l'Angle Giraud
P.N.R. du Marais Poitevin
Marie-Cécile Monnier
L'affine Heure
La Chèvre rit
Asinerie de Varenne
Martine POUPARD
Histoires d'affineur
Beillevaire
Panier de nos campagnes
Erick JARNAN
Fromagerie L'Epicurium
La crémerie de Pauline
Ernest Le Glacier
Fromagerie Cassius
Beillevaires
Ernest Le Glacier
L'Estive
100% Fermiers
Erick JARNAN
Glacier des dunes
Fromagerie Chez Moi
Océan Atlantique
Fromagerie Olivier Juin
Erick JARNAN
Le Guigne Chèvre
Laiterie Gilbert
La P'tite Souris
La Ferme de Bel Air
Chèvrerie La P'tite Troupe
Chez Régis
La Crémerie de Babette
10 KM

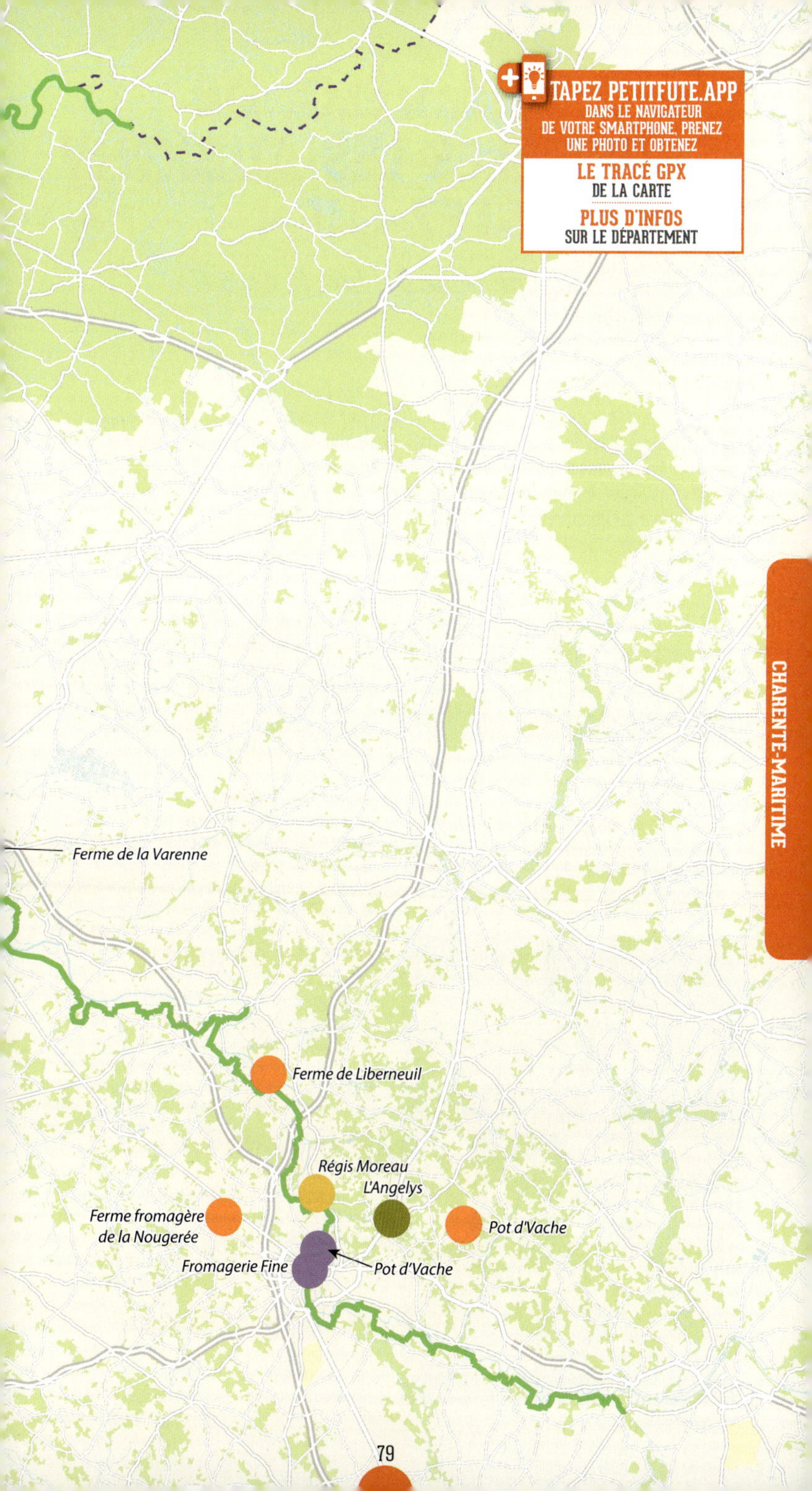

TAPEZ PETITFUTE.APP
DANS LE NAVIGATEUR DE VOTRE SMARTPHONE, PRENEZ UNE PHOTO ET OBTENEZ
LE TRACÉ GPX DE LA CARTE
PLUS D'INFOS SUR LE DÉPARTEMENT

LA LOIRE À VÉLO, DE MARSEILLES-LÈS-AUBIGNY À POILLY-LEZ-GIEN

Un itinéraire affiné dans le Cher, le Loiret et la Nièvre

Le circuit proposé entre Marseilles-lès-Aubigny et Poilly-lez-Gien emprunte l'itinéraire de l'EuroVelo 6 sur la partie de La Loire à Vélo, également appelée la « Route des fleuves ». Il traverse sans discontinuité la zone d'appellation du Crottin de Chavignol, fromage de chèvre au lait cru, qui comprend une grande partie du Département du Cher et se prolonge dans le Loiret et dans la Nièvre. Une AOC et une véloroute qui nous rassemblent...

DISTANCE *135 km*

DURÉE ESTIMÉE *13h30*

NIVEAU ▲▲△△△

LA FERME DE MARC & RACHEL

17 rue des Loges
18320 MARSEILLES-LÈS-AUBIGNY
✆ 06 34 50 04 89
Horaires d'ouverture : lundi et mercredi de 17h30 à 19h ; le samedi de 9h à 11h30

MARCHÉ DE LA CHARITÉ-SUR-LOIRE

Place du Général de Gaulle
58400 LA CHARITÉ-SUR-LOIRE
Horaires d'ouverture : samedi 8h-13h

© TOMMY LAREY - STOCK.ADOBE.COM

La Charité-sur-Loire.

AUBERGE LA FERME DES BARREAUX

Les Barreaux - 18140 HERRY
✆ 02 48 79 57 80
Ouvert tous les jours en période estivale, le week-end le reste de l'année

LE COQ HARDI

42 avenue de la Tuilerie
58150 POUILLY-SUR-LOIRE
✆ 03 86 39 12 99
Ouvert du mercredi au dimanche de 12h-13h30 et 19h-20h30

FERME DES RAUCHES

Les Rauches
18320 BEFFES
✆ 06 37 62 73 81
Horaires d'ouverture : En été du mardi au samedi de 9h30 à 12h, le mercredi et le vendredi de 17h à 19h.

LA CHÈVRERIE DU GUENETIN

Le Guenetin - 18300 THAUVENAY
La Bête Noire Sancerroise
✆ 02 48 79 97 17
Ouvert tous les jours du 15 mars au 30 décembre 10h-12h et 14h-19h. Visite de la chèvrerie

MARCHÉ DE SANCERRE

Nouvelle Place
18300 SANCERRE
Horaires d'ouverture : samedi 8h-12h

TAPEZ PETITFUTE.APP
DANS LE NAVIGATEUR DE VOTRE SMARTPHONE, PRENEZ UNE PHOTO ET OBTENEZ
LE TRACÉ GPX DE LA CARTE
PLUS D'INFOS SUR LE DÉPARTEMENT
Marché de Gien
La Belle Epoque
Chevrerie du Grand Bardelet
Le Clos du Vigneron
La Cave du Clos des Cortillaux
Le Comptoir des voyageurs
Hôtel-Restaurant "Terre de Loire"
Les Près dans le Plat
Gaec de la Maréchalerie
La Gaieté Léréenne
Earl Bailly Blain
Durand Jacques et Thérèse
Ferme du Feulard
Restaurant L'Ardoise du Marché
Marché de Cosne-sur-Loire
Ferme du Port Aubry
Ferme de Saint Louis
La Grange de Walter
La Fromagerie Dubois Boulay
Restaurant Le Laurier
Le Chat
Ferme des Chapotons
Au P'tit Goûter
Restaurant Le Bord de Loire
La Côte et le Bistro des Monts Damnés
Dubois Romain
Auberge de Saint-Thibault
Dubois Boulay
La Chèvrerie du Guenetin
Marché de Sancerre
Le Coq Hardi
Ferme des Rauches
Auberge La Ferme des Barreaux
Marché de La Charité-sur-Loire
La Ferme de Marc & Rachel
10 KM

LA LOIRE À VÉLO, DE MARSEILLES-LÈS-AUBIGNY À POILLY-LEZ-GIEN

Un itinéraire affiné dans le Cher, le Loiret et la Nièvre

DUBOIS BOULAY

Chavignol
18300 SANCERRE
✆ 02 48 54 15 69
Horaires d'ouverture : Tous les jours de 9h à 12h et de 14h à 18h

LA CÔTE ET LE BISTRO DES MONTS DAMNÉS

Place de l'Orme, Chavignol
18300 SANCERRE
✆ 02 48 54 01 72
Ouvert tous les jours de 12h15 à 14h (fermeture le mardi et le mercredi pour La Côte)

AU P'TIT GOÛTER

Chavignol
18300 SANCERRE
✆ 02 48 54 01 66
Horaires d'ouverture : Le lundi de 12h à 14h, du mardi au dimanche de 12h à 14h et de 19h à 21h

LA FROMAGERIE DUBOIS BOULAY

Rue des Juifs
18300 SANCERRE
✆ 02 48 54 10 58
Horaires d'ouverture : De 9h à 12h30 et de 14h à 19h en été

Bar à fromages - La Valise à Fleurs.

RESTAURANT LE BORD DE LOIRE

2 quai de Loire - 18300 SAINT-SATUR
✆ 02 48 54 12 15
Ouvert tous les jours sauf le lundi et le mercredi de 12h-13h30 et 19h-20h30

RESTAURANT LE LAURIER

29 rue du Commerce - 18300 SAINT-SATUR
✆ 02 48 54 17 20
Ouvert le midi et soir du mardi au dimanche.

AUBERGE DE SAINT-THIBAULT

37 rue du Capitaine Jacques Combes
18300 SAINT-SATUR 02 48 78 04 10
Horaires d'ouverture: Tous les jours sauf le mercredi et le jeudi de 12h-13h45 et 19h-20h45

FROMAGERIE DUBOIS ROMAIN

1262 rue des Champs - 18300 SAINT-SATUR
✆ 02 48 72 96 77
Horaires d'ouverture : De 8h30 à 12h et de 14h à 18h, le samedi de 9h à 12h et de 15h à 18h, fermé le dimanche

FERME DES CHAPOTONS

Les Chapotons - 18300 MENETOU RATEL
✆ 02 48 79 36 38
Ouvert du lundi au samedi (9h-12h et 14h30-18h30), le dimanche (9h30-12h et 15h-17h30)

FERME DE SAINT LOUIS

Saint-Louis - 18300 SURY-EN-VAUX
✆ 06 75 68 74 21
Ouvert tous les matins de 9h à 12h

MARCHÉ DE COSNE-SUR-LOIRE

Place de la Mairie
58200 COSNE-SUR-LOIRE
Ouvert mercredi et dimanche 8h-13h.

FERME DU PORT AUBRY

Port Aubry - 58200 COSNE-SUR-LOIRE
✆ 03 86 26 63 61
Horaires d'ouverture : Tous les jours de 9h à 12h et de 15h à 18h. Traite à 6h et 16h. Visite guidée sur RDV

LA GRANGE DE WALTER

Port Aubry - 58200 COSNE-SUR-LOIRE
✆ 03 86 26 63 61
Gîte de France

LE CHAT

42 rue des Guérins Villechaud
58220 COSNE-SUR-LOIRE
✆ 03 86 28 49 03
Ouvert du mercredi au samedi (12h-13h30 et 19h30-21h), le dimanche (12h-13h30)

RESTAURANT L'ARDOISE DU MARCHÉ

19 place des Tilleuls - 18240 BOULLERET
✆ 02 48 72 39 62
Ouvert du mercredi au samedi (12h-13h30 et 19h30-21h), le dimanche (12h-13h30). Restaurant ayant obtenu une étoile au guide Michelin

DURAND JACQUES ET THERESE

5, Rognon - 18240 BOULLERET
✆ 02 48 72 34 97 / 06 89 61 59 95
Horaires d'ouverture : Tous les jours de 8h30 à 12h et de 14h 30 à 19h, fermé le dimanche

FERME DU FEULARD

Les Feulards - 18240 SAVIGNY-EN-SANCERRE
✆ 02 48 72 13 07
Horaires d'ouverture : Du lundi au samedi de 8h30 à 12h et de 14h30 à 19h

EARL BAILLY BLAIN

Les Cerceaux - 18240 SAVIGNY-EN-SANCERRE
✆ 02 48 72 14 52
Ouvert tous les jours. Horaires d'ouverture : De 7h à 12h30 et de 14h à 19h30

GAEC DE LA MARÉCHALERIE

La Maréchalerie
18240 SAVIGNY-EN-SANCERRE
✆ 06 09 91 91 22
Ouvert tous les jours de 9h à 19h. Fermé le dimanche

LA GAIETÉ LÉRÉENNE

1 rue Achille Laforge - 18240 LÉRÉ
✆ 02 48 54 65 50
Horaires d'ouverture : De 12h à 13h45 et de 19h30 à 21h Fermé le lundi et le jeudi. Fermé le dimanche soir

LES PRÈS DANS LE PLAT

6 route de Léré - 18240 SURY-PRÈS-LÉRÉ
✆ 02 48 79 43 92
Horaires d'ouverture : Juillet-Août tous les jours de 8h30 à 21h - Fermeture le mercredi en mai, juin, et septembre.

HÔTEL-RESTAURANT « TERRE DE LOIRE »

10-14 Route de Beaulieu
18240 BELLEVILLE-SUR-LOIRE
✆ 02 48 54 30 30

LE COMPTOIR DES VOYAGEURS

ZA La Champagne
45420 BONNY-SUR-LOIRE
✆ 02 38 27 01 45
contact@lecomptoirdesvoyageurs.fr
Horaires d'ouverture : Le midi du lundi au samedi, le vendredi et samedi soir
Maître restaurateur

LE CLOS DU VIGNERON

106 Grande Rue - 45250 OUSSON-SUR-LOIRE
✆ 02 38 31 43 11
leclosduvigneron@orange.fr
Horaires d'ouverture : Tous les jours, du mercredi au dimanche midi
Maître restaurateur

LA CAVE DU CLOS DES CORTILLAUX

10 Chemin des Cortillaux
45250 OUSSON-SUR-LOIRE
✆ 02 38 31 67 61 / 06 25 78 74 14
closdescortillaux45@orange.fr
Horaires d'ouverture : Tous les jours, de 8h à 12h et de 13h30 à 18h30

LA BELLE ÉPOQUE

111 avenue de la République
45500 GIEN
✆ 09 70 35 63 45
labelle.epoque@sfr.fr
Ouvert du mardi au samedi de 12h-14h et 19h-21h
Maître restaurateur

MARCHÉ DE GIEN

Place de la Victoire - 45500 GIEN
Tous les samedis, de 8h à 13h

CHÈVRERIE DU GRAND BARDELET

Le Grand Bardelet
45500 POILLY-LEZ-GIEN
✆ 02 38 67 29 24
delestregilles@gmail.com
Vente de crottin de Chavignol AOC : tous les jours de 9h00 à 12h30 et de 14h30 à 19h00, sauf le lundi après-midi et le mardi, de février à mi-novembre
Fromages : Fromage frais, demi sec et sec, crottins de Chavignol AOC

CANAL DE BERRY DE BOURGES À VIERZON

Un itinéraire affiné dans le Cher

Cet itinéraire longe les berges du canal de Berry aménagées en chemin de randonnées pédestres et cyclables. Au départ de l'abbatiale Saint-Martin de Plaimpied-Givaudins, vous traverserez Bourges, capitale du Berry, dont la cathédrale Saint-Étienne est classée au Patrimoine mondial de l'UNESCO. L'arrivée à Vierzon peut se clore par la visite du square Art déco Lucien Beaufrère, classé Monument historique, ou par la visite du musée de la ville. Laissez-vous porter sur cet itinéraire paisible mais chargé de patrimoine et de gourmandises fromagères.

DISTANCE *44 km*

DURÉE ESTIMÉE *3 h*

NIVEAU ▲▲△△△

MARCHÉ DE BOURGES VAL D'AURON

Esplanade Pierre Mendès France
18000 BOURGES
Horaires d'ouverture : Le mardi de 7h30 à 12h30
Distance : 0,1 km

CAMPING ROBINSON

26, boulevard de l'Industrie
18000 BOURGES
✆ 03 86 37 37 17
Horaires d'ouverture : Tous les jours de 9h à 12h et de 14h à 19h
Distance : 1,1 km

CHAMBRES D'HÔTES « MOZAÏC »

3, rue Bertin - 18000 BOURGES
✆ 02 48 26 58 08
Distance : 1,2 km

SAVEURS DE NOS CAMPAGNES

78, rue d'Auron
18000 BOURGES
✆ 02 48 24 12 36
Horaires d'ouverture : Du lundi au samedi de 9h à 12h30 et de 15h30 à 19h
Distance : 0,3 km

MARCHÉ DE BOURGES HALLE AUX BLÉS

Rue des Cordeliers
18000 BOURGES
Horaires d'ouverture : Le samedi de 7h30 à 13h
Distance : 0,3 km

TOUT UN PLATEAU

8, rue Jean Girard - 18000 BOURGES
✆ 02 48 02 17 67
Horaires d'ouverture : Le mardi de 15h30 à 19h, le mercredi, jeudi, vendredi de 9h à 12h30 de 15h30 à 19h, le samedi de 15h30 à 19h et le dimanche de 9h à 12h30
Distance : 1,1 km

MARCHÉ DE BOURGES SAINT-BONNET

Place St-Bonnet - 18000 BOURGES
Horaires d'ouverture : Du mardi au jeudi de 8h à 12h30 et de 15h30 à 19h, le vendredi et samedi de 8h à 12h30 et de 15h à 19h et le dimanche de 8h à 13h
Distance : 2 km

LES SAVEURS DU TERROIR

Halle Saint-Bonnet
8, boulevard de la République
18000 BOURGES
✆ 02 48 69 48 74
Horaires d'ouverture : Du mardi de 9h30 à 12h30, le mercredi et jeudi de 9h à 12h30, le vendredi et samedi de 9h à 12h30 et de 16h à 19h, le dimanche de 8h à 13h30
Distance : 1,2 km

HÔTEL VILLA C

20, avenue Henri Laudier
18000 BOURGES
✆ 02 18 15 04 00
Arrivée à partir de 14h, réceptionniste de nuit présent pour les arrivées tardives. Départs à 11h30 au plus tard.
Distance : 1,6 km

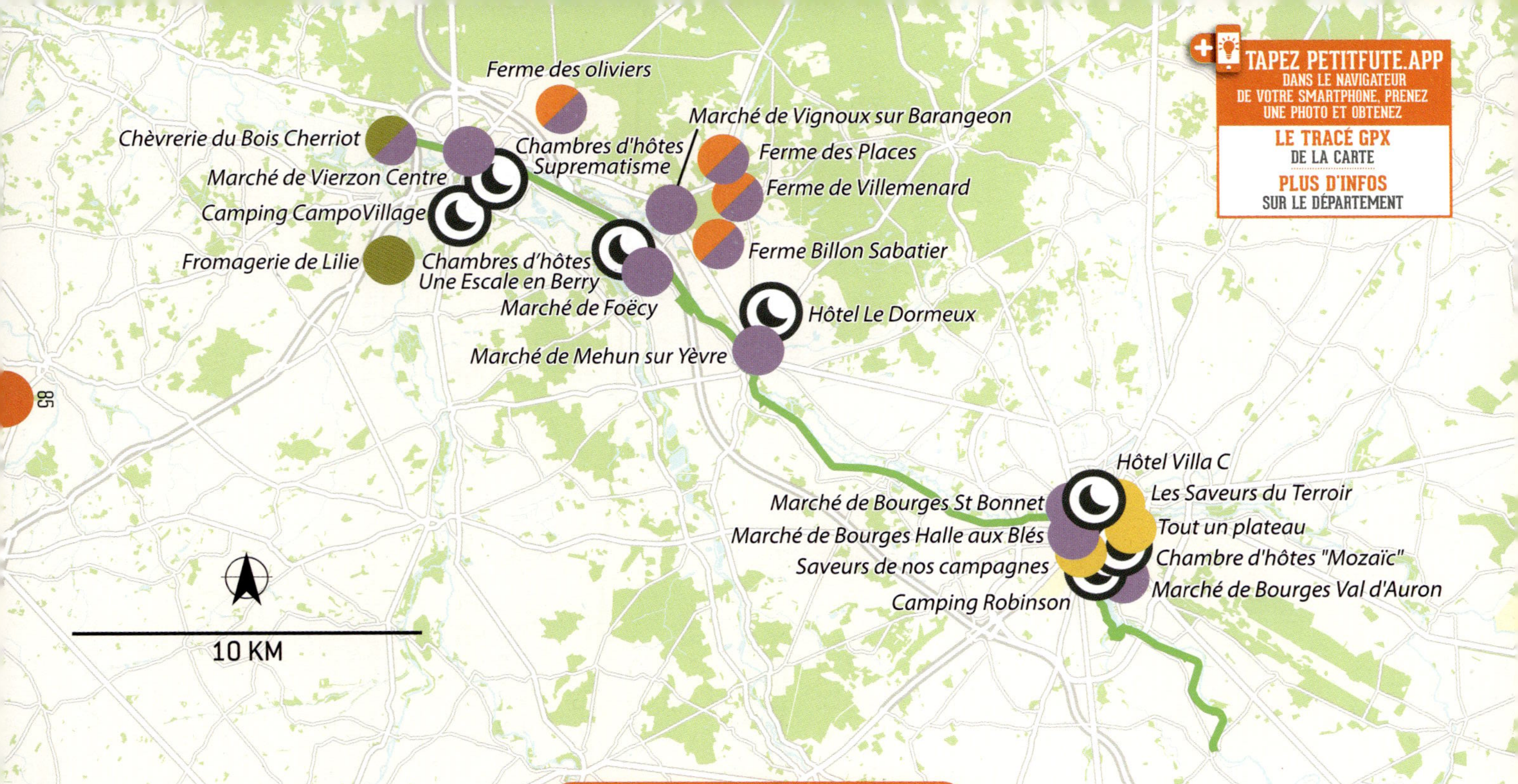
TAPEZ PETITFUTE.APP
DANS LE NAVIGATEUR DE VOTRE SMARTPHONE, PRENEZ UNE PHOTO ET OBTENEZ
LE TRACÉ GPX
DE LA CARTE
PLUS D'INFOS
SUR LE DÉPARTEMENT
Ferme des oliviers
Chèvrerie du Bois Cherriot
Chambres d'hôtes Suprematisme
Marché de Vignoux sur Barangeon
Ferme des Places
Marché de Vierzon Centre
Ferme de Villemenard
Camping CampoVillage
Ferme Billon Sabatier
Fromagerie de Lilie
Chambres d'hôtes Une Escale en Berry
Marché de Foëcy
Hôtel Le Dormeux
Marché de Mehun sur Yèvre
Hôtel Villa C
Les Saveurs du Terroir
Marché de Bourges St Bonnet
Tout un plateau
Marché de Bourges Halle aux Blés
Chambre d'hôtes "Mozaïc"
Saveurs de nos campagnes
Marché de Bourges Val d'Auron
Camping Robinson
10 KM

CANAL DE BERRY DE BOURGES À VIERZON

Un itinéraire affiné dans le Cher

MARCHÉ DE MEHUN-SUR-YÈVRE

Avenue du Champ de Foire
18500 MEHUN-SUR-YÈVRE
Horaires d'ouverture : Le mercredi de 8h à 13h
Distance : 1 km

HÔTEL LE DORMEUX

5 rue Henri Boulard 18500 MEHUN-SUR-YEVRE
© 02 48 59 27 85
Distance : 0,4 km

MARCHÉ DE FOËCY

Rue Gaston Cornavin
18500 FOËCY
Horaires d'ouverture : Le vendredi de 8h30 à 12h

CHAMBRES D'HÔTES UNE ESCALE EN BERRY

7 rue de l'Eglise 18500 FOECY
© 07 86 47 99 14
Distance : 0,5 km

FERME BILLON SABATIER

229 Sardonnet
18500 ALLOUIS
© 02 48 51 55 94
Horaires d'ouverture : Du lundi au samedi de 9h à 11h30 et le mercredi, vendredi et samedi de 16h à 18h
Distance : 3,4 km
Fromages : Fromage de chèvre, crottin

FERME DE VILLEMENARD

Villemenard
18500 VIGNOUX-SUR-BARANGEON
© 02 48 51 50 75
Horaires d'ouverture : Le mardi, mercredi et vendredi de 15h à 19h et le samedi de 9h à 17h.
Distance : 4,7 km
Fromages : Yaourts, glaces BIO

FERME DES PLACES

4 route de Vignoux-sur-Barangeon
18330 SAINT-LAURENT
© 02 48 51 50 70
Horaires d'ouverture : Tous les jours de 10h à 12h, de 16h à 19h ou sur RDV (sauf dimanche matin)
Distance : 5,3 km
Fromages : Fromage de chèvre BIO

MARCHÉ DE VIGNOUX-SUR-BARANGEON

Place Wittelsheim
18500 VIGNOUX-SUR-BARANGEON
Horaires d'ouverture : Le vendredi de 15h à 19h
Distance : 2,5 km

FERME DES OLIVIERS

Route du Village d'en haut
18100 VIERZON
© 02 48 75 17 94
Horaires d'ouverture : Du mardi au samedi de 9h à 12h30 et de 16h30 à 19h et le dimanche de 9h à 12h
Distance : 3,5 km
Fromages : Fromage de vache et de chèvre

MARCHÉ DE VIERZON CENTRE

Place du Maréchal Foch - 18100 VIERZON
Horaires d'ouverture : Le samedi de 8h à 17h
Distance : 0,5 km

CHAMBRES D'HÔTES SUPREMATISME

1 rue Paul Lafargue - 18100 VIERZON
© 06 69 72 33 65
Distance : 0,5 km

CAMPING CAMPOVILLAGE

115 route de Bellon - 18100 VIERZON
© 02 48 53 99 89
Distance : 3 km

FROMAGERIE DE LILIE

Massay - 18120 MASSAY
© 06 70 37 66 77
Horaires d'ouverture : Du lundi au samedi de 9h à 12h et de 16h30 à 19h, le dimanche de 9h à 11h
Distance : 6,5 km
Fromages : Rond de chèvre, fromages de chèvre et de vache

CHÈVRERIE DU BOIS CHERRIOT

27, chemin des Péages
18100 VIERZON
© 02 48 75 41 32
Horaires d'ouverture : Tous les jours de 8h à 12h et de 16h30 à 19h
Distance : 0,5 km
Fromages : Formages de chèvre au lait cru

Fromagée du Berry.
© AD2T

VÉLO & FROMAGES EN XAINTRIE BLANCHE

Un itinéraire affiné en Corrèze

Situé dans la partie sud-est de la Corrèze, à la limite du Cantal, ce circuit sillonne un plateau vallonné entre la Vallée de la Dordogne classée Réserve Mondiale de Biosphère par l'Unesco, la vallée de la Maronne avec ses célèbres Tours de Merle et les Monts d'Auvergne. C'est une contrée atypique aux influences cantaliennes à l'architecture incomparable magnifiée par ses toitures en lauzes où l'on découvre les premiers élevages de vaches « Salers ».

DISTANCE *58 km*
DÉNIVELÉ POSITIF *780 m*
NIVEAU ▲▲▲△△

FERME DU MONTCALIN

Eybret
19220 RILHAC-XAINTRIE
✆ 05 55 28 24 48
Horaires d'ouverture : dim. matin en été ou sur rdv et sur le marché de St Privat les ven.
Distance : 600 m
Fromages : vache

LAITERIE FROMAGERIE DUROUX

19220 RILHAC-XAINTRIE
✆ 05 55 28 27 62
Horaires d'ouverture : du lun. au sam. 9h-12h et 14h30-18h
Distance : 1,1 km
Fromages : Cantal AOP, Salers AOP, tome du pays biologique, tome de Rilhac, pavé corrézien, tome fraiche, bleu de vache, bleu de brebis, fourme d'Ambert AOP, tome de brebis, tome de chèvre, Reblochon, Camembert, Beaufort AOP, Comté AOP, Brie de Meaux AOP, Chaussenacois, Brageacois et buchette.

MARCHÉ À SAINT-PRIVAT

Place du Champ de Foire
19220 SAINT-PRIVAT
✆ 05 55 28 28 77
Horaires d'ouverture : tous les ven. matin
Distance : sur l'itinéraire
Fromages : locaux

RESTAURANT AUBERGE DE LA XAINTRIE

25, rue de la Xaintrie
19220 SAINT-PRIVAT
✆ 05 55 28 49 80
Ouvert toute l'année l'année et tous les jours de 12h à 14h et 19h30 à 21h
Distance : sur l'itinéraire
Fromages : de la fromagerie Duroux

LES CONTES DE BRUYÈRES

1, rue des Nauges
19220 SERVIÈRES-LE-CHATEAU
✆ 05 55 28 09 50
Ouvert toute l'année et tous les jours en saison estivale. En hiver, fermeture hebdo le dim. soir, lun. soir, mar. soir et mer. soir.
Distance : sur l'itinéraire
Fromages : de la fromagerie Duroux, Brebis et Chèvre locaux

LES JARDINS SOTHYS

10, Rue Bernard Mas
19220 AURIAC
✆ 05 55 91 96 91
Ouvert du 01/04 au 30/06 : mer. jeu. ven. sam. et dimanche 12h-14h. Du 01/07 au 15/09 : mar. mer. jeu. ven. sam. et dim. 12h-14h. Du 16/09 au 10/11 : mer. jeu. ven. sam. et dim. 12h-14h
Distance : sur l'itinéraire
Fromages : de la fromagerie Duroux

AUBERGE DE SAINT-JULIEN-AUX-BOIS

1, route des Pierres Blanches
19220 SAINT-JULIEN-AUX-BOIS
✆ 05 55 28 41 94
Ouvert en juillet et août tous les jours. Hors saison, fermé le ven. sam et le dim. soir
Distance : sur l'itinéraire
Fromages : de la fromagerie Duroux

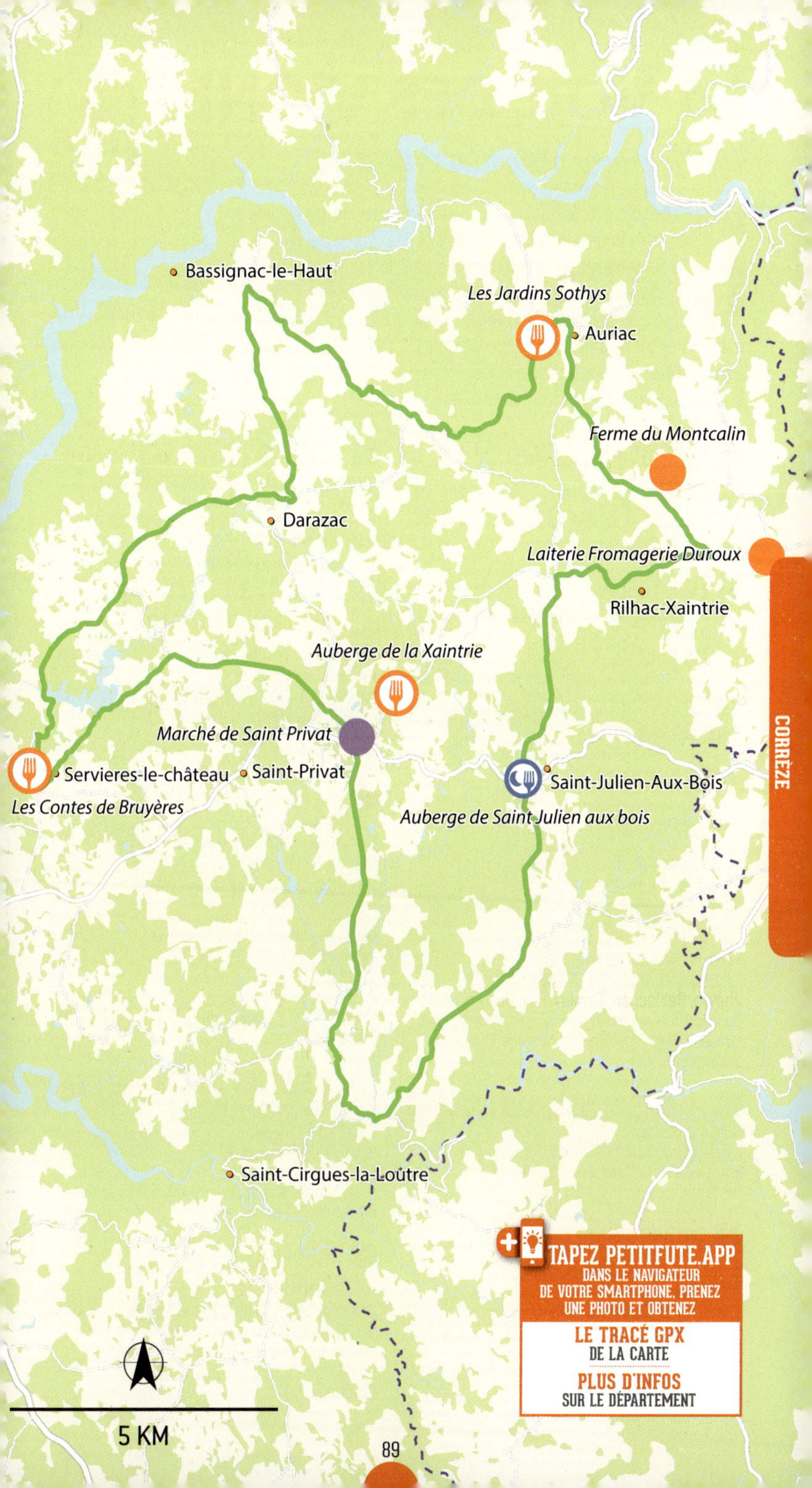
Bassignac-le-Haut
Les Jardins Sothys
Auriac
Ferme du Montcalin
Darazac
Laiterie Fromagerie Duroux
Rilhac-Xaintrie
Auberge de la Xaintrie
CORRÈZE
Marché de Saint Privat
Servieres-le-château
Saint-Privat
Les Contes de Bruyères
Saint-Julien-Aux-Bois
Auberge de Saint Julien aux bois
Saint-Cirgues-la-Loutre
TAPEZ PETITFUTE.APP
DANS LE NAVIGATEUR
DE VOTRE SMARTPHONE, PRENEZ
UNE PHOTO ET OBTENEZ
LE TRACÉ GPX
DE LA CARTE
PLUS D'INFOS
SUR LE DÉPARTEMENT
5 KM

LA VOIE DES VIGNES

Un itinéraire affiné en Côte-d'Or

Cette véloroute relie Dijon, qui abritera la future Cité des Climats et vins de Bourgogne à Beaune, capitale des vins de Bourgogne, et à Santenay et sa Station thermale. La Voie des vignes chemine à travers les grands crus bourguignons et les 1245 « Climats » (parcelles) inscrits au Patrimoine mondial de l'Unesco, à proximité immédiate d'autres productions agricoles ! La V51 permet ainsi d'aller à la rencontre des spécialités fromagères du secteur, parmi lesquelles le Brillat-Savarin ou le Cîteaux... on en a l'eau à la bouche !

DISTANCE *67 km*
DURÉE ESTIMÉE *6h15*
NIVEAU ▲▲△△△

FROMAGERIE GAUGRY
RD974 - 21220 BROCHON
✆ 03 80 34 00 07
Ouvert du mardi au samedi 9h-12h30 et 14h-18h30
Distance : 1 km

FROMAGERIE DELIN
1 parc d'activité de la petite Champagne
21640 GILLY-LES-CÎTEAUX
✆ 03 80 62 87 20
Horaires d'ouverture : lundi et mardi 9h-12h30, 13h30-19h, mercredi au vendredi 9-19h et le samedi 8h30-12h30. Fermé le dimanche
Distance : 3 km

LE VINTAGE
Ruelle du Pont
21700 VOSNES-ROMANÉE
Ouvert 7 jours / 7 toute l'année
✆ 03 80 61 59 59
Distance : 1 km

ABBAYE DE CÎTEAUX
Route de Seurre - RD 996
21700 SAINT-NICOLAS-LES-CÎTEAUX
✆ 03 80 61 34 28
Boutique ouverte du mardi au samedi de 10h-12h30 et 14h-18h, le dimanche 14h-18h.
Distance : 9 km

MARCHÉ DE NUITS-SAINT-GEORGES
Halles centrales
21700 NUITS-SAINT-GEORGES
Horaires d'ouverture : vendredi matin
Distance : 1 km

FRUIROUGE & COMPAGNIE L'ÉPICERIE FERMIÈRE
40, Grande Rue
21700 NUITS-SAINT-GEORGES
✆ 03 80 27 31 59
Ouvert du mardi au samedi de 9h30-12h et 14h30-19h. Fermé dimanche, lundi et jours fériés.
Distance : 1 km

LA CHÈVRERIE DES HAUTES-CÔTES
Rue Haute à Changey - 21420 ECHEVRONNE
✆ 06 37 20 34 66
Ouvert du lundi au vendredi après 17h30. Samedi après midi et dimanche à partir de 10h30. Production de début Mars à Novembre.
Distance : 6 km

ERMITAGE DE CORTON
RD 974 Route de Dijon - 21200 CHOREY-LES-BEAUNE
✆ 03 80 22 05 28
Fermeture le mercredi midi et le soir de novembre à mars. Fermeture annuelle de mi-février à mi-mars et semaine de Noël.
Distance : 3 km

MARCHÉ DE BEAUNE
Halle de Beaune, Place de la Halle, Place Fleury Avenue de la République - 21200 BEAUNE
Chaque samedi matin tôt jusqu'à 13h
Distance : 1 km

LE TAST FROMAGES
7 Place Carnot - 21200 BEAUNE
✆ 03 80 24 73 51
Horaires d'ouverture : du lundi au samedi 9h-12h15 et 14h30-19h. Le dimanche 10h-13h.
Distance : 1 km

LE BISTROT DU BORD DE L'EAU
Rue du Golf - 21200 LEVERNOIS
✆ 03 80 24 89 58
Ouvert tous les jours midi et soir d'avril à mi-novembre, tous les midis et du mercredi au dimanche soir de mi-novembre à fin mars.
Distance : 5 km

COOPÉRATIVE LAITIÈRE DE BOURGOGNE
1 route de Laborde - 21200 SAINTE-MARIE-LA-BLANCHE
✆ 03 80 22 27 77
Ouvert du mardi au vendredi de 9h-12h30 et 14h30-18h30, samedi de 8h30-12h30.
Distance : 6 km

BON PLAN L'APPLICATION MOBILE BALADES EN BOURGOGNE, GRATUITE ET TÉLÉCHARGEABLE SUR L'APPSTORE ET GOOGLE PLAY, VOUS GUIDE TOUT AU LONG DE L'ITINÉRAIRE. UNE FOIS LA BALADE « LA VOIE DES VIGNES À VÉLO » CHARGÉE SUR VOTRE APPAREIL ET LE MODE GPS ENCLENCHÉ, IL N'Y A PLUS QU'À PÉDALER... ET SAVOURER ! »

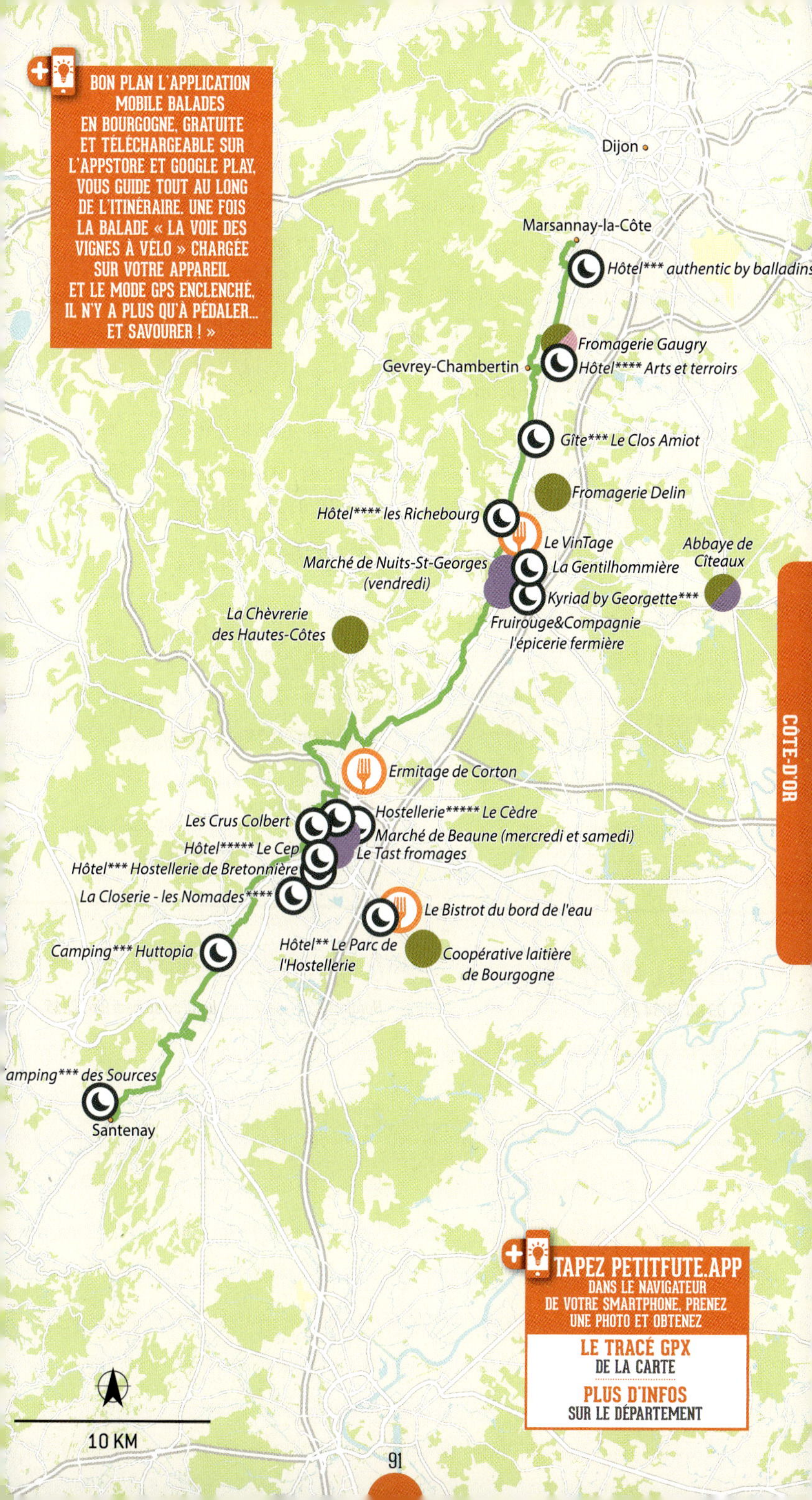

TAPEZ PETITFUTE.APP DANS LE NAVIGATEUR DE VOTRE SMARTPHONE, PRENEZ UNE PHOTO ET OBTENEZ

LE TRACÉ GPX DE LA CARTE

PLUS D'INFOS SUR LE DÉPARTEMENT

HÔTEL AUTHENTIC BY BALLADINS
84, route de Beaune
21160 MARSANNAY-LA-COTE
✆ 03 80 51 10 00

HÔTEL ARTS ET TERROIRS
28, route de Dijon
21220 GEVREY-CHAMBERTIN
✆ 03 80 34 30 76

GÎTE LE CLOS AMIOT
31, Grande rue
21220 MOREY-SAINT-DENIS
✆ 03 80 51 83 04

HÔTEL LES RICHEBOURG
Ruelle du Pont
21700 VOSNES-ROMANEE
✆ 03 80 61 59 59

HOSTELLERIE LE CÈDRE
10 Boulevard Maréchal Foch
21200 BEAUNE
✆ 03 80 24 01 01

HÔTEL HOSTELLERIE DE BRETONNIÈRE
43, rue du Faubourg Bretonnière
21200 BEAUNE
✆ 03 80 22 15 77

HÔTEL LE CEP
25-33, rue Maufoux
21200 BEAUNE
✆ 03 80 22 35 48

LA CLOSERIE - LES NOMADES
61, route de Pommard
21200 BEAUNE
✆ 03 80 22 15 07

LES CRUS COLBERT
15, rue Colbert
21200 BEAUNE
✆ 06 80 88 03 49

HÔTEL LE PARC DE L'HOSTELLERIE DE LEVERNOIS
Rue du Golf
21200 LEVERNOIS
✆ 03 80 24 63 00

CAMPING HUTTOPIA
2, route de Volnay
21190 MEURSAULT
✆ 03 80 21 22 48

CAMPING DES SOURCES
Avenue des Sources
21590 SANTENAY
✆ 03 80 20 66 55

KYRIAD BY GEORGETTE
7 rue Saint Joseph
21700 NUITS-ST-GEORGES
✆ 03 80 62 00 62

LA GENTILHOMMIÈRE
13 Vallée de la Serrée
21700 NUITS-SAINT-GEORGES
✆ 03 80 61 12 06

Vignoble de Gevrey Chambertin.

LA VOIE VERTE DU CANAL DE BOURGOGNE

Un itinéraire affiné en Côte-d'Or et dans l'Yonne

La Voie verte du Canal de Bourgogne déroule sur 215 km, entre Côte-d'Or et Yonne, toute la richesse du patrimoine bourguignon. Patrimoine bâti avec le Canal, un réel ouvrage d'art, les multiples sites, villages typiques et châteaux offrent un résumé de leur Histoire. Le patrimoine est aussi fromager : Époisses, Soumaintrain et Chaource, emblématiques, y côtoient des productions plus locales à découvrir d'urgence !

DISTANCE *215 km*
DURÉE ESTIMÉE *4 à 5 jours*
DÉNIVELÉ POSITIF *356 m*
NIVEAU ▲▲▲△△

MARCHÉ DE DIJON - LES HALLES

Les Halles - 21000 DIJON
Horaires d'ouverture : Le mardi, jeudi, vendredi et samedi matin
Distance : 1,7 km
Fromages : Époisses, Soumaintrain, fromages frais, yaourts

FROMAGERIE DE SAUNIÈRES

Les Halles - 21000 DIJON
© 03 80 49 23 47
Horaires d'ouverture : Le mardi, jeudi, vendredi et samedi matin
Distance : 1,7 km
Fromages : Fromages frais, yaourts

DRIVE FERMIER DE CÔTE-D'OR

3, rue Léon Delessard - 21000 DIJON
© 07 85 76 13 52
Horaires d'ouverture : Le vendredi de 12h30 à 19h
Distance : 5 km
Fromages : Époisses, Soumaintrain, fromages frais, yaourts, fromages de chèvre

ÉPICERIE LOCAVORE DES BOURROCHES

34, boulevard Eugène Fyot - 21000 DIJON
© 09 50 36 36 02
Horaires d'ouverture : Du mardi au samedi de 6h30 à 13h et de 14h30 à 19h30
Distance : 1,5 km
Fromages : Fromages vache et chèvre, yaourts

HÔTEL DES HALLES***

8, rue de Montigny - 21000 DIJON
© 03 80 30 96 86
Distance : 2 km

ENTRE PORT ET CANAL - MEUBLÉ**

57, rue Charles Poisot - 21000 DIJON
© 06 45 14 74 57
Distance : 0,9 km

HÔTEL DE PARIS**

9, avenue Maréchal Foch - 21000 DIJON
© 03 80 42 96 01
Distance : 2 km

HÔTEL WILSON***

1, rue de Lonvic - 21000 DIJON
© 03 80 66 82 50
Distance : 1,9 km

HÔTEL LA BONBONNIÈRE***

24, rue des Orfèvres - 21240 TALANT
© 03 80 57 31 95
Distance : 3,6 km

FROMAGERIE DE SAUNIÈRES

Hameau de Saunière
21360 LA BUSSIÈRE-SUR-OUCHE
© 03 80 49 23 47
Horaires d'ouverture : Tous les jours, matin et après-midi et sur le Marché des Halles de Dijon
Distance : 6 km
Fromages : Fromages frais, yaourts

LA FERME DU BÔKIN COR

3, chemin du lavoir - Hameau de Crepey
21360 AUBAINE
© 06 74 40 32 49
Horaires d'ouverture : Les samedis de 10h à 12h ou sur RDV, de courant mars à fin décembre
Distance : 6 km
Fromages : fromage de chèvre

RESTAURANT ET HÔTEL CHÂTEAU DE SAINTE-SABINE****

8, route de Semur
21320 SAINTE-SABINE
✆ 03 80 49 22 01
Distance : 2,4 km

CAMPING SUNÉLIA LE LAC DE PANTHIER****

1, chemin du Lac
21320 VANDENESSE-EN-AUXOIS
✆ 03 80 49 21 94
Horaires d'ouverture : Tous les jours d'avril à octobre
Distance : 1 km

CHAMBRE D'HÔTES AU BORD DU CANAL

Lieu-dit La Rèpe
21320 VANDENESSE-EN-AUXOIS
✆ 06 71 91 17 94
Distance : 1 km

HÔTEL IBIS BUDGET**

Av. G. Besse - Les Portes de Bourgogne
21320 CRÉANCEY
✆ 03 80 90 59 00
Distance : 1,9 km

HÔTEL DU VAL VERT***

10, les Portes de Bourgogne
21320 CRÉANCEY
✆ 03 80 90 82 34
Distance : 1,9 km

LA MAISON DE PAYS

Le Seuil - 21320 POUILLY-EN-AUXOIS
✆ 03 80 90 75 86
Horaires d'ouverture : Du mardi au samedi de 10h à 18h
Distance : 1,9 km
Fromages : Fromages vache et chèvre, fromages frais

MARCHÉ DE POUILLY-EN-AUXOIS

Place centrale
21320 POUILLY-EN-AUXOIS
Horaires d'ouverture : Tous les vendredis de 16h à 20h
Distance : 0,5 km
Fromages : Fromages de vache et chèvre, yaourts

CAMPING DU VERT AUXOIS***

15, rue du Vert Auxois
21320 POUILLY-EN-AUXOIS
✆ 03 80 90 71 89
Horaires d'ouverture : Tous les jours d'avril à octobre
Distance : 0,5 km

FERME PÉDAGOGIQUE PLUM' LAINE

Rue du Lavoir - 21320 ARCONCEY
✆ 03 80 84 17 32
Horaires d'ouverture : Tous les jours de 15h30 à 18h
Distance : 6 km
Fromages : Fromages chèvre et vache

RESTAURANT ET HÔTEL CHÂTEAU DE CHAILLY****

Allée du Château
21320 CHAILLY-SUR-ARMANÇON
✆ 03 80 90 30 30
Distance : 2,7 km

CHÈVRERIE DE BLANCEY

Petite rue Haute de l'Église
21320 BLANCEY
✆ 06 89 09 38 55
Horaires d'ouverture : Sur les marchés de la gare de Dijon le jeudi de 16h30 à 19h, de Pouilly en Auxois vendredi soir (17h à 19h), de Saulieu samedi matin (9h30 à 12h) et à la ferme le mardi soir (18h à 19h)
Distance : 3,9 km
Fromages : Fromage de chèvre

LA CHÈVRERIE DU ROCHAT

Rue des Grangeots
21350 SAINTE-COLOMBE-EN-AUXOIS
✆ 06 87 15 53 39
Horaires d'ouverture : Tous les jours à 17h30
Distance : 4,5 km
Fromages : Fromage de chèvre

FERME-AUBERGE LA GRANGE

GIE des 4 heures soupatoires - Place de l'Église
21150 FLAVIGNY-SUR-OZERAIN
✆ 03 80 96 20 62
Horaires d'ouverture : Du 01/03 au 01/12, tous les dimanches et jours fériés de 12h30 à 18h. Du 15/04 au 30/10, tous les jours sauf lundi de 12h30 à 18h. En juillet - août : tous les jours de 12h30 à 18h
Distance : 6 km
Fromages : Fromages vache et chèvre des adhérents membres du réseau Bienvenue à la Ferme

LA VOIE VERTE DU CANAL DE BOURGOGNE

Un itinéraire affiné en Côte-d'Or et dans l'Yonne

LA MORVANDELLE - BIENVENUE À LA FERME

19, rue Buffon
21140 SEMUR-EN-AUXOIS
✆ 06 78 80 88 68
Horaires d'ouverture : Du mardi au samedi de 10h à 12h30 et de 14h à 19h et le dimanche de 9h à 12h30
Distance : 7 km
Fromages : Fromages de vache, fromage de chèvre, crème, yaourts

MARCHÉ HEBDOMADAIRE

Rue Buffon - 21140 SEMUR-EN-AUXOIS
✆ 03 80 97 42 48
Horaires d'ouverture : Dimanche matin
Distance : 7 km
Fromages : Fromage de vache, fromage de chèvre, fromages frais, yaourts

MARCHÉ HEBDOMADAIRE

Place de la Libération
21150 VENAREY-LES-LAUMES
Horaires d'ouverture : mercredi matin
Distance : 1,5 km
Fromages : Fromage de vache, fromage de chèvre, fromages frais, yaourts

RESTAURANT ET HÔTEL LE TRIANON ALÉSIA**

19, avenue Jean Jaurès
21150 VENAREY-LES-LAUMES
✆ 03 80 97 16 68
Distance : 1,5 km

MARCHÉ HEBDOMADAIRE

Place - 21150 BUSSY-LE-GRAND
Horaires d'ouverture : De juin à septembre, le samedi de 16h à 19h30
Distance : 7 km
Fromages : Fromage de vache, fromage de chèvre, fromages frais, yaourts

LA FERME DE BUSSY

21, rue du Château - 21150 BUSSY-LE-GRAND
✆ 03 80 96 85 99
Horaires d'ouverture : De juin à septembre tous les après-midi. Les 1er et 3e vendredis du mois de 14h à 18h et sur rendez-vous toute l'année
Distance : 7 km
Fromages : Lait de brebis

MARCHÉ HEBDOMADAIRE

Halle - Place Gambetta / rue Carnot
21500 MONTBARD
Horaires d'ouverture : Le vendredi matin
Distance : 0,2 km
Fromages : Fromage de vache, fromage de chèvre, fromages frais, yaourts

CAMPING MUNICIPAL LES TREILLES***

Rue Michel Servet
21500 MONTBARD
✆ 03 80 92 69 50
Horaires d'ouverture : Tous les jours de fin mars à fin octobre
Distance : 1 km

PROXI MARCHÉ

8, rue Normier Simon
89390 RAVIÈRES
✆ 03 86 55 92 52
Horaires d'ouverture : Du lundi au samedi de 8h30 à 12h10 et de 15h à 18h55. Le dimanche de 9h à 12h10
Distance : 0,2 km
Fromages : Fromage de chèvre de la Fromagerie Les chèvres de la Montagne à Sennevoy-le-Haut & Fromages de la Fromagerie du Clocher à Fulvy

FERME BELLEVUE

Rue de Bellevue - 89160 FULVY
✆ 03 86 75 09 45 ou 06 10 46 22 21
Horaires d'ouverture : Possibilité d'assister à la traite à partir de 17h30, visite de la ferme et dégustation de lait frais. Ouvert toute l'année
Distance : 2,1 km

FROMAGERIE DU CLOCHER

28, route de Genève
89160 FULVY
✆ 06 67 92 52 23
Horaires d'ouverture : Du mardi au vendredi et le dimanche de 11h à 12h. Le samedi de 11h à 12h et 14h30 à 16h30.
Distance : 2 km
Fromages : Fromage de lait de vache et yaourts

RESTAURANT ET HÔTEL DE L'ÉCLUSE 79 - LOGIS

2, chemin de Ronde
89160 CHASSIGNELLES
✆ 03 86 75 13 88
Distance : 0,3 km

FROMAGERIE LES CHÈVRES DE LA MONTAGNE

3 Ferme de la Montagne
89160 SENNEVOY-LE-HAUT
✆ 06 46 73 83 59
Horaires d'ouverture : Du lundi au samedi de 10h à 12h et 17h à 19h
Distance : 10 km
Fromages : Fromages de chèvre et yaourts fermiers

AUTOUR D'UN VERRE

26, Grande Rue
89160 ANCY-LE-FRANC
✆ 03 58 46 20 54
Horaires d'ouverture : Du mardi au samedi de 9h à 12h et de 14h à 19h. Le dimanche de 9h à 14h
Distance : 1 km
Fromages : Fromages de la Fromagerie Chez Thomas et Fromagerie GAEC TOBIET. Brillat-Savarin, Chaource, Époisses, Soumaintrain, Crottins de chèvre, Comté, Trou du cru, Tonnerre

RESTAURANT ET CHAMBRES D'HÔTES L'INSTANT PRÉSENT

4, Grande Rue - 89160 PACY-SUR-ARMANÇON
✆ 03 86 75 51 17
Distance : 3 km

CAMPING MUNICIPAL, GÎTE D'ÉTAPE ET REFUGE LA GRAVIÈRE DU MOULIN

7, route de Frangey - 89160 LÉZINNES
✆ 03 86 75 68 67
Horaires d'ouverture : Camping ouvert de juin à septembre
Distance : 1 km

SUPÉRETTE DE CRUZY-LE-CHÂTEL

3, rue des Promenades - 89740 CRUZY-LE-CHÂTEL
✆ 09 75 63 06 53
Horaires d'ouverture : Lundi, mardi, jeudi et vendredi de 7h à 12h30 et 16h à 19h. Le dimanche de 7h à 12h30
Distance : 11 Km
Fromages : Fromages de chèvre de la Fromagerie Chèvre de la Montagne à Sennevoy-le-Haut.

LA FERME DE LA FOSSE DIONNE ET CHAMBRES D'HÔTES

11, rue de la Fosse Dionne
89700 TONNERRE
✆ 07 71 18 31 66
Distance : 1,2 km

HÔTEL ET AUBERGE DE BOURGOGNE ***

Route de Dijon - 89700 TONNERRE
✆ 03 86 54 41 41
Distance : 3 km

MARCHÉ HEBDOMADAIRE

Centre-ville
89700 TONNERRE
Horaires d'ouverture : Le mercredi et le samedi, de 8h à 13h
Distance : 1 km
Fromages : Locaux

AUTOUR DU PRESSOIR

1, place Marguerite de Bourgogne
89700 TONNERRE
✆ 03 86 54 81 05
Horaires d'ouverture : Ouvert toute l'année. L'hiver du mardi au samedi de 10h00 à 17h00, le vendredi et samedi de 10h à 23h à partir de février. Horaires d'été : du lundi au samedi de 10h à 23h et le dimanche de 10h à 15h
Distance : 1,2 km
Fromages : Épicerie fine de produits locaux. Soumaintrain, Chaource et Le Tonnerre de la Fromagerie Les fromages de Thomas. Plats à base de fromages variés : tarte à la tomate et au Soumaintrain, Spécialité de Tourte à la fondue de chaource

LE PETIT CHÈVRE DE BERNOUIL

18, Grande Rue
89360 BERNOUIL
✆ 06 11 71 45 31
Horaires d'ouverture : Vente à la ferme le mardi et le vendredi de 18h à 19h, le samedi de 10h à 12h. Présent sur le marché de Tonnerre les mercredi et samedi matin, sur le marché de Saint-Florentin le lundi matin de 9h à 12h et sur le marché de Ligny-le-Chatel le vendredi de 16h à 19h.
Distance : 4,3 km
Fromages : Fromages de chèvre affinés, frais ou aux herbes (crottins, bûches...), yaourts, fromages blancs

LA VOIE VERTE DU CANAL DE BOURGOGNE

Un itinéraire affiné en Côte-d'Or et dans l'Yonne

SANDRA MATHIEU

12, rue aux Cannes - 89144 VARENNES
✆ 06 08 77 29 89
Horaires d'ouverture : Du lundi au samedi de 9h à 12h et de 18h à 19h
Distance : 9,5 km
Fromages : Fromages de vache, Soumaintrain IGP, Saint-Florentin, autres fromages, lait, yaourts, fromages blancs, crème

LES FROMAGES DE THOMAS

89360 FLOGNY-LA-CHAPELLE
✆ 03 86 41 19 91
Présent sur marché de Flogny-la-Chapelle le vendredi
Distance : 2,4 km
Fromages : Soumaintrain, chaource, fromage « Le Tonnerre » (lait de vache) - affinage de divers fromages régionaux

FÊTE DE LA GOUGÈRE

Place de la Mairie
89360 FLOGNY-LA-CHAPELLE
✆ 03 86 75 44 44
Horaires d'ouverture : Dimanche 15 mai 2022 à partir de 10h
Distance : 1 km
Fromages : Comté

GÎTE L'ÉCOLE BUISSONNIÈRE

2, rue Noblot - 89600 CHÉU
✆ 06 30 27 55 05
Distance : 4,2 km

LA CLEF DES CHAMPS

44, Grande Rue - 89600 GERMIGNY
✆ 03 86 35 34 26
Distance : 3,1 km

FERME LORNE

8, rue de l'Étang
89570 SOUMAINTRAIN
✆ 03 86 56 32 07 ou 06 24 13 90 23
Horaires d'ouverture : Tous les jours sauf le dimanche après-midi et jours fériés
Distance : 5,8 km
Fromages : Soumaintrain fermier, Saint-Florentin, fromages frais aux herbes, fromage blanc, lait cru

GAEC LECLERE

4, rue des Sablons
89570 SOUMAINTRAIN
✆ 03 86 56 37 33
Horaires d'ouverture : Du lundi au samedi de 8h à 12h30 et de 14h à 19h. Le dimanche de 8h à 12h. Présent sur le marché de Saint-Florentin le samedi matin
Distance : 6 km
Fromages : Soumaintrain IGP, Chaource AOC, Saint-Florentin, Camembert, fromages frais aux herbes, fromage blanc, yaourts, lait cru

RANDONNÉE DES FROMAGES

89570 SOUMAINTRAIN
✆ 03 86 35 11 86
Circuit balisé de 11 km pédestre ou VTT au départ de Beugnon ou Soumaintrain passant par 3 fermes de productions fromagères. Abri vélo avec point d'eau et aire de pique-nique au lavoir de Soumaintrain
Distance : 3 km
Fromages : Soumaintrain IGP, Chaource AOP, Saint-Florentin et autres fromages locaux

SCEA PHILIPPE GILLOT

18, rue Neuve
89570 BEUGNON
✆ 03 86 56 40 48 ou 06 76 68 31 55
Horaires d'ouverture : Le lundi, mardi, mercredi et vendredi de 8h à 19h. Le samedi de 13h à 18h et le dimanche de 9h à 11h
Distance : 4,1 km
Fromages : Soumaintrain IGP, Saint-Florentin, Petit Beugnon, Chaource, Tomme, fromages frais aux herbes, fromage blanc, yaourts, beurre, lait cru

LA RONDE DES FROMAGES

Place de l'Église
89570 BEUGNON
✆ 03 86 35 11 86
Horaires d'ouverture : 1er dimanche d'octobre
Distance : 4,2 km
Randonnée pédestre ou VTT (12 km) avec dégustation de fromages dans les fermes de Beugnon et Soumaintrain : fromages Soumaintrain, Chaource, Saint-Florentin, Petit Beugnon, Tomme

GAEC DU VAL D'AURÉ

29, route de Ligny
89600 BOUILLY
✆ 03 86 35 06 04
Horaires d'ouverture : Du lundi au samedi de 9h30 à 11h et de 18h à 18h30 - possibilité d'assister à la traite de l'après-midi
Distance : 4 km
Fromages : Soumaintrain fermier, Saint-Florentin, fromage blanc

ATELIER AUTOUR DU FROMAGE

Office de Tourisme
16, Grande Rue
89600 SAINT-FLORENTIN
✆ 03 86 35 11 86
Horaires d'ouverture : Tous les mercredis des vacances scolaires pour les enfants
Distance : 1 km
Fromages : Recettes de cuisine autour du fromage de Soumaintrain, Saint-Florentin ou Chaource, Boutique de produits du terroir

MARCHÉ HEBDOMADAIRE

Place de la Halle
89600 SAINT-FLORENTIN
✆ 03 86 43 79 79
Horaires d'ouverture : Le lundi et le samedi de 8h30 à 12h30.
Distance : 1 km
Fromages : Soumaintrain, Chaource, Saint-Florentin (GAEC Leclère) le samedi - fromages « Époisses » et « Le Tonnerre » (Les Fromages de Thomas) le samedi - fromages de chèvre (Le Petit chèvre de Bernouil) le lundi

BOUCHERIE LHUILLIER

26, Grande Rue
89600 SAINT-FLORENTIN
✆ 03 86 35 04 23
Horaires d'ouverture : Du lundi au samedi (fermé le mardi) de 8h30 à 12h30 et 15h à 18h. Le dimanche de 8h15 à 12h15
Distance : 0,8 km
Fromages : Soumaintrain, Saint-Florentin, Petit Beugnon, fromage blanc, yaourts (ferme Gillot à Beugnon) et autres fromages de la région (Chaource, Vézelay, Epoisses...)

LA ROUTE DU FROMAGE

Jardin de l'Octroi
89600 SAINT-FLORENTIN
✆ 03 86 35 11 86 / 06 03 21 59 19
Parcours cyclotouristes de 30 à 80 km sur la route du fromage
Horaires d'ouverture : 1er samedi de septembre
Distance : 0,2 km

MARCHÉ HEBDOMADAIRE

Place Emile Blondeau
89210 BRIENON-SUR-ARMANÇON
✆ 03 86 56 09 40
Horaires d'ouverture : Le dimanche de 9h à 12h
Distance : 0,4 km
Fromages : Fromages locaux, régionaux et autres

AUBERGE DE LA POTERNE

6, avenue Joséphine Normand
89210 BRIENON-SUR-ARMANÇON
✆ 03 86 56 12 92
Horaires d'ouverture : Service midi uniquement du lundi au jeudi. Service midi et soir : vendredi et samedi
Distance : 0,5 km
Fromages : Rôti de veau confit à la fourbe d'Ambert - Plateau de fromages locaux et régionaux dont Chaource, Soumaintrain

LEROUX PASCAL

13, avenue Roger Salengro
89400 MIGENNES
✆ 03 86 91 90 57
Horaires d'ouverture : Du mardi au vendredi de 9h à 13h et de 15h30 à 18h30. Le samedi de 9h à 13h et de 15h30 à 18h. Ouvert les jours fériés de 9h à 13h
Distance : 0,3 km
Fromages : Soumaintrain fermier, fermier affiné au Chablis, Chaource, Brillat-Savarin, Chèvre Vézelay, Fromage de la Pierre Qui Vire, Tomme de brebis de l'Yonne, et autres produits régionaux

MARCHÉ DE MIGENNES

Marché Couvert
Place Eugène Laporte
89400 MIGENNES
✆ 03 86 80 09 45
Horaires d'ouverture : Le jeudi de 8h à 13h
Distance : 0,1 km

TAPEZ PETITFUTE.APP
DANS LE NAVIGATEUR DE VOTRE SMARTPHONE, PRENEZ UNE PHOTO ET OBTENEZ
LE TRACÉ GPX DE LA CARTE
PLUS D'INFOS SUR LE DÉPARTEMENT

50 KM
gerie Les Chèvres de la Montagne
nt Présent
r d'un verre
e 79
Marché
gerie du Clocher
ellevue
mping*** Municipal les Treilles
Marché
La Ferme de Bussy
Hôtel** le Trianon Alésia
Restaurant Le Trianon Alésia
Ferme-Auberge La Grange
Marché
Chambre d'hôtes
Au Bord du Canal
La Maison
de Pays
Camping**** Sunélia Le Lac de Panthier
Restaurant Château
de Sainte-Sabine
La ferme du Bôkin Cor
Fromagerie de Saunières
Hôtel** de Paris
Hôtel*** des Halles
Hôtel*** la Bonbonnière
Drive fermier de Côte-d'Or
Entre Port et Canal - Meublé**
Epicerie Locavore des Bourroches
Marché de Dijon - Les Halles
Hôtel*** Wilson
Fromagerie de Saunières

LE TOUR DE LA CREUSE À VÉLO

Un itinéraire affiné dans la Creuse

Cette véloroute permet de faire le tour de la Creuse à vélo ! De vallée en vallée, faites étape dans les villages de caractère et, tel un pèlerin, découvrez les petites chapelles et les châteaux qui bordent l'itinéraire et de jolis parcours au fil de l'eau. Fromages de chèvre, de vache et petits marchés agrémenteront votre traversée du Département.

DISTANCE *380 km*
DURÉE ESTIMÉE *6 jours*
NIVEAU ▲▲△△△

MARCHÉ DE PRODUCTEURS LE PANIER DU COIN

7 rue de la Font aux Moines
23300 LA SOUTERRAINE
✆ 05 87 57 15 75
Ouvert du mercredi au vendredi de 9h-12h30 et 15h-19h30 et le samedi de 9h-12h30
Distance : 150 m

MARCHÉ DE PRODUCTEURS

Place d'Armes
23300 LA SOUTERRAINE
✆ 03 80 62 87 20
Horaires d'ouverture : jeudi et samedi matin
Distance : 500 m

LOUBAT SANDRINE

Moulin de Châtelus
23300 SAINT-PRIEST-LA-FEUILLE
✆ 09 67 25 47 38 / 06 71 60 32 55
Horaires d'ouverture : sur RDV
Distance : 4,2 km
Fromages : Fromage de chèvre

GENETON NICOLAS

Le Cros
23300 SAINT-PIERRE-DE-FURSAC
✆ 07 80 64 39 13 / 06 70 11 08 17
Horaires d'ouverture : De 11h à 12h30 et de 17h à 20h
Distance : 4,6 km
Fromages : Le Cendré

MARCHÉ DE PRODUCTEURS

Place des Tilleuls
23240 LE GRAND BOURG
Ouvert mercredi matin
Distance : sur le parcours

CREUSE

© CD23 SERVICE COMMUNICATION

Fromages Poutard.

© JENNY THOMPSON - STOCK.ADOBE.COM

Aubusson.

MARCHÉ DE PRODUCTEURS
Place de la République
23210 BÉNÉVENT-L'ABBAYE
Ouvert mardi matin
Distance : sur le parcours

LAMY JEAN-CLAUDE
Route de Bénévent
23210 MOURIOUX-VIEILLEVILLE
✆ 06 99 16 52 06
Horaires d'ouverture : sur RDV
Distance : 2,8 km

MARTEL MARIA
Védrénas - 23400 MONTBOUCHER
✆ 05 55 54 91 78
Horaires d'ouverture : sur RDV
Distance : 6,9 km

MARCHÉ DE PRODUCTEURS
23400 BOURGANEUF
Ouvert mercredi matin
Distance : sur le parcours

MARCHÉ DE PRODUCTEURS
Place Pierre Ferrand
23460 ROYÈRE-DE-VASSIVIÈRE
Ouvert mardi matin
Distance : sur le parcours

BERGERIE DE LA PRADE
Lavaud - 23500 LA NOUAILLE
✆ 05 55 66 06 84
Horaires d'ouverture : sur RDV
Distance : 1,7 km
Fromages : Tomme de brebis « Le Nouaille »

MARCHÉ DE PRODUCTEURS
Centre-ville - 23500 FELLETIN
Ouvert vendredi matin
Distance : 400 m

MARCHÉ DE PRODUCTEURS
Parking « La Passerelle »
23200 AUBUSSON
Ouvert samedi matin
Distance : 30 m

MARCHÉ DE PRODUCTEURS
Place de l'Église
23190 CHAPAGNAT
Ouvert mercredi matin
Distance : 1,8 km

EARL POUTARD
Les Vergnauds - 23130 PUY-MALSIGNAT
✆ 05 55 66 48 62
Horaires d'ouverture : lundi, mardi, jeudi et vendredi de 8h-12h et 13h30-16h. Mercredi et samedi de 8h-11h30.
Distance : 6,5 km

MARCHÉ DE PRODUCTEURS
Place Aubergier
23170 CHAMBON-SUR-VOUEIZE
Ouvert mercredi matin
Distance : sur le parcours

MARCHÉ DE PRODUCTEURS
Place Serge Cléret
23110 ÉVAUX-LES-BAINS
Ouvert lundi matin
Distance : 5,5 km

LE TOUR DE LA CREUSE À VÉLO

Un itinéraire affiné dans la Creuse

ZUFFERLI CAROLE

Le Puyaule
23230 BORD-SAINT-GEORGES
✆ 05 55 65 78 41
Horaires d'ouverture : mardi, jeudi et vendredi de 17h30-19h
Distance : 1,5 km
Ferme bio

MARCHÉ DE PRODUCTEURS

Place de l'Hôtel de Ville
23600 BOUSSAC
Ouvert jeudi matin
Distance : 700 m

GAEC DE CHAUVEIX

Chauveix
23600 BOUSSAC-BOURG
✆ 05 55 65 17 11
Ouvert tous les jours, en dehors des heures de repas
Distance : 1,5 km
Fromage : Réseau « Bienvenue à la Ferme », fromage de vache

MARCHÉ DE PRODUCTEURS

Le Bourg - 23270 BÉTÊTE
Horaires d'ouverture : dimanche matin
Distance : 8,1 km

EARL L'ARBRE DE VIE

La Barre - 23270 CLUGNAT
✆ 06 30 59 10 67
Horaires d'ouverture : Visites tous les jours de 10h à 17h30 sur RDV et visite « A la rencontre des vaches » sur RDV.
Fromages : Tome à base de kéfir (Agriculture Bio)

MARCHÉ DE PRODUCTEURS

Le Bourg - 23270 CHÂTELUS-MALVALEIX
Ouvert vendredi matin
Distance : 100 m

MARCHÉ DE PRODUCTEURS

Le Bourg - 23220 BONNAT
Ouvert samedi matin
Distance : 50 m

GAEC DOMAINE DU TUMULUS

4 Le Pouyoux - 23220 BONNAT
✆ 06 67 98 02 22
Horaires d'ouverture : Le samedi de 8h30 à 12h30
Distance : 2 km
Fromages : Yaourt, crème

MARCHÉ DE PRODUCTEURS

Centre-ville - 23160 CROZANT
Ouvert mardi matin
Distance : sur le parcours

Crozant, au coeur des gorges de la Creuse.

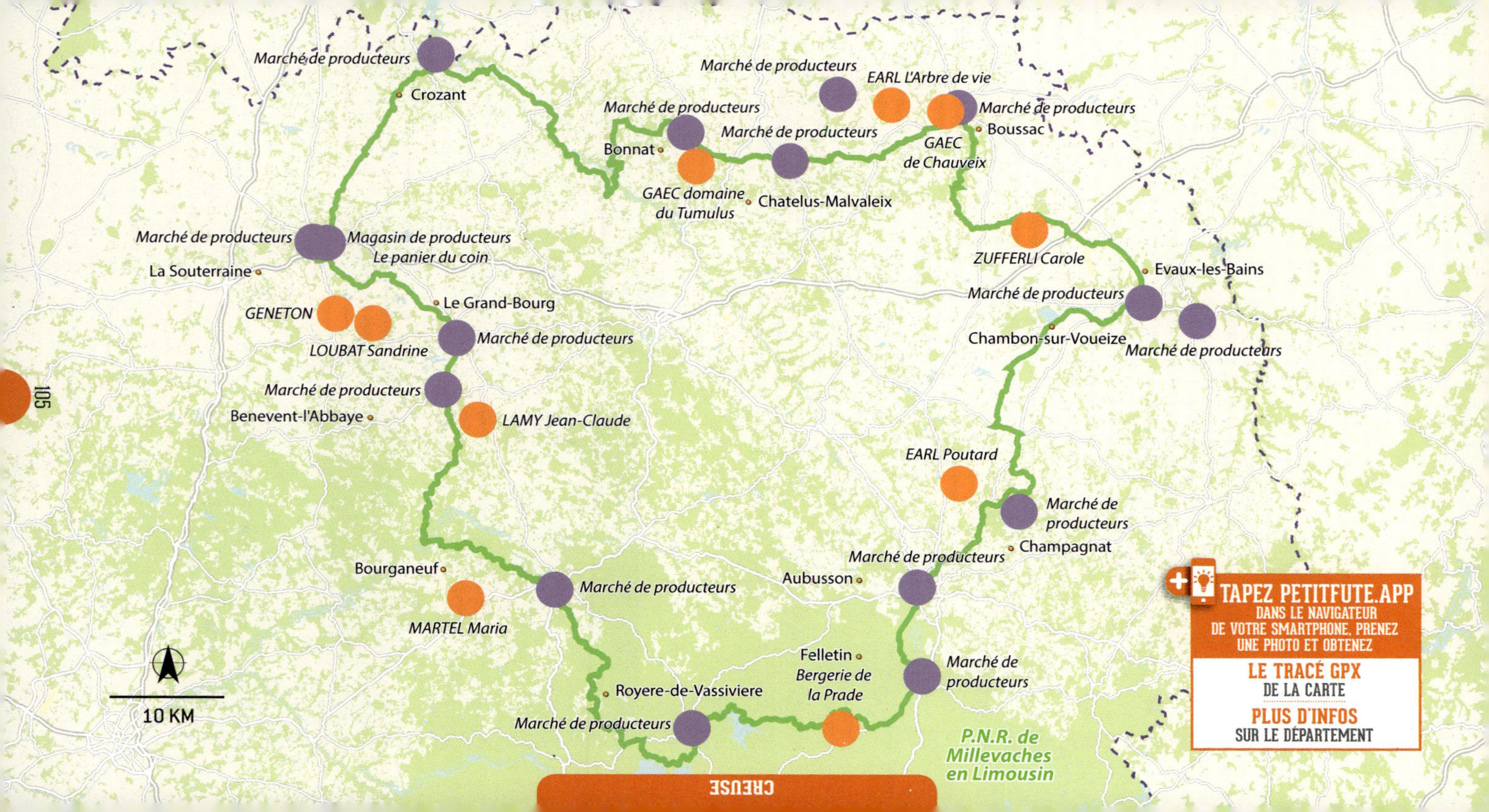

Marché de producteurs
Crozant
Marché de producteurs
EARL L'Arbre de vie
Marché de producteurs
Marché de producteurs
Boussac
Bonnat
Marché de producteurs
GAEC de Chauveix
GAEC domaine du Tumulus
Chatelus-Malvaleix
Marché de producteurs
Magasin de producteurs Le panier du coin
La Souterraine
ZUFFERLI Carole
Evaux-les-Bains
Le Grand-Bourg
Marché de producteurs
GENETON
LOUBAT Sandrine
Marché de producteurs
Chambon-sur-Voueize
Marché de producteurs
Marché de producteurs
Benevent-l'Abbaye
LAMY Jean-Claude
EARL Poutard
Marché de producteurs
Champagnat
Marché de producteurs
Aubusson
Bourganeuf
Marché de producteurs
MARTEL Maria
Felletin
Bergerie de la Prade
Marché de producteurs
Royere-de-Vassiviere
Marché de producteurs
P.N.R. de Millevaches en Limousin
10 KM
TAPEZ PETITFUTE.APP
DANS LE NAVIGATEUR DE VOTRE SMARTPHONE, PRENEZ UNE PHOTO ET OBTENEZ
LE TRACÉ GPX DE LA CARTE
PLUS D'INFOS SUR LE DÉPARTEMENT

ÉCHAPPÉE BELLE AU PAYS DE JEAN BROSSE

Un itinéraire affiné dans la Creuse

Cette boucle vous permettra de découvrir les jolis panoramas du nord de la Creuse… Ouvrez l'œil, la tour de Toulx-Sainte-Croix sera souvent dans votre ligne de mire ! Terminez votre balade par le point de vue sur l'imposant château de Boussac, lieu de résidence du seigneur Jean de Brosse, mais aussi, plus récemment, de George Sand. À présent, rendez-vous sur la place principale du bourg pour profiter d'un rafraîchissement autour d'un morceau de fromage…

DISTANCE *28 km*
DURÉE ESTIMÉE *2h30*
DÉNIVELÉ POSITIF *423 m*
NIVEAU ▲△△△△

GAEC DE CHAUVEIX

Chauveix
23600 BOUSSAC-BOURG
Horaires d'ouverture : Tous les jours
Distance : 0,7 km
Fromages : Le petit Chauveix

EARL L'ARBRE DE VIE

La Barre
23270 CLUGNAT
✆ 06 30 59 10 67
Horaires d'ouverture : Visites tous les jours de 10h à 17h30 sur RDV et visite « A la rencontre des vaches » sur RDV. Agriculture Bio.
Distance : 11 km
Fromages : Tomme à base de kéfir

Paysage de Toulx.

EARL LA P'TITE CHÈVRERIE

4, Le Bois Chevron
23600 NOUZERINES
✆ 06 42 04 69 61
Horaires d'ouverture : De 14h30 à 19h sauf dimanche et jours fériés, visite le vendredi et le samedi après-midi
Distance : 4 km
Fromages : Fromage de chèvre rond demi-sec

POT D'VACHE - ERIC ROBIN LAMOTTE

Le Grand Méry
23600 NOUZERINES
✆ 06 32 91 64 22
Horaires d'ouverture : lundi, mercredi de 9h à 12h et vendredi de 17h à 19h. Agriculture Bio.
Distance : 4,1 km
Fromages : Tomme BIO

MARCHÉ DE BOUSSAC

Place de l'Hôtel de Ville
23600 BOUSSAC
✆ 05 55 65 01 09
Horaires d'ouverture : Le jeudi de 8h30 à 12h
Distance : Sur l'itinéraire

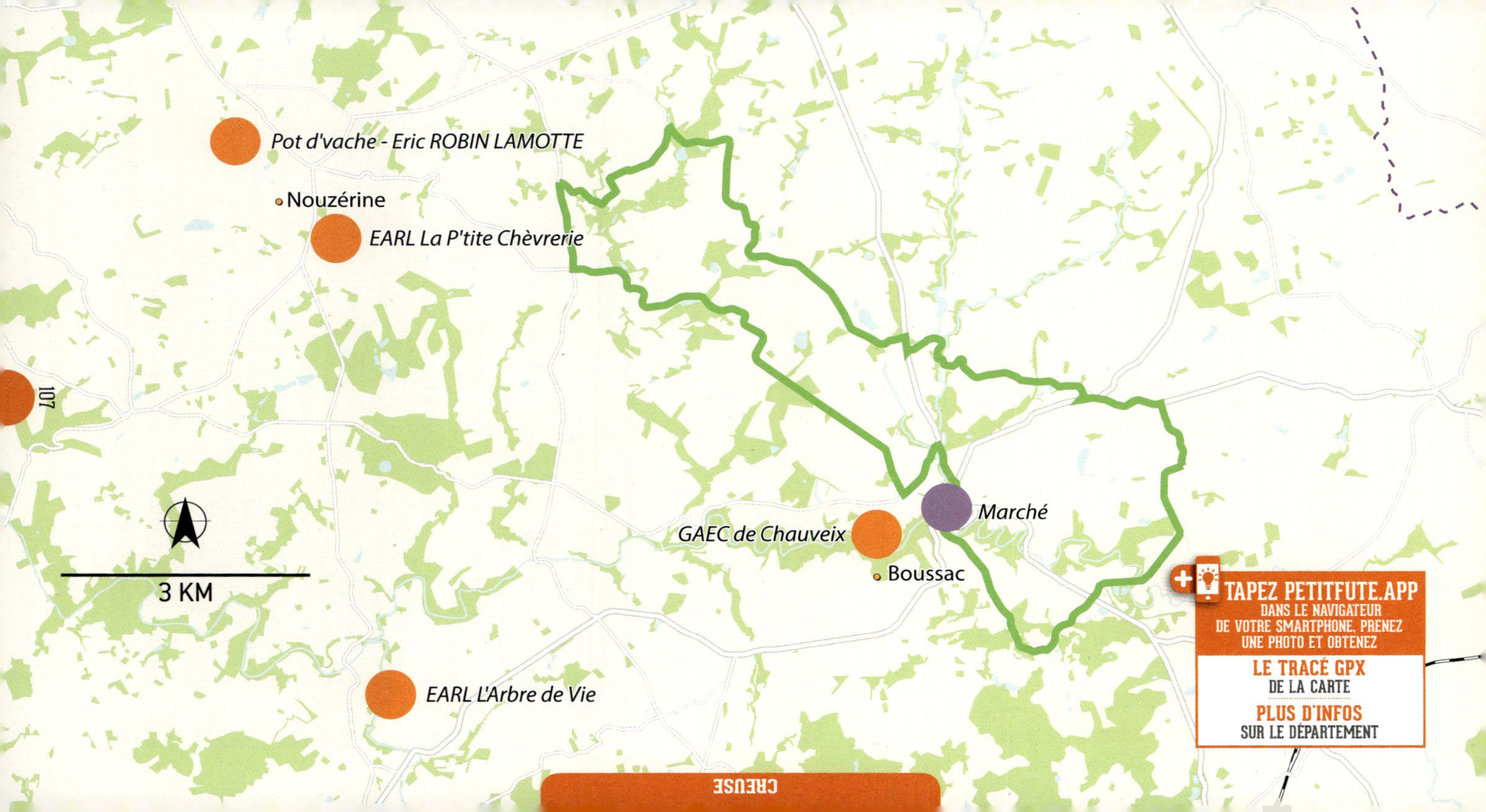
Pot d'vache - Eric ROBIN LAMOTTE
Nouzérine
EARL La P'tite Chèvrerie
GAEC de Chauveix
Marché
Boussac
EARL L'Arbre de Vie
3 KM
TAPEZ PETITFUTE.APP
DANS LE NAVIGATEUR
DE VOTRE SMARTPHONE, PRENEZ
UNE PHOTO ET OBTENEZ
LE TRACÉ GPX
DE LA CARTE
PLUS D'INFOS
SUR LE DÉPARTEMENT

ÉTANGS ET CHÂTEAUX CREUSOIS

Un itinéraire affiné dans la Creuse

D'hier à aujourd'hui, entre étangs, châteaux, poulaillers de plein champ et cité médiévale de Chénérailles, cette boucle creusoise au départ de Peyrat-la-Nonière vous permettra de vous délecter de délicieux fromages et de beaux paysages. Gardez à l'esprit que vous pédalez sur la terre natale de Raymond Poulidor !

DISTANCE *36 km*
DURÉE ESTIMÉE *2h30*
DÉNIVELÉ POSITIF *300 m*
NIVEAU ▲△△△△

EARL POUTARD

Les Vergnauds - 23130 PUY-MALSIGNAT
✆ 06 43 08 26 22
Horaires d'ouverture : Le lundi, mardi, jeudi et vendredi de 8h à 12h et de 13h30 à 16h. Le mercredi et samedi de 8h à 11h30
Distance : 2,8 km
Fromages : « Le Paysou »

LA FERME DE LAVAURETTE

Lavaurette - 23150 MOUTIER-D'AHUN
✆ 06 71 61 85 46
Horaires d'ouverture : Tous les jours de 9h à 12h ou après 18h
Distance : 4,3 km
Fromages : Petits bouchons apéros aromatisés

MARCHÉ DE CHÉNÉRAILLES

Place du Champ de foire
23130 CHÉNÉRAILLES
✆ 05 55 62 37 22
Horaires d'ouverture : Tous les 5 et 20 de chaque mois, en août les 5 et 25 et en novembre les 5 et 22.
Distance : Sur l'itinéraire

MARCHÉ DE CHAMPAGNAT

Place de l'église
23190 CHAMPAGNAT
✆ 05 55 65 00 56
Horaires d'ouverture : Le mercredi matin
Distance : 5,9 km

CREUSE

Château de Villemonteix à Chénérailles.

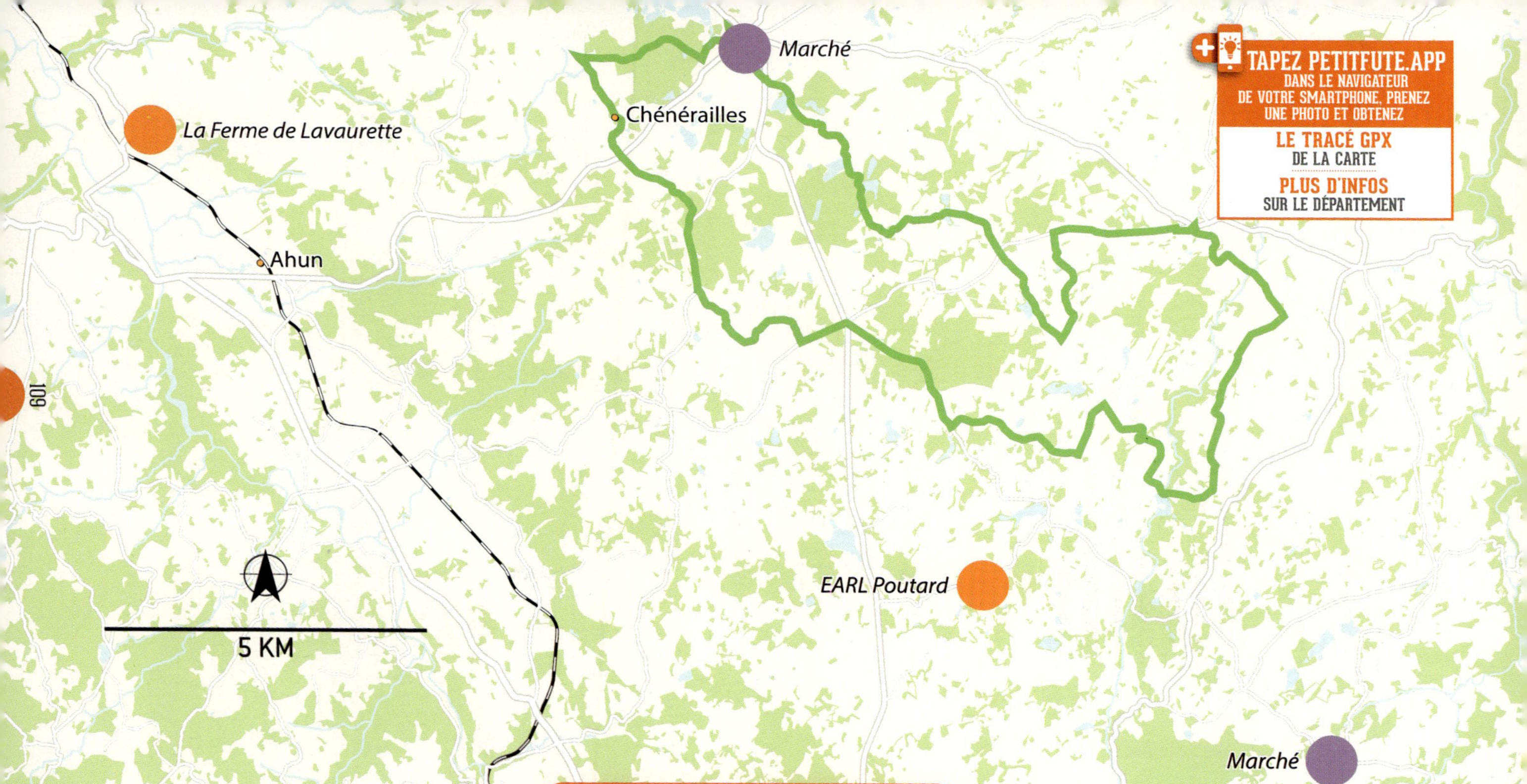
TAPEZ PETITFUTE.APP
DANS LE NAVIGATEUR DE VOTRE SMARTPHONE, PRENEZ UNE PHOTO ET OBTENEZ
LE TRACÉ GPX DE LA CARTE
PLUS D'INFOS SUR LE DÉPARTEMENT
Marché
Chénérailles
La Ferme de Lavaurette
Ahun
EARL Poutard
Marché
Champagnat
5 KM

LIAISONS DOUCES VÉLO & FROMAGES

Un itinéraire affiné dans le Doubs

Cet itinéraire au départ de Vaux-et-Chantegrue définit une boucle empruntant les liaisons vertes du Plateau de Frasne et du Val du Drugeon. Elle vous permet de partir à la découverte d'un tissu unique de « fruitières », ces coopératives de fabrication qui constituent l'élément emblématique de la production fromagère locale. Comté, Mont d'Or, Morbier, vous allez vous régaler...

DISTANCE *74 km*
DÉNIVELÉ POSITIF *1011m*
NIVEAU ▲▲▲▲△

DOUBS

DÉCOUVERTE DU MÉTIER DE SANGLIER

Rue Chargebin
25160 VAUX-ET-CHANTEGRUE
✆ 03 81 69 65 90
Fromages : Mont d'Or

FERME MUSÉE LA PASTORALE

Rue des Tourbières
25560 BONNEVAUX
Ouvert du 1er mai au 30 septembre, tous les jours 15h30-16h30 sauf samedi

FRUITIÈRE DE FRASNE

Rue de Bellevue
25560 FRASNE
Visite tous les jours sur réservation au ✆ 03 81 49 82 26. Vente tous les jours 9h-12h et 16h-19h
Fromages : Comté, Morbier, raclette

DISTILLERIE LA FRAIGNAUDE

Rue de la Vieille Eglise
25560 FRASNE
✆ 06 70 90 18 59
Horaires d'ouverture : le samedi de 10h à 12h et de 14h à 19h. En dehors de ces horaires, prendre contact par téléphone

FRUITIÈRE DE COURVIÈRES

Rue de Curvier
25560 COURVIÈRES
Vente lundi, mardi, jeudi, vendredi 18h-19h et mercredi, samedi 10h30-11h30 et 18h-19h. Pas de visite
Fromages : Comté, Morbier, Bleu de Gex, Mont d'Or

FRUITIÈRE DE BOUJAILLES

Rue du Crêt
25560 BOUJAILLES
Visite tous les jours dès 9h sur rendez-vous. Vente tous les jours 11h-12h sauf le jeudi, jour de Noël et jour de l'An

FRUITIÈRE LES MONTS DE JOUX

Rue Laurent Troutet
25560 BANNANS
Vente du lun. au sam. 9h-12h15 et 16h-18h Fermé le mer. après midi - Pas de visite
Fromages : Mont d'Or, Morbier, Comté, raclette, Bleu de Gex, Tomme de Montagne

FRUITIÈRE DE LA RIVIÈRE DRUGEON

Rue des Hauts du Drugeon
25560 BULLE
Vente du lundi au samedi 8h-12h et 16h30-19h, le dimanche 8h-11h30. Pas de visite
Fromages : Comté, Morbier, Mont d'Or, raclette

FRUITIÈRE DE BOUVERAINS

Rue du Chalet
25560 BOUVERANS
Vente du lun. au sam. 9h-12h et 18h-19h30, le dim 9h-11h30 et 18h-19h30 - Visite sur rdv
Fromages : Comté

LA FRUITIÈRE DES LACS

Rue derrière chez Saget
25160 LABERGEMENT-SAINTE-MARIE
Horaires d'ouverture : du lundi au vendredi de 9h à 12h15 et de 16h à 19h. Samedi 9h-12h15 et 14h 19h. Dimanche 9h-12h15. Visite tous les jours de 9h à 10h30.
Fromages : Comté, Morbier

Fruitière de Boujailles
Fruitière de La Rivière Drugeon
Fruitière Les Monts de Joux
Fruitière de Courvières
Distillerie - La Fraignaude
Fruitière de Bouverains
Fruitière de Frasne
Forêt Domaniale de la-Joux
Réserve Biologique Dirigée de la Glacière
Réserve Naturelle des Tourbières de Frasne-Bouverans
Ferme Musée La Pastorale
Réserve Naturelle de la Seigne des Barbouilllons
Découverte du métier de sanglier
Réserve Biologique Dirigée de la Grand' Côte
Fruitière des Lacs
Réserve Naturelle Nationale du Lac de Remoray
P.N.R. du Haut-Jura
5 KM
TAPEZ PETITFUTE.APP
DANS LE NAVIGATEUR
DE VOTRE SMARTPHONE, PRENEZ
UNE PHOTO ET OBTENEZ
LE TRACÉ GPX
DE LA CARTE
PLUS D'INFOS
SUR LE DÉPARTEMENT

LA COULÉE GOURMANDE

Un itinéraire affiné dans le Doubs

Cet itinéraire entre Besançon et Montbéliard emprunte l'EuroVelo 6 et sillonne la Vallée du Doubs. L'un des plus célèbres fromages comtois y est fabriqué, la fameuse cancoillotte, un vrai pot de colle des plateaux ! Sur un tracé accessible à tous, vous pourrez admirer la Citadelle de Besançon, l'un des fleurons Unesco du Doubs signé Vauban, profiter du cadre paisible des rives du Doubs et découvrir les charmes du Pays de Montbéliard.

DISTANCE
102,55 km
DÉNIVELÉ POSITIF
627 m
NIVEAU ▲▲△△△

LA CRÈMERIE DU MARCHÉ

Marché des Beaux-Arts
25000 BESANÇON
✆ 03 81 83 41 65
Horaires d'ouverture : du mardi au dimanche matin
Distance : 1 km
Fromages : cancoillotte artisanale, metton et autres fromages régionaux au lait cru

DOUBS DIRECT

6 rue Pasteur
25000 BESANÇON
✆ 03 81 50 55 91
Horaires d'ouverture : du mardi au vendredi 9h-19h, samedi et lundi 10h-19h
Distance : 1 km
Fromages : fromages en circuit-court

LA CAVE AUX FROMAGES

2 rue Gustave Courbet
25000 BESANÇON
✆ 03 63 18 33 81
Horaires d'ouverture : du lundi au jeudi de 8h à 12h30 et 14h30 à 19h. Vendredi de 7h30 à 19h. Samedi de 8h à 19h. Dimanche de 9h30 à 12h30
Distance : 1 km
Fromages : fromages locaux

LA FRUITIÈRE

7 rue des Boucheries
25000 BESANÇON
✆ 03 81 50 71 12
Horaires d'ouverture : du mardi au samedi de 9h30 à 14h et de 15h à 19h, dimanche 9h30-12h
Distance : 1 km
Fromages : Comté, Morbier, raclettes et tome des sapins

LA RIGOTTE

18 rue de Belfort
25000 BESANÇON
✆ 03 81 60 12 07
Horaires d'ouverture : du mardi au samedi 9h15-12h30 et 15h-19h et dimanche 9h30-12h30
Distance : 2 km

AU VIEUX COMTOIS

103 Grande Rue
25000 BESANÇON
✆ 03 81 81 14 74
Horaires d'ouverture : du lundi au vendredi de 19h à 22h. Samedi et dimanche de 12h à 14h et de 19h à 22h
Distance : 800 m
Fromages : spécialités franc-comtoises et fromagères

LA PETITE ADRESSE

28 rue Claude Pouillet
25000 BESANÇON
✆ 03 81 82 35 09
Ouvert du lundi au mercredi 19h-23h, du jeudi au samedi 12h-14h et 19h-23h
Distance : 1 km
Fromages : spécialités franc-comtoises et fromagères

LA GRANGE

17 avenue Elisée Cusenier
25000 BESANÇON
✆ 03 81 50 82 97
Horaires d'ouverture : lundi au jeudi 12h-14h et 19h-22h. Vendredi samedi 12h-14h et 19h-23h. Dimanche 12h-14h.
Distance : 1 km
Fromages : spécialités fromagères et savoyardes

L'AFFINEUR COMTOIS

82 rue Battant - 25000 BESANÇON
✆ 03 81 61 47 29
Horaires d'ouverture : jeudi et vendredi de 19h à 22h. Samedi de 19h à 23h
Distance : 2 km
Fromages : spécialités régionales

LA COOPÉRATIVE FROMAGÈRE DU PLATEAU DE BOUCLANS

35 rue nationale - 25220 ROCHE-LES-BEAUPRÉ
✆ 03 81 51 71 86
Horaires d'ouverture : le lundi 16h30-19h30, du mardi au samedi 10h-12h30 et 16h30 – 19h30, le dimanche 10h-12h30
Distance : 500 m
Fromages : fromages régionaux

LA FROMAGERIE-CRÈMERIE CORNEILLE ALAIN

15 rue des Terreaux
25110 BAUME-LES-DAMES
✆ 03 81 84 16 75
Horaires d'ouverture : du mardi au samedi 8h-20h et le dimanche 7h-12h
Distance : 1 km
Fromages : fromages régionaux

LA FERME-AUBERGE DE SAINT-LIGIER

Lieu-dit Saint-Ligier
25110 BAUME-LES-DAMES
✆ 03 81 84 09 13
Réseau « Bienvenue à la ferme »
Horaires d'ouverture : du 1er février au 20 décembre
Distance : 2 km
Fromages : spécialités régionales et produits de la ferme

FROMAGERIE DU PAYS DE CLERVAL

1 rue de Clerval - 25340 PAYS DE CLERVAL
✆ 03 81 99 48 00
Horaires d'ouverture : lundi 14h-18h, du mardi au vendredi 9h30-12h30 et 13h15-18h, samedi 9h-12h30
Distance : 1 km
Fromages : fromages à raclette

FERME BIO DE LA GARENNE

La Garenne
25250 SOYE
✆ 06 88 07 48 52
Horaires d'ouverture : mercredi, vendredi et samedi de 10h à 12h
Distance : 5 km
Fromages : fromages, yaourts, crème et beurre au lait de vache, réseau « Bienvenue à la ferme »

LA FERME DU CHARMONT

16 rue de Soye
25340 POMPIERRE-SUR-DOUBS
✆ 03 81 97 80 39
Horaires d'ouverture : les vendredis 17h-19h et samedis 15h-18h ou sur rendez-vous
Distance : 800 m
Fromages : Réseau « Bienvenue à la ferme »

LA FROMAGERIE DE MONTBÉLIARD

60 rue Jacques Foillet
25200 MONTBÉLIARD
✆ 03 81 91 37 85
Horaires d'ouverture : du lundi au samedi 9h-17h30, le dimanche 10h-12h
Distance : 1 km
Fromages : Produits laitiers locaux dont Morbier AOP

FROMAGERIE LEHMANN

390 avenue René Jacot
25460 ÉTUPES
✆ 03 81 30 96 72
Horaires d'ouverture : du mardi au vendredi de 9h30 à 18h30. Samedi de 9h à 18h
Distance : 300 m
Fromages : cancoillotte traditionnelle

LA TABLE COMTOISE

14 rue Charles de Gaulle
25460 ÉTUPES
✆ 03 81 31 07 58
Horaires d'ouverture : mardi 12h-15h, lundi, vendredi, samedi, dimanche 12h-15h et 19h-22h30
Distance : 600 m
Fromages : spécialités comtoises

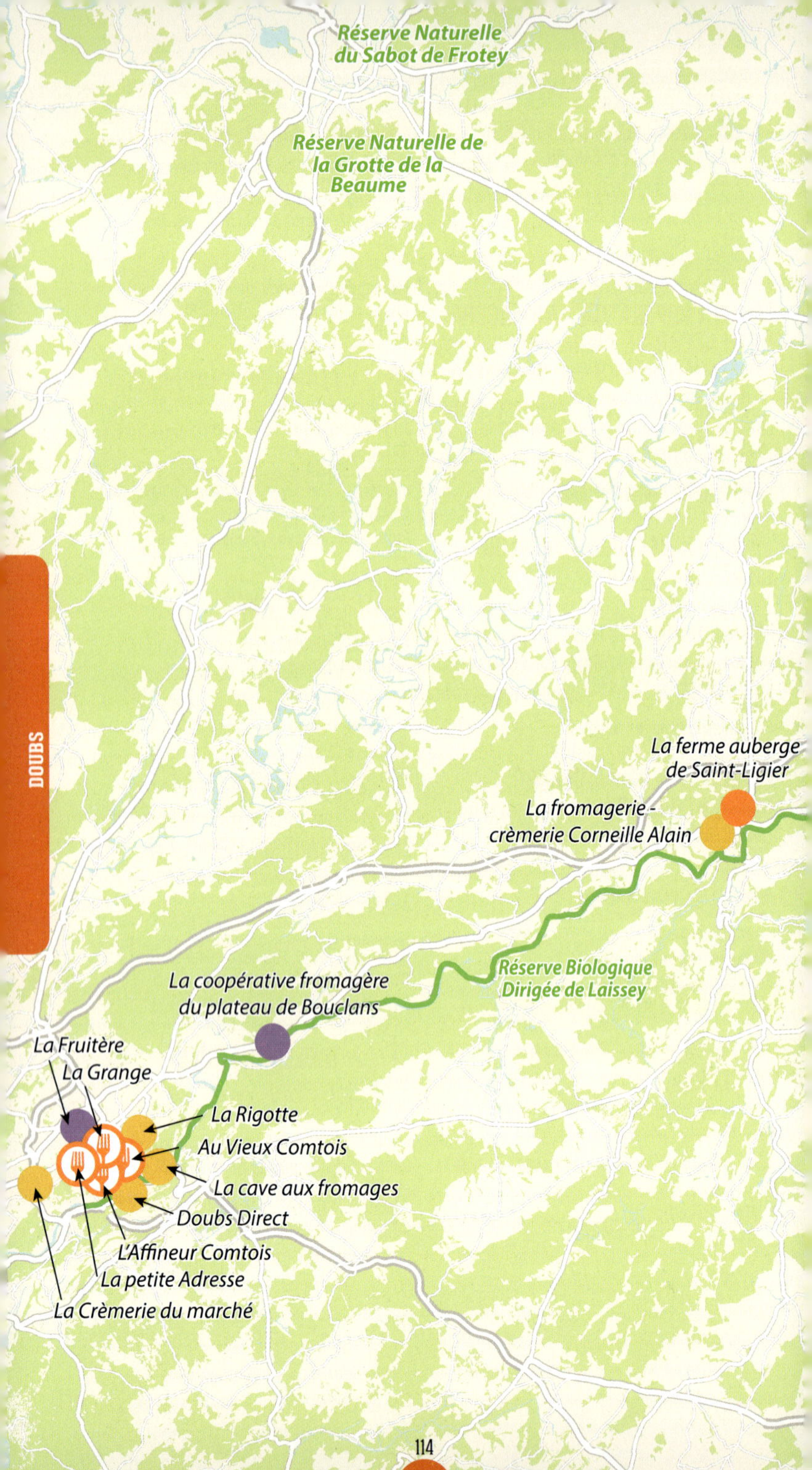
Réserve Naturelle du Sabot de Frotey
Réserve Naturelle de la Grotte de la Beaume
La ferme auberge de Saint-Ligier
La fromagerie - crèmerie Corneille Alain
Réserve Biologique Dirigée de Laissey
La coopérative fromagère du plateau de Bouclans
La Fruitère
La Grange
La Rigotte
Au Vieux Comtois
La cave aux fromages
Doubs Direct
L'Affineur Comtois
La petite Adresse
La Crèmerie du marché

10 KM
La Table Comtoise
La Fromagerie de Montbéliard
Lehmann
Ferme bio de
la Garenne
La Ferme du Charmont
Fromagerie du Pays de Clerval
Réserve Naturelle
du Crêt des Roches
Parc du
Doubs
Parc Régional
Chasseral

LA MONTAGNE DE FROMAGES

Un itinéraire affiné dans le Doubs

Ce parcours arpente les routes de la Grande Traversée du Jura et fera le bonheur d'un public à la fois sportif et avide de fromages de caractère bien connus : le Comté, fine fleur des fromages, le Mont d'Or, fromage royal, ou encore le Morbier, autre fromage identitaire des Montagnes du Jura. L'itinéraire vous guidera à travers le Pays berceau de l'horlogerie française et le Haut-Doubs montagnard et gourmand.

DISTANCE 197,64 km
DÉNIVELÉ POSITIF 3 726 m
NIVEAU ▲▲▲▲▲

DOUBS

LE PANIER LEHMANN

7 rue Combottes, ZA Nord - 25700 VALENTIGNEY
✆ 03 81 35 52 02
Ouvert du mardi au samedi de 9h30 à 12h et de 14h30 à 18h
Distance : 1,5 km
Fromages : cancoillottes traditionnelles

LES FRUITIÈRES DU LOMONT

21 rue des Herbiers - 25190 NOIREFONTAINE
✆ 03 81 96 94 33
Ouvert du lundi au samedi 9h-19h, le dimanche et jours fériés 9h-12h et 15h-19h
Distance : 6 km
Fromages : Comté et AOP comtoises

CRÈMERIE AU BON MARCHÉ

3 rue Jacques Curtois - 25190 SAINT-HYPPOLYTE
✆ 03 81 96 51 34
Ouvert mardi, jeudi, vendredi de 9h à 12h15 et de 14h30 à 19h, mercredi de 9h à 12h, samedi de 9h à 12h15 et de 14h15 à 18h
Distance : 100 m

Caves d'affinage du Fort Saint-Antoine.

FRUITIÈRE MONT ET VALLÉE

2 rue des Jonquilles
25470 LES PLAINS-ET-GRANDS-ESSARTS
✆ 03 81 44 43 83
Ouvert tous les jours de 8h à 12h sauf le dimanche, le mardi et le vendredi de 16h à 18h30 et le samedi de 14h à 17h
Distance : 50 m
Fromages : Gruyère, Comté, fromages locaux

FRUITIÈRES RÉUNIES TRÉVILLERS

11 rue des Fruitières - 25470 TRÉVILLERS
✆ 03 81 44 40 27
Ouvert du lundi au samedi 9h-12h et de 15h-18h30 les lundi, jeudi, vendredi et samedi
Distance : 1 km
Fromages : fromages régionaux

FRUITIÈRE DE CHARMAUVILLERS

Grande rue - 25470 CHARMAUVILLERS
✆ 03 81 44 26 10
Horaires d'ouverture : du lundi au samedi 8h-12h et le dimanche 8h-11h
Distance : : sur le parcours
Fromages : Comté, crème, beurre

FROMAGERIE DES MONTS DE JOUX

29 Grande Rue
25140 CHARQUEMONT
✆ 03 81 44 01 38
Ouvert lundi, mardi, jeudi, vendredi de 9h à 12h et de 16h30 à 18h30, mercredi de 9h à 12h, samedi de 9h à 12h30, fermé le dimanche et les jours fériés
Distance : 2 km
Fromages : Comté, Morbier, crème, beurre

LA FERME DES SAVEURS

Route des joux
25140 FOURNET-BLANCHEROCHE
✆ 06 75 10 03 71
Commande sur réservation par téléphone.
Distance : sur le parcours

FROMAGERIE CERNEUX-MONNOT

Les Cerneux-Monnot - 25000 BONNETAGE
✆ 03 81 43 76 18
Ouvert tous les jours de 6h à 12h, et de 16h à 18h30 le mardi et le vendredi.
Distance : 6 km
Fromages : Bio, comté, Morbier, beurre

FRUITIÈRE DES CRÊTES DU HAUT-DOUBS

3 rue des Peux - 25210 GRAND'COMBE-DES-BOIS
✆ 03 81 43 73 64
Ouvert du lundi au samedi 9h-12h, fermé les dimanche et jours fériés
Distance : 100 m
Fromages : Comté, crème, beurre, Morbier et Mont d'Or

FRUITIÈRE LES MAJORS

15 route des Fins - 25130 VILLERS-LE-LAC
✆ 03 81 68 00 43
Visite gratuite et sur réservation à 8h30.
Ouvert du lundi au samedi de 8h30 à 12h et de 17h à 19h, dimanche et jours fériés de 9h à 11h
Distance : sur le parcours

FRUITIÈRE DE MONTLEBON

6 rue de la Fruitière - 25550 MONTLEBON
✆ 03 81 67 36 61
Ouvert du lundi a vendredi de 9h à 12h et de 16h à 19h, le samedi de 9h à 12h et de 15h à 18h30
Distance : 100 m
Fromages : Fromages AOP, Comté, yaourts, crème, beurre

FROMAGERIE DE GRAND'COMBE CHÂTELEU

20 le Beugnon - 25570 GRAND'COMBE CHÂTELEU
✆ 03 81 89 81 00
Horaires d'ouverture : 9h-12h et 16h-19h (de 9h-12h les dimanches de vacances scolaires)
Distance : 200 m
Fromages : Fromages AOP

AU CHALET TERROIR PASSION

9 rue du Val Saugeais - 25650 MONTBENOÎT
✆ 03 81 38 11 37

© SYNDICAT MORBIER

Fabrication du Morbier.

Ouvert du lundi au samedi 9h-12h et 15h-19h (fermé le mercredi), le dimanche 10h-12h
Distance : 500 m
Fromages : Comté de montagne et fromages AOC au lait cru

FROMAGERIE DU DOUBS

1 rue de la Fruitière - 25300 DOUBS
✆ 03 81 39 05 21
Ouvert du lundi au samedi 9h-12h et 15h30-19h, les dimanche et jours fériés 17h-19h
Distance : 1 km
Fromages : Comté et Mont d'Or

FROMAGERIE BADOZ

4 rue Eiffel - 25300 PONTARLIER
✆ 03 81 39 80 20
Ouvert du lundi au vendredi de 8h à 12h et de 14h à 17h45
Distance : 1 km
Fromages : Mont d'Or, Comté, Morbier

MAGASIN FROMAGERIE BADOZ

1 rue Denis Papin - 25300 PONTARLIER
✆ 03 63 60 01 53 / 03 81 39 80 20
Ouvert du lundi au vendredi 9h30-12h30 et 14h30-19h, le samedi 9h30-12h30 et 14h-18h
Distance : 1 km
Fromages : Mont d'Or, Comté, Morbier

CHALET DE PONTARLIER

13 rue Parguez - 25300 PONTARLIER
✆ 03 81 39 71 34
Ouvert lundi et mardi de 8h30 à 12h et de 17h à 19h, mercredi au samedi de 8h30 à 12h et de 16h à 19h, dimanche de 9h à 12h.
Distance : 400 m
Fromages : Mont d'Or, Arlier, Noyou, Serra et fromages locaux

LA MONTAGNE DE FROMAGES

Un itinéraire affiné dans le Doubs

CRÈMERIE DES HAUTS-JURA
5 rue de la Gare
25300 PONTARLIER
✆ 03 81 39 33 36
Horaires d'ouverture : du mardi au samedi 9h-12h et 15h-19h
Distance : 100 m
Fromages : fromages AOP, crème, produits locaux

CRÈMERIE MARCEL PETITE
1 rue Sainte-Anne
25300 PONTARLIER
✆ 03 81 39 09 50
Horaires d'ouverture : du lundi au samedi de 8h30 à 19h
Distance : 300 m
Fromages : fromages traditionnels au lait cru

DÉCOUVERTE DU MÉTIER DE SANGLIER
14 rue Chargebin
25160 VAUX-ET-CHANTEGRUE
✆ 03 81 69 65 90
Visite de l'atelier de fabrication de boîtes de fromages de Mont d'Or en bois d'épicéa du Jura
Distance : 4 km

LA FRUITIÈRE DES LACS
1 rue derrière chez Saget
25160 LABERGEMENT-SAINTE-MARIE
✆ 03 81 38 12 91
Visites tous les matins. Boutique ouverte de 9h à 12h15 et de 16h à 19h du lundi au vendredi. Samedi de 9h à 12h15 et de 14h à 19. Dimanche de 9h à 12h15 (et de 16h à 19h pendant les vacances scolaires).
Distance : 1 km
Fromages : Comté, Morbier, Tomme, Raclette, Fleur de Saint Théodule

LES CAVES D'AFFINAGE DU FORT SAINT-ANTOINE
Fort de Saint-Antoine
25370 SAINT-ANTOINE
✆ 03 81 49 14 34
Visites guidées sur réservation
Distance : 5 km
Fromages : Comté

FROMAGERIE DU MONT D'OR
2 rue du Moulin - 25370 MÉTABIEF
✆ 03 81 49 02 36
Horaires d'ouverture : du lundi au samedi 9h-12 h15 et 15h-19h, le dimanche 9h-12h
Distance : 7 km
Fromages : Comté, Morbier, Mont d'Or, raclette

LA FERME FLEURETTE
14 rue des Agettes - 25370 LES HÔPITAUX VIEUX
✆ 06 33 25 34 01
Horaires d'ouverture : à l'année
Distance : 9 km
Fromages : Comté, Réseau « Bienvenue à la ferme »

FERME DE LA BATAILLEUSE
16 rue de la Fontaine - 25370 ROCHEJEAN
✆ 03 81 49 91 84
Horaires d'ouverture : en période scolaire, de mars à octobre les mercredi, vendredi et samedi 16h30-19h, de novembre à février le mercredi 16h30-19h
Distance : 7 km

FROMAGERIE DE GELLIN
2 route de Maisons du Bois - 25240 GELLIN
✆ 03 81 69 10 67
Horaires d'ouverture : du lundi au samedi de 9h à 12h et de 16h à 19h, dimanche de 9h30 à 12h.
Distance : 4 km
Fromages : spécialités comtoises

FRUITIÈRE DES PONTETS
5 Grande Rue - 25240 LES PONTETS
✆ 03 81 69 26 06
Horaires d'ouverture : tous les jours 9h-12h et 16h-19h (dimanche et jours fériés 9h-12h)
Distance : 800 m
Fromages : Comté et autres fromages locaux

FROMAGERIE BIOLOGIQUE DE CHAPELLE-DES-BOIS
2 place de la Fruitière - 25400 CHAPELLE-DES-BOIS
✆ 03 81 69 20 91
Horaires d'ouverture : du lundi au samedi de 9h à 12h et de 15h à 19h, dimanche et jours fériés de 9h à 12h
Distance : 10 km
Fromages : Bio, fromages AOP, crème, beurre

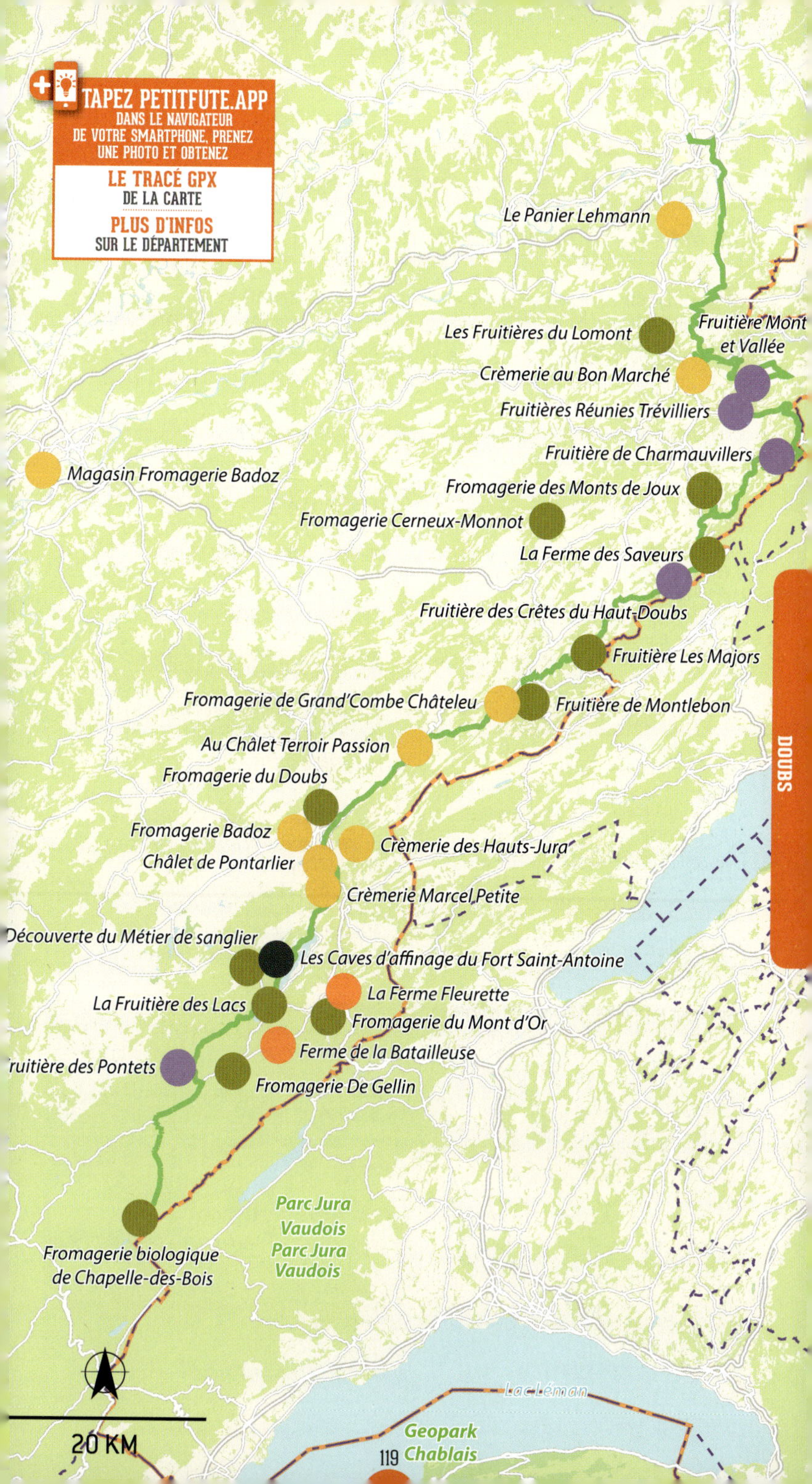
TAPEZ PETITFUTE.APP
DANS LE NAVIGATEUR DE VOTRE SMARTPHONE, PRENEZ UNE PHOTO ET OBTENEZ
LE TRACÉ GPX
DE LA CARTE
PLUS D'INFOS
SUR LE DÉPARTEMENT
Le Panier Lehmann
Les Fruitières du Lomont
Fruitière Mont et Vallée
Crèmerie au Bon Marché
Fruitières Réunies Trévilliers
Fruitière de Charmauvillers
Magasin Fromagerie Badoz
Fromagerie des Monts de Joux
Fromagerie Cerneux-Monnot
La Ferme des Saveurs
Fruitière des Crêtes du Haut-Doubs
Fruitière Les Majors
Fromagerie de Grand'Combe Châteleu
Fruitière de Montlebon
Au Châlet Terroir Passion
Fromagerie du Doubs
Fromagerie Badoz
Crèmerie des Hauts-Jura
Châlet de Pontarlier
Crèmerie Marcel Petite
Découverte du Métier de sanglier
Les Caves d'affinage du Fort Saint-Antoine
La Ferme Fleurette
La Fruitière des Lacs
Fromagerie du Mont d'Or
Ferme de la Batailleuse
ruitière des Pontets
Fromagerie De Gellin
Parc Jura Vaudois
Parc Jura Vaudois
Fromagerie biologique de Chapelle-des-Bois
Lac Léman
Geopark Chablais
20 KM

LE CIRCUIT DES CHÂTEAUX

Un itinéraire affiné dans la Drôme

Ce circuit au départ de Montbrun-les-Bains vous emmènera à la découverte de trois vallées du berceau historique des Baronnies provençales. Allez à la rencontre des élevages (et des éleveurs!), visitez les fermes, goûtez les fromages fermiers de chèvres et autres préparations fromagères à base de lait de vache. Les fermes de ce parcours sont toutes certifiées Bio, garantissant une alimentation saine en harmonie avec le paysage.

DISTANCE *37 km*
DURÉE ESTIMÉE *2h30*
DÉNIVELÉ POSITIF *667m*
NIVEAU ▲▲▲△△

MARCHÉ DES PRODUCTEURS

Place de la mairie
26570 MONTBRUN-LES-BAINS
✆ 04 75 28 87 34
Horaires d'ouverture : du 15/04 au 30/09, tous les lun. 16h30-19h30
Distance : 600 m
Fromages : chèvre

LA FERME DE MARGOLIVE

Route de Savoillans
26570 REILHANETTE
✆ 04 75 28 84 02
Horaires d'ouverture : tous les jours 16h30, téléphoner la veille
Fromages : vaches

GAEC LE REGAIN

Ubac de courge
26570 MONTBRUN-LES-BAINS
✆ 04 75 28 87 34
Horaires d'ouverture : du 01/02 au 31/10, les lun. mer. jeu. ven. sam. et dim.
Tous les jours sauf sam. matin, lun. après midi et mar. toute la journée.
Fromages : chèvre du Rove

MARCHÉ DE SÉDERON

26560 SÉDERON
✆ 04 75 28 54 90
Ouvert tous les dim. 8h-13h
Fromages : locaux

FERME DE GRANDCHAINE

La Grandchane
26560 SÉDERON
✆ 04 75 28 51 15
Ouvert tous les jours 9h-10h30 et sur le marché de Séderon le dim. matin
Fromages : chèvre

Montbrun-les-Bains.

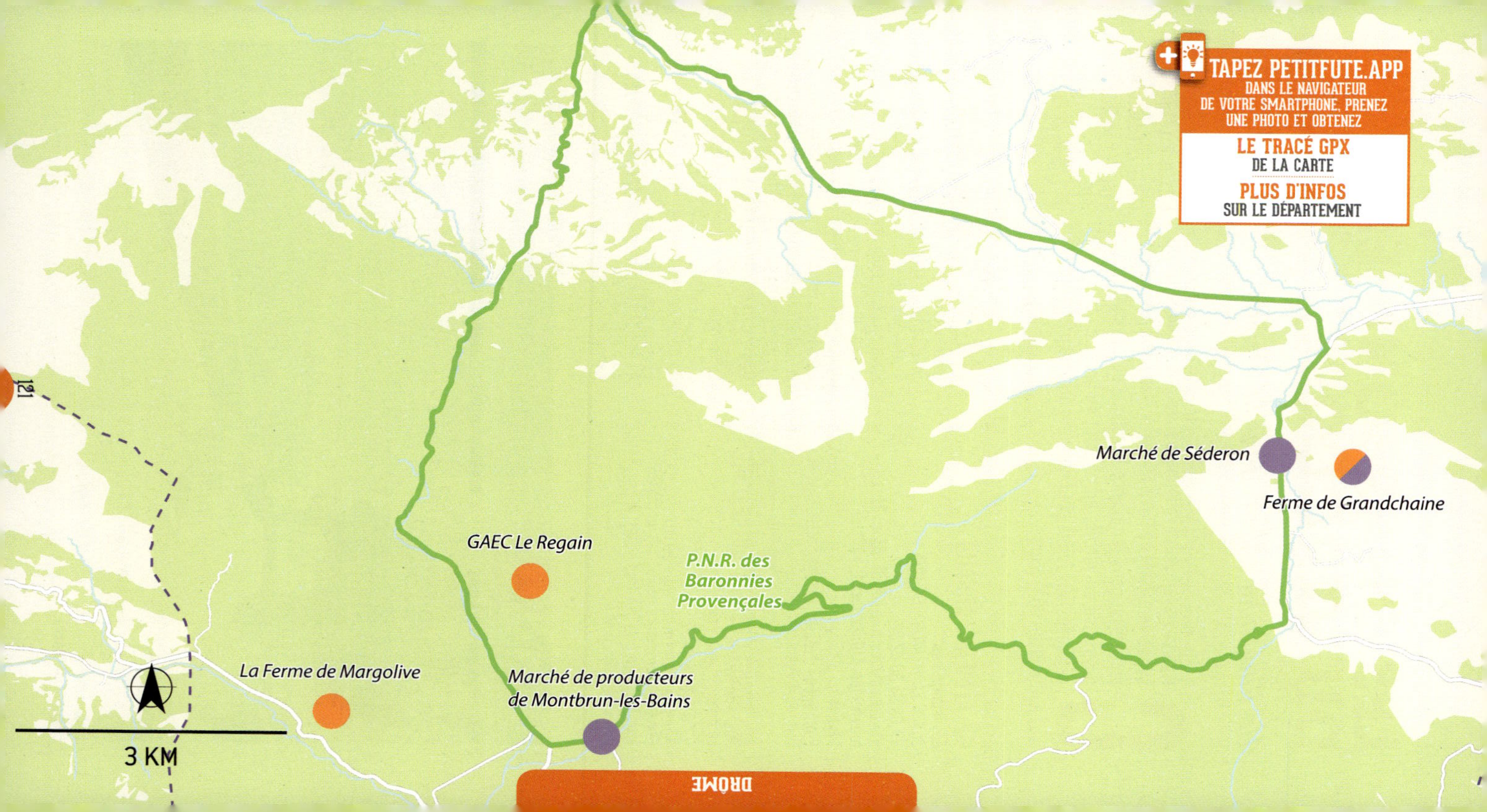
TAPEZ PETITFUTE.APP
DANS LE NAVIGATEUR
DE VOTRE SMARTPHONE, PRENEZ
UNE PHOTO ET OBTENEZ
LE TRACÉ GPX
DE LA CARTE
PLUS D'INFOS
SUR LE DÉPARTEMENT
Marché de Séderon
Ferme de Grandchaine
GAEC Le Regain
P.N.R. des
Baronnies
Provençales
La Ferme de Margolive
Marché de producteurs
de Montbrun-les-Bains
121
3 KM
DRÔME

LES CHARBONNIERS DU VERCORS

Un itinéraire affiné dans la Drôme

Ce parcours familial et vallonné prend sa source au départ du cirque verdoyant de Saint-Martin-en-Vercors. Il permet une immersion dans l'ambiance bucolique et l'environnement du massif du Vercors en passant de ferme en ferme, de pâturages aux forêts pour ressentir au plus proche ce qui fait l'authenticité du Vercors !

DISTANCE *17 km*
DURÉE ESTIMÉE *1h30*
DÉNIVELÉ POSITIF *446 m*
NIVEAU ▲▲△△△

AYMERIC ARNAUD

Les Domarières
26420 SAINT-JULIEN-EN-VERCORS
✆ 09 64 48 12 92
Horaires d'ouverture : du 01/01 au 31/12 tous les jours, 9h-12h et 13h30-18h. sauf dim.
Fromages : Bleu du Vercors Sassenage AOC, Tomme du Vercors

BOUCLETTE ET COMPAGNIE

Le Bard
26420 SAINT-MARTIN-EN-VERCORS
✆ 04 75 45 54 81
Horaires d'ouverture : du 01/04 au 30/09, tous les jours 17h-19h sauf le lun.
Fromages : brebis

FERME DE ROCHE ROUSSE

1190 route de Roche Rousse
26420 SAINT-MARTIN-EN-VERCORS
✆ 04 75 02 26 55
Horaires d'ouverture : lun. mer. ven. et sam. 8h-12h et présent sur le marché de la Chapelle en Vercors.
Fromages : bleu du Vercors-Sassenage AOC, le Roche Rousse, Saint-Martin, Saint-Marcellin IGP

FERME DES GRANDS GOULETS

La Jarjatte
26420 LA CHAPELLE-EN-VERCORS
✆ 04 75 48 18 99
Horaires d'ouverture : du 20/11 au 20/09 lun.mar jeu.ven. et sam. 9h-12h et 16h30-19h mer. 18h-19h dim. 9h-12h et 18h-19h

Le circuit du Vercors.

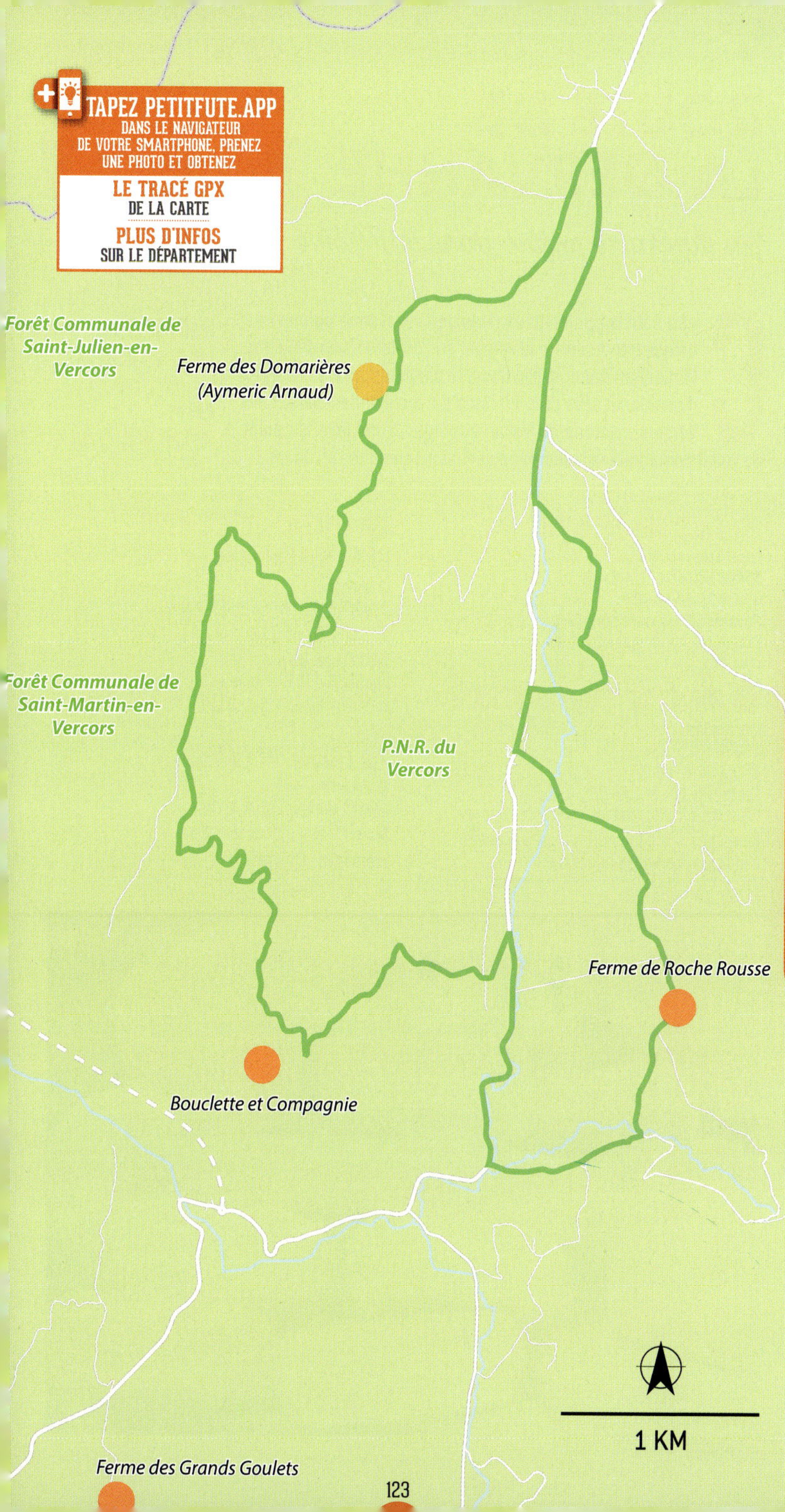
TAPEZ PETITFUTE.APP
DANS LE NAVIGATEUR DE VOTRE SMARTPHONE, PRENEZ UNE PHOTO ET OBTENEZ
LE TRACÉ GPX
DE LA CARTE
PLUS D'INFOS
SUR LE DÉPARTEMENT
Forêt Communale de Saint-Julien-en-Vercors
Ferme des Domarières (Aymeric Arnaud)
Forêt Communale de Saint-Martin-en-Vercors
P.N.R. du Vercors
Ferme de Roche Rousse
Bouclette et Compagnie
1 KM
Ferme des Grands Goulets

ROUTE DE LA GERVANNE

Un itinéraire affiné dans la Drôme

Cette boucle par les deux rives de la Gervanne permet une balade tranquille sur le versant sud du Vercors au départ de Mirabel-et-Blacons. Elle traverse plusieurs villages chargés d'histoire et offre un panorama sur les grandes falaises du Vercors : plateau du Vellan et gorges d'Omblèze. Un point de vue incomparable à admirer en dégustant quelques picodons !

DISTANCE *20 km*
DURÉE ESTIMÉE *2h*
DÉNIVELÉ POSITIF *219 m*
NIVEAU ▲△△△△

GAEC DES PERRIERS

Les Brus
26400 SUZE
✆ 04 75 42 53 23
Ouvert tous les jours sur rdv
Fromages : Picodons AOP

FERME DE SAINT PANCRACE

Les Davins
26400 SUZE
✆ 07 60 17 26 27
Vente : 9h-12h et 18h-19h,
Visite de la traite tous les soirs à 18h sur rdv
Fromages : Picodon AOP, tommes pressés, cendrées, fromages aux épices

ÉPICERIE ASSOCIATIVE DE GERVANNE-SYE

Grande Rue
26400 BEAUFORT-SUR-GERVANNE
✆ 09 72 57 38 08
Ouvert tous les jours 8h30-12h30 et 15h30-19h30 sauf jeu. et le dim. 9h-13h

FERME REYNARD

Quartier Nichon
26400 MIRABEL-ET-BLACONS
Ouvert tous les jours 18h-19h
Fromages : chèvre

Picodons.

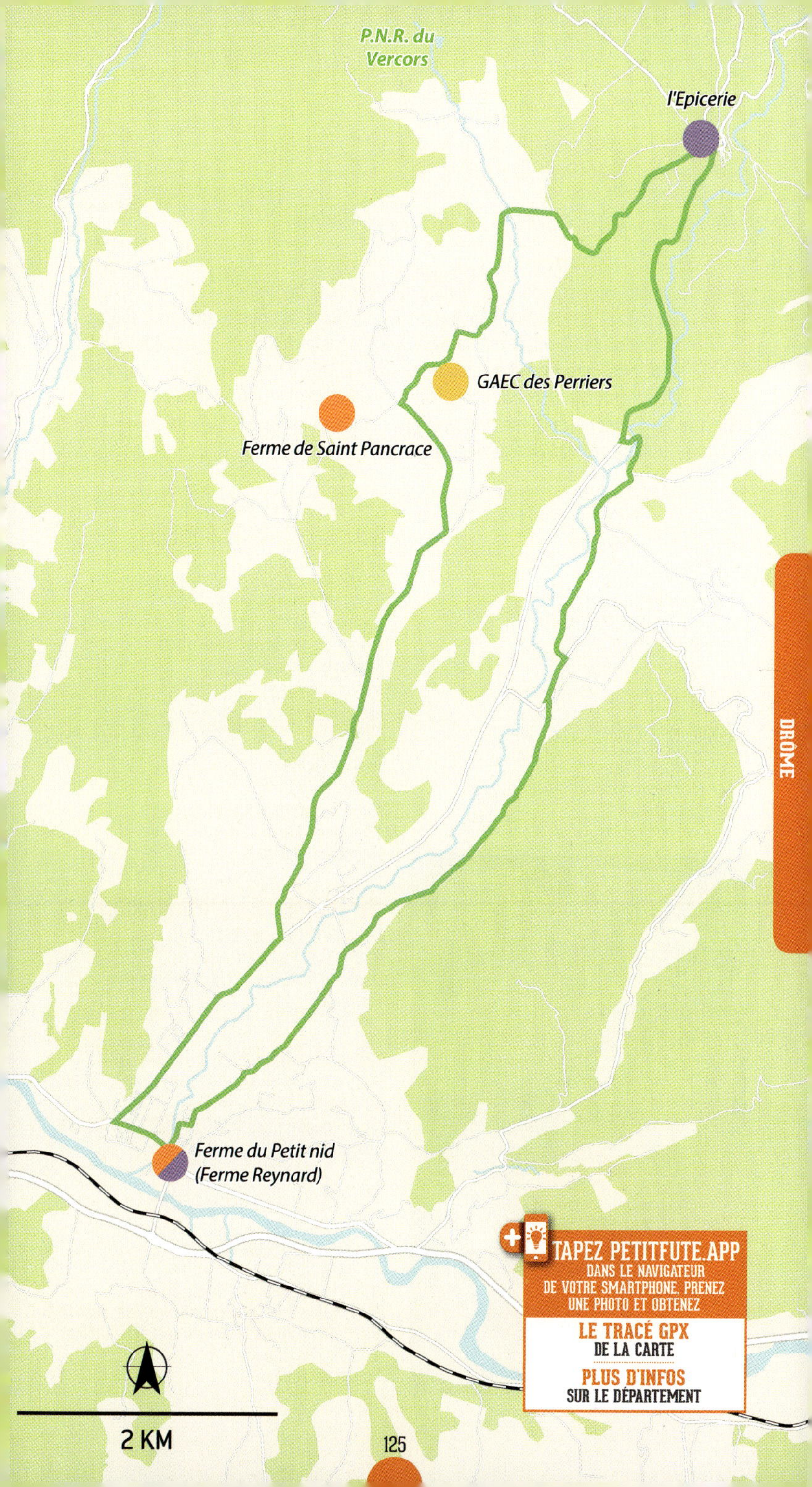
P.N.R. du Vercors
l'Epicerie
GAEC des Perriers
Ferme de Saint Pancrace
Ferme du Petit nid (Ferme Reynard)
2 KM

TOUR DE PAYS DRÔME DES COLLINES

Un itinéraire affiné dans la Drôme

Ce parcours au départ de l'Office de tourisme de Tain-l'Hermitage se réalise généralement en quatre étapes agrémentées de visites et de découvertes gustatives. En toute proximité des vignobles en terrasse, vous pourrez découvrir les joyaux de l'art roman ou vous accorder une baignade au Domaine de Champos. Une diversité incroyable de paysages et de points de vue à agrémenter de délicieux fromages...

DISTANCE *150 km*
DURÉE ESTIMÉE *7h*
DÉNIVELÉ POSITIF *2011 m*
NIVEAU ▲▲▲▲▲

TOMME CAPRA
Les Voyrasiers
26260 SAINT-BARDOUX
✆ 04 75 71 55 38
Ouvert tous les jours 9h-12h sauf dim.
Fromages : Tommes, Picodons

LA CHÈVRE À DOREY
470 B route de la plaine
26260 SAINT-BARDOUX
✆ 06 26 49 35 76
Ouvert tous les samedis 10h-12h et sur rdv
Fromages : chèvre

DRÔME

© LIONEL PASCALE

Fromages fleuris.

LA PETITE FERMIÈRE
33 route de la Sizeranne
26260 SAINT DONAT-SUR-L'HERBASSE
✆ 06 65 35 33 66
Ouvert du 01/01 au 31/12, les lun. mar. jeu. ven. et sam. En saison estivale 9h-19h
Fromages : locaux

MAISON CARDOT
85 Chemin de la Sainte
26750 SAINT-MICHEL-SUR-SAVASSE
✆ 04 75 48 38 68
Ouvert du 01/01 au 31/12, tous les jeu. 10h30-12h et ven. 10h30-12h et 17h-18h45
Fromages : vache

FERME DE LA MARQUISE
La Vieille église - 26350 CRÉPOL
✆ 04 75 45 72 11
Ouvert du 01/03 au 30/11, tous les matins
Fromages : chèvre

LES CHÈVRES QUI DANSENT
2255, route de la Vallée - 26530 LE GRAND-SERRE
✆ 06 13 14 64 73
Ouvert tous les jours du 01/03 au 30/11 à 18h30
Fromages : chèvre

GAEC DES BARATONS
200 chemin des Baratons
26330 CHÂTEAUNEUF-DE-GALAURE
✆ 04 75 68 69 66
Ouvert du 01/04 au 30/09 du lun. au sam. 9h-11h30 et 15h-19h dim. et jours fériés 9h-11h. Du 01/10 au 30/11 du lun. au sam. 9h-11h30 et 15h-18h dim. et jours fériés 9h-11h
Fromages : chèvre

Vue depuis la tour d'Albon.

AUBERGE DE LA VALLOIRE

330 chemin du Trémolet
26240 LA MOTTE-DE-GALAURE
✆ 04 75 03 20 69
Horaires d'ouverture : 9h-12h sauf sam. et dim. Le reste de la journée sur RDV.

LUL'ANE

65 impasse du château
26140 ALBON
✆ 06 24 06 08 73
Ouvert du 01/01 au 31/12 le mer. 9h-12h et 14h-18h, le sam. 9h-12h.

BERGERIE DU TRÉMOLET

330 chemin du Trémolet
26240 LA MOTTE-DE-GALAURE
✆ 04 75 03 20 69
Fromages : tommes de brebis, mottillons, pavés de brebis, faisselles

MARCHÉ DE PRODUCTEURS

Place de l'école, Ecole
26240 LA MOTTE-DE-GALAURE
✆ 04 75 68 40 27
Ouvert du 01/01 au 31/12, le 1er dim. du mois 8h-12h
Fromages : locaux

LA FERME PERRET

1245 route des Bois
26600 CHANTEMERLE-LES-BLÉS
✆ 04 75 23 36 07
Horaires d'ouverture : Vente du 01/03 au 31/10 les mardi, mercredi et vendredi 17h-19h. Visite sur rdv
Fromages : chèvre

MARCHÉ HEBDOMADAIRE

26300 CHÂTEAUNEUF-SUR-ISÈRE
Ouvert du 07/10 au 30/12, dim. 8h30-13h

COLLINES BIO

23 rue du Dr Eynard - 26300 BOURG-DE-PÉAGE
✆ 04 75 70 58 13
Horaires d'ouverture : Le mardi de 09h à 13h et de 15h00 à 19h00, le vendredi de 09h à 13h et de 15h à 19h et le samedi de 09h à 13h
Fromages : Fromages locaux

FROMAGES ET TERROIRS

16 allée de Provence - 26300 BOURG-DE-PÉAGE
✆ 04 75 70 93 79
Ouvert du mar. au jeu. 8h30-12h et 15h-19h et ven. sam. 8h30-12h et 14h30-19h
Fromages : fromages locaux

VERCORS LAIT

Centre Commercial Parc St-Paul
26750 SAINT-PAUL-LÈS-ROMANS
✆ 04 75 48 36 27
Ouvert tous les jours 9h-19h sauf dim.
Fromages : fromages, lait, faisselles de Villard de Lans et fromages, Saint Bardoux, Montmiral, Rochefort Samson, Saint-Marcellin IGP et Bleu du Vercors Sassenage AOP.

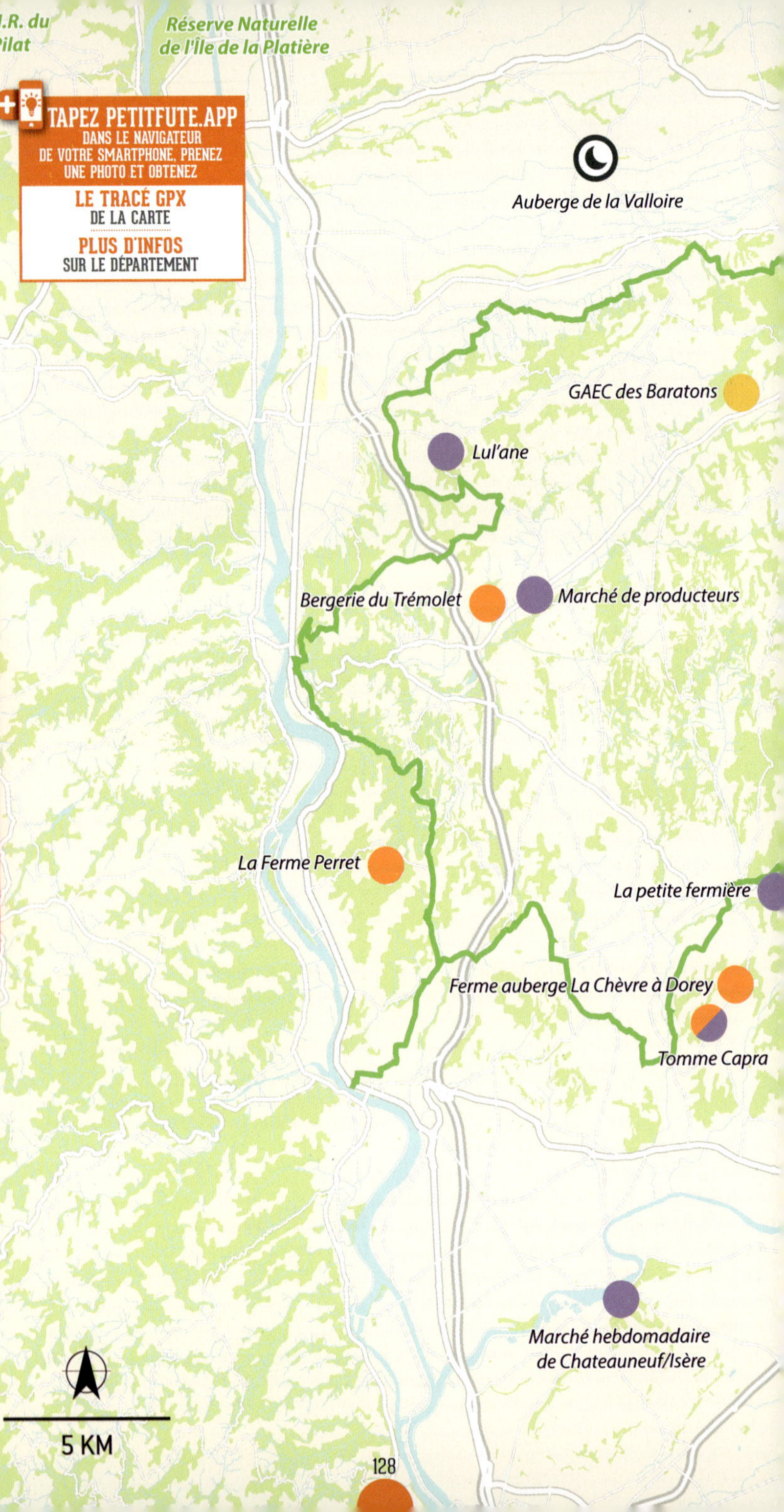
P.N.R. du Pilat
Réserve Naturelle de l'Île de la Platière
TAPEZ PETITFUTE.APP
DANS LE NAVIGATEUR DE VOTRE SMARTPHONE, PRENEZ UNE PHOTO ET OBTENEZ
LE TRACÉ GPX
DE LA CARTE
PLUS D'INFOS
SUR LE DÉPARTEMENT
Auberge de la Valloire
GAEC des Baratons
Lul'ane
Bergerie du Trémolet
Marché de producteurs
La Ferme Perret
La petite fermière
Ferme auberge La Chèvre à Dorey
Tomme Capra
Marché hebdomadaire de Chateauneuf/Isère
5 KM

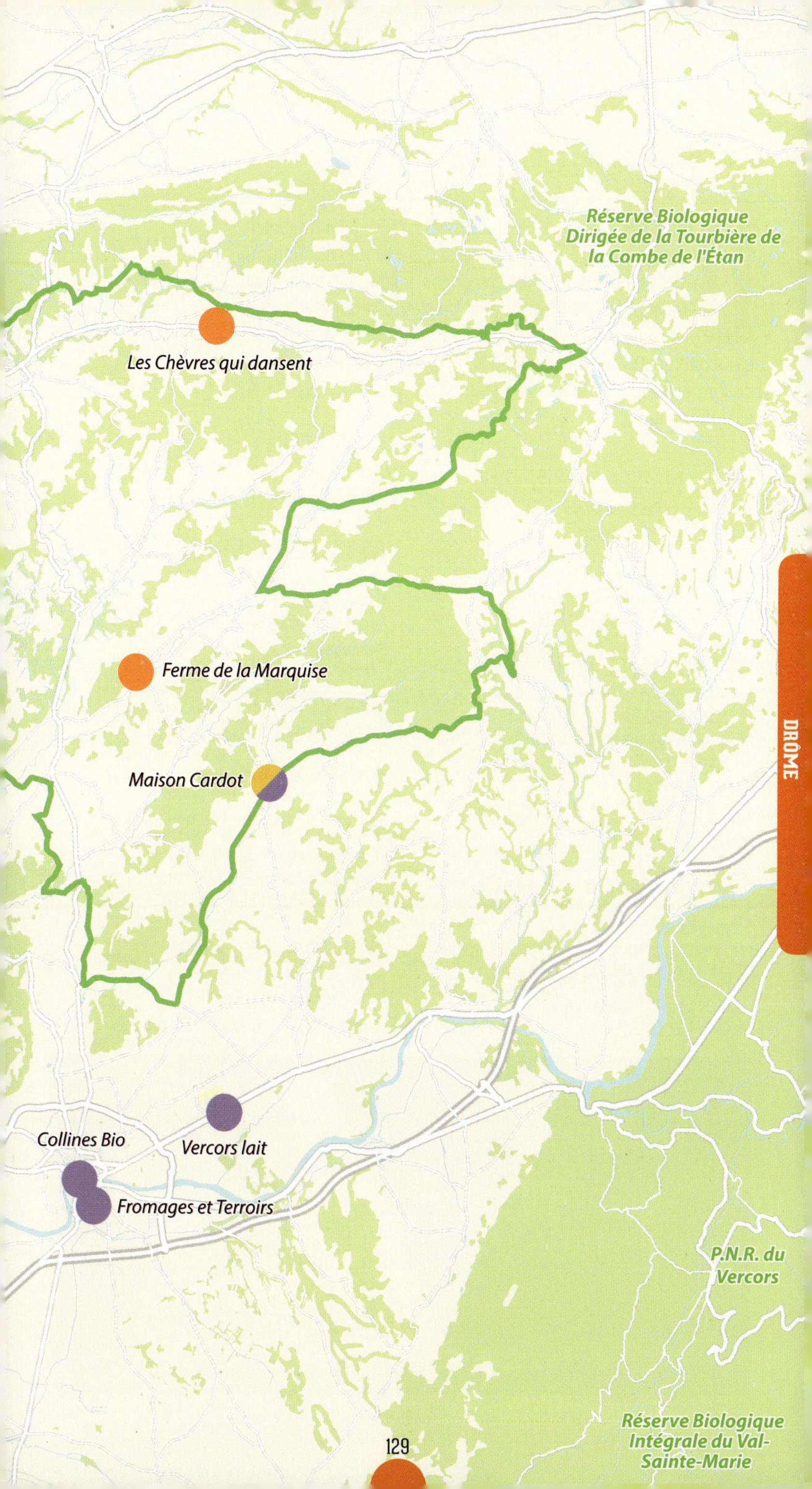
Réserve Biologique Dirigée de la Tourbière de la Combe de l'Étan
Les Chèvres qui dansent
Ferme de la Marquise
Maison Cardot
Collines Bio
Vercors lait
Fromages et Terroirs
P.N.R. du Vercors
Réserve Biologique Intégrale du Val-Sainte-Marie
129
DRÔME

LA VALLÉE DU SUIN

Un itinéraire affiné dans l'Indre

Débutant à Tournon-St-Martin, ce circuit vallonné oscille entre les vallées du Suin et de la Creuse. Il emprunte de petites routes de campagne sillonnant parmi des villages au bâti traditionnel préservé. Fermes, marchés et restaurants valorisent les productions locales et plus particulièrement le Pouligny-Saint-Pierre, fromage de chèvre AOP de forme pyramidale qui serait inspirée du clocher de l'église du village éponyme.

DISTANCE *36 km*
DURÉE ESTIMÉE *2h45*
NIVEAU ▲▲△△△

LA MAISON DU FROMAGE

5 rue de la fossé Bourdeau
36300 POULIGNY-ST-PIERRE
✆ 02 54 28 09 67
Horaires d'ouverture : 9h-12h30 sauf lun. et 15h30-18h30 sauf dim. matin
Fromages : Pouligny St Pierre

EURIAL-POITOURAINE

Les Pués - 36220 TOURNON-SAINT-MARTIN
✆ 02 54 28 30 13
Ouvert tous les jours 9h-12h sauf dim.
Fromages : Pouligny St Pierre, chèvre, vache

LA FERME DES CABRIOLES

36220 FONTGOMBAULT
✆ 09 61 53 30 91
Horaires d'ouverture : lun. au jeu. 8h-12h, ven. 8h-12h et 17-18h30, sam. 8h-11h et 17h-18h30
Fromages : chèvre

LA FERME DE VESCHE

36300 POULIGNY-SAINT-PIERRE
✆ 02 54 37 25 62
Vente tous les jours
Fromages : brebis, chèvre

LA FERME DE FONTERLAND

36220 TOURNON-ST-MARTIN
✆ 02 54 28 70 66
Ouvert tous les jours
Fromages : chèvre

MARCHÉ DES HALLES

36300 LE BLANC
Horaires d'ouverture : du mar. au dim. 8h30-12h30 et 14h30-19h

MARCHÉ DE PRODUCTEURS

Place du Champ de Foire
36220 TOURNON-SAINT-MARTIN
Horaires d'ouverture : mar. et ven. 8h-13h

MARCHÉ DE PRODUCTEURS

Place Mado Robin
37290 YZEURS/CREUSE
Horaires d'ouverture : le 31/07 - 18h-22h

Pouligny-Saint-Pierre.

TAPEZ PETITFUTE.APP
DANS LE NAVIGATEUR DE VOTRE SMARTPHONE, PRENEZ UNE PHOTO ET OBTENEZ
LE TRACÉ GPX DE LA CARTE
PLUS D'INFOS SUR LE DÉPARTEMENT

LE GOÛT DU VALENÇAY

Un itinéraire affiné dans l'Indre

Situé au nord de l'Indre, cet itinéraire au départ de Valençay traverse un territoire joliment vallonné riche d'un patrimoine culturel d'exception. Cette région dispose d'une notoriété toute particulière puisqu'elle est la seule à disposer en France de la double appellation d'origine protégée Vin et Fromage : les Valençay AOC/AOP. Un duo unique enclin au partage qui saura ravir les papilles des plus gourmands.

DISTANCE *52 km*
DURÉE ESTIMÉE *5h*
NIVEAU ▲▲▲△△

FROMAGERIE JACQUIN - LA VERNELLE

9, route de Meusnes - 36600 LA VERNELLE
✆ 02 54 95 30 60
Distance : Sur l'itinéraire
Fromages : Valençay, Selles-sur-Cher, Sainte-Maure de Touraine, Crottin de Chavignol, Pouligny-St-Pierre, le cœur du Berry, le Bleuet, le rond affiné.

PLAZA ANDRÉ

16, le Puits de Saray - 36600 LYE ✆ 02 54 41 06 46
Horaires d'ouverture : Tous les jours de 8h à 12h et de 16h30 à 18h30, dimanches et jours fériés de 8h à 12h.
Distance : 2,9 km
Fromages : Valençay AOP

GAEC PÉRÉ

65, rue de la Collinière - 41130 SELLES-SUR-CHER
✆ 02 54 97 44 87 - À partir de l'automne 2021
Horaires d'ouverture : Du lundi au samedi 9h à 12h et 16h à 19h. Visite : Prise de RDV pour des groupes importants.
Distance : 1,6 km
Fromages : Selles-sur-Cher

GAEC FERME DE LA FRINGALE

2, les Vaudettes - 36600 VEUIL ✆ 06 87 74 59 18
Horaires d'ouverture : 7/7, fermé à la vente entre 12h et 14h. Visite guidée : visite élevage et fromagerie (1 euro par pers.) ou avec dégustation vin et fromage (3 euros par pers.). Gratuit pour les enfants. Impérativement sur RDV.
Distance : 1,2 km
Fromages : Valençay AOP, Selles-sur-Cher AOP

GAEC LE CABRIORAY

Le Haut Ray - 36600 VEUIL ✆ 06 47 34 72 14
Horaires d'ouverture : Tous les jours de 9h30 à 12h et de 17h à 19h, dimanche de 9h30 à 11h15. Accès libre auprès des animaux, ou visite guidée : uniquement l'après-midi et sur RDV.
Distance : 2,1 km
Fromages : Biquembert, tomme, fromage à raclette, Selle-sur-Cher, bûche de chèvre, Cœur chorizo, Cœur miel

EARL FERME DE MOSNAY

Mosnay - 36600 VICQ-SUR-NAHON ✆ 02 54 05 15 01
Horaires d'ouverture : Tous les jours de 8h à 12h et de 15h30 à 19h, fermé le dimanche. Accès libre auprès des animaux, ou visite guidée avec dégustation (4 euros par pers.) uniquement sur RDV.
Distance : sur l'itinéraire
Fromages : Valençay, Selles-sur-Cher, confiture de lait de chèvre

FROMAGERIE GROUSSIN

7, rue des Acacias Launay - 36600 LA VERNELLE
✆ 07 70 54 04 44
Horaires d'ouverture : Tous les jours de 10h15 à 12h et de 17h30 à 19h, le dimanche de 10h30 à 12h. Accès libre auprès des animaux, avec autorisation des propriétaires, visite guidée uniquement sur RDV.
Distance : 2,5 km
Fromages : Fromages de chèvre fermiers, Selles-sur-Cher AOP

GAEC DES RAMONO

8, Jumeaux - 36600 VALENÇAY ✆ 06 68 19 00 69
Horaires d'ouverture : Tous les jours de 8h30 à 12h. Pas de visite.
Distance : Sur l'itinéraire
Fromages : Valençay AOP

CHÈVRERIE DU FOUZON

816, rue Jean Jaurès - 41130 MEUSNES
✆ 07 72 08 46 23
Horaires d'ouverture : Du mardi au dimanche de 9h à 12h. Pas de visite.
Distance : Sur l'itinéraire
Fromages : Selles-sur-Cher AOP, Valençay AOP, Sainte-Maure-de-Touraine

GAEC Péré
Chèvrerie du Fouzon
Fromagerie Jacquin
Fromagerie Groussin
Plaza André
INDRE
GAEC des Ramono
TAPEZ PETITFUTE.APP
DANS LE NAVIGATEUR
DE VOTRE SMARTPHONE, PRENEZ
UNE PHOTO ET OBTENEZ
LE TRACÉ GPX
DE LA CARTE
PLUS D'INFOS
SUR LE DÉPARTEMENT
GAEC Ferme de la Fringale
GAEC le Cabrioray
EARL Ferme de Mosnay
5 KM

LES TROGLOS DE COURTINEAU

Un itinéraire affiné en Indre-et-Loire

Ce circuit, alternant bois et zones cultivées, traverse notamment le village de Crissay-sur-Manse – classé parmi les Plus Beaux Villages de France – et la vallée de Courtineau, avec ses nombreuses maisons troglodytiques. Il emmène les cyclistes jusqu'à la chapelle Notre-Dame de Lorette (XVe siècle), creusée dans le roc. Une balade bucolique faite de roches, de forêts et plateaux partant à la découverte d'un fromage de chèvre emblématique, le Sainte-Maure de Touraine !

DISTANCE *37 km*
DURÉE ESTIMÉE *3h*
NIVEAU ▲▲△△△

INDRE-ET-LOIRE

LES PASSERELLES

77, avenue du Général de Gaulle
37800 SAINTE-MAURE-DE-TOURAINE
✆ 02 47 65 66 20
Horaires d'ouverture : Du lundi au vendredi 9h30 à 12h30 et 14h à 18h. Tous les jours en juillet et en août.
Distance : 0,2 km

MARCHÉ HEBDOMADAIRE

Place du marché - 37800 SAINTE-MAURE-DE-TOURAINE ✆ 02 47 65 40 12
Horaires d'ouverture : Tous les vendredis matin
Distances : 0,6 km

FROMAGE D'ANGEL

Village des Vaux
37800 SAINTE-MAURE-DE-TOURAINE
✆ 02 47 34 95 16
Horaires d'ouverture : Du lundi au samedi de 8h à 12h et de 17h à 19h. Le dimanche de 9h à 12h
Distance : 0,5 km
Fromages : Sainte-Maure-de-Touraine AOP, pyramides, petits bouchons, crottins

EARL LA HAUTE PILTIERE

La Haute Piltière
37800 SAINTE-MAURE-DE-TOURAINE
✆ 02 47 65 65 03
Horaires d'ouverture : Tous les jours de 7h30 à 19h30
Distances : 0,9 km
Fromages : Fromage de chèvre fermier au lait cru

EARL BARILLER

La Godefroy
37800 SAINTE-CATHERINE-DE-FIERBOIS
✆ 02 47 65 65 21
Horaires d'ouverture : Tous les jours
Distance : 4,5 km
Fromages : Sainte-Maure-de-Touraine AOP

FERME DE L'ARCHERIE

L'Archerie - 37800 SAINT-ÉPAIN
✆ 02 47 73 51 25
Horaires d'ouverture : Du lundi au vendredi de 14h à 19h
Distance : 2,2 km
Fromages : Fromage de chèvre

FERME DE LA BIQUETTE

Moulin de Gruteau
37220 CRISSAY-SUR-MANSE
✆ 02 47 58 55 31
Horaires d'ouverture : Tous les matins de 9h à 12h30
Distance : 0,5 km
Fromages : Fromage frais, faisselle

FROMAGERIE CHRISTINE DUBOIS

Les Raudières - 37800 SAINTE-MAURE-DE-TOURAINE
✆ 02 47 65 58 85
Fromages : Tous les jours (sauf mardi et mercredi) de 8h30 à 20h
Distance : 4,2 km
Fromages : Sainte-Maure-de-Touraine AOP

EARL ROY LUDOVIC

Les Robets
37801 SAINTE-MAURE-DE-TOURAINE
✆ 02 47 65 66 22
Horaires d'ouverture : Du lundi au samedi de 8h à 19h. Le dimanche de 8h à 11h et de 18h à 19h30
Distance : 3,5 km
Fromages : Sainte-Maure-de-Touraine AOP, frais cendré, chèvre au piment d'Espelette

Ferme de l'Archerie
EARL Bariller
Ferme de la Biquette
EARL La Haute Piltiere
Marché
Fromage d'Angel
Les Passerelles
Fromagerie Christine Dubois
EARL Roy Ludovic
5 KM
TAPEZ PETITFUTE.APP
DANS LE NAVIGATEUR
DE VOTRE SMARTPHONE, PRENEZ
UNE PHOTO ET OBTENEZ
LE TRACÉ GPX
DE LA CARTE
PLUS D'INFOS
SUR LE DÉPARTEMENT
INDRE-ET-LOIRE

À FOND LES VALLONS !

Un itinéraire affiné en Indre-et-Loire

Aux confins de la Touraine, partez à la découverte des richesses méconnues du vaste plateau de Sainte-Maure. Des châteaux qui surgissent au détour d'un bois, une église aux couleurs flamboyantes, des habitations troglodytiques au cœur d'une riante vallée… Cette échappée insolite vous réservera de belles surprises et vous permettra de profiter d'un paysage vallonné propice à la détente.

DISTANCE *40 km*
DURÉE ESTIMÉE *4h*
NIVEAU ▲▲△△△

LES PASSERELLES

77, avenue du Général de Gaulle
37800 SAINTE-MAURE-DE-TOURAINE
✆ 02 47 65 66 20
Horaires d'ouverture : Tous les jours de 9h30 à 12h30 et de 14h à 18h
Distance : 0,2 km

MARCHÉ HEBDOMADAIRE

Place du marché
37800 SAINTE-MAURE-DE-TOURAINE
✆ 02 47 65 40 12
Horaires d'ouverture : Tous les vendredis matin
Distance : 0,6 km

LES CAPRI'SCIEUSES

5, le Carroi des Louasses
37800 SAINTE-MAURE-DE-TOURAINE
✆ 06 83 75 63 25
Horaires d'ouverture : Tous les jours de 8h à 12h30 et de 14h à 19h sauf le dimanche
Distance : 1,5 km
Fromages : Sainte-Maure-de-Touraine AOP, fromage de chèvre

© ISABELLE BARDIAU

Fromage de chèvre.

FERME DU CABRI AU LAIT

Les Héraults
37800 SEPMES
✆ 02 47 32 94 86
Horaires d'ouverture : Tous les jours de 9h30 à 12h sauf le dimanche. Sur réservation
Distance : 1,6 km
Fromages : Sainte-Maure-de-Touraine AOP, Cabri Rond, faisselle, yaourt de chèvre

LES PAMPILLES DE L'OISELLIÈRE

L'Oisellière - 37240 LIGUEIL
✆ 06 75 96 64 48
Horaires d'ouverture : Tous les jours de 8h30 à 11h et 17h30 à 19h. Tous les dimanches de 8h30 à 10h
Distance : 5,8 km
Fromages : Sainte-Maure-de-Touraine AOP

LES BIQUETTES DES BRUYÈRES

Les Bruyères
37240 BOURNAN
✆ 02 47 59 64 61
Horaires d'ouverture : Tous les jours de 9h30 à 12h
Distance : 1 km
Fromages : Yaourt, fromage de chèvre

LES VERGERS DE LA MANSE

59, rue de la République
37800 SEPMES
✆ 02 47 65 59 75
Horaires d'ouverture : Du lundi au vendredi de 9h à 12h et de 14h à 18h30. Le samedi de 9h à 12h30
Distance : 0,5 km

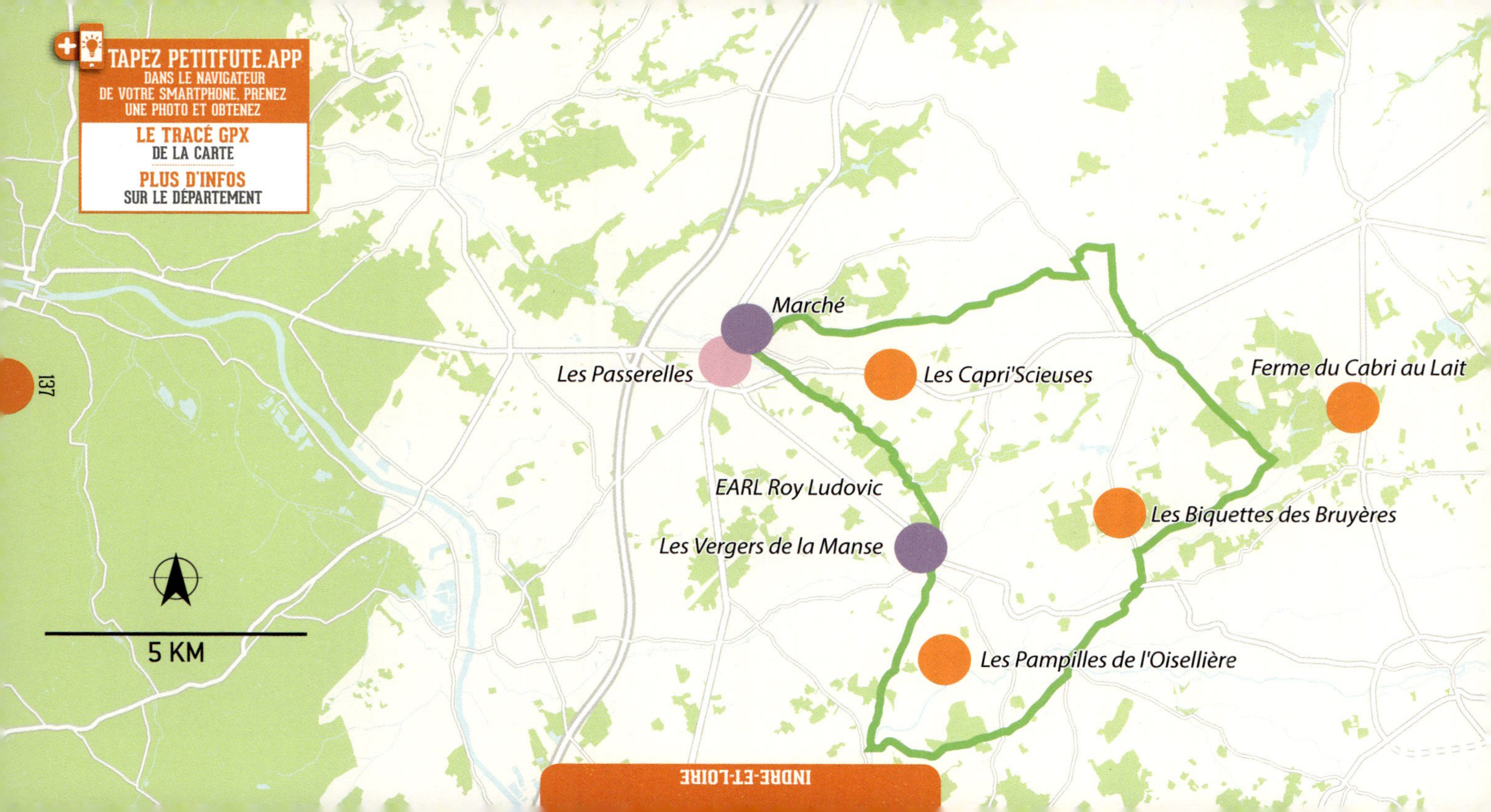
TAPEZ PETITFUTE.APP
DANS LE NAVIGATEUR
DE VOTRE SMARTPHONE, PRENEZ
UNE PHOTO ET OBTENEZ
LE TRACÉ GPX
DE LA CARTE
PLUS D'INFOS
SUR LE DÉPARTEMENT
Marché
Les Passerelles
Les Capri'Scieuses
Ferme du Cabri au Lait
EARL Roy Ludovic
Les Vergers de la Manse
Les Biquettes des Bruyères
Les Pampilles de l'Oisellière
5 KM
INDRE-ET-LOIRE

AU PAYS DE SAINT-MARCELLIN

Un itinéraire affiné en Isère

Cet itinéraire au Pays de Saint-Marcellin ravira aussi bien les fondus de vélo que les amoureux de fromage ! Cette balade vous mènera de Saint-Marcellin, village éponyme du célèbre fromage du Dauphiné, dans le Sud-Grésivaudan, jusqu'à Roybon sur le plateau boisé de Chambaran. Un itinéraire idéal pour les cyclotouristes gourmands qui pourront s'arrêter pour goûter les produits phares de ce joli coin d'Isère : le fromage Saint-Marcellin (IGP), la noix de Grenoble (AOP) et les Ravioles de Royans (IGP).

DISTANCE *51 km*
DÉNIVELÉ POSITIF *667 m*
NIVEAU ▲▲▲△△

FROMAGERIE DU DAUPHINÉ

1940 route départementale 1092
38470 TÊCHE
✆ 04 76 36 95 00
Ouvert du lundi au jeudi de 8h-12h et 14h-18h. Vendredi 8h-18h.
Distance : 4,7 km
Fromages : Saint-Marcellin (IGP) et Saint-Félicien

FROMAGERIE LE MURINOIS

155a route de Roybon
38160 MURINAIS
✆ 04 76 64 25 85
Ouvert du mardi au vendredi 9h-12h et 16h-19h. Lundi et samedi de 16h-19h.
Distance : 3,7 km
Fromages : Saint-Marcellin IGP et autres spécialités locales

© DIGIMIAM CISM LNGUYEN

Saint-Saint-Marcellin IGP sec.

LA CHÈVRERIE DE LA GABOTE

231 Route d'Essemat - 38160 SAINT-VÉRAND
✆ 06 45 05 04 19
Horaires d'ouverture : à la ferme samedi de 10h-12h et 15h-18h. Sur le marché de Saint-Marcellin le mardi de 8h-12h.
Distance : 2,2 km
Fromages : fromages de chèvres

LES CARMES - VINS ET FROMAGES

3 Place des Carmes
38160 SAINT-MARCELLIN
✆ 04 76 36 37 52
Ouvert du mardi au samedi de 9h-13h et 15h-19h
Distance : sur le parcours

MARCHÉ DE SAINT-MARCELLIN

Kiosque, place d'Armes et avenue du collège
38160 SAINT-MARCELLIN
Ouvert samedi matin
Distance : sur le parcours

MAISON DU SAINT-MARCELLIN

6 avenue du collège
38160 SAINT-MARCELLIN
✆ 04 76 38 89 82
Ouvert du lundi au vendredi 9h-12h et 14h-17h
Distance : sur le parcours

LA TIVOLLIÈRE

Château du Mollard - Christine Serve,
1 Rue du Mollard - 38160 SAINT-MARCELLIN
✆ 04 76 38 21 17
Ouvert le midi du mardi au dimanche, le soir vendredi et samedi
Distance : sur le parcours

TAPEZ PETITFUTE.APP
DANS LE NAVIGATEUR DE VOTRE SMARTPHONE, PRENEZ UNE PHOTO ET OBTENEZ
LE TRACÉ GPX
DE LA CARTE
PLUS D'INFOS
SUR LE DÉPARTEMENT
Réserve Biologique Dirigée de la Tourbière de la Combe de l'Étan
Fromagerie le Murinois
La chèvrerie de la Gabote
La Tivollière
Maison du Saint-Marcellin
Fromagerie du Dauphiné
Les Carmes - vins et fromages
Marché de Saint-Marcellin
P.N.R. du Vercors
5 KM

LE TOUR DES QUATRE-MONTAGNES

Un itinéraire affiné en Isère

Quatre montagnes pour quatre communautés paroissiales : Méaudre, Autrans, Lans-en-Vercors et Villard-de-Lans. Cet itinéraire sillonne de vastes prairies bordées de forêts à l'ombre desquelles il fait bon s'attarder. Le Vercors, site historique, est aujourd'hui un cadre privilégié pour les amateurs de tourisme et de sports, surtout depuis les JO d'hiver de 1968. L'agriculture et la gastronomie font aussi sa renommée, notamment grâce à son fromage AOP Bleu du Vercors-Sassenage...

DISTANCE *42 km*
DÉNIVELÉ POSITIF *564 m*
NIVEAU ▲▲△△△

FERME DE LA BOURRIÈRE

1972 chemin des Aguiards - La Bourrière
38112 AUTRANS-MÉAUDRE
✆ 04 76 94 27 02
Ouvert tous les matins de 9h-11h, le mercredi, vendredi et samedi de 17h-19h.
Fermé dimanche et jours feriés.
Distance : 2,5 km
Fromages : fromages au lait de vache

LA TABLE DE LA FONTAINE

Place de la Mairie
Chef Bertrand Rivoal,
38112 AUTRANS-MÉAUDRE
✆ 04 56 17 79 40
Ouvert tous les jours de 7h-19h, et les vendredi et samedi soirs.
Fermé le mercredi hors vacances.
Distance : sur le parcours

LE SABOT DE VÉNUS

Avenue du Vercors
Chef Stéphane Duchêne
38112 AUTRANS-MÉAUDRE
Ouvert tous les jours
Distance : sur le parcours

HÔTEL RESTAURANT LE VERNAY

355 Route de Nave
Chefs Sandrine et Bruno Delille
38880 AUTRANS-MÉAUDRE
✆ 04 76 95 31 24
Ouvert tous les jours
Distance : sur le parcours

ISÈRE

Bleu du Vercors-Sassenage.

COOPÉRATIVE VERCORS-LAIT

Les Jarrands
38250 VILLARD-DE-LANS
✆ 04 76 95 33 21
Horaires d'ouverture : du lundi au samedi de 9h-19h sans interruption
Distance : sur le parcours
Fromages : Bleu du Vercors Sassenage AOP, Saint-Marcellin IGP

L'AUBERGE DES MONTAUDS

Quartier du Bois Barbu
Chef Jean-Pierre Magnat
38250 VILLARD-DE-LANS
✆ 04 76 95 17 25
Fermé le dimanche soir, lundi midi et soir (sauf périodes de vacances scolaires).
Distance : sur le parcours

GRAND HÔTEL DE PARIS

124 place Pierre Chabert
38250 VILLARD-DE-LANS
✆ 04 76 95 10 06
Ouvert tous les jours
Distance : sur le parcours

HÔTEL RESTAURANT LE CHRISTIANIA

220 avenue Professeur Nobecourt-
Chef Pierre Bernard-Granger
38250 VILLARD-DE-LANS
✆ 04 76 95 12 51
Ouvert tous les jours sauf le midi, du lundi au vendredi, en hiver
Distance : sur le parcours

HÔTEL LA ROSERAIE - RESTAURANT LA DOLINE

309 avenue Professeur Nobecourt
Chef Michel Bouvier
38250 VILLARD-DE-LANS
✆ 04 76 95 11 99
Horaires d'ouverture : le soir tous les jours de la semaine
Distance : sur le parcours

LA CHÈVRERIE DES CABRIOLES

Les Ravix - 38250 CORRENÇON-EN-VERCORS
✆ 04 76 95 86 50
Ouvert de février à juin de 17h30-18h30.
Juillet-août de 17h-19h.
De sept à novembre de 17h-18h30.
Fermé le dimanche.
Distance : *5,6 km*
Fromages : fromages de chèvres

LA FERME DES PERCE-NEIGE

Le village les ravauds
38250 CORRENÇON-EN-VERCORS
✆ 04 76 95 84 72
Horaires d'ouverture : juillet-août de 10h30-12h et 17h30-19h tous les jours sauf le mardi matin.
Le reste de l'année : 17h30-18h30 tous les jours.
Distance : 5,4 km
Fromages : Bleu du Vercors Sassenage AOC, fromages frais ou affiné, yaourts, faisselles, Réseau « Bienvenue à la ferme »

FERME DE LA GRAND MÈCHE

Les Françons
38250 LANS-EN-VERCORS
✆ 04 76 26 23 94
Horaires d'ouverture : du lundi au samedi de 17h-19h, le dimanche de 18h-19h, mercredi et samedi de 11h-12h
Distance : sur le parcours
Fromages : Saint-Marcellin IGP et Bleu du Vercors Sassenage AOP, fromages de vache, Réseau « Bienvenue à la ferme »

LA FERME DU PIC SAINT-MICHEL

Vieille route - 38250 LANS-EN-VERCORS
✆ 06 77 78 48 26
Horaires d'ouverture : du 15 février au 15 novembre du lundi au samedi de 17h-19h
Distance : 2,5 km
Fromages : fromages de chèvre, Réseau « Bienvenue à la ferme »

HÔTEL RESTAURANT LE COL DE L'ARC

14 route de Saint-Donas
Chef Vincent Mayousse
38250 LANS-EN-VERCORS
✆ 04 76 95 40 08
Ouvert tous les jours toute l'année
Distance : sur le parcours

LA FERME DES RAPILLES

97 chemin de Rivet - 38360 ENGINS
✆ 04 76 94 45 02
Horaires d'ouverture : nov-mars : tous les jours de 16h-19h / avr-oct : tous les jours de 17h-19h
Distance : *6 km*
Fromages : fromages de vache, Réseau « Bienvenue à la ferme », agriculture biologique

TAPEZ PETITFUTE.APP
DANS LE NAVIGATEUR
DE VOTRE SMARTPHONE, PRENEZ
UNE PHOTO ET OBTENEZ
LE TRACÉ GPX
DE LA CARTE
PLUS D'INFOS
SUR LE DÉPARTEMENT
Forêt Communale d'Autrans
Hôtel Restaurant Le Vernay
Ferme de la Bourrière
Le Sabot de Vénus
P.N.R. du Vercors
Forêt Domaniale des Coulmes
Coopérative Vercors Lait
Grand Hôtel de Paris
Hôtel Restaurant Le Christiania
La Roseraie - La Dol
L'Auberge des Montauds
Forêt Communale de Villard-de-Lans
La chévrerie des Cabrioles
La Ferme des Perce-Neige
3 KM

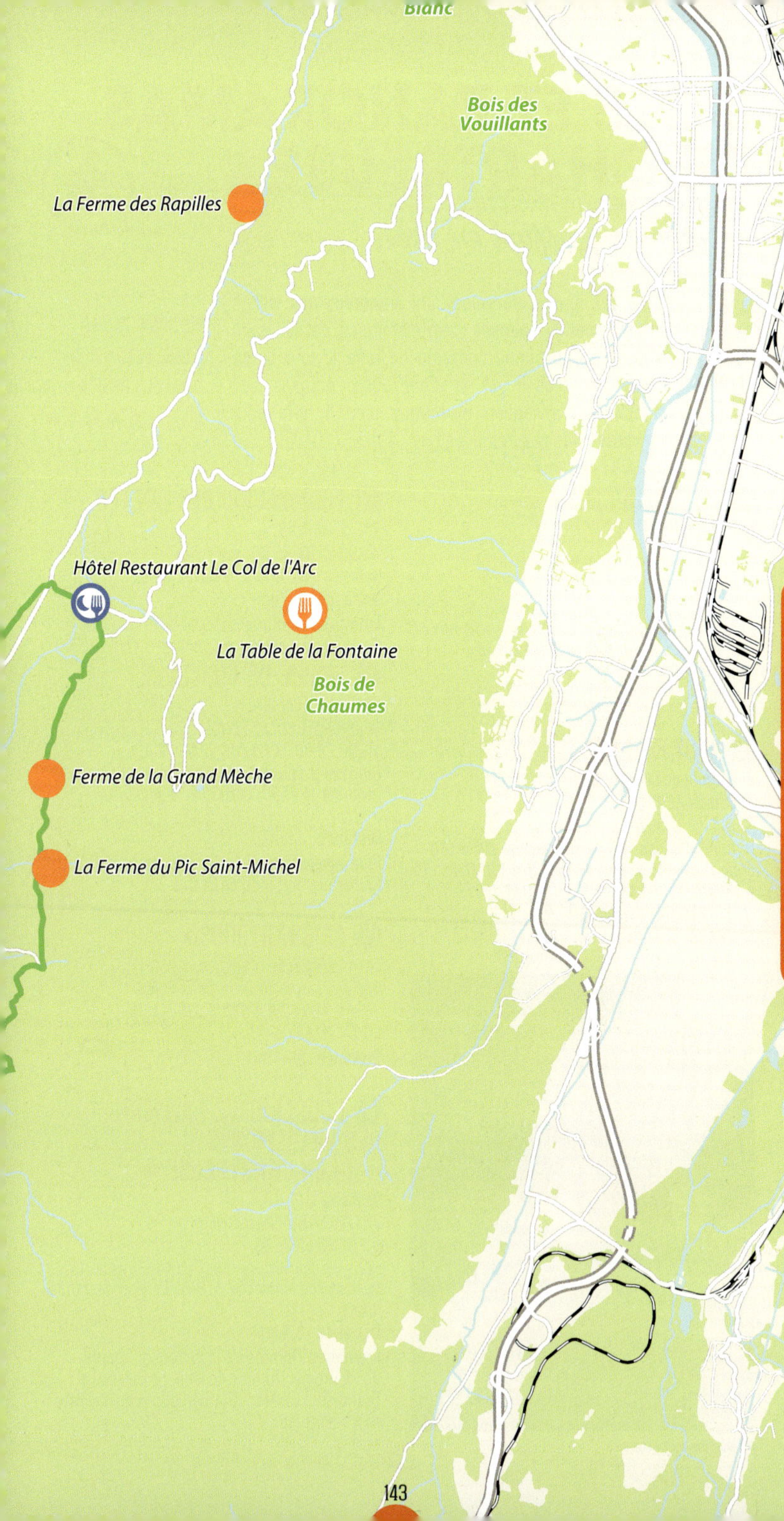
Blanc
Bois des Vouillants
La Ferme des Rapilles
Hôtel Restaurant Le Col de l'Arc
La Table de la Fontaine
Bois de Chaumes
Ferme de la Grand Mèche
La Ferme du Pic Saint-Michel
143

COLS ET PANORAMAS DE CHARTREUSE

Un itinéraire affiné en Isère

Adapté aux fondus de vélos, aux amoureux des visites culturelles et des pauses gastronomiques, cet itinéraire vous offre une bonne occasion de faire le tour de ce merveilleux Massif de la Chartreuse. Admirez ses panoramas d'exception et mettez pied à terre pour découvrir et savourer tous ses fromages !

DISTANCE *75 km*
DURÉE ESTIMÉE *5h*
DÉNIVELÉ POSITIF *1 762 m*
NIVEAU ▲▲▲▲▲

ISÈRE

CHÈVRERIE DE LA CHARTREUSE

1, rue du Château
38500 VOIRON
✆ 06 58 58 79 23
Horaires d'ouverture : Les mercredis, vendredis et samedis de 10h à 12h et de 16h à 18h30
Distance : 3 km
Fromages : Fromages de chèvre

1001 FERMES

886, route de Chartreuse
38850 CHIRENS
✆ 04 76 32 33 82
Horaires d'ouverture : Le mercredi de 10h à 13h et de 15h à 19h30, le jeudi de 10h à 13h et de 15h à 19h30, le vendredi de 10h à 13h et de 15h à 19h30 et le samedi de 9h à 18h
Distance : 2,5 km

Musée de la Chartreuse.

FROMAGERIE DES CRÊTES

38620 MERLAS
✆ 06 77 44 05 80
Horaires d'ouverture : Tous les jours
Distance : 0,3 km
Fromages : Fromages de vache et yaourts

FERME DE MIRI'BÊLE

933, chemin du Billard
38380 MIRIBEL-LES-ÉCHELLES
✆ 06 78 90 73 70 / 06 59 05 72 47
Horaires d'ouverture : Mercredi de 9h30 à 11h30, vendredi de 9h30 à 11h30 et le samedi de 10h à 11h
Distance : 1 km
Fromages : Tomme de Chartreuse, Saint-Marcellin Fermier IGP, Bleu de Brebis

LE CHARTROUSIN

Chemin Fraidière
606-632, route de Entre-Deux-Guiers
38380 SAINT-CHRISTOPHE-SUR-GUIERS
✆ 04 76 66 06 08
Distance : Sur l'itinéraire

COOPÉRATIVE LAITIÈRE DES ENTREMONTS « ICI EN CHARTREUSE »

Le Bourg
73670 ENTREMONT-LE-VIEUX
✆ 04 79 65 89 85
Horaires d'ouverture : lundi de 14h30 et de 19h, du mardi au dimanche de 9h à 12-30 et de 14h30 à 19h
Distance : 5,4 km
Fromages : Tomme de Chartreuse, Tomme de Montagne, Tomme de l'Alp, Le Délice, Le Grand-Duc, Le Mont Granier, L'Estival, Raclette de Chartreuse.

Col-de-Porte.

FROMAGERIE ARPIN

72, route des Entremonts
73670 SAINT-PIERRE-D'ENTREMONT
✆ 04 79 65 84 79
Horaires d'ouverture : le lundi 8h à 12h et 15h à 19h, du mardi au vendredi de 8h à 12h et 15h à 19h
Distance : 0,2 km

FERME DE LABÉROU

73670 VILLARD
✆ 06 71 66 31 62 / 04 79 26 28 74
Horaires d'ouverture : Les lundis, mardis et vendredis de 9h à 12h. Traite à partir de 17h30 de février à août
Distance : 0,2 km
Fromages : Labérou, Cabriole

FROMAGERIE DU BOIS DES LIÈVRES

Le Bois des lièvres
38380 SAINT-PIERRE-DE-CHARTREUSE
✆ 06 22 17 04 27
Horaires d'ouverture : En saison, tous les jours de 8h30 à 12h30 / 15h30 à 19h. Hors-saison, les mardis, jeudis et vendredis de 8h30 à 12h30 et de 16h à 19h et le dimanche 8h à 12h30
Distance : Sur l'itinéraire
Fromages : Tomme de Chartreuse, Délice de Chartreuse

ORÉADE RESTAURANT

Le Bourg, Route de Perquelin
38380 SAINT-PIERRE-DE-CHARTREUSE
✆ 04 76 50 34 48
Horaires d'ouverture : Tous les jours sauf le mardi et mercredi, les vendredis et samedis soir
Distance : 0,3 km

MUSÉE DE LA GRANDE CHARTREUSE

La Correrie
38380 SAINT-PIERRE-DE-CHARTREUSE
✆ 04 76 88 60 45
Horaires d'ouverture : Tous les jours sauf le jeudi de 14h à 18h et le dimanche de 14h à 18h30
Distance : 0,5 km

FERME DE PLANTIMAY

Les Roberts
38134 SAINT-JOSEPH-DE-RIVIÈRE
✆ 04 76 55 25 26
Horaires d'ouverture : Du mardi au vendredi de 10h à 12h et de 14h30 à 18h30. Le samedi de 9h à 12h et de 14h30 à 18h30
Distance : 1 km
Fromages : Saint-Marcellin IGP, Saint-Félicien, Tomme de Chartreuse, fromage à la gelée de Chartreuse

Saint-Marcellin.

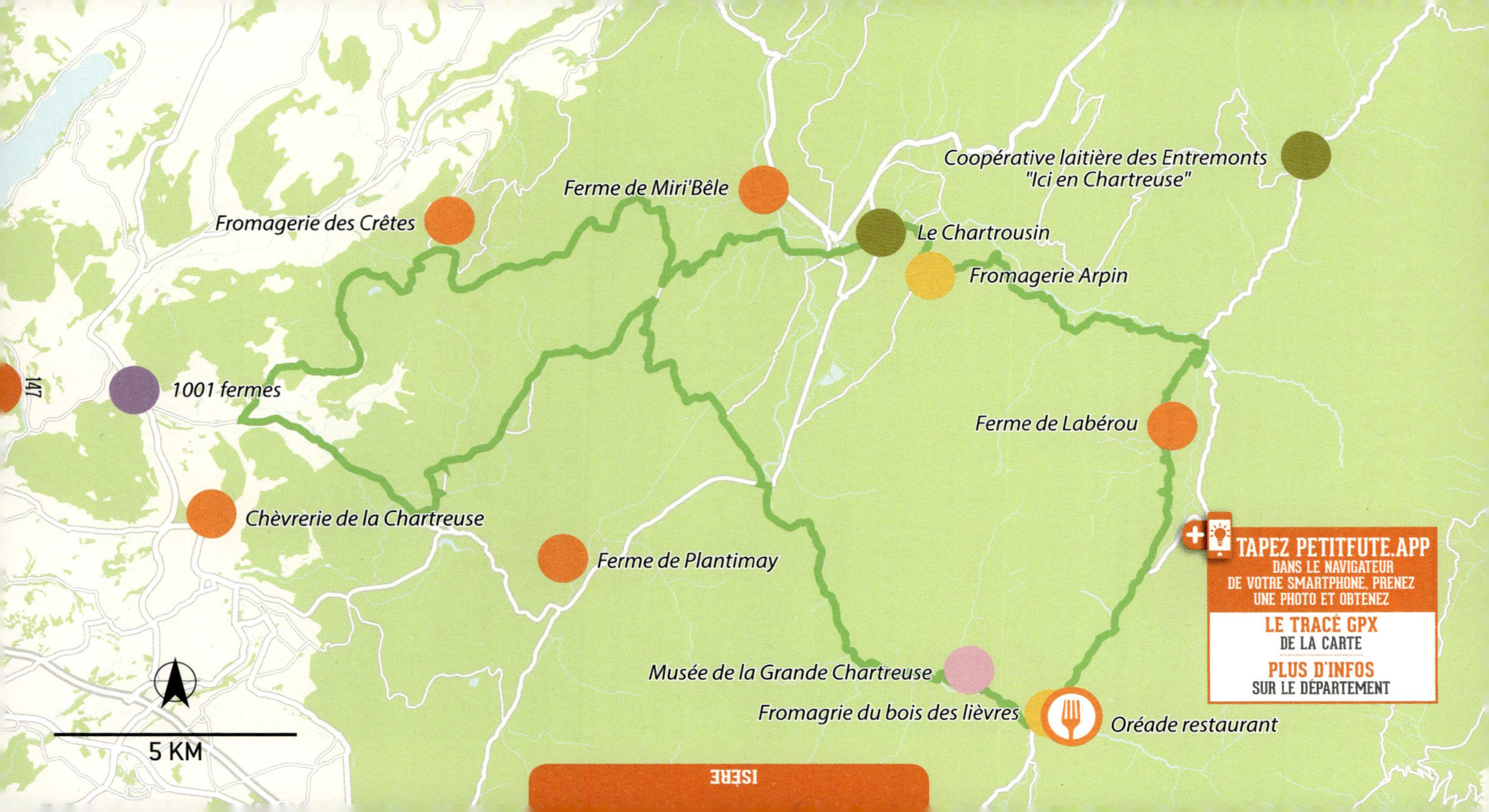
Coopérative laitière des Entremonts
"Ici en Chartreuse"
Ferme de Miri'Bêle
Fromagerie des Crêtes
Le Chartrousin
Fromagerie Arpin
1001 fermes
Ferme de Labérou
Chèvrerie de la Chartreuse
Ferme de Plantimay
TAPEZ PETITFUTE.APP
DANS LE NAVIGATEUR
DE VOTRE SMARTPHONE, PRENEZ
UNE PHOTO ET OBTENEZ
LE TRACÉ GPX
DE LA CARTE
PLUS D'INFOS
SUR LE DÉPARTEMENT
Musée de la Grande Chartreuse
Fromagrie du bois des lièvres
Oréade restaurant
5 KM
ISÈRE

LE TOUR DU TRIÈVES

Un itinéraire affiné en Isère

Le Mont Aiguille, autrefois nommé « le Mont inaccessible », est une écaille calcaire jadis rattachée au massif du Vercors. Classé parmi « les Sept merveilles du Dauphiné », il culmine fièrement à 2 087 m d'altitude et constitue un repère depuis le plateau du Trièves. En contemplant le Mont Aiguille, inutile de se lancer dans un contre la montre pour réaliser le Tour du Trièves. Il faut savoir prendre son temps pour découvrir ses paysages remarquables qui ont inspiré Jean Giono et savourer tous ses fromages…

DISTANCE *89,7 km*
DURÉE ESTIMÉE *6h*
DÉNIVELÉ POSITIF *1 807 m*
NIVEAU ▲▲▲▲▲

LE PETIT MONÉTÉRON

3, Grand Rue
38650 MONESTIER-DE-CLERMONT
✆ 06 79 26 58 14 / 06 29 31 00 11
Horaires d'ouverture : sur RDV
Distance : 0,4 km
Fromages : Beurre, crème, crèmes desserts, crèmes glacées, yaourts

CHÈVRERIE DE SAINT-GUILLAUME

Les Eyguillères
38650 SAINT-GUILLAUME
✆ 06 16 88 09 56
Horaires d'ouverture : Du lundi au vendredi de 16h30 à 17h30 (mars à novembre). Visite et animation sur réservation

Carré du Trièves.

Distance : 1 km
Fromages : Fromage de chèvre, tomme de pays, fromage blanc et lait cru

FERME DE BARTABELLE

2685, route de Gresse en Vercors, lieu-dit Grosses Pierres
38650 SAINT-GUILLAUME
✆ 06 49 98 26 99
Horaires d'ouverture : Sur RDV
Distance : 0,1 km
Fromages : Lait fermenté nature et aromatisé, glace

BERGERIE DE RIF CLAR

Rif Clar
38650 SAINT-ANDÉOL
✆ 06 09 74 01 93
Horaires d'ouverture : Sur RDV
Distance : 5,3 km
Fromages : Tomme de Berrièves, yaourts

FERME DU GRAND VEYMONT

922, chemin de Serre Monet
38650 GRESSE-EN-VERCORS
✆ 06 83 23 59 36
Horaire d'ouverture : Tous les jours 17h à 18h
Distance : 0,9 km
Fromages : Fromage de chèvre

HÔTEL-RESTAURANT LE CHALET

2406, route de Monestier
38650 GRESSE-EN-VERCORS
✆ 04 76 34 32 08
Horaires d'ouverture : Tous les jours, fermé le mercredi hors vacances scolaires
Distance : Sur l'itinéraire

Trièves.

Un itinéraire affiné en Isère

FERME BARTHOUX

Savouraire
38650 SAINT-MICHEL-LES-PORTES
✆ 04 76 34 78 91
Horaires d'ouverture : Les mercredis, vendredis et samedis de 17h à 19h

Distance : 1,6 km

Fromages : Fromage frais au lait de vache et de chèvre, fromage blanc battu, yaourts

FERME DE TRÉZANNE

Trézanne
38930 SAINT-MARTIN-DE-CLELLES
✆ 04 76 34 46 66

Distance : 6 km

Fromages : Fromage de chèvre, faisselle, tomme et yaourts de brebis

FROMAGES DE L'AUBEYRON - GAEC LES VORSYS

Les Condamines
38930 SAINT-MARTIN-DE-CLELLES
✆ 04 76 34 41 12
Horaires d'ouverture : Du lundi au samedi de 8h à 12h et de 15h à 18h

Distance : 1 km

Fromages : Yaourts nature et aux fruits, faisselles, fromage blanc battu, Tomme de pays

LAITERIE DU MONT-AIGUILLE

ZA La Croizette
38930 CLELLES
✆ 04 76 34 09 47
Horaires d'ouverture : Du lundi au dimanche de 10h à 12h30 et l'après-midi de 14h30 à 18h

Distance : 0,1 km

Fromages : Carré du Trièves, Tomme du Trièves, le Verchicors, 3 Pis, Palet de chèvre du Trièves, Tomme de brebis

EMMANUELLE ODDOZ

Longefonds
38930 CLELLES
✆ 04 76 34 67 79
Horaires d'ouverture : Marchés de Monestier du Percy et de Clelles le mercredi. Sinon sur RDV

Distance : 1,5 km

Fromages : Fromages de chèvre

LA CHÈVRERIE DE LOLETTE

Château-Bas
38710 TRÉMINIS
✆ 06 86 76 76 05
Horaires d'ouverture : Visite de mai à décembre, le samedi de 14h à 17h. Vente sur place de mai à décembre, le lundi, mercredi, vendredi et samedi de 15h à 17h30. Autres jours sur RDV

Distance : 0,3 km

Fromages : Fromage et faisselle de chèvre

LE CRIS-CATH

L'église - 38710 TRÉMINIS
✆ 04 76 34 71 96

Distance : 0.2 km

CAFÉ DES ARTS

Boulevard Édouard Arnaud
38710 MENS
✆ 04 76 34 68 16
Horaires d'ouverture : Tous les jours de 8h30 à 22h, fermé le mardi

Distance : 0,2 km

FERME DU PETIT ORIOL

Le Petit Oriol - 38710 CORNILLON-EN-TRIÈVES
✆ 06 25 73 11 42

Distance : 3,1 km

Fromages : Fromage de chèvre et de vache

FERME DU CLOT

La Combe d>Andrieux
38710 CORNILLON-EN-TRIÈVES
✆ 06 07 53 87 14
Horaires d'ouverture : Du lundi au samedi de 8h à 12h et de 17h à 19h. Le dimanche de 8h à 12h

Distance : Sur l'itinéraire

Fromages : Fromages de chèvre, faisselle

CHÂTEAU D'HERBELON

38650 TREFFORT
✆ 04 76 34 02 03

Distance : 9 km

LA TABLE DU CAMPAGNARD

1585, route d'Herbelon
38650 TREFFORT
✆ 04 76 34 05 47

Distance : 9 km

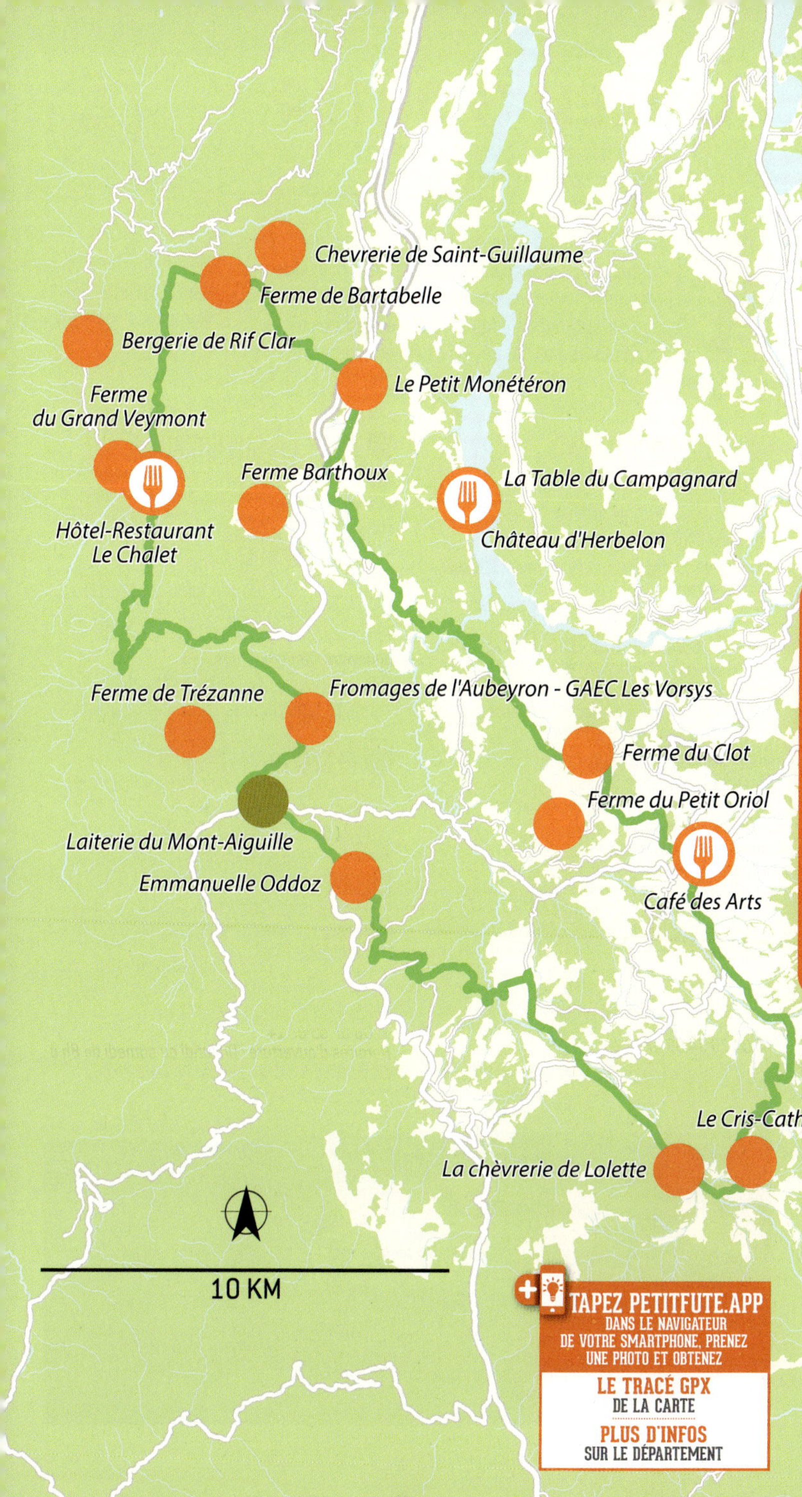
Chevrerie de Saint-Guillaume
Ferme de Bartabelle
Bergerie de Rif Clar
Le Petit Monétéron
Ferme du Grand Veymont
Ferme Barthoux
La Table du Campagnard
Hôtel-Restaurant Le Chalet
Château d'Herbelon
Ferme de Trézanne
Fromages de l'Aubeyron - GAEC Les Vorsys
Ferme du Clot
Ferme du Petit Oriol
Laiterie du Mont-Aiguille
Café des Arts
Emmanuelle Oddoz
Le Cris-Cath
La chèvrerie de Lolette
10 KM

ROULER GOÛTER

Un itinéraire affiné en Isère

Au départ de Saint-Jean-de-Bournay, louez vos vélos électriques chez « Store Bike », et c'est parti pour arpenter le parcours « Rouler Goûter ». De ferme en ferme, vivez un voyage en autonomie à la rencontre des productrices et de producteurs passionné(e)s ! Le plein de découvertes en une journée.

DISTANCE *32 km*
DURÉE ESTIMÉE *3h*
DÉNIVELÉ POSITIF *482 m*
NIVEAU ▲▲▲△△

EARL DU COTEYAT

919, chemin de la Combe de Pommiers
38440 SAINT-JEAN-DE-BOURNAY ✆ 06 66 86 82 66
Horaires d'ouverture : Sur RDV
Distance : Sur l'itinéraire
Fromages : Fromages frais et affinés, faisselle et aromatisés

LA CHÈVRERIE DES PRÉS

866, chemin du Clos Morel - 38440 ARTAS
✆ 06 18 52 25 73
Horaires d'ouverture : Le mardi et vendredi de 15h à 18h et le dimanche de 10h à 11h30
Distance : Sur l'itinéraire
Fromages : Fromage de chèvre

DUPLEX 87

1464, route départementale
38300 ST-AGNIN-SUR-BION
✆ 04 74 19 07 87 / 06 20 11 83 13
Horaires d'ouverture : Toute la semaine, midi et soir
Distance : 2,5 km

GAEC LA CHÈVRERIE DU RAFOUR

141, rue du Rafour
38300 ST-AGNIN-SUR-BION
✆ 04 74 43 06 98 / 06 50 51 69 84
Horaire d'ouverture : Du 01/02 au 30/11, du mardi au vendredi 17h à 19h et le samedi 10h à 12h et 17h à 19h. Du 01/12 à 31/01, le vendredi 17h à 19h et le samedi de 10h à 12h et 17h à 19h
Distance : Sur l'itinéraire
Fromages : Fromages fermiers pur chèvre frais, fromages type camembert et tomme pressée

FERME DE MAYOLLAN

114, Mayollan
38440 ST-JEAN-DE-BOURNAY
✆ 04 74 58 35 31 / 06 63 96 70 77
Horaires d'ouverture : De 8h à 12h et à partir de 17h sauf le dimanche
Distance : Sur l'itinéraire
Fromages : Fromages type pâte molle et type St-Marcellin fermier.

ISÈRE

Terres de Berlioz.

TAPEZ PETITFUTE.APP
DANS LE NAVIGATEUR DE VOTRE SMARTPHONE, PRENEZ UNE PHOTO ET OBTENEZ
LE TRACÉ GPX
DE LA CARTE
PLUS D'INFOS
SUR LE DÉPARTEMENT
Duplex 87
GAEC la chèvrerie du Rafour
La chèvrerie des Près
EARL du Coteyat
Ferme de Mayollan
3 KM

VÉLO TO TERROIR

Un itinéraire affiné en Isère

Vélo to Terroir est original à plus d'un titre : un parcours sur deux jours, en VTT ou VTTAE à travers l'immense forêt de Chambaran. Au départ/arrivée en centre-bourg de Saint-Étienne-de-Saint-Geoirs, devant la mairie, vous aurez la possibilité de faire des achats gastronomiques auprès des commerces locaux pour préparer votre parcours. Il ne reste plus qu'à emprunter chemins, sentiers et routes pour profiter des bienfaits de la forêt.

DISTANCE *57 km*
DURÉE ESTIMÉE *2 jours ou 5h*
DÉNIVELÉ POSITIF *1 482 m*
NIVEAU ▲▲▲▲▲

FROMAGERIE SIMIAN, GFA LE GRAND CHEMIN

73, le Grand Chemin - 38590 BREZINS
✆ 04 76 05 25 79 / 06 87 52 59 68
Horaires d'ouverture : Tous les jours de 9h à 12h et de 14h30 à 18h. Fermé les mercredis et dimanches
Distance : Sur l'itinéraire
Fromages : Fromages blancs

L'AUBERGE DU CHÂTEAU

67 chemin du Château - 38870 BRESSIEUX
✆ 04 74 20 91 01
Horaires d'ouverture : Toute la semaine, midi et soir, sauf le mardi et mercredi

FERME DE SOZÉA

260, Sozéa - 38870 ST-SIMÉON-DE-BRESSIEUX
✆ 04 74 20 14 83 / 06 48 74 11 98
Horaires d'ouverture : Le matin (sauf le mercredi) et le soir de 17h à 19h
Distance : 0,9 km
Fromages : Fromages de vache, fromage blanc

L'AUBERGE DE MARNANS

2, place du Prieuré - 38980 MARNANS
✆ 04 76 36 28 71
Horaires d'ouverture : Toute la semaine, midi et soir, sauf le mardi

CHÂTEAU ROCHER

400, impasse du Château Rocher
38940 ROYBON
✆ 04 76 36 20 98

CAMPING À LA FERME DE TOUTES AURES

Route de Grange neuve
38590 BRION
✆ 06 80 42 56 36

PARC NATUREL DE CHAMBARAN

Route du Parc et de Port Revel
38870 SAINT-PIERRE-DE-BRESSIEUX
✆ 04 74 20 14 93
Horaires d'ouverture : Toute la semaine

GAEC FERME MABILY

50, chemin du Beu
38590 ST-MICHEL-DE-ST-GEOIRS
✆ 04 76 65 42 64 / 06 26 34 60 30
Horaires d'ouverture : Tous les matins
Distance : 0,4 km
Fromages : Fromages de vache et de chèvre

L'ATYPIQUE

186, Grande Rue
38870 ST-SIMÉON-DE-BRESSIEUX
✆ 04 27 69 97 91
Horaires d'ouverture : Toute la semaine sauf le lundi

LE PTIT BARRU

1480, La Valette
38590 LA FORTERESSE
✆ 06 26 37 34 65
Horaires d'ouverture : Tous les jours de 18h à 19h
Distance : Sur l'itinéraire
Fromages : Fromages de chèvre frais

MES « BÊLES » DES CHAMPS

400, route de Chaperon
38590 LA FORTERESSE
✆ 07 62 01 91 63
Horaires d'ouverture : Les mardis, jeudis, vendredis et samedis de 18h à 19h
Distance : 1,2 km
Fromages : Fromages de brebis

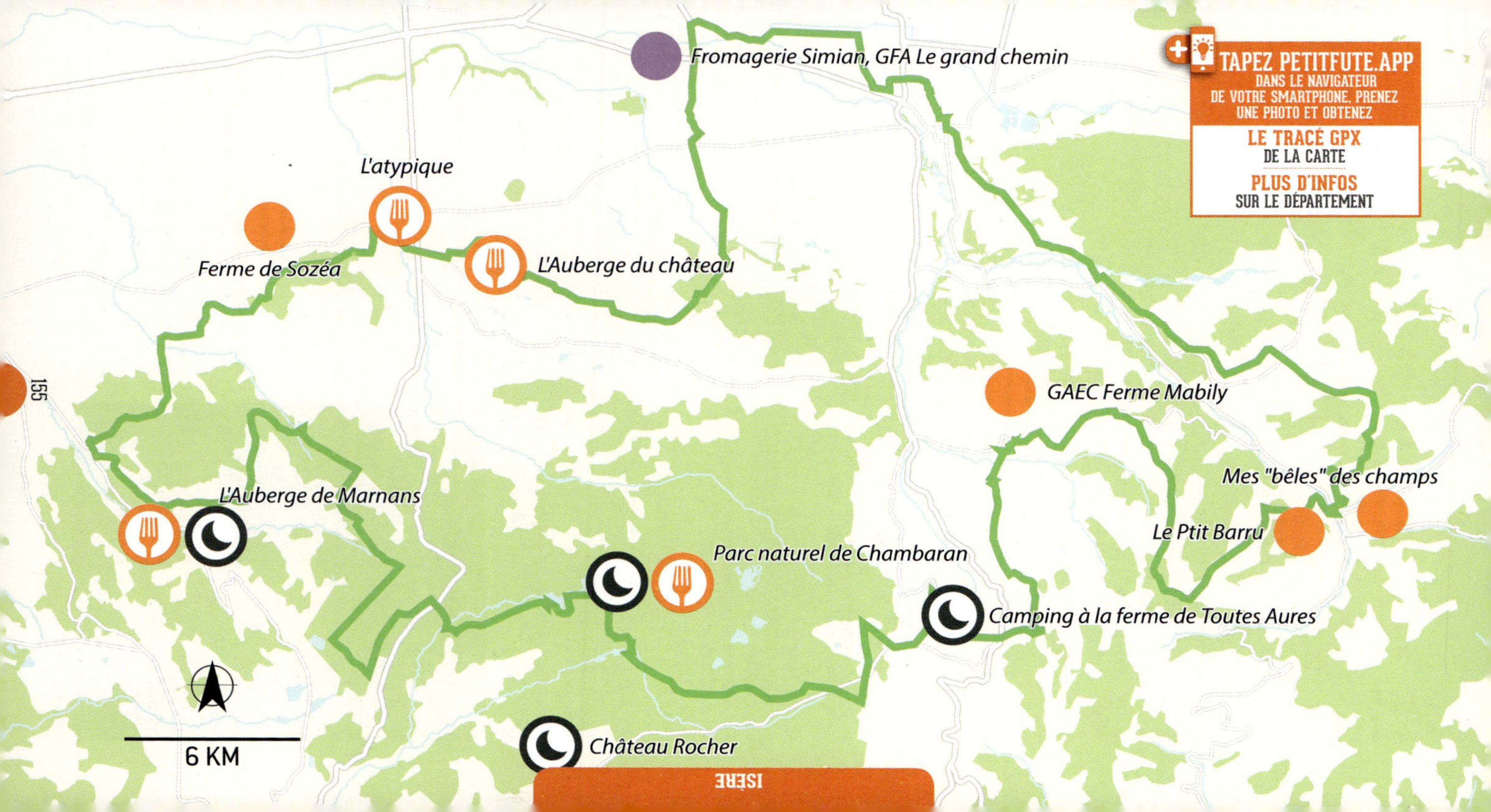
Fromagerie Simian, GFA Le grand chemin
L'atypique
Ferme de Sozéa
L'Auberge du château
GAEC Ferme Mabily
Mes "bêles" des champs
Le Ptit Barru
L'Auberge de Marnans
Parc naturel de Chambaran
Camping à la ferme de Toutes Aures
Château Rocher
6 KM
TAPEZ PETITFUTE.APP
DANS LE NAVIGATEUR
DE VOTRE SMARTPHONE, PRENEZ
UNE PHOTO ET OBTENEZ
LE TRACÉ GPX
DE LA CARTE
PLUS D'INFOS
SUR LE DÉPARTEMENT

LE TOUR DU JURA À VÉLO - LOISIRS

Un itinéraire affiné dans le Jura

Ce Tour du Jura version Loisirs est un itinéraire vélo accessible à tous. Il emprunte des tronçons de voies vertes et de véloroutes ainsi que de petites routes partagées. Vous partirez à la découverte du Pays de Dole, de la Bresse Jurassienne et du Vignoble du Revermont, où la richesse du patrimoine et la beauté des paysages se mêlent à des rencontres inattendues qui vous laisseront des souvenirs inoubliables...

DISTANCE *155 km*
DÉNIVELÉ POSITIF *870 m*
NIVEAU ▲▲▲△△

MAISON NATALE DE LOUIS PASTEUR

43 rue Pasteur
39100 DOLE
✆ 03 84 72 20 61
Ouvert de Fév. à avril et oct-nov. de 14h-18h et de Mai à Sept. 9h30-12h30 et 14h-18h.

CRÈMERIE AU COEUR DU JURA

Marché de Dole Place Nationale
39100 DOLE
✆ 06 33 89 21 50
Ouvert de 7h-13h et 14h-19h le vendredi

FROMAGERIE COMTOISE

3 rue d'Enfer - 39100 DOLE
✆ 03 84 72 24 29
Ouvert tous les jours sauf le dimanche après-midi et le lundi

© STUDIOVISION

Meules de comté.

MAISON BENOIT DOLE

Marché de Dole - Place Nationale
39100 DOLE
Horaires d'ouverture : jeudi et samedi 7h-14h30

LE PANIER DE FROMETONS DOLE

Place Nationale - 39100 DOLE
Présent sur le marché de Dole le mar. jeu. sam. 7h-13h et le ven. 13h30-19h; sur le marché de St Aubin le mer. matin. Magasin de Saint-Aubin ouvert le mar.
15h-19h30, le mer. 9h-19h30, le jeu. 14h-19h30, le ven. 9h-19h30 et le sam. 14h-19h

FROMAGERIE BIO DU VAL DE LOUE

Route de Lyon
39600 GRANGE DE VAIVRE
✆ 03 84 37 85 28
Ouvert du lun. au sam. 9h30-12h30 et 14h-19h et le dim. 9h30-12h30.
Fermé les 1er janvier, 1er mai et 25 décembre
Fromages : Morbier, Tome, raclette, AOP comtoises

FERME DES MÉLINCOLS

Les Mélincols
39110 MARNOZ
✆ 03 84 73 29 78 / 06 01 59 42 51
Ouvert les lun. et ven. 17h-19h, mer. et sam. 10h-12h
Fromages : AOC Comté

LA FERME DU VIEUX CHEMIN

2 chemin des vignes
39110 MARNOZ
✆ 03 84 73 03 16 / 06 85 81 47 12
Visite de la chèvrerie et dégustations d'avril à octobre
Fromages : chèvre

GÎTE DE LA FERME DE L'AMOURETTE

5 Route de Salins - 39110 MARNOZ
✆ 03 84 73 08 99 / 06 37 80 21 00
Gîte accueil paysan

FRUITIÈRE DE SALINS LES BAINS

Route de Champagnole
39110 SALINS-LES-BAINS
✆ 03 84 73 18 52
Ouvert du mar. au ven. 9h-12h15 et 16h-19h, le sam. 9h-12h15 et 14h30-19h, le dim et jours fériés 9h-12h (ouvert le lun. en juillet et août)
Fromages : AOP comtois

FRUITIÈRE DU PLATEAU ARBOISIEN -ATELIER D'IVORY

300 Rue de la Fruitière - 39110 IVORY
✆ 03 84 66 09 71
Ouvert tous les jours 8h-12h
Fromages : Comté

FRUITIÈRE DU PLATEAU ARBOISIEN - ATELIER DE CHILLY

Lieu dit Village Haut
39110 CHILLY SUR SALINS
✆ 03 84 73 06 00
Ouvert tous les jours 8h-12h
Fromages : Comté

MAISON DE LOUIS PASTEUR

83 rue de Courcelles - 39600 ARBOIS
✆ 03 84 66 11 72
Ouvert de Fév. à avril et oct-nov. de 14h-18h et de Mai à Sept. 9h30-12h30 et 14h-18h.

LA CAVE DE COMTÉ

44 Grande Rue - 39600 ARBOIS
✆ 03 84 66 09 53
Ouvert du lundi au vendredi 9h-12h30 et 14h-19h, le samedi 9h-19h

FERME DES NOUVELLES

35 rue des Nouvelles - 39600 ARBOIS
✆ 03 84 66 21 53 / 06 76 15 98 07
Gîte et camping Accueil paysan (à l'année)

FRUITIÈRE FROMAGÈRE DU PLATEAU ARBOISIEN - ATELIER D'ARBOIS

1 rue des Fossés - 39600 ARBOIS
✆ 03 84 66 09 71 / 06 79 01 85 30
Vente tous les jours 8h-12h et 16h30-19h, le dim. et jours fériés 8h-12h.
Visite les mer. en juillet-août à partie de 8h30 sur inscription
Fromages : Comté, Morbier, fromages blancs

FERME DE LA TUILERIE

39800 AUMONT
✆ 03 84 37 67 53 / 06 70 53 49 10
Gîte et chambres Accueil paysan

MAISON DU COMTÉ

Avenue de la Résistance
39800 POLIGNY
✆ 03 84 37 78 40
Horaires d'ouverture : Juillet-août tous les jours 10h-17h. Avril-juin et vacances scolaires du mar. au dim. 14h-15h15 et 16h30. Sept-oct. du mar. au dim. 14h15 et 15h45.

HALLE TECHNOLOGIQUE DE L'ENILBIO

Rue de Versailles - 39800 POLIGNY
✆ 03 84 73 76 76
Vente en période scolaire le mer. et le ven. 10h-12h30
Fromages : Comté, Morbier, Raclette

BENOIT BADOZ VINS ET FROMAGES

19 Place des Déportés - 39800 POLIGNY
✆ 03 84 37 11 18
Ouvert du lun. au jeu. 8h30-12h30 et 14h-19h, ven. et sam. 8h30-19h, dim. 9h-12h30

CRÈMERIE ESSENCIA

24 Place Notre Dame - 39800 POLIGNY
✆ 03 84 37 08 46
Ouvert le lundi et du jeudi au vend. 9h-12h15 et 14h-19h

CRÈMERIE GUY JURAMONTS

21 place des Déportés - 39800 POLIGNY
✆ 03 84 37 12 22
Ouvert du lun. au sam. 8h-12h30 et 13h30-19h, le dim. et jours fériés 8h30-12h (sauf vacances de février : réouverture 15h30-18h30)

CRÈMERIE JURAFLORE

15 place des Déportés - 39800 POLIGNY
✆ 03 84 37 13 50
Ouvert tous les jours 8h-12h30 et 13h30-19h, dim. et jours fériés 9h-12h

LE TOUR DU JURA À VÉLO - LOISIRS

Un itinéraire affiné dans le Jura

EPICURÉA

5 place des Déportés - 39800 POLIGNY
✆ 03 84 37 16 05
Ouvert du lun. au sam. 8h15-12h30 et 13h30-19h30, le dim. 9h30-12h30

FRUITIÈRE À COMTÉ DE POLIGNY

Tourmont, Rue de l'Orain
39800 POLIGNY
✆ 03 84 37 20 94
Ouvert du lun. au jeu. 9h-12h et 15h-19h, ven. et sam. 9h-19h et dim. 10h-12h30 et 17h-19h
Fromages : Comté

FRUITIÈRE LES DÉLICES DU PLATEAU

1 route de Le Fied
39800 PLASNE
✆ 03 84 37 16 67
Horaires d'ouverture : magasin/bar du lun. au sam. 9h-12h15 et 14h-19h, le dim 9h-12h30
Fromages : les 4 Comtés AOP, le Morbier AOP, la Tomme et la Raclette

FROMAGERIES VAGNE

Rue St Jean
39210 CHÂTEAU-CHALON
✆ 03 84 44 92 25
Ouvert de sept. à juin : du mer. au sam. 10h-12h15 et 14h-18h.
Juillet-sept. : du mer. au sam. 10h-12h15 et 14h-19h et le dim. 10h-12h15 et 14h-18h30

FRUITIÈRE DES COTEAUX DE SEILLE

Chemin du Sorbier
39210 LAVIGNY
✆ 03 84 25 31 89
Ouvert du lun. au sam. 8h45-12h15 et 16h30-19h, le dim. et jours fériés 8h45-12h
Fromages : les 3 Comtés AOP, le Morbier AOP, la Tomme du Jura et la Raclette

FROMAGERIE LA RONDENNE

Place de la Mairie - 39140 DESNES
✆ 03 84 48 19 64
Ouvert tous les matins 9h-12h et du mar. au sam. 16h-18h30, les jours fériés 9h-12h
Fromages : Comté, fromages blancs

TOUT UN FROMAGE

29 Rue Louis-le-Grand
39140 BLETTERANS
✆ 03 84 47 66 65
Horaires d'ouverture : mar. 8h-12h30 et 16h-19h, mer. ven. sam. 9h-12h30 et 15h-19h, jeu. 9h-12h30, dim. 9h-12h et 17h-19h en juillet août

GÎTE DU BAS DE L'ETANG

Rue du bas de l'Etang - 39140 COSGES
✆ 03 84 85 04 52 / 06 81 00 67 07
Gîte à la ferme - Accueil paysan
Fromages : vache

FRUITIÈRE DE PLEURE

2 route de la Reppe - 39120 PLEURE
✆ 03 84 81 40 92
Ouvert du lun. au jeu. 8h-12h, le ven. 8h-12h et 15h-18h, dim. et jours fériés 8h-12h
Fromages : Comté, Morbier, Bleu de Gex, chèvre

CAMPING À LA FERME DE SAINTE-MARIE

39120 BALAISEAUX
✆ 03 84 81 85 45 / 06 49 59 45 22
Chambres d'hôtes et camping à la ferme
Accueil paysan

ASINERIE DE LA CHARRETTE BLEUE

6 Chemin du Château
39120 LE DESCHAUX
✆ 03 84 71 55 32
Hébergements insolites

LE PANIER DE FROMETONS

40 grande rue - 39410 ST-AUBIN
✆ 03 84 79 23 04
Horaires d'ouverture : mar. 15h-19h30, mer. 9h-19h30, jeu. 14h-19h30, ven. 9h-19h30, sam. 14h-19h. Présent sur marché St Aubin le mer. matin et sur le marché de Dole le mar. jeu. ven. après-midi et sam. matin

MAISON BENOIT PARCEY

38 rue de la Plassotte
39100 PARCEY
✆ 03 84 71 01 74
Ouvert du mar. au sam. 9h-12h et 14h-19h

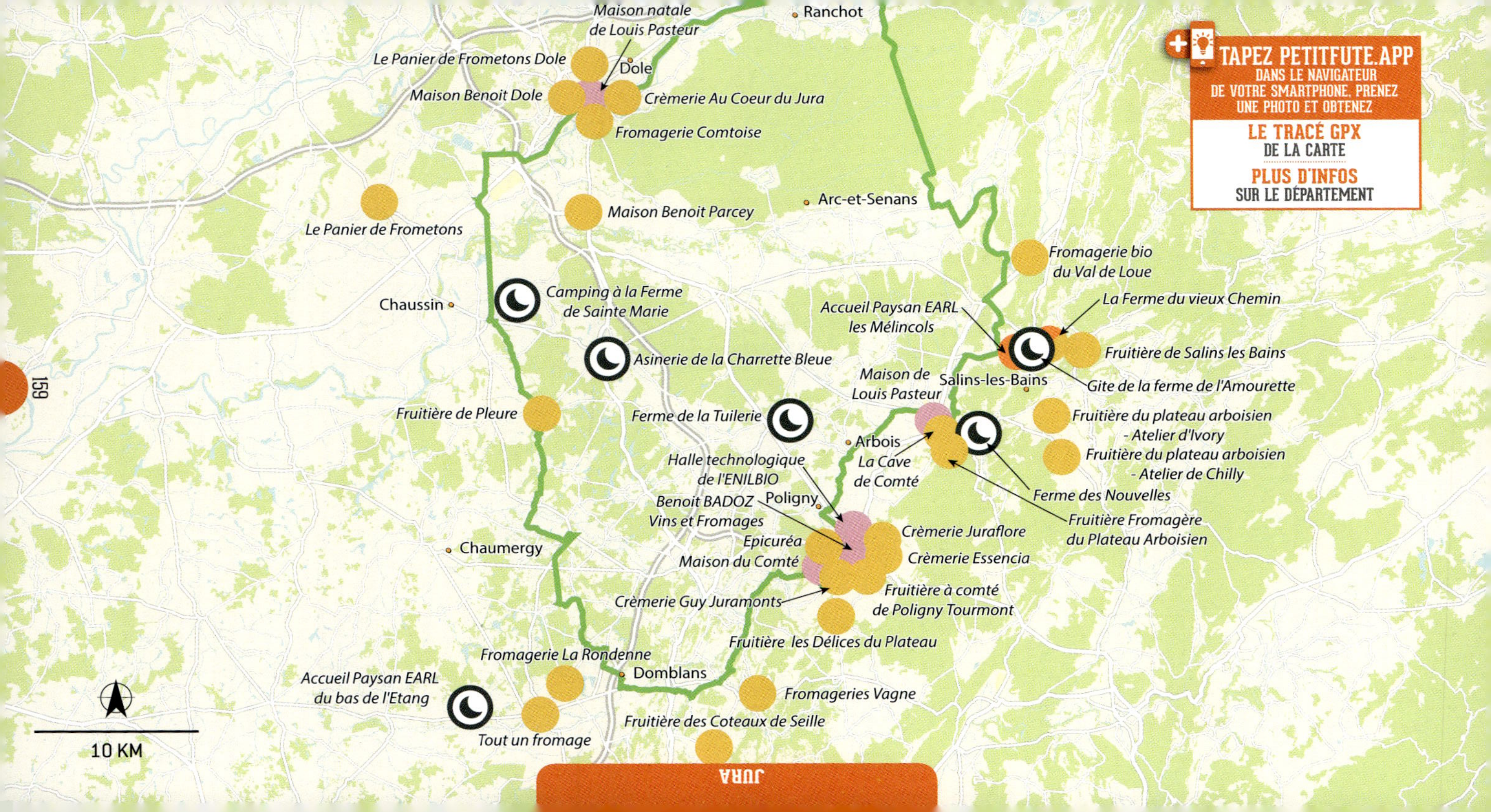
TAPEZ PETITFUTE.APP
DANS LE NAVIGATEUR DE VOTRE SMARTPHONE, PRENEZ UNE PHOTO ET OBTENEZ
LE TRACÉ GPX DE LA CARTE
PLUS D'INFOS SUR LE DÉPARTEMENT
Ranchot
Maison natale de Louis Pasteur
Le Panier de Frometons Dole
Dole
Maison Benoit Dole
Crèmerie Au Coeur du Jura
Fromagerie Comtoise
Arc-et-Senans
Maison Benoit Parcey
Le Panier de Frometons
Fromagerie bio du Val de Loue
Camping à la Ferme de Sainte Marie
Chaussin
La Ferme du vieux Chemin
Accueil Paysan EARL les Mélincols
Fruitière de Salins les Bains
Asinerie de la Charrette Bleue
Maison de Louis Pasteur
Salins-les-Bains
Gite de la ferme de l'Amourette
Fruitière de Pleure
Ferme de la Tuilerie
Fruitière du plateau arboisien - Atelier d'Ivory
Arbois
La Cave de Comté
Fruitière du plateau arboisien - Atelier de Chilly
Halle technologique de l'ENILBIO
Ferme des Nouvelles
Benoit BADOZ Vins et Fromages
Poligny
Fruitière Fromagère du Plateau Arboisien
Epicuréa
Crèmerie Juraflore
Chaumergy
Maison du Comté
Crèmerie Essencia
Crèmerie Guy Juramonts
Fruitière à comté de Poligny Tourmont
Fruitière les Délices du Plateau
Fromagerie La Rondenne
Accueil Paysan EARL du bas de l'Etang
Domblans
Fromageries Vagne
Fruitière des Coteaux de Seille
Tout un fromage
10 KM
JURA

LE TOUR DU JURA À VÉLO - SPORT

Un itinéraire affiné dans le Jura

Partez explorer le Jura et ses multiples paysages enchanteurs sur le Tour du Jura à vélo Sport au départ de Lons-Le-Saunier. La version « sport » de ce circuit emblématique est destinée aux cyclistes chevronnés. Cette aventure, à l'assaut des Montagnes du Jura, emprunte les plus belles ascensions du Département dans des décors naturels à couper le souffle. Dépaysement garanti !

DISTANCE *252 km*
DÉNIVELÉ POSITIF *3 900 m*
NIVEAU ▲▲▲▲▲

MAISON DE LA VACHE QUI RIT

25 rue Richebourg
39000 LONS-LE-SAUNIER
✆ 03 84 43 54 10
Ouvert pendant les vacances tous les jours 10h30-18h, hors vacances tous les jours 14h-18h sauf lun. En juillet et août tous les jours 10h-19h, en novembre et décembre (hors vacances) ouvert les week-ends 14h-18h
Fromages : Vache qui rit

CHEZ L'ARTISAN FROMAGER

39 rue du commerce
39000 LONS-LE-SAUNIER
✆ 06 75 24 53 97

FROMAGERIE PIANET

7 rue St Désiré
39000 LONS-LE-SAUNIER
✆ 03 84 24 04 98
Horaires d'ouverture : tous les jours 7h30-12h15 et 14h30-19h15 sauf dim. après-midi et non-stop le ven. et sam.

LA FERME COMTOISE

23 rue st Désiré
39000 LONS-LE-SAUNIER
✆ 03 84 24 06 16
Horaires d'ouverture : tous les jours 19h30 sauf le dim. après-midi

LES CAVES RIVOIRE-JACQUEMIN DE MONTMOROT

4 place des Salines BP 1
39570 MONTMOROT
✆ 03 84 87 12 00
Visite toute l'année pour des groupes et sur rdv
Fromages : Comté

FRUITIÈRE DE LA SAINT-CHRISTOPHE

1 Route des carrières
39130 LARGILLAY-MARSONNAY
✆ 03 84 48 30 62
Visite : matin sur rdv
Vente du lun. au sam. 8h30-12h et 15h-19h, dim. et jours fériés 9h-12h
Fromages : Comté

FRUITIÈRE DU MONT ORGIER

Place du Colonel Varrot
39270 ORGELET
✆ 03 84 25 43 28
Vente tous les jours 8h30-12h et 15h30-19h, dim. et jours fériés 9h-11h30
Fromages : Comté

LES OUTILS D'AUTREFOIS

Rue de la chapelle
39240 ARINTHOD
✆ 03 84 48 01 17
Visite d'avril à octobre le mar. 9h-12h et sur rdv toute l'année

FROMAGERIE D'ARINTHOD (MAGASIN DE CHISSÉRIA)

Rue Fontaine du Fossard
39240 CHISSERIA
✆ 03 84 48 01 00
Vente du mar. au sam. 9h-12h et 14h30-18h30, dim. et jours fériés 9h-12h
Fromages : Comté

LES BIQUETTES DU BARRAGE

14 rue de la Chapelle
39240 CERNON

Horaires d'ouverture : week-end et jours fériés 10h-12h et 15h-17h ; mar. et jeu. 17h-18h30

CRÈMERIE CLÉMENT

5-7 rue du Pré
39200 ST-CLAUDE
✆ 03 84 45 09 70
Vente du lun. au sam. 8h-19h30, dim. et jours fériés 8h-12h30

LA BESACE DU COMTOIS

2 rue du marché
39200 ST-CLAUDE
✆ 03 84 60 82 68
Fermé le dim. après-midi uniquement

FROMAGERIE DE MONTBRILLANT

L'Essard
39200 VILLARD-ST-SAUVEUR
✆ 03 84 45 59 30
Vente du lun. au sam. 9h-12h et 14h30-19h, le dim. et jours fériés 9h-12h et 15h-18h. Fermé à Noël, le 01/01 et le dim. de Pâques
Fromages : Comté, Morbier, Bleu de Gex, Mont d'Or

FROMAGERIE DU HAUT JURA/ MAISON DES FROMAGES

Rue Principale
39310 LES MOUSSIERES
✆ 03 84 41 60 96
Visite sur rdv 9h-11h30 et 14h30-17h
Vente : 9h-12h15 et 14h30-18h, fermé le mardi
Fromages : Comté, Morbier, Bleu de Gex

FERME DE LAISIA

La Combe de Laisia
39310 LES MOLUNES
✆ 03 84 41 65 18
Vente tous les jours 9h-12h et 18h30
Fromages : Vache

FROMAGERIE MARCEL PETITE/ ATELIER DE LAJOUX

La Fromagerie - 39310 LAJOUX
✆ 03 84 41 20 38
Ouvert tous les jours Juillet-Août et du 15/12 au 15/03 8h30-12h et 16h-19h (fermé le 25/12 et 01/01)
Autres périodes : lun. et mar. 8h30-12h et 17h-19h, jeu. ven. sam. 8h30-12h
Fromages : Comté

MAISON DU PARC

Maison du Parc - 29 le Village
39310 LAJOUX
✆ 03 84 34 12 30
Ouvert du 02/01 au 10/03 et du 06/07 au 01/09 du mar. au dim. et jours fériés 9h-13h et 14h-18h, du 12/03 au 15/07 et du 03/09 au 27/12 du mar. au ven. 14h-18h

LES CAVES À COMTÉ JURAFLORE DU FORT DES ROUSSES

Fort des Rousses
39220 LES ROUSSES
✆ 03 84 60 02 24
Horaires d'ouverture : Pas de visite le sam. Jours et horaires variables selon périodes. Se renseigner auprès du Fort des Rousses
Fromages : Comté

FROMAGERIE TRADITIONNELLE DES ROUSSES

137 rue Pasteur
39220 LES ROUSSES
✆ 03 84 60 02 62
Vente : lun. au sam. 9h-12h et 15h-18h45, dim. et jours fériés 9h30-12h
Fromages : Comté

HISTOIRE DE GOÛT

22 route de Noirmont
39220 LES ROUSSES
✆ 03 63 68 40 16
Horaires d'ouverture : tous les jours 9h-19h

SAVEURS DU JURA

783 route blanche
39220 LES ROUSSES
✆ 03 84 42 67 44

FROMAGERIE DE MORBIER

80 route Royale - 39400 MORBIER
✆ 03 84 33 59 39
Horaires d'ouverture : du lun. au sam. 9h-12h et 16h-19h, dim. et jours fériés 9h-12h
Fromages : Morbier

FRUITIÈRE DE GRANDE RIVIÈRE

Hameau les Chauvins
39150 GRANDE RIVIERE
✆ 03 84 60 10 86
Vente tous les jours
Visite : 9h-12h et 16h30-19h, le dim. et jours fériés 9h-12h
Fromages : Comté

LE TOUR DU JURA À VÉLO - SPORTIF

Un itinéraire affiné dans le Jura

FRUITIÈRE BIO DE SAINT-MAURICE-EN-MONTAGNE

16 rue du mont fleuri
39130 ST-MAURICE CRILLAT
✆ 07 72 01 14 00
Ouvert du mar. au ven. 9h-12h, le mer. 9h-11h30 et le sam. 9h-12h30
Fromages : Comté, Morbier bleu de Gex

FRUITIÈRE DU PAYS GRANDVALLIER

36 rue de Genève
39150 ST-LAURENT EN GRANDVAUX
✆ 03 84 34 15 65
Ouvert du lun. au ven. 8h30-12h30 et 15h-19h, le sam. 8h30-12h30 et 14h-19h, le dim. 8h30-12h30 et 16h-19h
Fromages : Comté, Morbier, Raclette, Tomme de Grandvaux

FERME LOUISE MIGNOT

37 rue du Coin d'Amont
39150 ST-LAURENT EN GRANDVAUX
Ouvert tous les jours de fin juillet à mi-août 15h-19h

CHALET À COMTÉ DU COIN D'AVAL

39150 FORT-DU-PLASNE
✆ 03 84 60 40 16
Ouvert du 14/07 au 15/08, les mer. dim. et jours fériés 15h-19h ou sur rdv
Fromages : Comté

FERME DE LA TANNE

Route de la Tanne
39150 LA CHAUMUSSE
✆ 06 81 29 26 53
Ouvert tous les jours sur rdv
Fromages : Comté

FERME DE L'HÉRIA

Val dessous
39130 MENETRUX-EN-JOUX
✆ 03 84 25 72 95 / 06 30 08 51 69
Horaires d'ouverture : Vacances de Pâques toutes zones, vacances d'été et vacances de la Toussaint : tous les jours 10h-18h. Vacances de Noël et vacances de février toutes zones : tous les jours 13h30-16h30. D'avril à nov. : week-ends, jours fériés et merc. 10h-18h. De déc. à mars : week-ends, jours fériés et merc. 13h30-16h30

FRUITIÈRE DE LA VALLÉE DU HÉRISSON

1590 rue des 3 lacs
39130 DOUCIER
✆ 03 84 25 79 22
Ouvert du 15/06 au 15/09 tous les jours 8h30-12h et 15h-19h, hors saison tous les jours 8h30-12h et 15h-19h et le dim. 8h30-12h
Fromages : Comté

FROMAGERIE DE CHAUX-DES-CROTENAY

10 grande rue
39150 CHAUX-DES-CROTENAY
✆ 03 84 51 53 86
Vente du lun. au sam. 8h30-12h et 14h30-19h et dim. 14h30-19h

FROMAGERIE DES REBELLES

55 grande rue
39460 FONCINE-LE-HAUT
✆ 03 84 51 92 46
Ouvert tous les jours 8h30-12h et 16h-19h et pendant les vacances scolaires 8h30-12h30 et 15h-19h
Fromages : Comté

CHALET DU MONT RIVEL

Place Camille-Prost
39300 CHAMPAGNOLE
✆ 03 84 52 12 42
Horaires d'ouverture : lun. 14h30-19h, du mar. au ven. 8h30-12h30 et 14h30-19h, le sam. non-stop 8h30-19h, le dim. 9h-12h

FROMAGERIE MARC JANIN [MOF]

21 avenue de la République
39300 CHAMPAGNOLE
✆ 03 84 52 00 97
Vente du mar. au sam. 7h-12h15 et 14h-19h et dim. 9h-12h
Fromages : Comté, Morbier, Bleu de Gex, Raclette, Tommes...

LES CHALETS À LA FERME

13 rue de la Jette - 39300 LENT
✆ 03 84 51 83 56
Ouvert tous les jours
Fromages : Vache

FRUITIÈRE DE VALEMPOULIÈRES

2 rue de l'Eglise
39300 VALEMPOULIERES
✆ 03 84 51 73 92
Visite sur rdv 9h-10h (10 personnes maximum)
Vente du lun. au ven. 10h-12h et sam. 9h-12h
Fromages : Comté, Serrac, Morbier, Bleu de Gex, Mont d'Or

FRUITIÈRE DES MONTS DE BALERNE

3 rue de la Liberté - 39300 LOULLE
✆ 03 84 51 60 44
Vente du mar. au sam. 9h-12h et 17h-19h, et dim. et jours fériés 9h-11h30.
Pendant les vacances d'été du mar. au sam. 9h-12h et 16h-19h
Fromages : Comté

FRUITIÈRE DU TEMPS COMTÉ

Route de Chalain
39300 PONT-DU-NAVOY
✆ 03 84 51 22 09
Vente tous les jours 9h30-12h15 et 16h-19h sauf dim. soirs entre octobre et avril
Fromages : Comté

LE CHALET DU COMTÉ

3bis rue du vieux Pont
39300 PONT-DU-NAVOY
✆ 03 84 51 24 00
Vente : lun. 9h-12h, du mar. au ven. 9h-12h et 14h30-18h30 et le sam. 8h30-12h
Fromages : Comté, Morbier, Bleu de Gex, Mont d'Or

FRUITIÈRE DE LA MARRE

6 route du Chaumois - 39210 LA MARRE
✆ 03 84 85 32 99
Ouvert tous les jours 10h-12h
Fromages : Comté

FROMAGERIES VAGNE

Rue St Jean
39210 CHATEAU-CHALON
✆ 03 84 44 92 25
Vente de septembre à juin du mer. au sam. 10h-12h15 et 14h-18h, de juillet à septembre du mer. au sam. 10h-12h15 et 14h-19h et le dim. 10h-12h15 et 14h-18h30

FROMAGERIE POULET ET FILS

10 place de l'église
39210 GRANGES-SUR-BAUME
✆ 03 84 48 28 32
Vente du lun. au sam. 9h-12h et 15h-19h, le dim. 9h-11h30
Fromages : Morbier

FRUITIÈRE DES COTEAUX DE SEILLE

Chemin du Sorbier
39210 LAVIGNY
✆ 03 84 25 31 89
Visite sur rdv
Vente du lun. au sam. 8h45-12h15 et 16h30-19h, dim. et jours fériés 8h45-12h, fermé le 01/01, 25/12 et le 01/05
Fromages : Comté, Morbier, tomme du Jura, raclette

© JURA TOURISME

Cave à Comté, Fort des Rousses, JuraFlore.

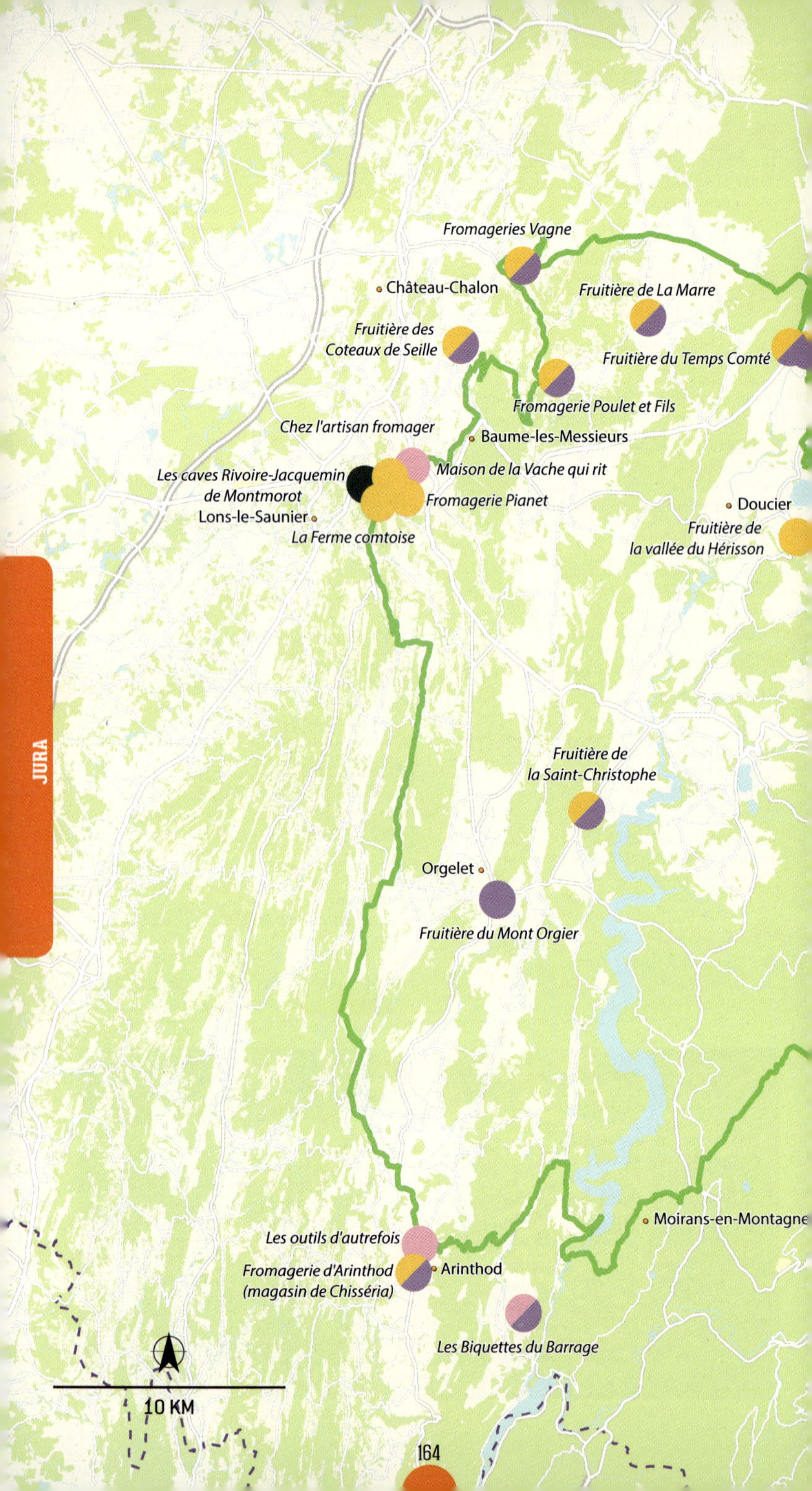

Fromageries Vagne
Château-Chalon
Fruitière de La Marre
Fruitière des
Coteaux de Seille
Fruitière du Temps Comté
Fromagerie Poulet et Fils
Chez l'artisan fromager
Baume-les-Messieurs
Les caves Rivoire-Jacquemin
de Montmorot
Maison de la Vache qui rit
Fromagerie Pianet
Lons-le-Saunier
La Ferme comtoise
Doucier
Fruitière de
la vallée du Hérisson
Fruitière de
la Saint-Christophe
Orgelet
Fruitière du Mont Orgier
Moirans-en-Montagne
Les outils d'autrefois
Fromagerie d'Arinthod
(magasin de Chisséria)
Arinthod
Les Biquettes du Barrage
10 KM

JURA

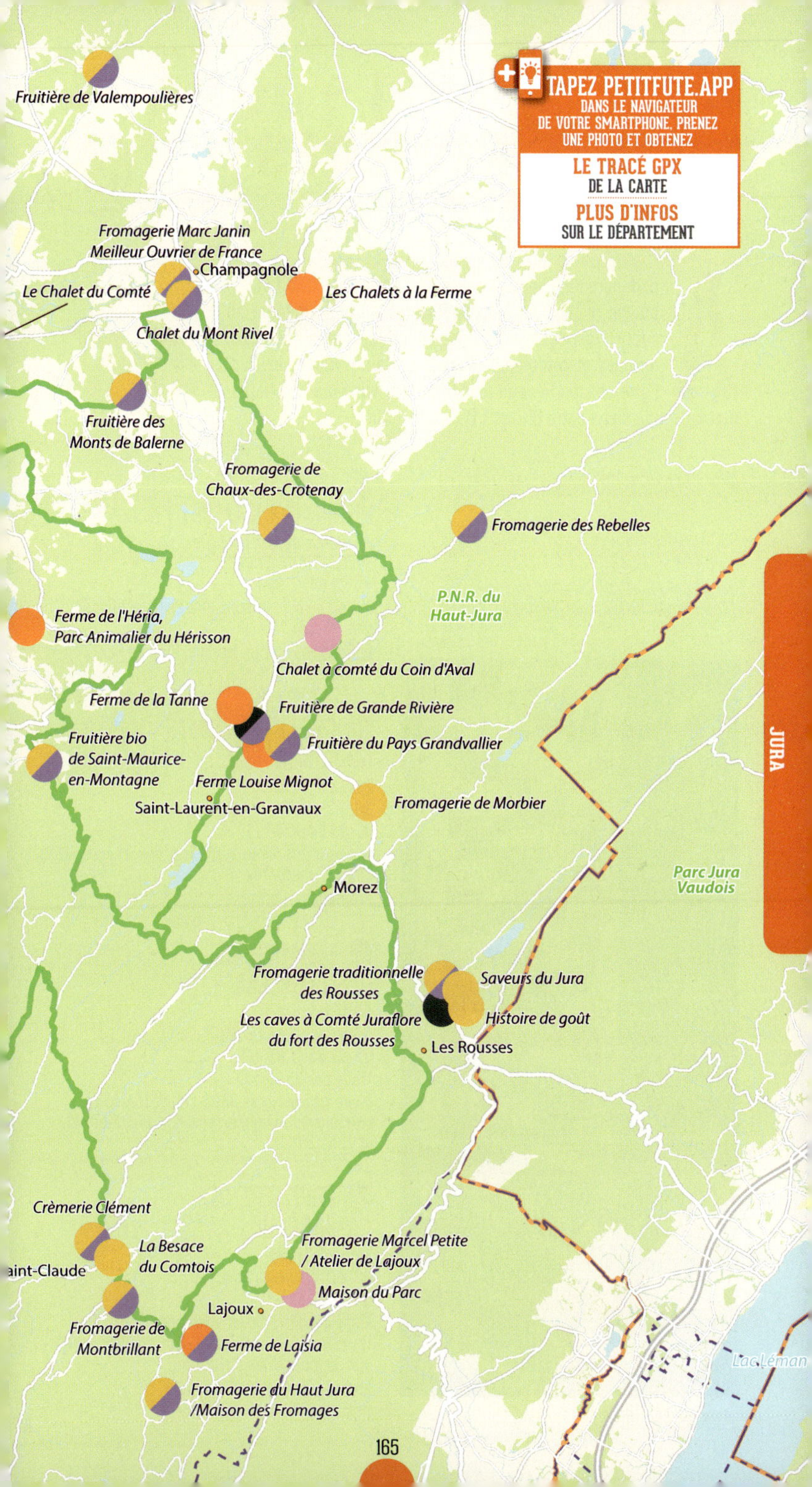

Fruitière de Valempoulières
TAPEZ PETITFUTE.APP
DANS LE NAVIGATEUR DE VOTRE SMARTPHONE, PRENEZ UNE PHOTO ET OBTENEZ
LE TRACÉ GPX
DE LA CARTE
PLUS D'INFOS
SUR LE DÉPARTEMENT
Fromagerie Marc Janin
Meilleur Ouvrier de France
Champagnole
Le Chalet du Comté
Les Chalets à la Ferme
Chalet du Mont Rivel
Fruitière des Monts de Balerne
Fromagerie de Chaux-des-Crotenay
Fromagerie des Rebelles
P.N.R. du Haut-Jura
JURA
Ferme de l'Héria, Parc Animalier du Hérisson
Chalet à comté du Coin d'Aval
Ferme de la Tanne
Fruitière de Grande Rivière
Fruitière bio de Saint-Maurice-en-Montagne
Fruitière du Pays Grandvallier
Ferme Louise Mignot
Saint-Laurent-en-Granvaux
Fromagerie de Morbier
Parc Jura Vaudois
Morez
Fromagerie traditionnelle des Rousses
Saveurs du Jura
Les caves à Comté Juraflore du fort des Rousses
Histoire de goût
Les Rousses
Crèmerie Clément
La Besace du Comtois
aint-Claude
Fromagerie Marcel Petite / Atelier de Lajoux
Maison du Parc
Lajoux
Fromagerie de Montbrillant
Ferme de Laisia
Lac Léman
Fromagerie du Haut Jura /Maison des Fromages

BOUCLE N°21 : JURA MONTS RIVIÈRES

Un itinéraire affiné dans le Jura

Au départ de Champagnole, ville porte du Haut-Jura, la boucle n°21 « Jura Monts Rivières » vous amènera au coeur d'un paysage composé de forêts, gorges, cascades, torrents et tourbières jusqu'à la Haute Vallée de l'Ain. Cette escapade vous plongera dans l'univers des hauts-plateaux jurassiens entre 800 et 1 000 m d'altitude.

DISTANCE *69,1 km*
DÉNIVELÉ POSITIF *998 m*
NIVEAU ▲▲▲△△

CHALET DU MONT RIVEL

Place Camille-Prost
9300 CHAMPAGNOLE
✆ 03 84 52 12 42
Ouvert du lun. 14h30-19h, mar. au ven. 8h30-12h30 et 14h30-19h, sam. 8h30-19h, dim. 9h-12h

© G.BLANCHON

Cave d'affinage Comté.

FROMAGERIE MARC JANIN (MOF)

21 avenue de la République
39300 CHAMPAGNOLE
✆ 03 84 52 00 97
Ouvert du mar. au sam. 7h-12h15 et 14h-19h ; dim. 9h-12h
Fromages : Comté, Morbier, Bleu de Gex, Tommes...

CHALET À COMTÉ DU COIN D'AVAL

25 rue Richebourg
39150 FORT-DU-PLASNE
✆ 03 84 60 40 16
Ouvert du 14/07 au 15/08 mer. dim. et jours fériés 15h-19h ou sur rdv
Fromages : Comté

FROMAGERIE DES REBELLES

55 grande rue
39460 FONCINE-LE-HAUT
✆ 03 84 51 92 46
Visite dès 9h sur rdv
Vente tous les jours 8h30-12h et 16h-19h ; pendant les vacances scolaires : 8h30-12h30 et 15h-19h

FRUITIÈRE DE LA BAROCHE

Route de Fraroz
39250 ARSURE-ARSURETTE
✆ 03 84 51 14 14
Visite dès 9h le jeu. et ven. sur rdv
Vente du lun. au sam. 9h-12h et 17h-19h ; dim. et jours fériés 9h-12h
Fromages : Comté

Cascade du Moulin du Saut.

JURA

FRUITIÈRE DE FROIDEFONTAINE-ESSAVILLY

12 rue Xavier Joliclerc - 39250 FROIDEFONTAINE
✆ 06 45 65 49 98
Visite sur rdv le jeu. dès 9h30
Vente : mar. jeu. sam. dim. et jours fériés 10h-12h et ven. 17h-19h (sauf Noël et Pâques)
Fromages : Comté

FRUITIÈRE DU PLATEAU DE NOZEROY

1 Route de Bief du Fourg - 39250 MIGNOVILLARD
✆ 03 84 51 37 66
Visite : jeu. 10h, pendant les vacances, sur rdv
Fromages : Comté, Morbier et Raclette

FRUITIÈRE DES PÂTURAGES DE NOZEROY

Chemin du chalet - 39250 RIX ✆ 03 84 51 10 40
Ouvert tous les jours 9h-12h
Fromages : Comté

GIE LES FRUITIÈRES DU PLATEAU DE NOZEROY

Maison des Annonciades - 39250 NOZEROY
✆ 03 84 51 14 21
Vente le mar. et ven. 9h-12h et 14h-18h, le mer. 9h-12h, le sam. 10h-12h (sauf jours fériés).
Vacances d'été : du mar. au dim. 10h-12h et 15h-19h.

FRUITIÈRE DE MIÈGES

10 rue de la Fromagerie
39250 MIEGES
✆ 03 84 52 21 95
Ouvert tous les jours 11h-11H30
Fromages : Comté, Morbier, Serra

FRUITIÈRE DE LA SOURCE DE L'AIN

Grande Rue
39250 GILLOIS
✆ 03 84 51 26 57
Vente tous les jours 9h30-11h45 et le ven. et sam. 18h-19h15 (sauf jours fériés)
Fromages : Comté

LES CHALETS À LA FERME

13 rue de la Jette
39300 LENT
✆ 03 84 51 83 56
Ouvert toute l'année

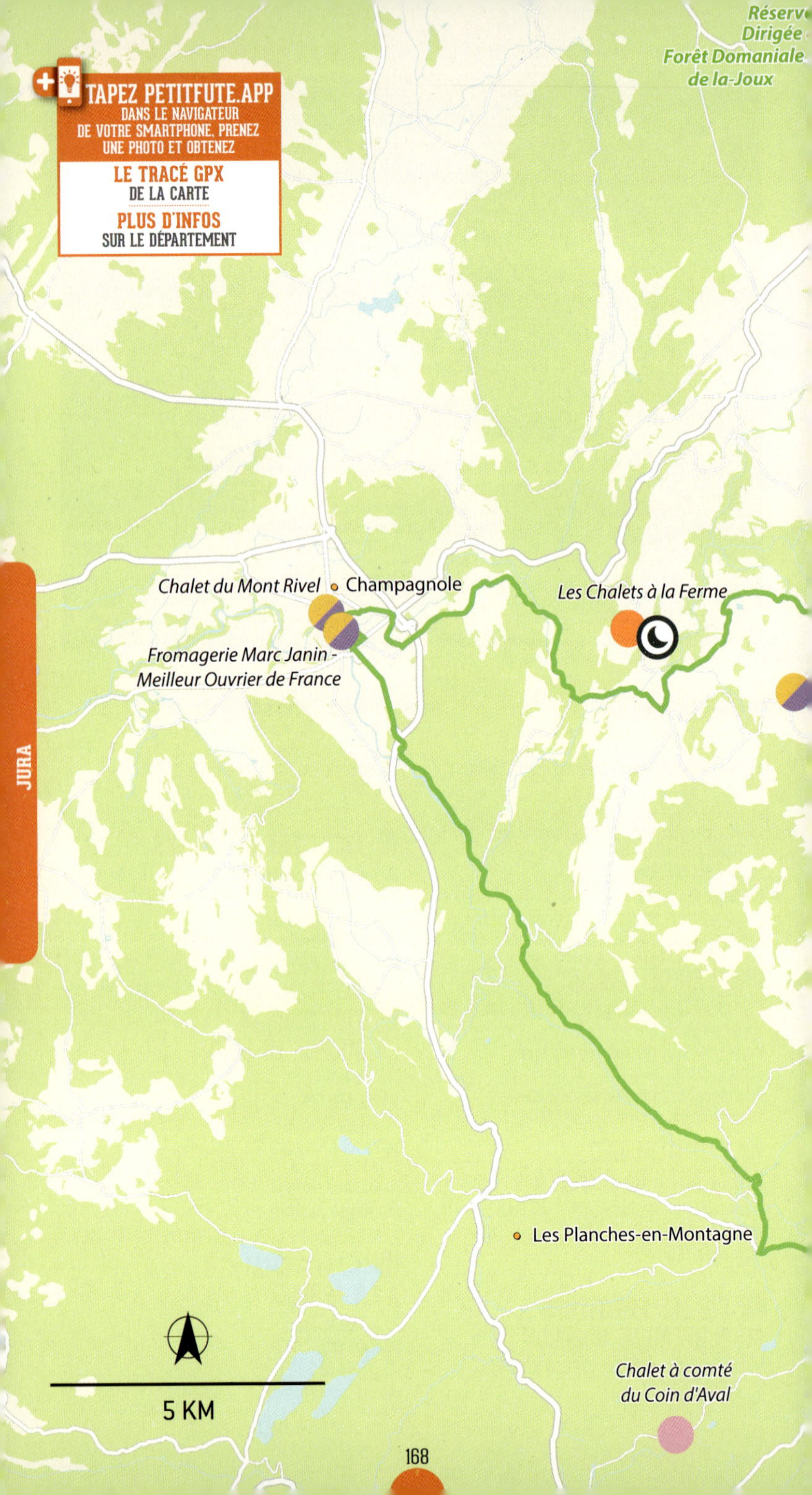
TAPEZ PETITFUTE.APP
DANS LE NAVIGATEUR DE VOTRE SMARTPHONE, PRENEZ UNE PHOTO ET OBTENEZ
LE TRACÉ GPX
DE LA CARTE
PLUS D'INFOS
SUR LE DÉPARTEMENT
Réserve Dirigée Forêt Domaniale de la-Joux
Chalet du Mont Rivel
Champagnole
Les Chalets à la Ferme
Fromagerie Marc Janin - Meilleur Ouvrier de France
Les Planches-en-Montagne
Chalet à comté du Coin d'Aval
5 KM

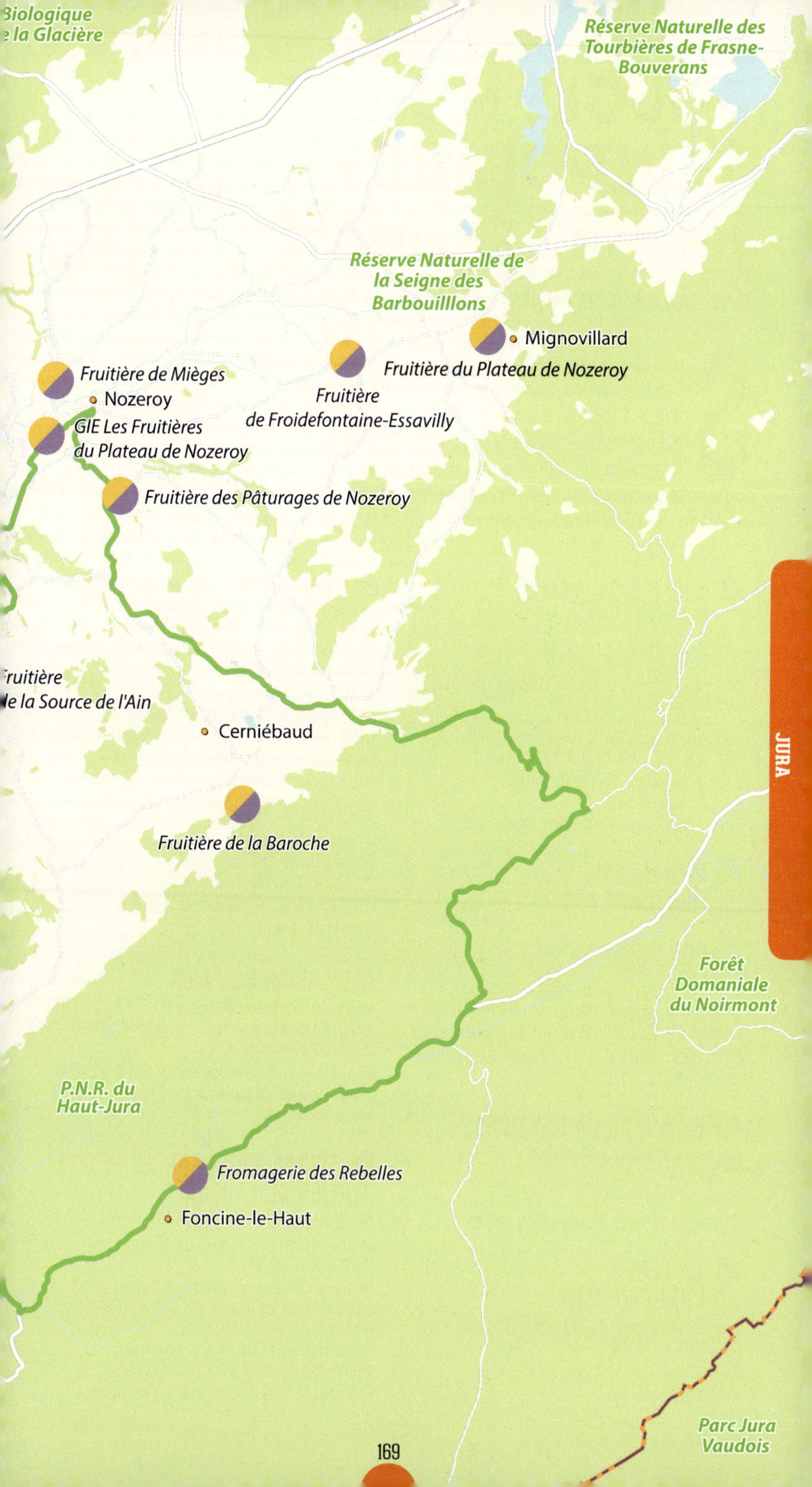
Biologique
la Glacière
Réserve Naturelle des Tourbières de Frasne-Bouverans
Réserve Naturelle de la Seigne des Barbouilllons
Mignovillard
Fruitière du Plateau de Nozeroy
Fruitière de Froidefontaine-Essavilly
Fruitière de Mièges
Nozeroy
GIE Les Fruitières du Plateau de Nozeroy
Fruitière des Pâturages de Nozeroy
ruitière
e la Source de l'Ain
Cerniébaud
Fruitière de la Baroche
JURA
Forêt Domaniale du Noirmont
P.N.R. du Haut-Jura
Fromagerie des Rebelles
Foncine-le-Haut
Parc Jura Vaudois

BOUCLE N°8 : SAINT-CLAUDE HAUTES COMBES

Un itinéraire affiné dans le Jura

Saint-Claude, la vallée du Tacon, l'ensemble des Hautes-Combes, Lajoux, Lamoura... cet itinéraire est l'un des plus beaux du Sud du Haut-Jura. La ville de départ, Saint-Claude, est une plaque tournante pour tous les itinéraires cyclistes. Il vous foudra fournir quelques efforts, depuis le fond de cette vallée, pour franchir les creux et les bosses qui ondulent sous les Monts-Jura. Des efforts récompensés par les pauses fromagères !

DISTANCE *73,5 km*
DÉNIVELÉ POSITIF *1455 m*
NIVEAU ▲▲▲▲▲

JURA

CRÈMERIE CLÉMENT

5-7 rue du Pré
39200 ST-CLAUDE
✆ 03 84 45 09 70
Horaires d'ouverture : du lun. au sam. 8h-19h30, dim. et jours fériés 8h-12h30

LA BESACE DU COMTOIS

2 rue du marché - 39200 ST-CLAUDE
✆ 03 84 60 82 68
Ouvert tous les jours sauf dim. après-midi

FROMAGERIE DE MONTBRILLANT

L'Essard
39200 VILLARD-ST-SAUVEUR
✆ 03 84 45 59 30
Vente du lun. au sam. 9h-12h et 14h30-19h, le dim. et jours fériés 9h-12h et 15h-18h, fermé le 25/12, 01/01 et le dim. de Pâques
Fromages : 4 AOC (Comté, Morbier, Bleu de Gex et Mont d'Or)

FERME DE LA SABLIÈRE

Désertin - 39370 LES BOUCHOUX
✆ 09 63 47 77 77
Visite sur rendez-vous
Fromages : Comté, Morbier, Bleu de Gex

LA FERME AU CHAPEAU VERT

Les Crêts Bouvard - 39370 LES BOUCHOUX
✆ 03 84 42 79 59
Visite toute l'année
Fromages : brebis

FROMAGERIE DU HAUT JURA/ MAISON DES FROMAGES

Rue Principale
39310 LES MOUSSIERES
✆ 03 84 41 60 96
Visite sur rdv 9h-11h30 et 14h30-17h
Vente : 9h-12h15 et 14h30-18h, fermé le mardi
Fromages : Comté, Morbier, Bleu de Gex

FERME DE LAISIA

La Combe de Laisia
39310 LES MOLUNES
✆ 03 84 41 65 18
Vente tous les jours 9h-12h et 18h30
Fromages : Vache

MAISON DU PARC

Maison du Parc 29 le Village
39310 LAJOUX
✆ 03 84 34 12 30
Ouvert du mardi au dimanche 9h-13h et 14h-18h, fermé le samedi matin et le lundi toute la journée. Horaires évolutifs.

FROMAGERIE MARCEL PETITE/ ATELIER DE LAJOUX

La Fromagerie
39310 LAJOUX
✆ 03 84 41 20 38
Horaires d'ouverture : Juillet-Août et du 15/12 au 15/03 tous les jours 8h30-12h et 16h-19h (fermé le 25/12 et 01/01).
Autres périodes : lun. et mar. 8h30-12h et 17h-19h, jeu. ven. sam. 8h30-12h
Fromages : Bleu de Gex, Morbier et raclette

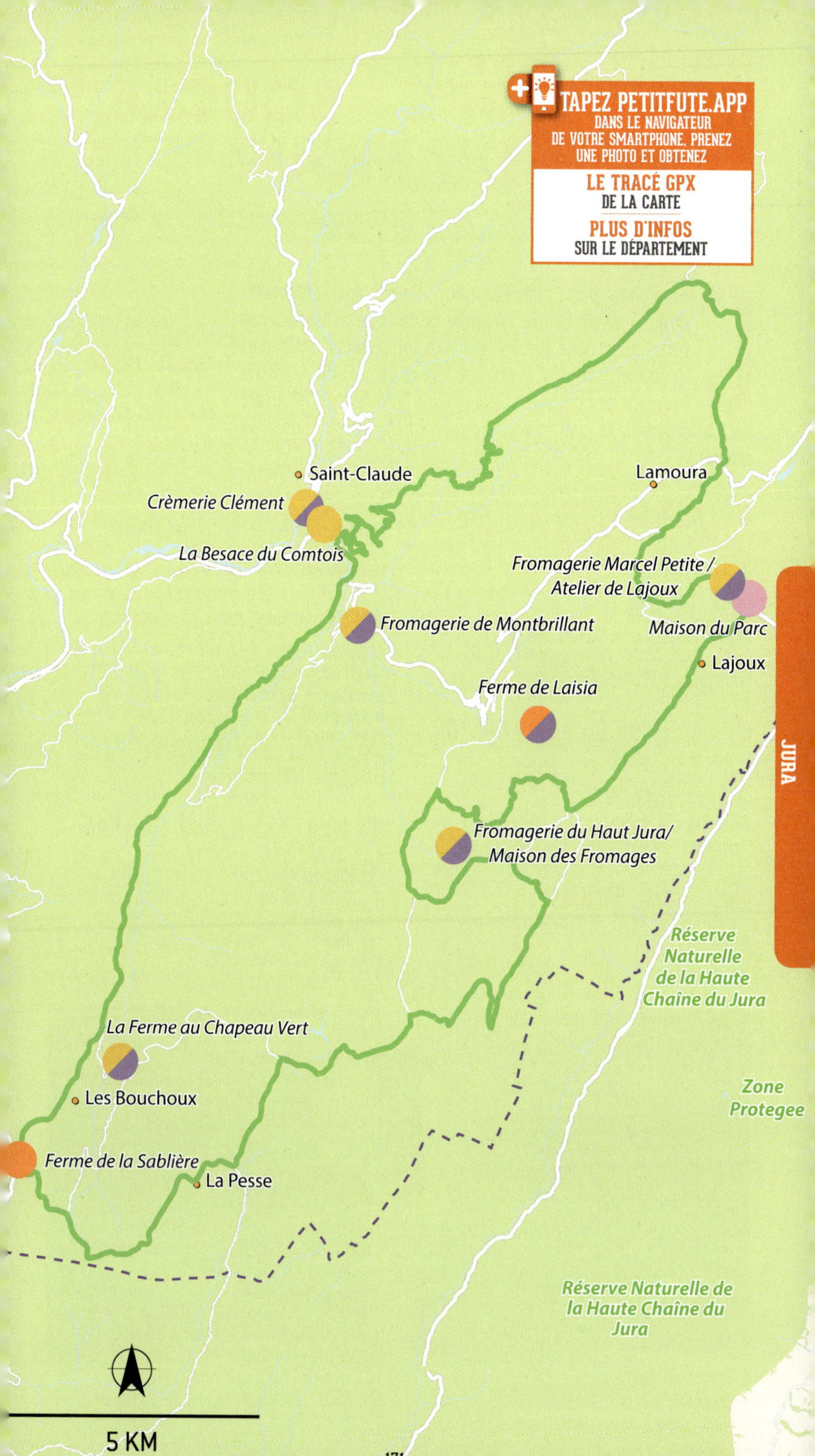
TAPEZ PETITFUTE.APP
DANS LE NAVIGATEUR DE VOTRE SMARTPHONE, PRENEZ UNE PHOTO ET OBTENEZ
LE TRACÉ GPX DE LA CARTE
PLUS D'INFOS SUR LE DÉPARTEMENT
Saint-Claude
Crèmerie Clément
La Besace du Comtois
Lamoura
Fromagerie Marcel Petite / Atelier de Lajoux
Maison du Parc
Fromagerie de Montbrillant
Lajoux
Ferme de Laisia
Fromagerie du Haut Jura/ Maison des Fromages
Réserve Naturelle de la Haute Chaîne du Jura
La Ferme au Chapeau Vert
Les Bouchoux
Zone Protegee
Ferme de la Sablière
La Pesse
Réserve Naturelle de la Haute Chaîne du Jura
5 KM
JURA

BOUCLE N°2 : BOUCLE DU VAL D'AMOUR

Un itinéraire affiné dans le Jura

Ce parcours porte bien son nom : il enchaine l'immensité de la Forêt de Chaux, la Vallée de la Loue et les villages historiques dans un univers tout en douceur. Au départ de la Vieille-Loye, il circule en lisière de la Forêt de Chaux jalonnée de « colonnes Guidon » qui guidaient au 19e siècle les travailleurs de la forêt et vous permettrons aujourd'hui de vous repérer !

DISTANCE 59,1 km

DÉNIVELÉ POSITIF 527 m

NIVEAU ▲▲△△△

FROMAGERIE BIO DU VAL DE LOUE

Route de Lyon
39600 GRANGE-DE-VAIVRE
✆ 03 84 37 85 28
Vente du lun. au sam. 9h30-12h30 et 14h-19h, le dim. 9h30-12h30, fermé le 01/01, 01/05, 25/12
Fromages : AOP Comtoises

LA FERME DU VIEUX CHEMIN

2 chemin des vignes
39110 MARNOZ
✆ 03 84 73 03 16
Visite d'avril à otobre
Fromages : Chèvre

ACCUEIL PAYSAN EARL LES MÉLINCOLS

Les Mélincols
39110 MARNOZ
✆ 03 84 73 29 78
Horaires d'ouverture : lun. et ven. 17h-19h, mer. et sam. 10-12h.
Fromages : Comté

FRUITIÈRE DE LA FERTÉ

19 rue principale - 39600 LA FERTE
✆ 03 84 37 58 09
Vente du lun. au sam. 8h30-12h et 15h-19h, le dim. 8h30-12h et 17h-19h et les jours fériés 8h30-12h, fermé le 01/01, 01/05, 14/07, 25/12.
Fromages : AOP comtoises

FRUITIÈRE DU VAL D'AMOUR

4 rue du Bois
39380 OUNANS
✆ 03 84 37 73 69
Vente du lun. au jeu. 9h-12h et 18h-19h, ven. sam. 9h-12h et 17h-19h, et dim. et jours fériés 9h45-11h45.

Colonne guidon dans la forêt de Chaux.

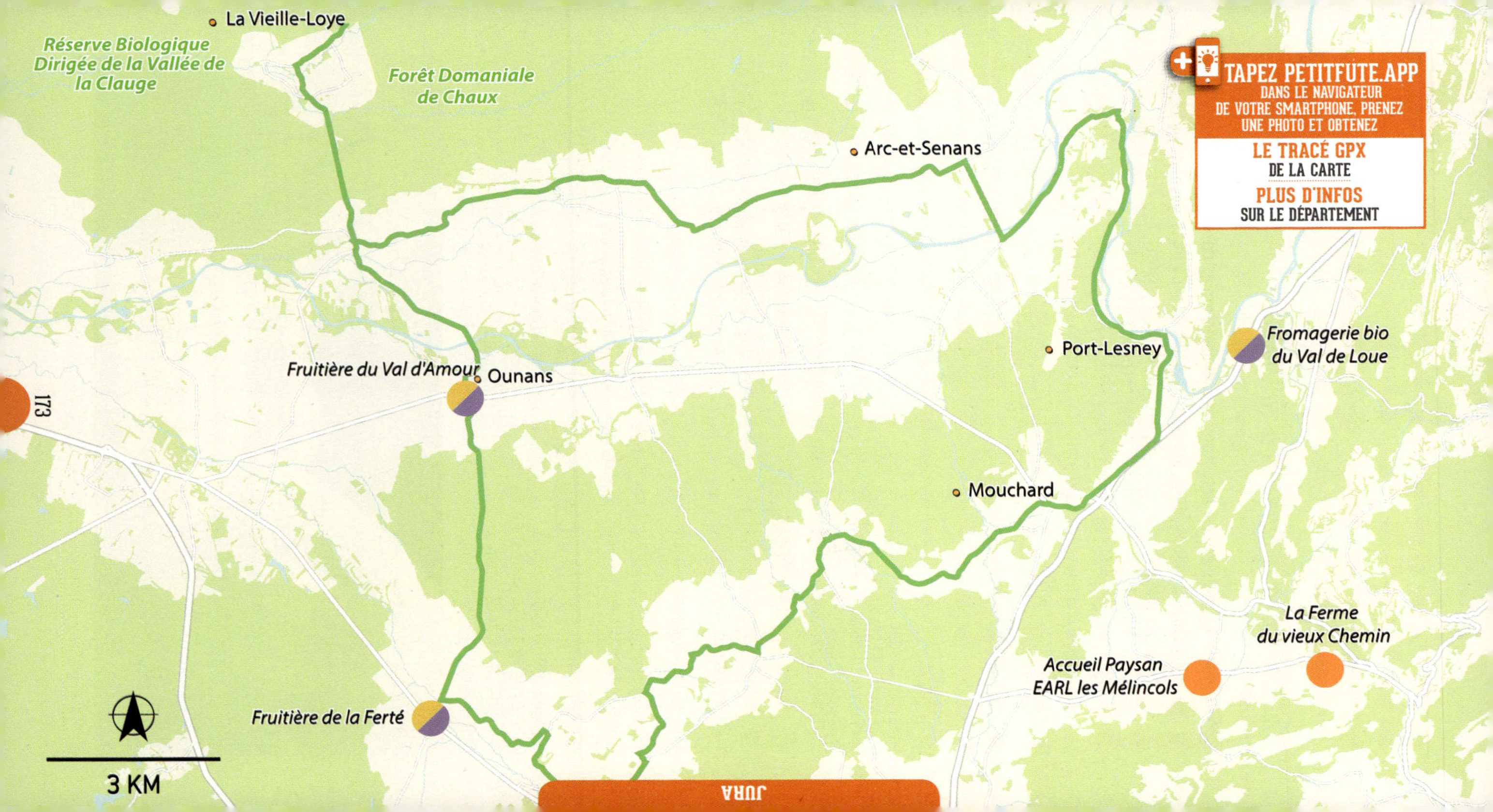

La Vieille-Loye
Réserve Biologique Dirigée de la Vallée de la Clauge
Forêt Domaniale de Chaux
Arc-et-Senans
TAPEZ PETITFUTE.APP
DANS LE NAVIGATEUR DE VOTRE SMARTPHONE, PRENEZ UNE PHOTO ET OBTENEZ
LE TRACÉ GPX
DE LA CARTE
PLUS D'INFOS
SUR LE DÉPARTEMENT
Fromagerie bio du Val de Loue
Port-Lesney
Fruitière du Val d'Amour
Ounans
Mouchard
La Ferme du vieux Chemin
Accueil Paysan EARL les Mélincols
Fruitière de la Ferté
3 KM
JURA

BOUCLE N°17 : VALLÉE DE SURAN

Un itinéraire affiné dans le Jura

Depuis Saint-Julien, ce petit parcours familial permet de suivre le ruisseau du Suran, véritable symbole de la Petite Montagne, en sillonnant une région pleine de surprises... L'itinéraire longe la Forêt de Coissonnet et poursuit sa route jusquà la chapelle Saint-Alban et sa source miraculeuse. Le parcours s'étend en limite du Département voisin de l'Ain à deux pas de l'écomusée du moulin de Pont des Vents.

DISTANCE *22,7 km*
DÉNIVELÉ POSITIF *301 m*
NIVEAU ▲△△△△

FRUITIÈRE DE LA RIVIÈRE

420 chemin du CHAUNET
39320 ST-JULIEN
✆ 03 84 85 42 61
Visite : ven. dès 11h
Vente du lun. au dim. 8h45-12h15 ; ven. et sam. 14h30-18h30
Fromages : Comté

COOPÉRATIVE FROMAGÈRE DU VALD'EPY

Route de Florentia - 39160 NANTEY
✆ 09 75 54 58 87
Vente du mar. au dim. et jours fériés 9h-12h, fermé le 01/05, 25/12 et 01/01
Fromages : Comté, Morbier, Bleu de Gex, Tomme, Mont d'Or, raclette

AUBERGE LA CHEVRIÈRE

Rue Forge - 39160 NANTEY
✆ 03 84 48 73 08 / 06 64 63 17 33
Fromages : produits de la ferme

GAEC DE LA SOURCE

Tarcia - 39160 VAL-D'ÉPY
✆ 06 61 06 03 26
Horaires d'ouverture au public
Visite sur rdv
Fromages : Comté

GAEC DU VALLON D'EPY

Rue de l'Eglise - Epy - 39160 VAL-D'ÉPY
✆ 06 87 35 30 46
Visite sur rdv, accueil gratuit au moment de la traite du soir 17h30-19h30
Fromages : Comté

FROMAGERIE DES ÉRYTHRÔNES

ZA des Champs rouges - 39240 AROMAS
✆ 04 74 50 70 08
Vente tous les jrs de 9h à 12h, le sam. après-midi de 15h à 18h.
Fromages : Comté

JURA

© G.BLANCHON

Découpe de Comté.

TAPEZ PETITFUTE.APP
DANS LE NAVIGATEUR DE VOTRE SMARTPHONE, PRENEZ UNE PHOTO ET OBTENEZ
LE TRACÉ GPX DE LA CARTE
PLUS D'INFOS SUR LE DÉPARTEMENT

À TRAVERS LES VIGNOBLES

Un itinéraire affiné dans le Loir-et-Cher

Découvrir les Châteaux à Vélo c'est aussi parcourir les vignobles des AOC Cheverny et Touraine aux environs de Sambin, de Monthou et de Fougères, agrémentés de quelques sites fromagers ! Faites une pause pique-nique aux abords de l'étang d'Ouchamps et laissez-vous conter près de Valaire les escapades amoureuses d'Anne de Bretagne. Vous passerez à côté du Château de Fougères-sur-Bièvre, un petit château fort édifié.

DISTANCE 25 km

DÉNIVELÉ POSITIF 190 m

NIVEAU ▲△△△△

L'HERBE ROUGE
3 rue de l'Octroi
41120 VALAIRE
✆ 02 54 44 98 14
Horaires d'ouverture : du mercredi au samedi soir et du vendredi au dimanche midi. Bar à vins à partir de 18h30 (possibilité de déguster des plateaux de fromages)
Distance : sur le parcours

FERME DE LA GUILBARDIÈRE
La Guilbardière
41120 MONTHOU-SUR-BIÈVRE
✆ 02 54 44 01 70
Horaires d'ouverture : visite guidée sur demande
Distance : 1,4 km

EARL BORDAS - MOREAU
D764 - 41120 MONTHOU-SUR-BIÈVRE
✆ 02 54 33 20 02
Horaires d'ouverture : tous les jours sauf le jeudi et dimanche après-midi
Distance : 1,3 km

LA CLOSERIE
Les Landes
41120 LE CONTROIS-EN-SOLOGNE
✆ 02 54 44 40 40
Horaires d'ouverture : Tous les soirs et les midis sur réservation
Distance : 700 m

AUBERGE DE LA CAILLÈRE
36 route des Montils
41120 CANDÉ-SUR-BEUVRON
✆ 02 54 44 03 08
Horaires d'ouverture : Tous les midis et soirs sauf le mercredi
Distance : 3,4 km

LE LION D'OR
1 route de Blois - 41120 CANDÉ-SUR-BEUVRON
✆ 02 54 44 04 66
Horaires d'ouverture : du mercredi au dimanche, midi et soir
Distance : 2,7 km

MARCHÉ DE FOUGÈRES-SUR-BIÈVRE
Parking du château
41120 FOUGÈRES-SUR-BIÈVRE
Horaires d'ouverture : mercredi matin
Distance : sur le parcours

CAND'ÉPICERIE
Place des Cèdres
41120 CANDÉ-SUR-BEUVRON
✆ 02 54 45 01 51
Horaires d'ouverture : 8h30-13h et 16h-19h30
Distance : 3 km

FROMAGERIE MOREAU (FERME DE BELLEVUE)
80 Route de Montrichard
41400 PONTLEVOY
✆ 02 54 32 50 39
Horaires d'ouverture : Lundi, mercredi, jeudi et vendredi de 9h à 12h30 et de 15h à 19h, le mardi et samedi de 9h à 12h30
Distance : 6,5 km

FROMAGERIE SOLON-FOURREAU
8 route d'Eguison - 41700 OISLY
✆ 02 54 79 54 78
Horaires d'ouverture : tous les matins et après-midi du lundi au jeudi, le samedi / vendredi soir et dimanche matin.
Distance : 8 km

Le Lion d'Or
Auberge de la Caillère
Cand'épicerie
TAPEZ PETITFUTE.APP
DANS LE NAVIGATEUR
DE VOTRE SMARTPHONE, PRENEZ
UNE PHOTO ET OBTENEZ
LE TRACÉ GPX
DE LA CARTE
PLUS D'INFOS
SUR LE DÉPARTEMENT
EARL Bordas - Moreau
Ferme de la Guilbardière
La Closerie
L'Herbe Rouge
Marché de Fougères-sur-Bièvre
LOIR-ET-CHER
Fromagerie Solon-Fourreau
Fromagerie Moreau
(Ferme de Bellevue)
3 KM

TRÉSORS DES GORGES DE L'ALLIER

Un itinéraire affiné en Haute-Loire

Dans les reliefs souvent escarpés des Gorges de l'Allier, suivez le tracé de l'une des plus belles cyclo sportives de France, la Pierre Chany. Sur une journée ou en deux étapes, l'itinéraire parcours une section de la Via Allier (V70). Producteurs fermiers, marchés, restaurants auront à coeur de vous faire déguster l'Artisous de Haute-Loire, fromage emblématique produit sur les terres volcaniques.

DISTANCE *105 km*
DÉNIVELÉ POSITIF *1 997 m*
NIVEAU ▲▲▲▲▲

MARCHÉ DE LANGEAC

Centre-bourg
43300 LANGEAC
Horaires d'ouverture : mardi matin / jeudi matin (producteurs locaux)
Distance : sur l'itinéraire

© L. OLIVIER - MDDT 43

Fromages artisous.

MARCHÉ DE SIAUGUES-SAINTE-MARIE

Centre-bourg
43300 SIAUGUES-SAINTE-MARIE
Horaires d'ouverture : dimanche matin
Distance : sur le parcours

LA FERME DU PETIT BERGER

Pouzols
43300 SAINT-BERAIN
✆ 04 71 74 20 02
Vente sur marché locaux
Distance : 3,7 km
Fromages : fromages de brebis

LA FERME DE DOUX CHÊNE

Douchanez
43580 MONISTROL D'ALLIER
✆ 06 63 90 88 60
Horaires d'ouverture : tous les jours de 17h-18h30 sauf le dimanche
Distance :5,1 km
Fromages : fromages de chèvre

HÔTEL RESTAURANT LE HAUT-ALLIER (1* MICHELIN)

Le Pont d'Alleyras
43580 ALLEYRAS
Chef Philippe Brun
✆ 04 71 57 57 63
Horaires d'ouverture : ouvert du 15/03 au 15/11
Distance : sur le parcours

EARL DU BIEF DE LA SEUGE

Le Moulin de Rodier
43170 SAUGUES
✆ 04 71 77 85 35 / 06 33 07 91 88

© HANS-MARTIN GOEDE - FOTOLIA

Saugues et la sculpture en bois de la bête du Gévaudan.

Horaires d'ouverture : ouvert à la demande
Distance : 900 m
Fromages : fromages de vaches

MARCHÉ DE SAUGUES

Centre-bourg
43170 SAUGUES
Horaires d'ouverture : vendredi matin
Distance : sur le parcours

LA FERME DE BRANCOUNY

380 route de Montaillet
43170 SAUGUES
✆ 04 71 77 84 84 / 06 98 91 92 46
Horaires d'ouverture : ouvert à la demande
Distance : sur le parcours

UNE TABLE EN GÉVAUDAN

11 Cours Docteur Gervais - 43170 SAUGUES
✆ 04 71 77 83 10
Horaires d'ouverture : ouvert tous les jours
Distance : sur le parcours

GAEC DU LACAUNAIS

La Vacheresse
43170 VENTEUGES
✆ 06 83 90 04 05
Vente sur place (accès à la demande)
Distance : 3,8 km
Fromages : Briquettes et Ronds de brebis, Tommes, Bleu de brebis

GAEC DE LA RÉVOLTE

La Jarousserie - 43170 VENTEUGES
✆ 04 71 74 69 93 / 06 38 35 89 66
Vente sur marché locaux
Distance : 5,2 km
Fromages : fromages de chèvre

GAEC DES ROCS

Le Mas
43300 CHARRAIX
✆ 04 71 77 62 70 / 06 15 06 44 58
Vente sur place, accès à la demande
Distance : 2 km
Fromages : Artisous

DURAND JEAN-MICHEL

Rognac
43300 SAINT-ARCONS D'ALLIER
✆ 04 71 74 25 88 / 06 83 88 00 21
Vente sur marché locaux
Distance : 4,1 km
Fromages : fromages de vaches et de chèvres

SCEA DE CROUZAT

Lieu-dit Chirac
43300 CHANTEUGES
Vente sur marché locaux
Distance : 5 km

LE TRÈFLE À QUATRE FEUILLES

9, place de la Liberté
43300 LANGEAC
✆ 04 71 77 33 66
Fermé lundi et dimanche. Du mardi au samedi : le midi ; et vendredi et samedi soir. Sur réservation.
Distance : sur le parcours

LES HAUTS DE BELLEVUE

9, rue des Acacias
Route de Chadernac
43300 LANGEAC
✆ 06 87 31 90 46
Chambres d'Hotes - Label Respirando Vélo
Horaires d'ouverture : ouvert toute l'année
Distance : sur l'itinéraire

Le Trèfle à Quatre Feuilles
Marché de Langeac
Les Hauts de Bellevue
DURAND Jean-Michel (vache et chèvre)
SCEA de Crouzat (chèvre)
GAEC des Rocs (vache)
GAEC du Lacaunais (brebis)
GAEC de la Révolte (chèvre)
GAEC de Brancouny (vache)
Une Table en Gévaudan
Marché de Saug
EARL du bief de la Seuge (vache)
5 KM

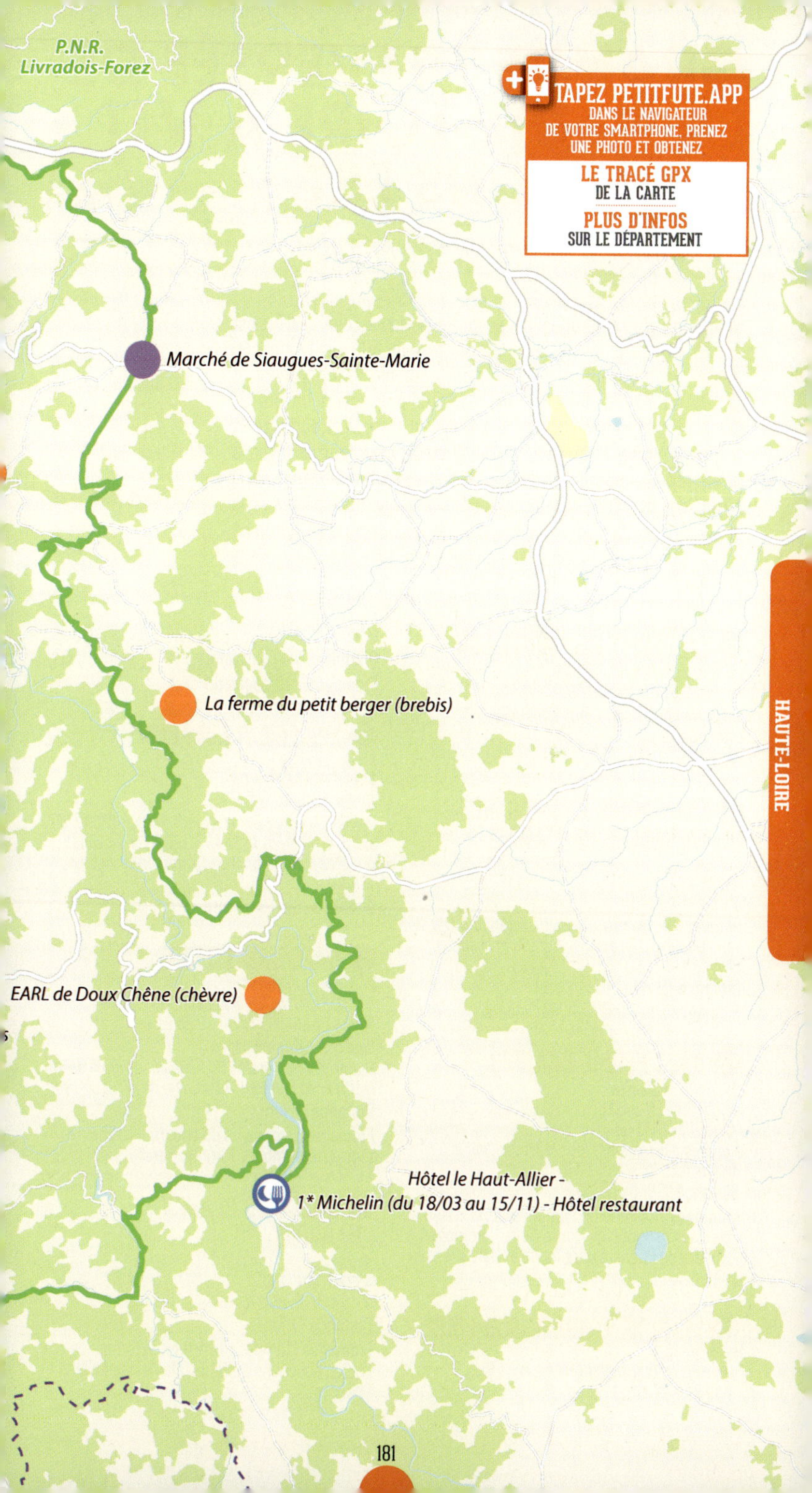
P.N.R.
Livradois-Forez
Marché de Siaugues-Sainte-Marie
La ferme du petit berger (brebis)
EARL de Doux Chêne (chèvre)
Hôtel le Haut-Allier -
1* Michelin (du 18/03 au 15/11) - Hôtel restaurant

GRANDE TRAVERSÉE DE LA HAUTE-LOIRE À VTT – TRONÇONS EST

Un itinéraire affiné en Haute-Loire

Parcourir la Grande Traversée de la Haute-Loire à VTT, c'est vivre une aventure unique sur plus de 600 km. Le tronçon Est vous offre une première approche entre gorges et sources de la Loire, une variété de paysages à travers les hauts plateaux et les « sucs » du Meygal et du Mézenc. À chaque étape fromagère, un producteur vous fera partager la diversité de goût des fromages de pays qui change selon la saison, la qualité des herbages ou les conditions d'affinage. Tracé pour le VTT-E et le VTT musculaire, pour les sportifs, les épicuriens, les aventuriers et les voyageurs itinérants, ce parcours offre tous les plaisirs de la pratique.

DISTANCE *295 km*
DURÉE ESTIMÉE *5 ou 6 jours*
DÉNIVELÉ POSITIF *5 084 m*
NIVEAU ▲▲▲▲▲

HAUTE-LOIRE

LA FERME DU MONTILLON

Le Rousson - 43590 BEAUZAC
✆ 04 71 61 48 19 / 06 89 07 98 54
Horaires d'ouverture : Tous les jours
Distance : 5 km
Fromages : Faisselle

COMPAGNIE FROMAGÈRE DE LA VALLÉE DE L'ANCE

Pirolles
43590 BEAUZAC
✆ 04 71 61 47 91
Horaires d'ouverture : Le jeudi de 15h30 à 18h, le vendredi 9h à 12h et de 14h à 19h et le samedi 9h à 13h
Distance : 2 km
Fromages : Le Saint Agur, Rochebaron

GAEC FERME CHAPUIS

38, route de Beauzac
43210 BAS-EN-BASSET
✆ 04 71 66 73 54
Horaires d'ouverture : Tous les jours sauf le dimanche
Distance : Sur l'itinéraire
Fromages : La Perle de Compostelle, la Bassoise (bleu aux Artisous de Haute-Loire), fromages fermiers de vache à pâte molle et pâte pressée cuite

MARCHÉ D'AUREC-SUR-LOIRE

Centre-bourg
43110 AUREC-SUR-LOIRE
✆ 04 77 35 40 13
Horaires d'ouverture : Le vendredi de 15h30 à 19h
Distance : Sur l'itinéraire
Fromages : Fromages de Pays

ÉPICERIE D'AUTREFOIS

5, rue du Velay
43330 PONT-SALOMON
✆ 04 77 83 47 54
Horaires d'ouverture : Le lundi de 8h à 12h30, du mardi au samedi de 7h45 à 12h30 et de 15h15 à 19h30 et le dimanche et jours fériés de 8h à 12h30
Distance : Sur l'itinéraire

GAEC LABEL BIQUE

763, route du Poyet
43140 SAINT-VICTOR MALESCOURS
✆ 04 71 66 73 54 / 06 32 30 61 07
labelbique@gmail.com
Horaires d'ouverture : Du lundi au vendredi de 8h à 10h et du mercredi au samedi de 17h30 à 19h
Distance : 5 km
Fromages : Fromages de chèvre BIO, Chevretons, Chèvrembert, Tomme, Bleu

GAEC DES BLANCS CHARDONS

Blanchard
43220 DUNIÈRES
✆ 04 71 66 85 34
Distance : 1 km
Fromages : Tomme aux Artisous, Tomme de vache, bouchons apéritifs, Meule, faisselles, Chabrirou

LA FERME DES BREBIQUETTES

Le Fressinet - 43220 RIOTORD
✆ 06 81 11 66 41 / 04 71 75 39 91
Horaires d'ouverture : Le vendredi de 16h à 18h
Distance : 4 km
Fromages : Fromages Bio de chèvre, Tomme du Fressinet, Bleu du Fressinet, yaourt de chèvre, Feta

LE HOB FORT DU PRE

Rue du Velay - 43290 SAINT-BONNET-LE FROID
✆ 04 71 59 91 83
Horaires d'ouverture : Tous les jours sauf le dimanche soir et le lundi
Distance : Sur l'itinéraire

FERME FOL'AVOINE

Le Fromental
43200 SAINT-JEURES
✆ 06 37 96 55 36
Horaires d'ouverture : Tous les jours
Distance : 2 km
Fromages : Fromage de chèvre, yaourt à l'ancienne

LA BERGERIE DU PÊCHER

Le pêcher - 43190 TENCE
✆ 04 71 59 88 20 / 06 16 50 00 88
Horaires d'ouverture : Tous les jours
Distance : Sur l'itinéraire
Fromages : Tomme de brebis, Ovale de brebis, yaourt de brebis bio

GAEC VACH'MONT BIO

Blanc - 43190 TENCE
✆ 06 63 80 83 04
Horaires d'ouverture : Tous les jours
Distance : 1 km
Fromages : Yaourt, fromage blanc, tomme, desserts lactés

EARL LA GALOCHE

Mendigoules
43190 TENCE
✆ 04 71 56 31 69
Horaires d'ouverture : Tous les jours
Distance : 2 km
Fromages : Faisselle, lait

FERME GRANGEON

Paulhachon
43190 TENCE
✆ 04 71 65 05 22
Horaires d'ouverture : Tous les jours
Distance : 2 km
Fromages : Fromage de chèvre

MARCHÉ DE CHAMBON-SUR-LIGNON

Place des Balayes
43400 LE CHAMBON-SUR-LIGNON
✆ 04 71 59 71 56
Horaire d'ouverture : Le samedi matin
Distance : Sur l'itinéraire

HALLE FERMIÈRE DU HAUT-LIGNON

2, route du Chambon
43520 LE MAZET-SAINT-VOY
✆ 04 71 66 06 48
Horaires d'ouverture : du mercredi au samedi l'été, 9h30-18h30, et le dimanche matin 9h30-13h
Distance : Sur l'itinéraire

Volcans du Velay.

GRANDE TRAVERSÉE DE LA HAUTE-LOIRE À VTT – TRONÇONS EST

Un itinéraire affiné en Haute-Loire

LAITERIE GERENTES

Le bourg - 43200 ARAULES
✆ 04 71 65 70 40
Horaires d'ouverture : Du lundi au samedi de 8h30 à 12h et de 14h à 18h et le dimanche de 9h à 12h
Distance : 3 km
Fromages : Lait, fromage, yaourt, beurre, crème et fromage blanc

RESTAURANT JEAN-PIERRE VIDAL

18, place du Marché
43260 SAINT-JULIEN-CHAPTEUIL ✆ 04 71 08 70 50
Horaires d'ouverture : Du 17/02 au 31/12 tous les jours sauf en soirée les dimanches, lundis et mardis
Distance : Sur l'itinéraire

GAEC FERME LAITIÈRE DES GRANGES

La Grange - 43550 SAINT-FRONT
✆ 04 71 59 55 59 / 06 89 30 45 01
Horaires d'ouverture : Tous les jours
Distance : 2 km
Fromages : Fromage Artisous, Bleu

LA BIQUETTERIE

Le bourg - 43430 CHAUDEYROLLES
✆ 04 71 56 36 03
Horaires d'ouverture : Tous les jours
Distance : 4 km
Fromages : Fromage Bio de chèvre

LA FERME DE CABR'ÉOLES

La rose
43150 MOUDEYRES
✆ 04 71 59 88 20 / 07 77 81 75 19
Horaires d'ouverture : tous les jours
Distance : 5 km
Fromages : Fromage et yaourt de chèvre

LES FERMIERS DU MEZENC

Centre-bourg
43150 LES ESTABLES
✆ 04 71 08 34 30
Horaires d'ouverture : Tous les jours
Distance : Sur l'itinéraire
Fromages : Fromages aux Artisous

GAEC DU DONJON

Tressac
43000 POLIGNAC
✆ 04 71 02 43 41
Horaires d'ouverture : Tous les jours le matin, fermé le dimanche
Distance : 5 km
Fromages : Fromage fermier pur brebis

MARCHÉ DU PLOT

Place du Plot
43000 LE PUY-EN-VELAY
✆ 04 71 09 38 41
Horaires d'ouverture : Tous les samedis matin
Distance : Sur l'itinéraire

HAUTE-LOIRE

Saint Agur.

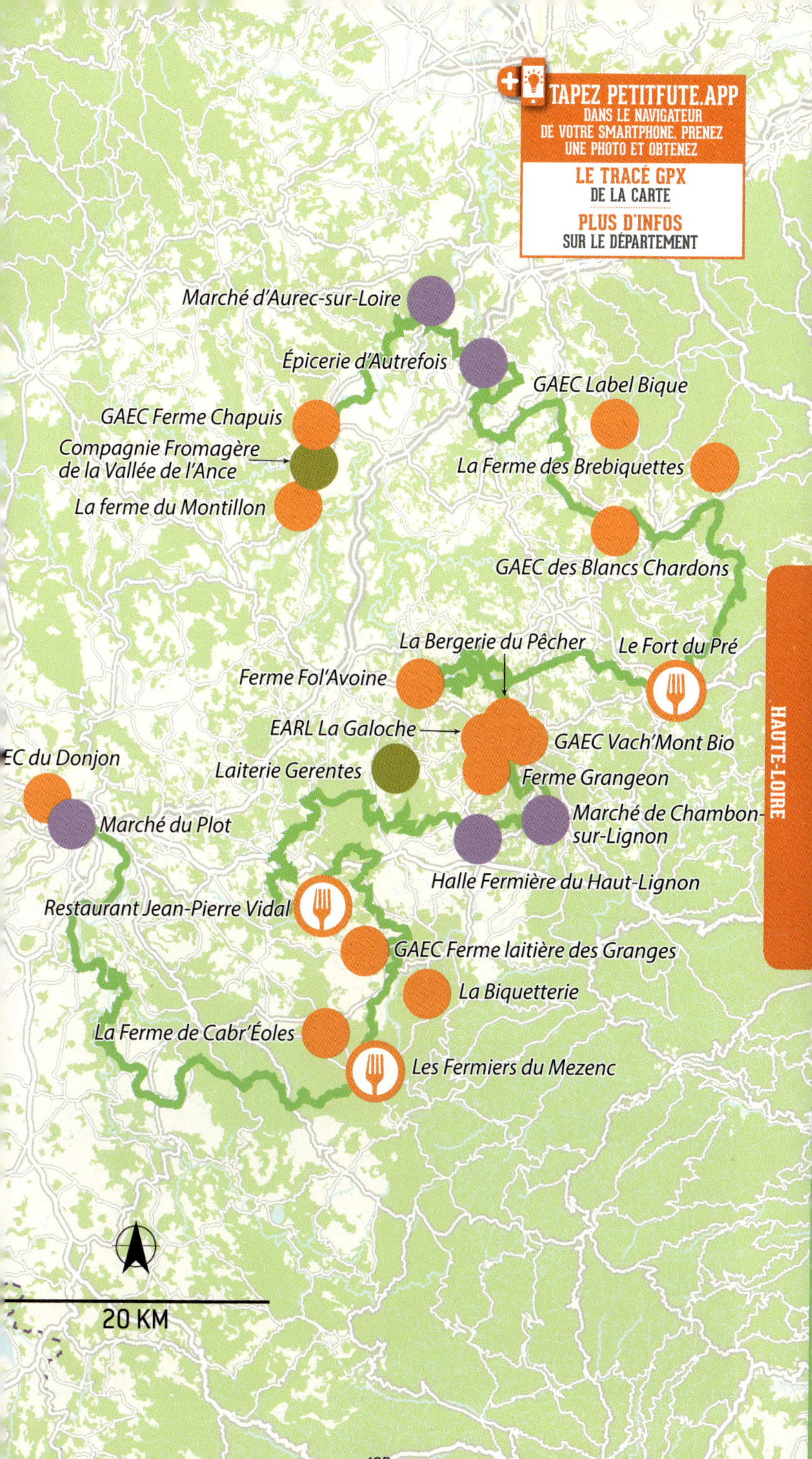
TAPEZ PETITFUTE.APP
DANS LE NAVIGATEUR
DE VOTRE SMARTPHONE, PRENEZ
UNE PHOTO ET OBTENEZ
LE TRACÉ GPX
DE LA CARTE
PLUS D'INFOS
SUR LE DÉPARTEMENT
Marché d'Aurec-sur-Loire
Épicerie d'Autrefois
GAEC Label Bique
GAEC Ferme Chapuis
Compagnie Fromagère
de la Vallée de l'Ance
La Ferme des Brebiquettes
La ferme du Montillon
GAEC des Blancs Chardons
La Bergerie du Pêcher
Le Fort du Pré
Ferme Fol'Avoine
EARL La Galoche
GAEC Vach'Mont Bio
EC du Donjon
Laiterie Gerentes
Ferme Grangeon
Marché du Plot
Marché de Chambon-
sur-Lignon
Halle Fermière du Haut-Lignon
Restaurant Jean-Pierre Vidal
GAEC Ferme laitière des Granges
La Biquetterie
La Ferme de Cabr'Éoles
Les Fermiers du Mezenc
20 KM

CIRCUIT DU PAYS DE RETZ

Un itinéraire affiné en Loire-Atlantique

Ce circuit au départ de la Gare de Saint-Mars-de-Coutais peut s'effectuer en 5 étapes sélectionnées de façon à adapter le circuit au gré de ses envies et à profiter des facilités offertes en termes d'intermodalités. Entre Vélodyssée, Vélocéan et liaison cyclable départementale, il vous permettra de découvrir les sites de production laitiers de Loire-Atlantique.

DISTANCE *106,5 km*
DÉNIVELÉ POSITIF *870 m*
NIVEAU ▲▲△△△

LA FERME DE GRAND LIEU

Le Bas Fief
44310 SAINT-LUMINE-DE-COUTAIS
✆ 06.60.81.16.51
Horaires d'ouverture : tous les jours 17h-18h30 sauf dimanche. Visite libre ou visite guidée. Inscription obligatoire. Groupe de 15 adultes maximum. Tarif visite + dégustation : 13€/ adulte et 3€/enfant de moins de 15 ans.
Venez visiter une ferme laitière et fromagère bio, vous apprendrez à mieux connaître la vie du monde rural, les métiers de la ferme, ses activités humaines et économiques : élevage, productions, techniques utilisées... Vous participez, en direct, à la vie du monde agricole d'aujourd'hui.
Une dégustation vous sera proposée.
Vous serez accueillis par Gwenaëlle, éleveuse de vaches laitières. Vous aurez la possibilité d'acheter du fromage si vous le souhaitez à la fin de la visite.
Fromages : production de lait de vache bio et fromages

FROMAGERIE BEILLEVAIRE

11, rue Denis Papin, La Seiglerie
44270 MACHECOUL SAINT-MÊME
✆ 02 40 02 33 98
Horaires d'ouverture : Visite libre (aux horaires de la boutique, 10h-18h30), visite gourmande (inclus repas tout fromage au sein de la ferme familiale de Pascal Beillevaire dans les marais de Machecoul)
Fromages : Machecoulais, Mojette, Brun de noix, Rocher nantais, Secret du couvent, Pont d'Yeu et chèvre

LOIRE-ATLANTIQUE

Tandem à Préfailles.

GÎTE DE LA POTERIE
3 La Poterie
44270 MACHECOUL SAINT-MEME
✆ 06 24 43 28 45

LE COMPTOIR DU MARAIS DES CHAMPS
Ferme du Marais Champs Nombreuil
44580 BOURGNEUF-EN-RETZ
✆ 06 87 40 92 39
Horaires d'ouverture : vendredi 14h-19h et samedi 9h30-12h30
Fromages : Tomme du Marais Breton, Petit page, fromage blanc battu, faisselle, crème crue, lait (produits 100% bio, fabrication sur place)

LES DÉLICES DE L'AIR MARIN
2 bis, La Fradouillère
44760 LES MOUTIERS-EN-RETZ
✆ 06 32 50 54 80
Horaires d'ouverture : mercredi de 10h à 12h30, jeudi de 15h30 à 18h30, vendredi de 10h à 12h30 et de 15h30 à 18h30, samedi de 9h30 à 12h30
Fromages : vache

FROMAGERIE LE CURÉ NANTAIS
16 rue du Dr Auguste Guilmin
44210 PORNIC
✆ 02 40 82 28 08
Visite du mar. au ven. à 10h
Vente du mar. au sam. 9h-13h et 14h30-19h
Fromages : Le Curé Nantais

CHAMBRE D'HÔTES LA BELLE VERTE
A moins de 10 minutes des plages et du vieux port de Pornic
Le Tabier
44210 PORNIC
✆ 02 51 18 26 54

LA FERME GINEAU
34, rue du haut village
44730 SAINT-MICHEL-CHEF-CHEF
✆ 02 44 06 11 91
Horaires d'ouverture : du lun. au ven. 17h-18h30
Fromages : vache

FERME DE SAINT-HUBERT
3 Saint-Hubert
44270 MACHECOUL
✆ 02 40 26 20 92
Visite sur rendez-vous. Accueil pédagogique à la journée à partir de 6 personnes
Fromages : vache

LES JARDINS DE LA COCCINELLE
19 Le Branday
44680 SAINT-MARS-DE-COUTAIS
Horaires d'ouverture : mardi après-midi

MARCHÉ DE SAINT-MARS-DE-COUTAIS
44680 SAINT-MARS-DE-COUTAIS
Horaires d'ouverture : le vendredi soir au « Petit Local » 16h-19h

MARCHÉ DE MACHECOUL - SAINT-MÊME
44270 MACHECOUL SAINT-MEME
Horaires d'ouverture : le mercredi matin à Machecoul, le jeudi soir sous les Halles de Saint-Même le Tenu 17h-19h30

MARCHÉ DE LES MOUTIERS-EN-RETZ
Place de l'église
44760 LES MOUTIERS-EN-RETZ
Horaires d'ouverture : le sam. 8h-13h

MARCHÉ DE LA BERNERIE-EN-RETZ
LA BERNERIE-EN-RETZ
Horaires d'ouverture : de juillet à août le mardi et vendredi 8h-13h

MARCHÉ DES HALLES DE PORNIC
Rue des Halles - 44210 PORNIC
Horaires d'ouverture : jeu. et dim. 8h-13h

MARCHÉ DE SAINT-MICHEL-CHEF-CHEF
Avenue de la Convention
44730 SAINT-MICHEL-CHEF-CHEF
Horaires d'ouverture : Juillet et Août le mer. et sam. matin - Hors saison : le mer. matin

MARCHÉ DE SAINT-BREVIN-LES-PINS
Place Henri Baslé - 44250 ST BREVIN-LES-PINS
✆ 02 40 65 44 44
Horaires d'ouverture : tous les jeudis et dimanches matins.

Marais Indivis de
Grande Brière
Mottière
P.N.R. de
Brière
Marché de Saint-Brévin-les-Pins
Ferme Gineau
Marché de Saint-Michel
-Chef-Chef
Réserve Naturelle de
la Pointe Saint-Gildas
Chambre d'hôtes La Belle Verte
Fromagerie « Le Curé Nantais »
Marché des
Halles de Pornic
Marché de
La Bernerie-en-Retz
Marché de
Les Moutiers-En-Retz
Océan
Atlantique
Baie de
Bourgneuf
Réserve Naturelle des
Marais de
Müllembourg
Réserve Naturelle du
Polder de Sébastopol

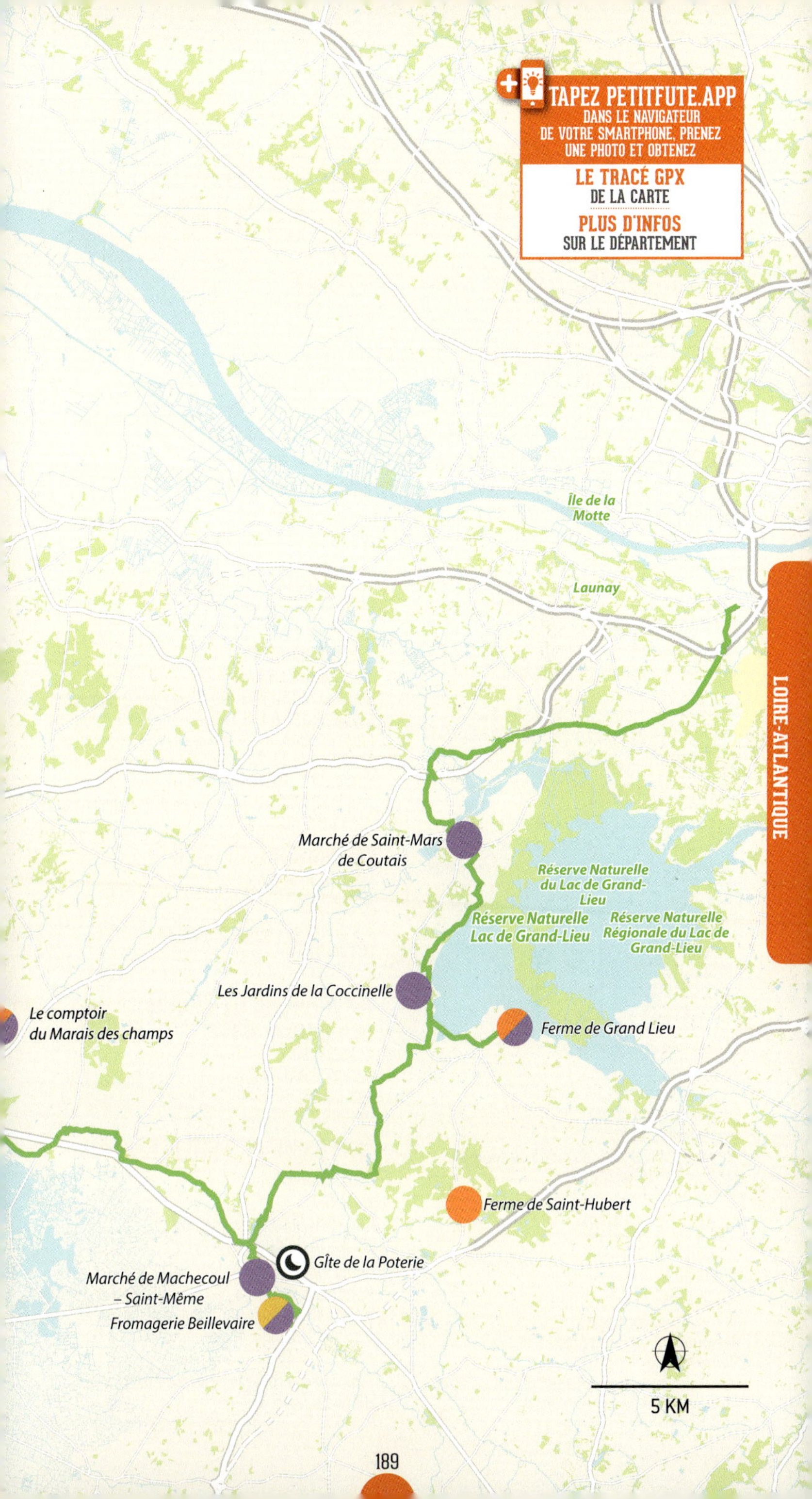

TAPEZ PETITFUTE.APP
DANS LE NAVIGATEUR DE VOTRE SMARTPHONE, PRENEZ UNE PHOTO ET OBTENEZ
LE TRACÉ GPX DE LA CARTE
PLUS D'INFOS SUR LE DÉPARTEMENT

LA LOIRE À VÉLO ENTRE SAINT-GONDON ET BEAULIEU-SUR-LOIRE

Un itinéraire affiné dans le Loiret

L'itinéraire prend sa source à Saint-Gondon, village d'origine gallo-romaine, situé aux confins du Berry, de la Sologne et du Val de Loire. Ce parcours au charme bucolique vous mènera via Briare et son incontournable pont-canal, jusqu'à Beaulieu-sur-Loire, à la limite avec le Département du Cher. Les visites de fermes, les marchés et les restaurants à proximité du parcours vous feront définitivement apprécier le Loiret, au fil de l'eau.

DISTANCE *33,4 km*
DÉNIVELÉ POSITIF *36 m*
NIVEAU ▲△△△△

LOIRET

BIQUETTE VALLÉE

Route de Coullons - 45500 SAINT-GONDON
✆ 02 38 36 96 67 / 06 23 27 27 10
biquette-vallee.loiseau@live.fr
Vente à la ferme tous les après-midi et sur les marchés
Fromages : Fromage de chèvre fermier

CHÈVRERIE DU GRAND BARDELET

Le Grand Bardelet - 45500 POILLY-LEZ-GIEN
✆ 02 38 67 29 24 - delestregilles@gmail.com
Horaires d'ouverture : De février à mi-novembre, de 9h à 12h et de 14h30 à 19h, fermé le lundi après midi et le mardi. Possibilité d'assister à la traite vers 18h.
Fromages : Fromage frais, demi sec et sec, crottins de Chavignol AOC

LA BELLE ÉPOQUE

111 avenue de la République
45500 GIEN
✆ 02 38 67 00 71 / 09 70 35 63 45
labelle.epoque@sfr.fr
Maître restaurateur
Horaires d'ouverture : du mardi au samedi (12h-14h et 19h-21h)

CÔTÉ JARDIN

14 avenue de Bourges
45500 GIEN
✆ 02 38 38 24 67
cote-jardin45@orange.fr
Restaurant 1 étoile au Guide Michelin, Maître restaurateur
Horaires d'ouverture : du mercredi au samedi (12h15-13h et de 19h45-20h30)

MUSÉE DE LA FAÏENCERIE

78 Place de la Victoire
45500 GIEN
✆ 02 38 05 21 06
museegien@gien.com
Horaires d'ouverture : Du 1er mai au 30 septembre : ouvert de 10h à 18h. Fermé le jeudi et le dimanche (sauf juillet-août). Le dimanche (juillet-août) de 13h30 à 17h30. Du 1er octobre au 30 avril : ouvert de 13h30 à 17h30. Le samedi de 10h à 12h et de 13h30 à 17h30. Fermé le jeudi et le dimanche

MARCHÉ DE GIEN

Place de la Victoire
45500 GIEN
Horaires d'ouverture : samedi de 8h à 13h (à l'année)

MARCHÉ DE BRIARE

Place du Champ de Foire
45250 BRIARE
Horaires d'ouverture : vendredi de 8h30 à 12h (à l'année)

FERME DE MAILLEBOIS

Route de Bléneau
Maillebois
45420 DAMMARIE-EN-PUISAYE
✆ 02 38 29 68 09
anthonyparis@live.fr
Horaires d'ouverture : Du lundi au jeudi de 15h30 à 19h, le vendredi de 10h à 12h et de 15h30 à 19h et le samedi et dimanche de 8h à 12h et de 15h à 19h
Fromages : Fromage de chèvre fermier frais, demi-sec, sec

© DANNYWILDE - STOCK.ADOBE.COM

Le pont-canal de Briare.

MARCHÉ DE CHÂTILLON-SUR-LOIRE

Place du Champ de foire
45360 CHÂTILLON-SUR-LOIRE
Horaires d'ouverture : jeudi de 8h à 13h (à l'année)

FERME DE MAISON NEUVE

377 route Maison Neuve, route de Beaulieu
Lieu-dit « Chanoy »
45360 CHÂTILLON-SUR-LOIRE
✆ 02 38 31 03 45
jean-marie.vecten@wanadoo.fr
Horaires d'ouverture : toute l'année samedi journée, dimanche jusqu'à 11h, autres jours sur RDV
Fromages : Fromage de brebis

DÉCOUVERTE DE LA LOIRE EN BATEAU

Écluse de Mantelot
45360 CHÂTILLON-SUR-LOIRE
✆ 06 80 20 14 21 (par sms)
navigation@mercilaloire.com
Horaires d'ouverture : Toute l'année, sur réservation

RAVARD FRANCIS

Gros Bois - 45360 PIERREFITTE-ES-BOIS
✆ 02 38 31 08 26 / 07 60 77 78 54
francis.ravard@orange.fr
Horaires d'ouverture : du lundi au dimanche (8h-10h30 et 17h-19h) ou sur RDV. Vente uniquement à la ferme et sur RDV au 07 60 77 78 54
Fromages : Crottins de Chavignol AOC

MARCHÉ DE BEAULIEU-SUR-LOIRE

Place de l'église - Centre-ville
45630 BEAULIEU-SUR-LOIRE
Horaires d'ouverture : mercredi de 8h30 à 12h (à l'année)

GAEC LES DOUCETS

Les Doucets
45630 BEAULIEU-SUR-LOIRE
✆ 02 38 35 86 07 / 06 89 90 53 67
gaec.doucets@wanadoo.fr
Horaires d'ouverture : du lundi au samedi (9h-12h et 14h30-19h), fermé les mercredis et dimanches. Du 1er avril au 31 octobre, ouvert le dimanche matin (10h-12h)
Fromages : Fromage de chèvre fermier

LE COMPTOIR DES VOYAGEURS

ZA La champagne
45420 BONNY-SUR-LOIRE
✆ 02 38 27 01 45
contact@lecomptoirdesvoyageurs.fr
Maître restaurateur
Horaires d'ouverture : le midi du lundi au samedi, le soir vendredi et samedi

LE CLOS DU VIGNERON

106 Grande Rue
45250 OUSSON-SUR-LOIRE
✆ 02 38 31 43 11
leclosduvigneron@orange.fr
Maître restaurateur
Horaires d'ouverture : du mercredi au dimanche midi (12h-13h30 et 19h30-21h)

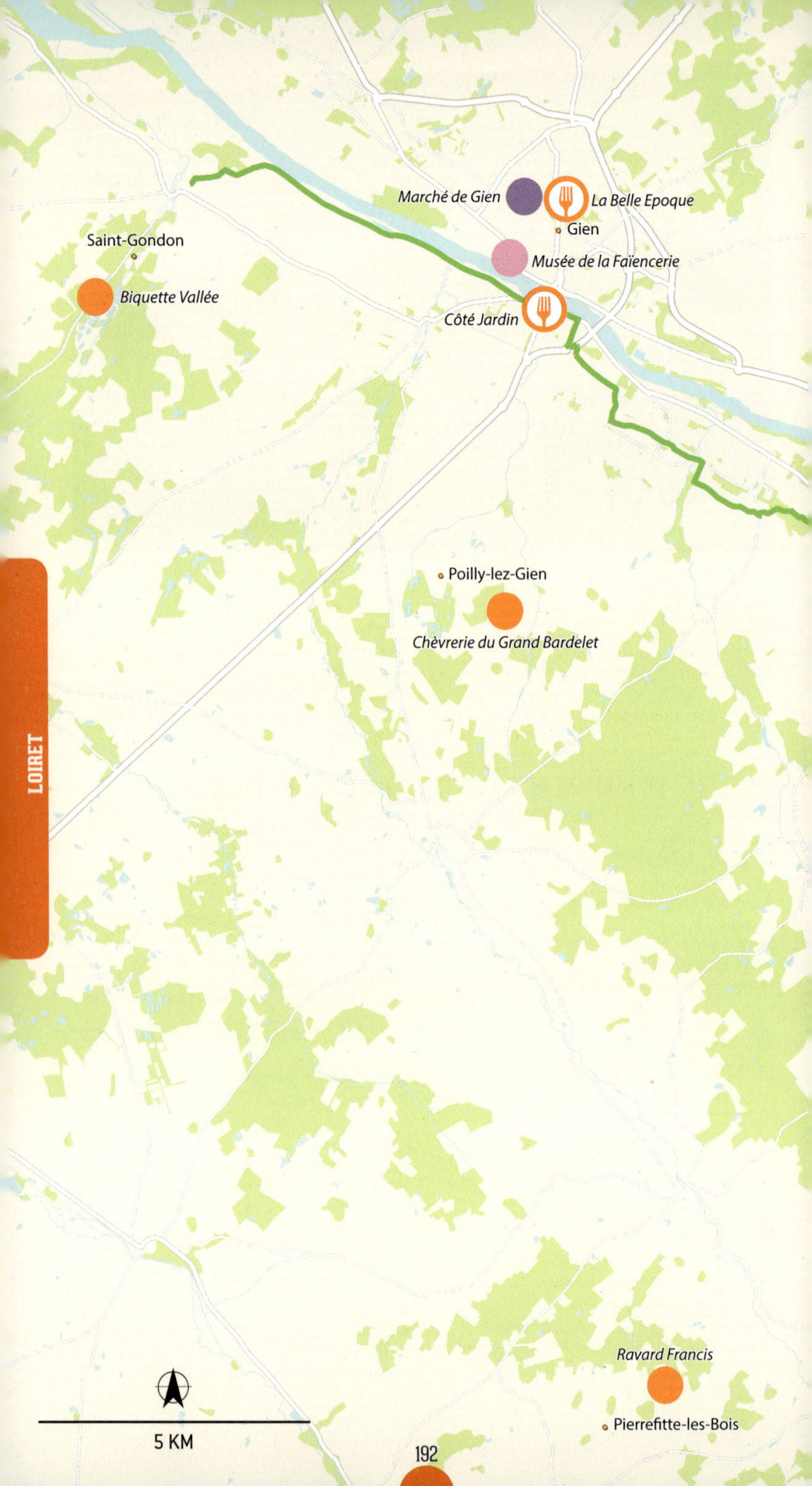
Marché de Gien
La Belle Epoque
Gien
Saint-Gondon
Musée de la Faïencerie
Biquette Vallée
Côté Jardin
Poilly-lez-Gien
Chèvrerie du Grand Bardelet
Ravard Francis
Pierrefitte-les-Bois
5 KM

TAPEZ PETITFUTE.APP
DANS LE NAVIGATEUR DE VOTRE SMARTPHONE, PRENEZ UNE PHOTO ET OBTENEZ
LE TRACÉ GPX
DE LA CARTE
PLUS D'INFOS
SUR LE DÉPARTEMENT
Marché de Briare
Briare
Ferme de Maillebois
Dammarie-en-Puisaye
LOIRET
Marché de Châtillon-sur-Loire
Chatillon-sur-Loire
Découverte de la Loire en bateau
Le Clos du Vigneron
Ousson-sur-Loire
Ferme de Maison Neuve
Le Comptoir des voyageurs
Bonny-sur-Loire
GAEC les Doucets
Marché de Beaulieu-sur-Loire
Beaulieu-sur-Loire

CIRCUIT VTT AUTOUR DE ROCAMADOUR

Un itinéraire affiné dans le Lot

Au départ de Lacave ou Rocamadour, ce circuit VTT permet de découvrir, au-delà de son célèbre chèvre, des paysages au patrimoine culturel d'exception : la vallée intime de l'Ouysse, ses moulins, ses falaises et son arrivée dans le Causse du Quercy, ses étendues de pelouses sèches, ses murets, ses caselles ... et la caussenarde à lunettes.

DISTANCE *25,5 km*
DURÉE ESTIMÉE *3h*
DÉNIVELÉ POSITIF *631 m*
NIVEAU ▲▲▲△△

GAEC LES GOÛTS ET LES COULEURS FERMIER

Pech de Bardy - 46500 ROCAMADOUR
Horaires d'ouverture : Hiver de 10h à 19h, en été ouvert le lundi de 10h à 19h et du mercredi au dimanche de 10h à 19h
Distance : 3 km
Fromages : Glace bio au lait de vache et de chèvre

JEHAN DE VALON

Cité médiévale - 46500 ROCAMADOUR
✆ 05 65 33 63 08
Horaires d'ouverture : Tous les jours de 12h à 14h et de 19h à 21h
Distance : 0,2 km
Fromages : Rocamadour AOP

RESTAURANT DU CHÂTEAU

Route du château - 46500 ROCAMADOUR
✆ 05 65 33 62 22
Horaires d'ouverture : Tous les jours de 12h à 14h et de 19h30 à 21h
Distance : 2 km
Fromages : Rocamadour AOP

FÊTE DES FROMAGES FERMIERS

Parc de Belveyre - 46500 ROCAMADOUR
✆ 05 65 33 22 00
Horaires d'ouverture : Manifestation annuelle le dimanche de Pentecôte de 10h à 18h
Distance : 0,8 km

MARCHÉ DE PRODUCTEURS DE PAYS « BIENVENUE À LA FERME »

Place centrale - 46200 LACAVE
✆ 05 65 23 22 21 / 05 65 37 03 83
Horaires d'ouverture : Chaque lundi et jeudi en juillet et août de 16h à 19h30
Distance : Sur l'itinéraire

LE PONT DE L'OUYSSE

46200 LACAVE ✆ 05 65 37 87 04
Horaires d'ouverture : Du mardi au dimanche de 12h à 13h30 et de 19h à 20h30
Distance : 0,5 km

SAS LES FERMIERS DE ROCAMADOUR

Les Barrières Basses - 46500 ALVIGNAC
✆ 05 65 38 86 05
Horaires d'ouverture : De juillet à septembre du lundi au samedi de 9h à 12h30 et d'octobre à juin le mardi, jeudi, samedi de 9h à 12h30
Distance : 5,9 km
Fromages : Rocamadour AOP, fromage de chèvre, Saint-Nectaire, Cantal, Salers

MARCHÉ D'ÉTÉ À ALVIGNAC

Grand Rue - 46500 ALVIGNAC ✆ 05 65 33 60 62
Horaires d'ouverture : Chaque dimanche de début mai à fin septembre de 9h à 13h
Distance : 5,2 km

FERME DE LA BORIE D'IMBERT

Route de Sarlat - 46500 ROCAMADOUR
✆ 05 65 33 20 37
Horaires d'ouverture : vente du lundi au vendredi de 10h à 12h et de 14h à 17h, visite libre dès 10h tous les jours, panier pique-nique dès 12h sans réservation d'avril à octobre. Traite des chèvres de 17h à 18h30 tous les jours.
Distance : 2,6 km
Fromages : Rocamadour AOP, fromage de chèvre

FERME LACOSTE

Les Alix - 46500 ROCAMADOUR ✆ 05 65 33 62 66
Horaires d'ouverture : Tous les jours de 10h à 12h et de 14h à 15h
Distance : Sur l'itinéraire
Fromages : Rocamadour AOP

Marché de producteurs de Pays "Bienvenue à la ferme"
Le pont de l'Ouysse
Marché d'été à Alvignac
SAS Les fermiers de Rocamadour
Ferme de la Borie d'Imbert
Ferme Lacoste
Fête des fromages fermiers
GAEC Les Goûts et Les Couleurs Fermier
Restaurant du Château
Jehan de Valon
3 KM
TAPEZ PETITFUTE.APP
DANS LE NAVIGATEUR
DE VOTRE SMARTPHONE, PRENEZ
UNE PHOTO ET OBTENEZ
LE TRACÉ GPX
DE LA CARTE
PLUS D'INFOS
SUR LE DÉPARTEMENT

DE SAINT-CHÉLY-D'APCHER AUX BOUVIERS

Un itinéraire affiné en Lozère

Il s'agit d'une liaison de la GTMC qui permet de raccorder Saint-Chély au tronçon principal. C'est une étape courte assez roulante, malgré un important dénivelé positif de près de 1 000 m. Après une courte montée au hameau des Lauzes et une descente un peu technique, vous pourrez profiter d'une agréable halte pique-nique/baignade au pont des Cayres à Saint-Alban-du-Limagnole. Vous entamerez ensuite la montée principale en plein cœur de la Margeride où vous croiserez sûrement quelques vaches Aubrac et peut-être un bison ou deux, car vous êtes aux portes de la plus grande réserve de bisons d'Europe !

DISTANCE *32 km*
DURÉE ESTIMÉE *3h15*
DÉNIVELÉ POSITIF *990 m*
NIVEAU ▲▲▲△△

COSY CAMPING
Route de Paris - 48200 SAINT-CHÉLY-D'APCHER
© 06 42 10 49 04
Distance : 2 km

HÔTEL LES PORTES D'APCHER **
Route de Saint-Flour
48200 SAINT-CHÉLY-D'APCHER
Distance : 2 km

HÔTEL RESTAURANT LE LION D'OR***
132, rue Théophile Roussel
48200 SAINT-CHÉLY-D'APCHER © 04 66 31 00 14
Distance : Sur l'itinéraire

© AYMERIC PERONA

Plateau de fromages.

HÔTEL JEANNE D'ARC***
49, avenue de la Gare
48200 SAINT-CHÉLY-D'APCHER
© 04 66 31 44 85
Distance : Sur l'itinéraire

GAEC RECOULES
Recoules
48200 LES MONTS-VERTS
© 06 88 96 67 30
Horaires d'ouverture : sur RDV
Distance : 5 km
Fromages : Fromage fermier de chèvre

MARCHÉ SAINT CHÉLY
Place du Marché - 48200 SAINT-CHÉLY-D'APCHER
Horaires d'ouverture : Le jeudi de 8h à 12h

LA GRANGE AUX SAVEURS DE NOS FERMES
12, place du Foirail
48200 SAINT-CHÉLY-D'APCHER
© 09 67 13 16 18
Horaires d'ouverture : Du mardi au samedi de 9h30 à 12h30 et de 14h30 à 18h30
Distance : Sur l'itinéraire
Fromages : Fromage de brebis, Laguiole, Fourme du Teil

FERME DU VILAIN
Apcher - 48200 PRUNIÈRES
© 06 83 50 39 89 / 04 66 31 08 64
Horaires d'ouverture : Sur RDV
Distance : Sur l'itinéraire
Fromages : Fromage de brebis

TAPEZ PETITFUTE.APP
DANS LE NAVIGATEUR DE VOTRE SMARTPHONE, PRENEZ UNE PHOTO ET OBTENEZ
LE TRACÉ GPX DE LA CARTE
PLUS D'INFOS SUR LE DÉPARTEMENT
Marché Le Malzieu
GAEC Recoules
GAEC des Sources
Cosy camping
ferme du Vilain
Les Portes d'Apcher
La grange aux saveurs de nos fermes
hotel restaurant Le Lion d'Or
les fromageries Occitanes
Marché Saint Chély
hotel Jeanne d'Arc
la foire au fromages et festival musique
GAEC Saint-Paul-le-Froid
camping Le Galier
hotel Le Relais Saint Roch
La Maison des Bouviers
5 KM

DE SAINT-CHÉLY-D'APCHER AUX BOUVIERS

Un itinéraire affiné en Lozère

LES FROMAGERIES OCCITANES

6293, route de Saint-Alban
48200 MALZIEU-VILLE
✆ 04 66 31 75 76
Horaires d'ouverture : Du lundi au samedi de 9h à 12h30 et de 15h à 18h30
Distance : 6 km
Fromages : Fromage de brebis, de vache, de chèvre AOP d'Auvergne

MARCHÉ LE MALZIEU

Avenue Pierre Rousset
48200 MALZIEU-FORAIN
Horaires d'ouverture : Le mardi de 8h à 12h
Distance : 5 km

GAEC DES SOURCES

Mialanette - 48200 MALZIEU-FORAIN
✆ 06 82 43 83 61
Horaires d'ouverture : Sur RDV
Distance : 6 km
Fromages : Tomme, faisselle, confiture de lait, yaourt

LA FOIRE AUX FROMAGES ET FESTIVAL MUSIQUE

Le Château - Rue de l'Hôpital
48200 SAINT-ALBAN-SUR-LIMAGNOLE
✆ 04 66 31 57 01
Horaires d'ouverture : Chaque deuxième dimanche d'août
Distance : Sur l'itinéraire

CAMPING LE GALIER***

Route de Saint-Chély
48200 SAINT-ALBAN-SUR-LIMAGNOLE
✆ 04 66 31 58 80

HÔTEL LE RELAIS SAINT ROCH***

Château de la Chastre - Rue du Carreirou
48200 SAINT-ALBAN-SUR-LIMAGNOLE
✆ 04 66 31 55 48
Distance : 0,2 km

GAEC SAINT-PAUL-LE-FROID

48200 SAINT-PAUL-LE-FROID
✆ 06 61 93 20 35
Horaires d'ouverture : Du lundi au samedi de 8h à 12h et de 17h à 19h
Distance : 6 km
Fromages : Fromage de brebis

LA MAISON DES BOUVIERS

Les Bouviers
48200 SAINT-PAUL-LE-FROID
✆ 07 82 73 30 46 / 04 66 47 41 54
Distance : Sur l'itinéraire

LOZÈRE

Cyclistes Cevennes-Bougès.

Saint Julien de Tournel.

DES BOUVIERS À BAGNOLS-LES-BAINS

Un itinéraire affiné en Lozère

Ce deuxième tronçon a un profil plutôt descendant qui aide à boucler les 60 km à fort dénivelé. Le passage au lac Charpal est un des points clefs de la journée, une immersion en pays nordique pour quelques instants ! L'aventure commence donc par un passage au col des Trois Sœurs avant de rejoindre, par une belle descente le petit village typique lozérien du Giraldès. Rencontre ensuite avec le Col du Cheval Mort et le Truc de Fortunio qui culmine à 1 552 m. Derniers coups de pédale en passant par le lac pour rejoindre la haute vallée du Lot où vous terminerez votre course à la station thermale de Bagnols-les-Bains, histoire de s'offrir une petite remise en forme.

DISTANCE *60 km*
DURÉE ESTIMÉE *6h30*
DÉNIVELÉ POSITIF *840 m*
NIVEAU ▲▲▲▲△

LOZÈRE

GAEC MARTINAC
Village - 48600 LA PANOUSE
Distance : 2 km
Fromages : Tomme d'aligota

LA FERME TARDIEU
Route de la Salassette - 48700 ESTABLES
✆ 06 45 14 77 11
Horaires d'ouverture : Le lundi, mardi, mercredi de 10h30 à 12h, le vendredi et samedi de 18h à 19h30
Distance : 5 km
Fromages : Fromage de chèvre Bio

GAEC PIC
Le Ranc Saint-Amans - 48700 MONTS-DE-RANDOM
✆ 06 75 41 30 20
Horaires d'ouverture : Sur RDV
Distance : 10 km (3 km d'Estables)
Fromages : AOP Bleu d'Auvergne

GAEC DE PIN
L'Altaret - 48190 ALLENC
✆ 06 31 33 25 01/04 66 47 67 74
Horaires d'ouverture : Tous les jours de 10h à 17h
Distance : 1,5 km
Fromages : Fromage de vache au lait cru Bio

LA FROMAGERIE LOZÉRIENNE
Zone artisanale Monts-de-Randon
48700 RIEUTORT-DE-RANDON ✆ 04 66 65 19 96
Horaires d'ouverture : Du lundi au vendredi de 8h à 10h puis sur rdv le reste de la journée et le week-end sur rdv également
Distance : 6 Km
Fromages : Fromages, 4 tommes différentes

MARCHÉ DU BLEYMARD
Place de la poste - 48191 MONT LOZÈRE ET GOULET
Horaires d'ouverture : Les dimanches de 8h à 13h
Distance : 4,5 km

GAEC SALANSON
Chadenet - 48190 MONT LOZÈRE ET GOULET
✆ 06 30 07 43 74
Horaire d'ouverture : Le mardi, jeudi et samedi de 10h à 12h
Distance : 2 km
Fromages : Tomme de vache et chèvre, chèvre frais

MARCHÉ DE BAGNOL-LES-BAINS
Espace de vente - Avenue de la gare
48190 MONT LOZÈRE ET GOULET
Horaires d'ouverture : Le jeudi matin de 8h à 12h
Distance : Sur l'itinéraire

HÔTEL LES CHEMINS FRANCIS
9, place du Pont - Bagnol-les-Bains
48190 MONT LOZÈRE ET GOULET
✆ 04 66 47 60 04
Distance : Sur l'itinéraire

LES CHALETS DU GOULET
Route du Goulet - 48190 MONT LOZÈRE ET GOULET
✆ 04 66 45 85 77
Distance : 5 km

HÔTEL LA REMISE
48190 LE BLEYMARD ✆ 04 66 48 65 80
Distance : 4 km

GAEC Martinac
GAEC PIC
La ferme Tardieu
La fromagerie lozérienne
GAEC PIN
GAEC Salanson
Les Chalets du Goulet
Marché Bagnol les Bains
Hôtel Les Chemins Francis
Hôtel La Remise
Marché Le Bleymard
10 KM

DE BAGNOL-LES-BAINS À PONT-DE-MONTVERT

Un itinéraire affiné en Lozère

Granitique aux pentes douces, sillonné de rivières et dont le sommet culmine à 1 699 m. L'itinéraire démarre par de bonnes pistes où estives et petits bosquets de pins sylvestres alternent, s'ensuit de très beaux points de vue, tantôt au sud sur les Cévennes et tantôt au nord vers la Margeride. Une belle ambiance se dégage sur cette étape, entre hameaux isolés hors du temps, estives, le Tarn, ses cascades et ses trous d'eau… Vous régalerez ainsi vos pupilles, mais aussi vos papilles en vous arrêtant dans l'un des sites fromagers !

DISTANCE *45 km*
DURÉE ESTIMÉE *4h30*
DÉNIVELÉ POSITIF *985 m*
NIVEAU ▲▲▲▲△

LOZÈRE

EARL SAVEURS FERMIÈRES

La Borie
48000 SAINT-ÉTIENNE-DU-VALDONNEZ
04 66 48 02 83
Horaires d'ouverture : tous les jours, toute l'année de 9h à 12h et de 17h à 18h30
Distance : 5,5 km
Fromages : Fromages de chèvre

LA FERME DE FOLIE

Les Faux
48000 SAINT-ÉTIENNE-DU-VALDONNEZ
✆ 06 08 42 66 28
Horaire d'ouverture : Tous les mardis après-midi de juillet et août sur RDV
Distance : 4,5 km
Fromages : AOP Pélardon

© PHOTODUCD
Fromages chèvre ferme du Larzalier.

GAEC LES 2 SOURCES

La Brousse
48220 PONT-DE-MONTVERT
✆ 04 66 49 29 95 / 06 59 36 38 23
Horaires d'ouverture : D'avril à novembre, du lundi au samedi de 9h à 12 h
Distance : 6 km
Fromages : AOP Pélardon, tomme

LA SOUT DES CÉVENNES

Le quai
48220 PONT-DE-MONTVERT
✆ 06 75 74 62 35
Horaire d'ouverture : Du mardi au dimanche de 9h à 12h et de 16h à 19h
Distance : Sur l'itinéraire

MARCHÉ PONT-MONTVERT

Centre-ville
48220 PONT-DE-MONTVERT
Horaire d'ouverture : Le mercredi de 8h à 13h
Distance : Sur l'itinéraire

AUBERGE DES CÉVENNES

La placette
48220 PONT-DE-MONTVERT
✆ 07 89 51 90 92
Distance : Sur l'itinéraire

TAPEZ PETITFUTE.APP
DANS LE NAVIGATEUR DE VOTRE SMARTPHONE, PRENEZ UNE PHOTO ET OBTENEZ
LE TRACÉ GPX
DE LA CARTE
PLUS D'INFOS
SUR LE DÉPARTEMENT
EARL Saveurs fermières
la ferme de folie
GAEC les 2 sources
Marché Pont Montvert
La Sout des Cévennes
Auberge-des-Cévennes
5 KM
203
LOZÈRE

DE PONT-DE-MONTVERT À FLORAC

Un itinéraire affiné en Lozère

Cette dernière étape, certes riche en sites laitiers, mais plus technique que les précédentes, promet de ne pas s'ennuyer ! Le parcours débute par une montée en balcon avec vue sur les magnifiques Gorges du Tarn avant de retrouver le Causse. Forêt domaniale, sentier granitique rendent le parcours très sportif ! Après de nombreux dénivelés remportés, prenez le temps d'admirer la magnifique collégiale de Bédouès avant de rejoindre Florac, capitale des Cévennes.

DISTANCE *30 km*
DURÉE ESTIMÉE *3h ou 3h30*
DÉNIVELÉ POSITIF *1 562 m*
NIVEAU ▲▲▲▲△

LOZÈRE

LA LOZERETTE
La Lozerette - 48400 BÉDOUÈS-COCURÈS
✆ 04 66 45 06 04
Distance : 1,5 km

CAMPING CHANTEMERLE**
La Pontèze
48400 BÉDOUÈS-COCURÈS
✆ 04 66 45 19 66 / 06 67 73 93 82
Distance : 0,2 km

CAMPING LE CHON DU TARN
Bedouès
48400 BEDOUES-COCURES
✆ 04 66 45 09 14
Distance : 0,2 km

LA CHÈVRERIE GAUTIER
La Baume
48400 BÉDOUÈS-COCURÈS
Horaires d'ouverture : Tous les jours de 9h à 18h
Distance : 0,1 km
Fromages : Fromage de chèvre fermier

CAMPING VAL DES CÉVENNES
5, route de Mende
8400 FLORAC-TROIS-RIVIÈRES
✆ 04 66 31 34 20
Distance : 0,2 km

FLOWER CAMPING LE PONT DU TARN
D998 Route du Pont-de-Montvert
48400 FLORAC-TROIS-RIVIÈRES
✆ 04 66 45 18 26
Distance : 0,2 km

BOUTIQUE PAYSANNE
8, esplanade Marceau Farelle
48400 FLORAC-TROIS-RIVIÈRES
✆ 04 66 47 76 61
Horaires d'ouverture : Tous les jours de 9h à 19h sauf le lundi
Distance : Sur l'itinéraire
Fromages : Fromages locaux

LE POTAGER
7, place Louis Dides
48400 FLORAC-TROIS-RIVIÈRES
Horaires d'ouverture : de 8h à 12h30 et de 14h à 19h, fermé le dimanche et lundi
Distance : Sur l'itinéraire

MARCHÉ FLORAC
Centre-ville
48400 FLORAC-TROIS-RIVIÈRES
Horaires d'ouverture : Le jeudi matin
Distance : Sur l'itinéraire

HÔTEL DU PARC
47, avenue Jean Monestie
48400 FLORAC-TROIS-RIVIÈRES
✆ 04 66 45 03 05
Distance : Sur l'itinéraire

LA FERME DES CÉVENNES
La Salle Prunet
48400 FLORAC-TROIS-RIVIÈRES
✆ 04 66 45 10 90
Horaires d'ouverture : Tous les jours, visites possibles
Distance : 3 km
Fromages : Fromages de chèvre Bio

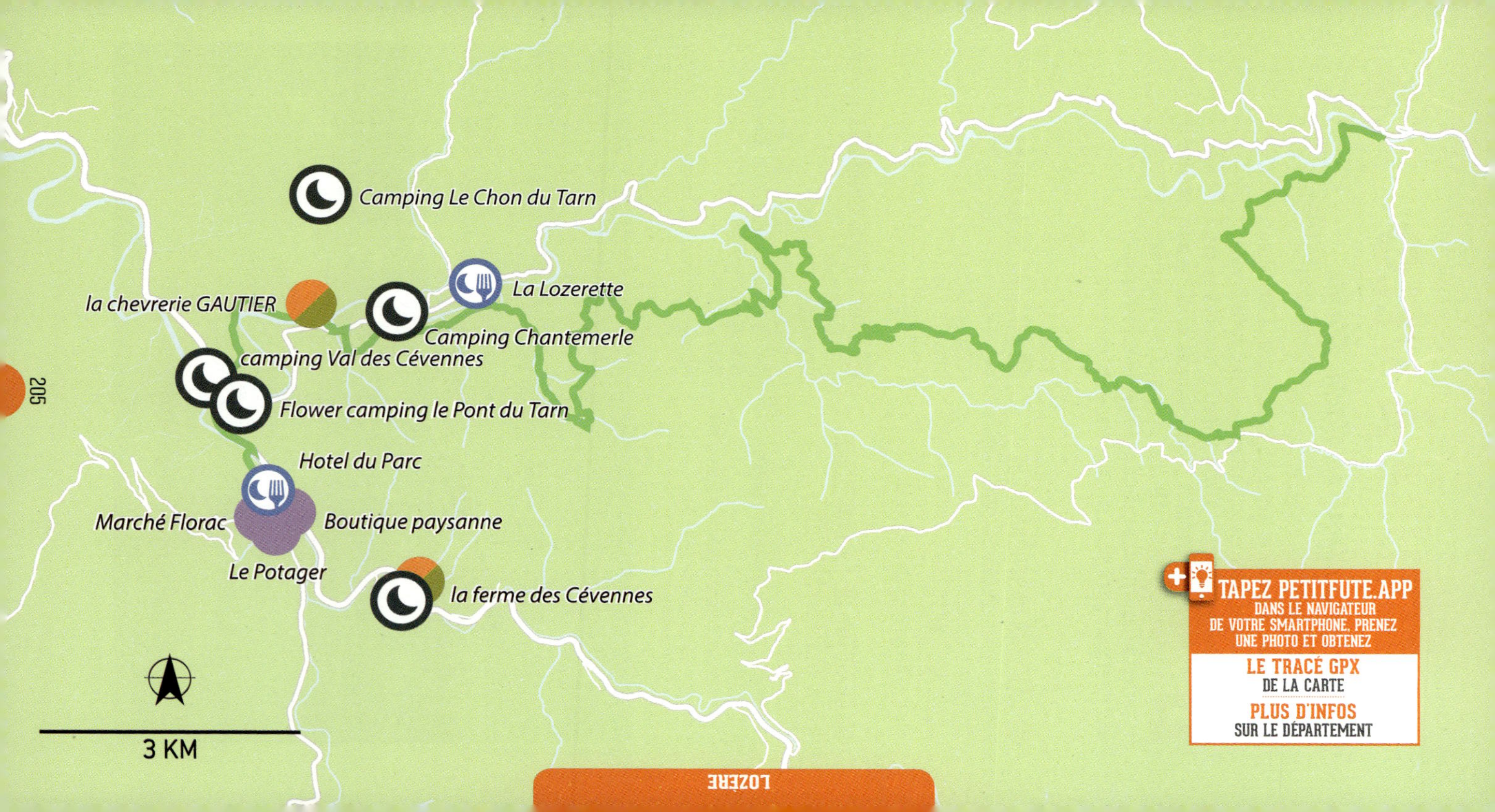
Camping Le Chon du Tarn
la chevrerie GAUTIER
La Lozerette
Camping Chantemerle
camping Val des Cévennes
Flower camping le Pont du Tarn
Hotel du Parc
Marché Florac
Boutique paysanne
Le Potager
la ferme des Cévennes
3 KM
TAPEZ PETITFUTE.APP
DANS LE NAVIGATEUR
DE VOTRE SMARTPHONE, PRENEZ
UNE PHOTO ET OBTENEZ
LE TRACÉ GPX
DE LA CARTE
PLUS D'INFOS
SUR LE DÉPARTEMENT

LA MEUSE À VÉLO

Un itinéraire affiné en Haute-Marne

De la source de la Meuse en Haute-Marne, à Pouilly en Bassigny, à son embouchure dans la Mer du Nord, venez découvrir la Meuse à Vélo ! Vous y rencontrerez des fromagers produisant le fameux Langres en AOP mais pourrez aussi visiter la Divine Fromagerie… et comprendre les secrets de fabrication du Caprice des Dieux. Un espace ludique, éducatif et gourmand à Illoud, en Haute-Marne en Champagne !

DISTANCE *78 km*
DURÉE ESTIMÉE *5h*
NIVEAU ▲△△△△

LANGRES GASTRONOMIQUE

Salle Jean Favre et ses extérieurs - 52200 LANGRES

Foire gastronomique entre Champagne et Bourgogne organisée chaque année à l'occasion du week-end de la Pentecôte autour du fromage AOP de Langres

CHAPITRE DE LA CONFRÉRIE DES « TASTES-FROMAGES DE LANGRES »

Eric Masselier, Grand Maître - 52200 LANGRES
✆ 03 25 87 19 84

Chapitre de la Confrérie organisé chaque année le deuxième dimanche de septembre.

MARCHÉ DE LANGRES

Boulevard de Lattre de Tassigny
52200 LANGRES
Horaires d'ouverture :
le vendredi de 7h à 12h (à l'année)

FROMAGERIE MARCOUX

1 rue du Petit Paris
52360 ANDILLY-EN-BASSIGNY
✆ 03 25 90 64 81
Horaires d'ouverture : du mardi au samedi de 9h-12h et de 14h-18h

Distance : 100 m

Fromages : Emmental au lait cru

HAUTE-MARNE

Eglise Saint-Martin à Langres.

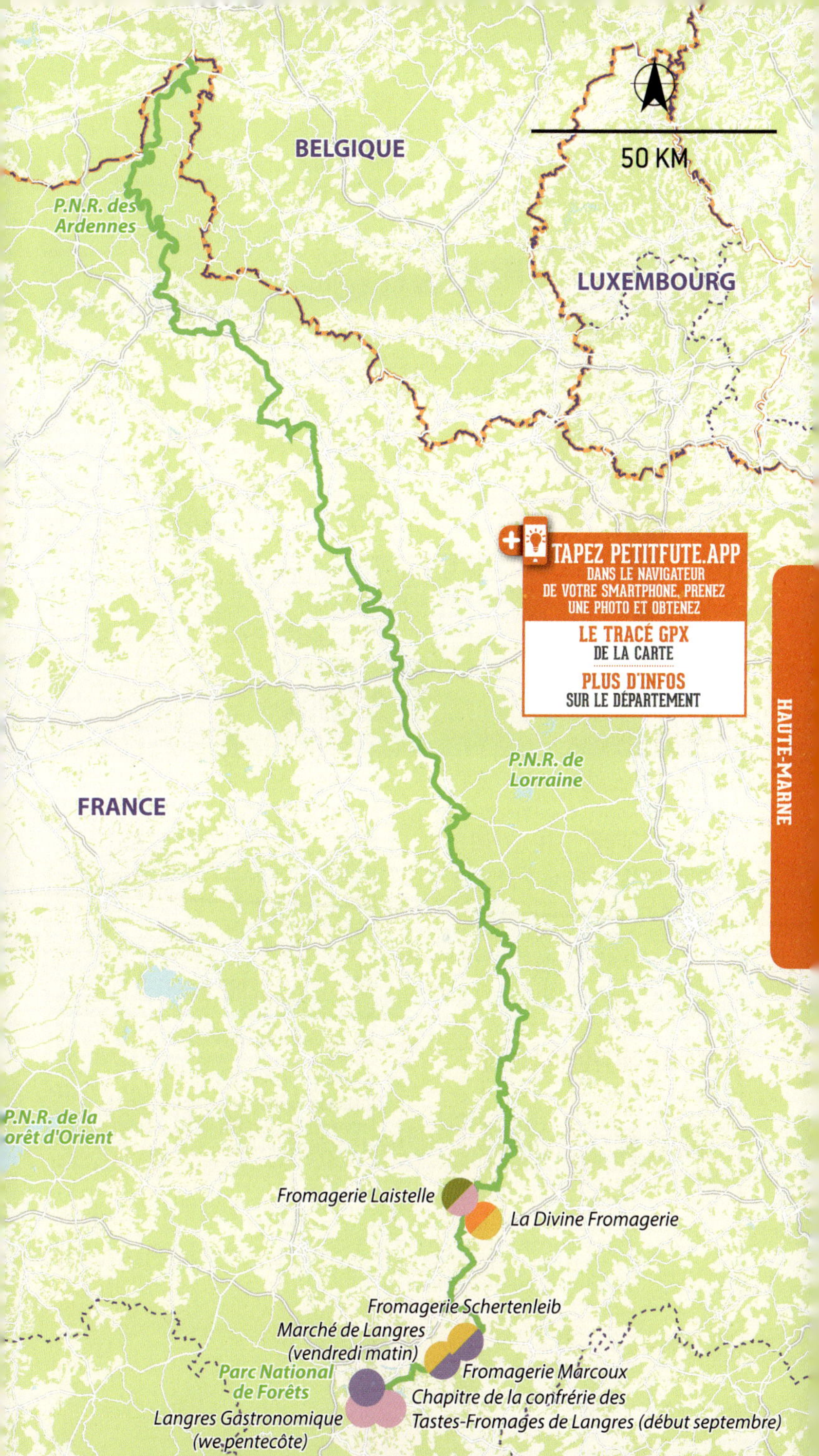
50 KM
BELGIQUE
LUXEMBOURG
P.N.R. des Ardennes
TAPEZ PETITFUTE.APP
DANS LE NAVIGATEUR DE VOTRE SMARTPHONE, PRENEZ UNE PHOTO ET OBTENEZ
LE TRACÉ GPX
DE LA CARTE
PLUS D'INFOS
SUR LE DÉPARTEMENT
P.N.R. de Lorraine
FRANCE
P.N.R. de la orêt d'Orient
Fromagerie Laistelle
La Divine Fromagerie
Fromagerie Schertenleib
Marché de Langres
(vendredi matin)
Fromagerie Marcoux
Parc National de Forêts
Chapitre de la confrérie des Tastes-Fromages de Langres (début septembre)
Langres Gastronomique
(we pentecôte)

Salle des fromages, La Divine Fromagerie à Illoud.

FROMAGERIE SCHERTENLEIB

4 rue de la Laterie
52140 SAULXURES
✆ 03 25 90 33 20
Horaires d'ouverture : le lundi matin (8h-12h) et du mardi au samedi (8h-12h et 14h-17h)
Distance : 400 m
Fromages : Langres AOP

LA DIVINE FROMAGERIE

Grande Rue
52150 ILLOUD
✆03 25 30 81 00
accueil@ladivinefromagerie.fr
Horaires d'ouverture : du mardi au vendredi (10h-12h30 et 14h-18h) et le samedi (10h-12h30 et 14h-18h30). Fermeture les jours fériés
Distance : 1,15 km
Fromages : Caprice des Dieux

FROMAGERIE LAISTELLE

27 B rue du Pâtis
52150 GRAFFIGNY-CHEMIN
Horaires d'ouverture : mercredi (17h30-19h30) et vendredi (15h30-19h30)
Distance : 5,3 km
Fromages : yaourts, faiselles, crèmes et fromages de vache

LA VÉLO FRANCETTE, LE CHEMIN DE HALAGE, LA VOIE VERTE

Un itinéraire affiné en Mayenne

Le parcours emprunte le chemin de halage et suit le tracé de la Vélo Francette au départ de Saint-Fraimbault : un parcours facile, à faible dénivelé, au coeur d'une nature préservée et sauvage. Vous apprécierez les jolis points de vue sur la Vallée de la Mayenne et le calme de ce parcours presque exclusivement constitué de voies vertes.

DISTANCE *96,62 km*
DURÉE ESTIMÉE *7h50*
NIVEAU ▲△△△△

GAEC DE L'HERBE AU FROMAGE

53300 SAINT-FRAIMBAULT-DE-PRIÈRES
Ouvert les ven.16h-19h ou sur rdv
Fromages : vache, Paturin

VAUBERNIER - FROMAGERIE DU BOIS BELLERAY

53470 MARTIGNÉ-SUR-MAYENNE
Ouvert du lun. au ven 9h-12h et 14h-18h
Fromages : Camembert le Bon Mayennais

GAEC RADIS & CO

53240 MONTFLOURS
Fromages : tomme, fromage croute fleurie, faisselle, fromage blanc, ail et fines herbes

LA FERME BIO DU CHÊNOT - EARL LEPAGE

53810 CHANGÉ
Horaires d'ouverture : ven. 15h-19h ou sur rdv
Fromages : lait cru

© FROMAGERIE D'ENTRAMMES

Gamme de fromages, Fromagerie d'Entrammes.

ABBAYE DE LA COUDRE

53000 LAVAL
Vente du mar au sam. 10h-12h et 14h-17h et le dim et le lun. 14h-17h
Fromages : le Trappe de la Coudre

LA CITÉ DU LAIT, LACTOPÔLE

53000 LAVAL
Ouvertdu lun. au ven. sur rdv
Fromages : vache

EARL DES ÉPIÉS

53960 BONCHAMP-LÈS-LAVAL
Horaires d'ouverture : ven. 17h30-19h30 ou sur rdv
Fromages : Le Champ-Crémeux, L'Enchampteur, L'Epidoux, Le Fondant des Epiés, L'Abond'Or, Le Fruité des Epiés

FROMAGERIE D'ENTRAMMES

53260 ENTRAMMES
Ouvert du lun. au ven. sur rdv
Fromages : vache

L'ABBAYE NOTRE-DAME-DU-PORT-DU-SALUT

53260 ENTRAMMES
Ouvert tous les jours 10h-11h15 et 14h30-17h30 et les dim. après la messe de 11h et 14h30-17h30
Fromages : Le Port-Salut

FROM'EN CHÈVRE

53200 FROMENTIÈRES
Horaires d'ouverture : mar. 9h30-19h et sam. 14h-19h
Fromages : chèvre

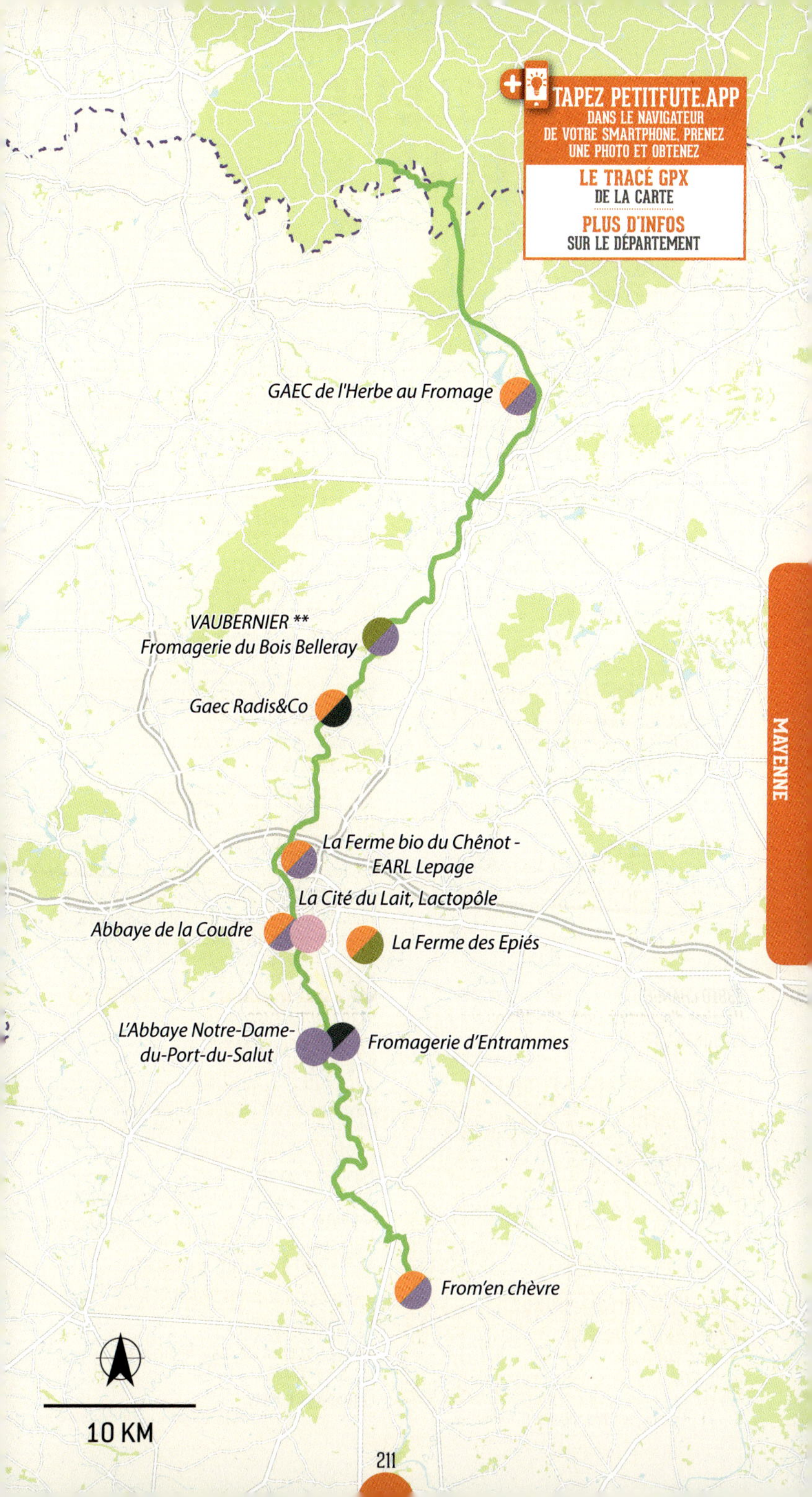
TAPEZ PETITFUTE.APP
DANS LE NAVIGATEUR DE VOTRE SMARTPHONE, PRENEZ UNE PHOTO ET OBTENEZ
LE TRACÉ GPX
DE LA CARTE
PLUS D'INFOS
SUR LE DÉPARTEMENT
GAEC de l'Herbe au Fromage
VAUBERNIER **
Fromagerie du Bois Belleray
Gaec Radis&Co
La Ferme bio du Chênot - EARL Lepage
La Cité du Lait, Lactopôle
Abbaye de la Coudre
La Ferme des Epiés
L'Abbaye Notre-Dame-du-Port-du-Salut
Fromagerie d'Entrammes
From'en chèvre
10 KM

LA VOIE BLEUE EN MOSELLE

Un itinéraire affiné en Moselle

La véloroute50 La Voie Bleue - Moselle Saône à Vélo longe la Moselle entre Novéant-sur-Moselle et Apach (à la frontière Luxembourgeoise), en passant par les villes de Metz et de Thionville. Sur 83 km, l'itinéraire alterne entre paysages ruraux, friches industrielles, coteaux boisés et vignobles. Une vingtaine de sites fromagers viendront agrémenter votre balade le long des rives de cet affluent du Rhin.

DISTANCE *83 km*
DURÉE ESTIMÉE *2 jours*
NIVEAU ▲▲△△△

MOSELLE

FERME DE LA MOSELLE
22 Grand Rue
57570 BERG-SUR-MOSELLE
✆ 06 32 44 49 28
Horaires d'ouverture : Le mardi et vendredi de 16h30 à 19h
Distance : 1,2 km

L'ÉPICERIE DES TERROIRS
70 Avenue des Nations
57970 YUTZ
✆ 03 82 57 52 41
Horaires d'ouverture : Le jeudi de 15h à 19h, le vendredi de 9h30 à 19h et le samedi de 9h30 à 12h et de 14h à 18h
Distance : 0,8 km

ÉPICERIE FINE-S
7 rue Jemmapes
57100 THIONVILLE
✆ 03 82 58 44 19
Horaires d'ouverture : Du mardi au samedi de 9h à 19h
Distance : 0,45 km

RESTAURANT LE SOLEIL GOURMAND
34 rue de la Tour
57100 THIONVILLE
✆ 03 82 51 84 52
Horaires d'ouverture : Du lundi au samedi de 12h à 14h et de 19h à 22h30
Distance : 0,3 km

RESTAURANT BURGER BROTHERS
4 rue du Manège
57100 THIONVILLE
✆ 03 54 30 54 00
Horaires d'ouverture : du mardi au jeudi (12h-15h et 18h-22h). Vendredi (18h-22h30). Dimanche (18h-22h)
Distance : 0,5 km

CHEZ DAVID
6 rue du Mersch - 57100 THIONVILLE
✆ 03 82 53 33 65
Horaires d'ouverture : du mardi au vendredi (9h-12h et 15h-19h). Samedi (8h-13h et 15h-19h)
Distance : 0,45 km

CRÉMERIE D'ANTAN BERTIPAGLIA
36 rue du Maréchal Foch
57770 HAYANGE
✆ 03 82 84 77 40
Horaires d'ouverture : Le mardi et mercredi de 9h à 12h et de 14h30 à 19h, le jeudi et vendredi de 8h à 12h et de 14h30 à 19h et le samedi de 8h à 12h et de 14h à 18h30
Distance : 8 km

RESTAURANT QUAI DES SAVEURS
69 rue de la Gare - 57300 HAGONDANGE
✆ 03 87 71 24 98
Enseigne agréée Qualité MOSL
Horaires d'ouverture : du mercredi au samedi (12h-14h et 19h-22h). Dimanche (12h-14h)
Distance : 1,8 km

FROMAGERIE CONRAD
11 rue de Ladoucette - 57000 METZ
✆ 03 87 36 11 00
Horaires d'ouverture : du mardi au vendredi (8h30-12h30 et 14h-19h). Samedi (8h30-19h). Lundi (15h-19h)
Distance : 1,7 km

La Voie Bleue.

LA VOIE BLEUE EN MOSELLE

Un itinéraire affiné en Moselle

CRÉMERIE CONRAD

8 rue de Queuleu - 57000 METZ
03 87 74 09 87
Horaires d'ouverture : du lundi au samedi de 8h30-12h30 et de 15h-19h
Distance : 2,5 km

LA FROMAGERIE DU GRAND CERF

2 rue du Grand Cerf - 57000 METZ
09 86 67 89 37
Horaires d'ouverture : du mardi au vendredi (9h30-13h30 et 15h-19h). Samedi (9h-19h)
Distance : 1,8 km

RESTAURANT FABRIK À FROMAGES

29 rue des Roches - 57000 METZ
03 87 15 14 66
Horaires d'ouverture : du mardi au jeudi (12h-13h30 et 19h-22h). Vendredi (12h-13h30 et 19h-22h30). Samedi (19h-22h30)
Distance : 1,2 km

CHEZ MAURICETTE

Marché Couvert - 57000 METZ
03 87 36 36 69
Horaires d'ouverture : Mardi-samedi 07h-18h
Distance : 0,24 km

MAISON MARCHAND

Marché Couvert - 57000 METZ
03 87 37 08 18
Horaires d'ouverture : du mardi au jeudi de 8h-18h30. Samedi de 7h-18h
Distance : 1,3 km

FROMAGERIE CONRAD

Marché Couvert - 57000 METZ
Horaires d'ouverture : Du mardi au vendredi de 8h30 à 12h30 et de 15h à 18h, le samedi de 8h30 à 18h
Distance : 1,3 km

EARL LES GRANDS VENTS

1 Route de Ritzing - 57480 KIRSCH-LES-SIERCK
03 82 83 07 56 / 06 59 35 22 37
Enseigne agréée Qualité MOSL
Horaires d'ouverture : Le vendredi et samedi de 14h à 18h
Distance : 4km

Fromages : Tome du pays de Sierck, Récollet, Camembert « de Moselle », Pavé des grands vents, La Tèt' de rep'

LES BOCAUX DE CAMILLE

Rue des Auriges - 57100 THIONVILLE
03 82 56 90 54
Horaires d'ouverture : Le lundi de 15h à 19h, du mardi au vendredi 10h à 19h et le samedi 10h à 18h
Distance : 3 km

L'AYOTTE

1 Rue A Schleiter - 57300 AY-SUR-MOSELLE
03 87 58 29 33
Horaires d'ouverture : Du mercredi au vendredi de 10h à 18h30 et le samedi de 9h00 à 12h30
Distance : 3,5 km

L'EPICERIE DE LA FERME DE BEL AIR

10 rue de la Doucette - 57000 METZ
03 87 86 15 65
Enseigne agréée Qualité MOSL. Horaires d'ouverture : Du mardi au samedi de 10h à 18h
Distance : 1 km

LES METS FERMIERS

1 Chemin des Huguenots
57645 OGY-MONTOY-FLANVILLE
07 67 25 65 99
Horaires d'ouverture : Du mercredi au vendredi de 9h30 à 12h30 et de 14h à 18h30 et le samedi de 9h30 à 13h
Distance : 10 km

LES GRANDS PRÉS

Rue des Gravières - 57160 MOULIN-LES-METZ
03 87 21 38 52
Enseigne agréée Qualité MOSL
Horaires d'ouverture : Du mercredi au vendredi de 10h à 18h30 et le samedi de 9h à 15h
Distance : 1 km

KOMM À LA FERME

ZAC Unicom - 57970 BASSE-HAM
03 82 53 95 51
Enseigne agréée Qualité MOSL
Horaires d'ouverture : Le jeudi et vendredi de 10h à 19h et le samedi de 9h à 13h
Distance : 1 km

TAPEZ PETITFUTE.APP
DANS LE NAVIGATEUR DE VOTRE SMARTPHONE, PRENEZ UNE PHOTO ET OBTENEZ
LE TRACÉ GPX
DE LA CARTE
PLUS D'INFOS
SUR LE DÉPARTEMENT
EARL les Grands Vents
Ferme de la Moselle
Epicerie Fine-S
Komm à la ferme
Les Bocaux de Camille
L'Epicerie des Terroirs
Restaurant le Soleil Gourmand
Crèmerie d'antan Bertipaglia
Restaurant Quai des Saveurs
L'Ayotte
Maison Marchand
Chez Mauricette
Restaurant Fabrik à Fromages
Crèmerie Conrad
Fromagerie Conrad
Les Mets fermiers
Crèmerie Conrad
La Fromagerie du Grand Cerf
L'Epicerie de la Ferme de Bel Air
Les Grands Prés
10 KM

FROMAGE ET HOUBLON

Un itinéraire affiné dans le Nord

Cette boucle autour de Bailleul saura marier à la perfection le vélo, le fromage... et la bière ! Dans un cadre rural, l'itinéraire vous guidera à la rencontre des éleveurs et des fromagers. Le vélo est le moyen idéal de prendre le temps, d'apprécier les panoramas qu'offrent les Monts des Flandres mais aussi la convivialité, l'authenticité et l'identité flamande...

DISTANCE *47 km*
DURÉE ESTIMÉE *3h*
NIVEAU ▲▲△△△

FERME HENNION

4343 rue du Nooteboom - le steent'je
59270 BAILLEUL
✆ 03 28 49 23 58
Ouvert du lundi au samedi 10h-19h
Distance : sur le parcours
Fromages : beurre, fromage de Bergues, Camembert Flamand, Tomme de Bailleul, Steent'joie, brique rouge...

LE ROND POINT FERMIER

50 avenue de l'Europe
59270 BAILLEUL
✆ 03 28 50 43 99
Ouvert du mardi au vendredi 9h30-19h, le samedi 9h30-18h30
Distance : 900 m

MARCHÉ DE BAILLEUL

Place Liénart
59270 BAILLEUL
Ouvert mardi matin de 8h-13h, place Liénart, jeudi sur le parvis de la gare de 16h-20h
Distance : sur le parcours

AU PANIER D'ANTAN

7 rue d'Occident
59270 BAILLEUL
✆ 03 28 50 00 69
Horaires d'ouverture : mardi de 14h15-19h15, du mercredi au vendredi de 8h45-12h30 et 14h15-19h15, samedi de 8h45-19h15 et dimanche de 8h45-12h30
Distance : sur le parcours

CÔTÉ FERME

555 rue de Berthen
59270 SAINT-JANS-CAPPEL
✆ 03 28 41 01 01 / 06 89 31 50 75
Ouvert du mardi au vendredi de 9h-12h30 et 16h-19h30, samedi de 10h-12h30
Distance : sur le parcours

FERME VANDENBROUCKE

1150 Poperinghe Cruyssestraete
59270 SAINT-JANS-CAPPEL
✆ 03 28 49 19 32
Horaires d'ouverture : sur réservation
Distance : sur le parcours

LA FERME DES SAULES

453 route du Mont Noir
59270 BAILLEUL
✆ 03 28 49 13 75 / 06 15 64 39 31
Horaires d'ouverture : lundi, mercredi, jeudi, vendredi de 9h-12h30 et 14h-19h, samedi de 9h-12h30 et 14h-19h et d'avril à octobre le dimanche de 9h30-12h. Fermé le mardi.
Distance :400 m

FERME BRASSERIE BECK

1180 Eeckelstraete
59270 BAILLEUL
✆ 03 28 49 03 90
Horaires d'ouverture : sur réservation du lundi au dimanche
Distance : sur le parcours

LA FERME DU PONT D'ACHELLES

1926 route de Bailleul
59270 BAILLEUL
✆ 03 20 48 60 63 / 06 81 33 99 33
Ouvert du lundi au jeudi de 9h-12h30 et 13h30-19h, vendredi et samedi de 9h-19h
Distance : 100 m

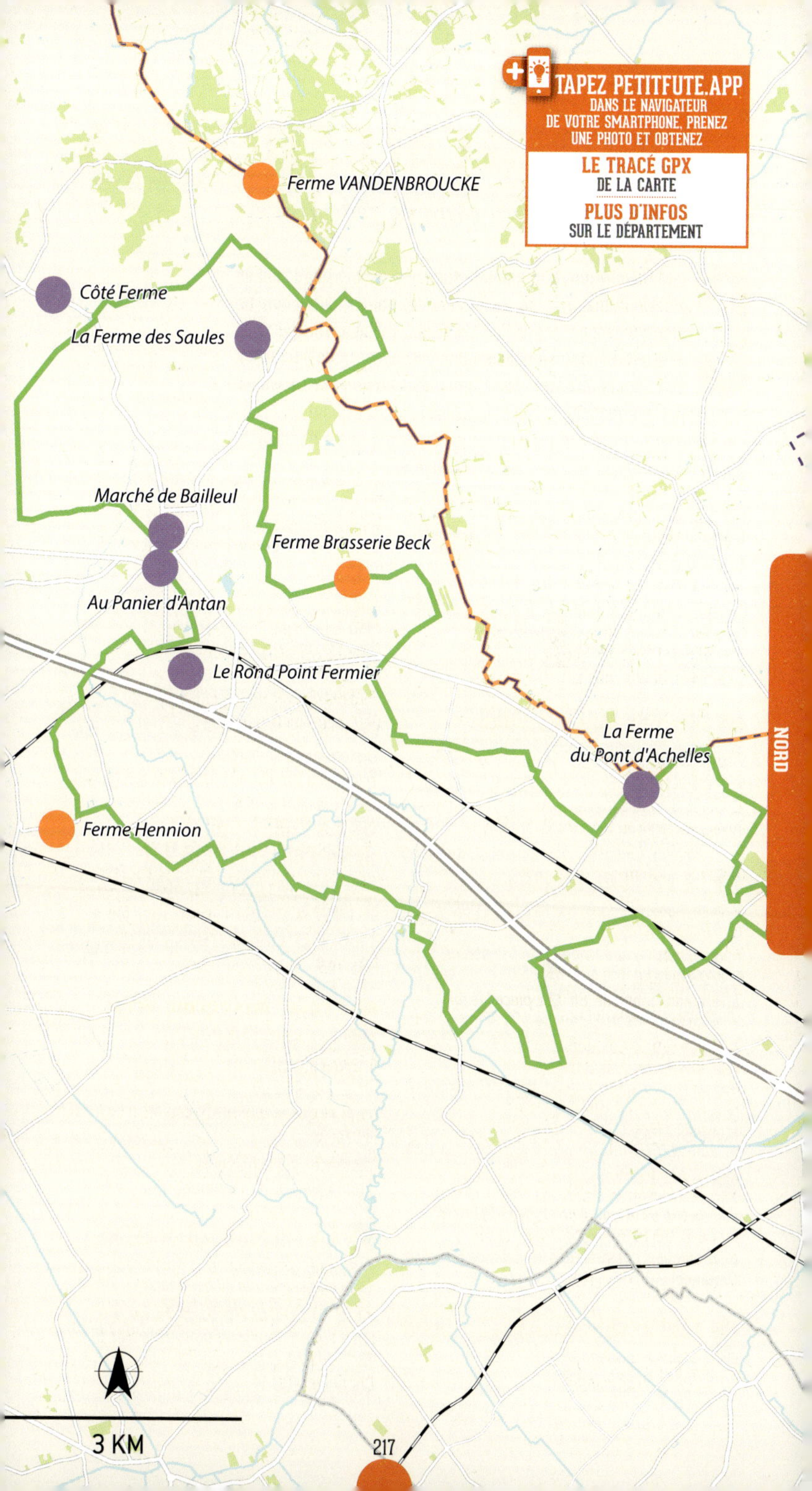
TAPEZ PETITFUTE.APP
DANS LE NAVIGATEUR
DE VOTRE SMARTPHONE, PRENEZ
UNE PHOTO ET OBTENEZ
LE TRACÉ GPX
DE LA CARTE
PLUS D'INFOS
SUR LE DÉPARTEMENT
Ferme VANDENBROUCKE
Côté Ferme
La Ferme des Saules
Marché de Bailleul
Ferme Brasserie Beck
Au Panier d'Antan
Le Rond Point Fermier
La Ferme
du Pont d'Achelles
Ferme Hennion
3 KM

LA FLANDRE SUR UN PLATEAU

Un itinéraire affiné dans le Nord

Cet itinéraire en pays flamand démarre au pied de l'Abbaye du Mont des Cats, un monastère de moines cisterciens de tradition trappiste fondé en 1826, qui produisent un délicieux fromage et commercialisent une excellente bière. Le ton est donné pour un parcours gourmand entre fermes d'élevages, fromageries et estaminets, des lieux typiques et accueillants qui vous feront aimer le Nord ! Et pour les plus valeureux, une extension de 8,3 km vous mènera jusqu'à Cassel et Oxelaëre.

DISTANCE *36,2 km*
DURÉE ESTIMÉE *3h*
NIVEAU ▲▲△△△

NORD

ABBAYE DU MONT DES CATS

2470 route du Mont des Cats
59270 GODEWAERSVELDE ✆ 03 28 43 83 60
Horaires d'ouverture : dimanche et lundi de 14h-18h et le mercredi et samedi 10h-12h et 14h-18h
Distance : sur le parcours
Fromages : bourle du Mont des Cats, flamay

OH ! PRÈ DE CHEZ VOUS

81 chemin des cendres - 59114 STEENVOORDE
✆ 06 37 64 92 21
Présent sur le marché de Steenvoorde de 8h-12h et le marché des saveurs, Gd Place
Distance : 2 km

LE MARCHÉ DU COIN

2 place Norbert Segard - 59114 STEENVOORDE
✆ 03 28 40 67 24
Horaires d'ouverture : mardi, jeudi, vendredi et samedi de 9h-12h et 14h30- 19h, mercredi 14h30-19h et dimanche 9h-12h
Distance : sur le parcours

LA CHÈVRERIE

927 route de Waeghedrugge - 59114 TERDEGHEM
Ouverture en avril 2020
Distance : 1,4 km

LA TERFERME

302 route d'Hazebrouck - 59114 TERDEGHEM
✆ 06 62 28 12 90
Distributeur accessible tous les jours de 5h à 23h
Distance : 700 m

FERME DES RECOLLETS - BEUN

150 chemin de Terdeghem
59670 SAINTE-MARIE-CAPPEL
✆ 03 28 42 45 25
Horaires d'ouverture : tous les jours sauf le dim. de 9h30-12h30 et 14h30-18h30 (jusqu'à 19h l'été).
Distance : sur le parcours

LA FERME DES TEMPLIERS

1 rue de Staple - 59670 OXELAËRE
✆ 03 28 40 50 37
Horaires d'ouverture au public : du merc.au vendredi 14h-18h, samedi 9h-12h30 et 14h-18h, dimanche 9h-12h en hiver et 9h-18h30 en été
Distance : sur le parcours
Fromages : boulet de cassel, beurre, yaourt

LE COURT-CIRCUIT JEAN-PHILIPPE PODEVIN

4 rue du verger - 59670 OXELAËRE
✆ 06 45 50 30 81
Commande le jeudi sur lecircuitcourt.fr, retrait des commandes le vendredi 15h-18h30 et le samedi 14h-19h
Distance : 2,8 km

ELEVAGE VAESKEN - FROMAGERIE DE FLANDRE

3 route du Korten loop
59114 SAINT-SYLVESTRE-CAPPEL
✆ 06 46 37 55 11
Distance : sur le parcours
Fromages: Le P'tit Flamand

LA FROMAGERIE D'EECKE

Atelier de transformation : 10 résidence du Vivier
Cave d'affinage : rue du patronage
59114 EECKE ✆ 06 88 57 19 62
Horaires d'ouverture : le vendredi 18h-19h30 et sur réservation
Distance : 100 m
Fromages : Eeckekaes et P'tit Belge

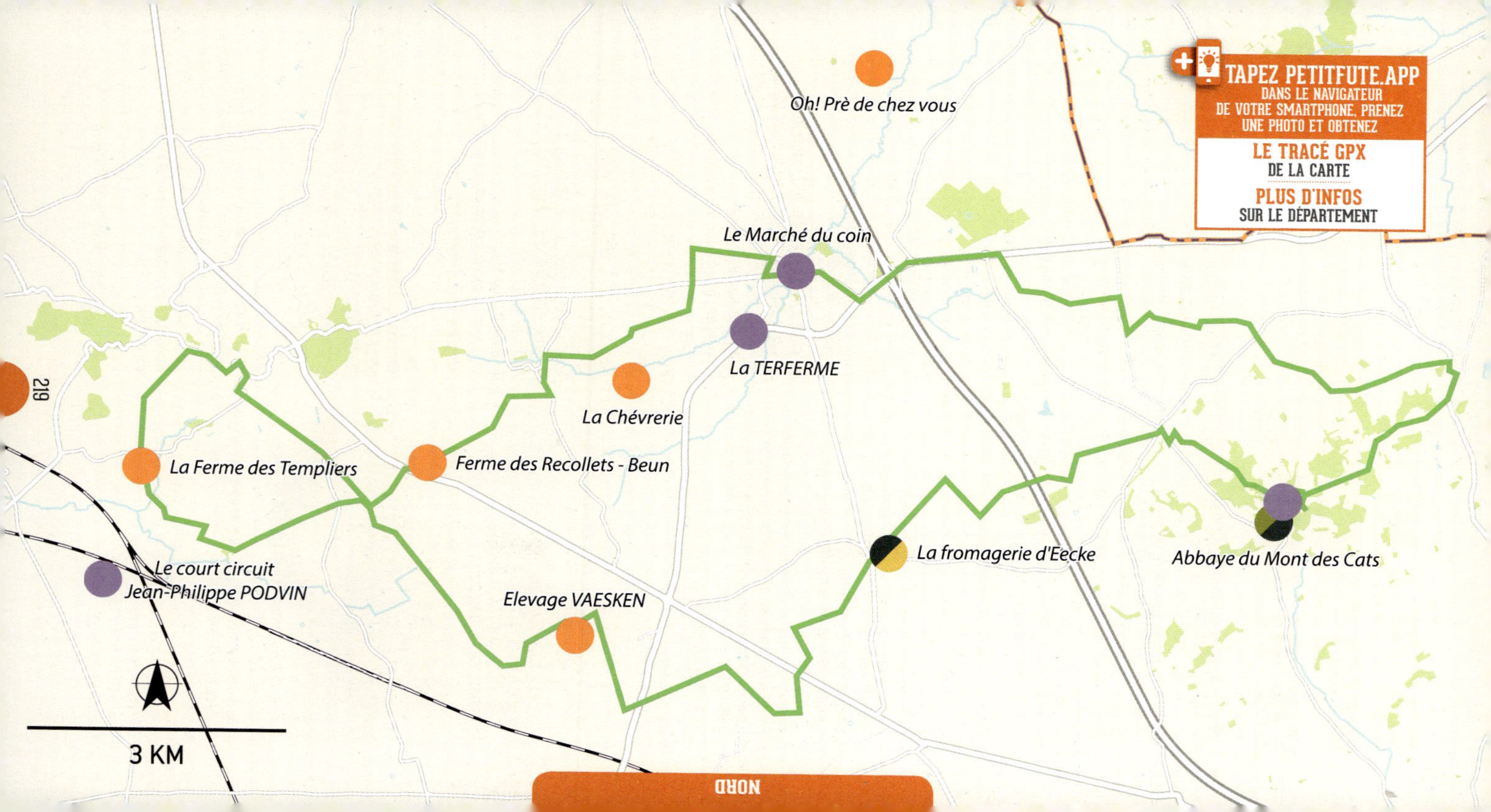
Oh! Prè de chez vous
Le Marché du coin
La TERFERME
La Chévrerie
Ferme des Recollets - Beun
La Ferme des Templiers
Le court circuit
Jean-Philippe PODVIN
Elevage VAESKEN
La fromagerie d'Eecke
Abbaye du Mont des Cats
3 KM

SAVEURS ET PRODUCTEURS DE FLANDRE

Un itinéraire affiné dans le Nord

Aux abords d'Hazebrouck et à l'orée de la forêt domaniale de Nieppe, ce parcours vous fera découvrir le premier réseau de points noeuds à vélo en France : un système ingénieux de repérage parmi les quelques 830 km de chemins à vélo qu'offre la Vallée de la Lys & Monts de Flandre. Un cadre idéal pour partir à la rencontre des saveurs et des producteurs de ce joli coin du Coeur de Flandre qui ne manquera pas de vous séduire !

DISTANCE *32,8 km*
DURÉE ESTIMÉE *2h30*
NIVEAU ▲△△△△

NORD

RONDEURS ET SAVEURS HAZEBROUCK

9 rue du maréchal Leclerc
59 190 HAZEBROUCK
✆ 03 28 41 79 92
Horaires d'ouverture : Du lundi au samedi de 9h à 12h30 et de 14h30 à 19h, le dimanche de 9h à 12h30

MARCHÉS D'HAZEBROUCK

Place du Général de Gaulle
59190 HAZEBROUCK
Horaires d'ouverture : le lundi de 8h-14h en été et 8h30-13h en hiver, le dimanche de 8h-14h en été et 8h30-13h en hiver
Distance : sur le parcours

© N.CARNET-CNIEL

Brique des Flandres.

LA CHÈVRERIE DU TANNAY

117 rue du Tannay
59189 THIENNES
✆ 06 01 29 34 63
Horaires d'ouverture : de mi mars à fin décembre du lundi au samedi de 10h30-12h30 et 16h-19h. Fermé le jeudi et mercredi après-midi
Distance : 1,3 km

FERME PODVIN

Rue du 8 mai 1945
59190 MORBECQUE
✆ 03 28 41 63 39
Horaires d'ouverture au public : le mardi, vendredi et samedi de 9h30-12h30 et 14h30-19h30
Distance : sur le parcours

AUX DÉLICES FERMIERS

1285 les 5 rues
59190 HAZEBROUCK
✆ 03 28 44 32 17 / 06 81 56 47 51
Horaires d'ouverture : le lundi, mardi, mercredi, vendredi et samedi de 14h30-18h15 ou sur court-circuit.fr
Agriculture biologique
Distance : 700 m

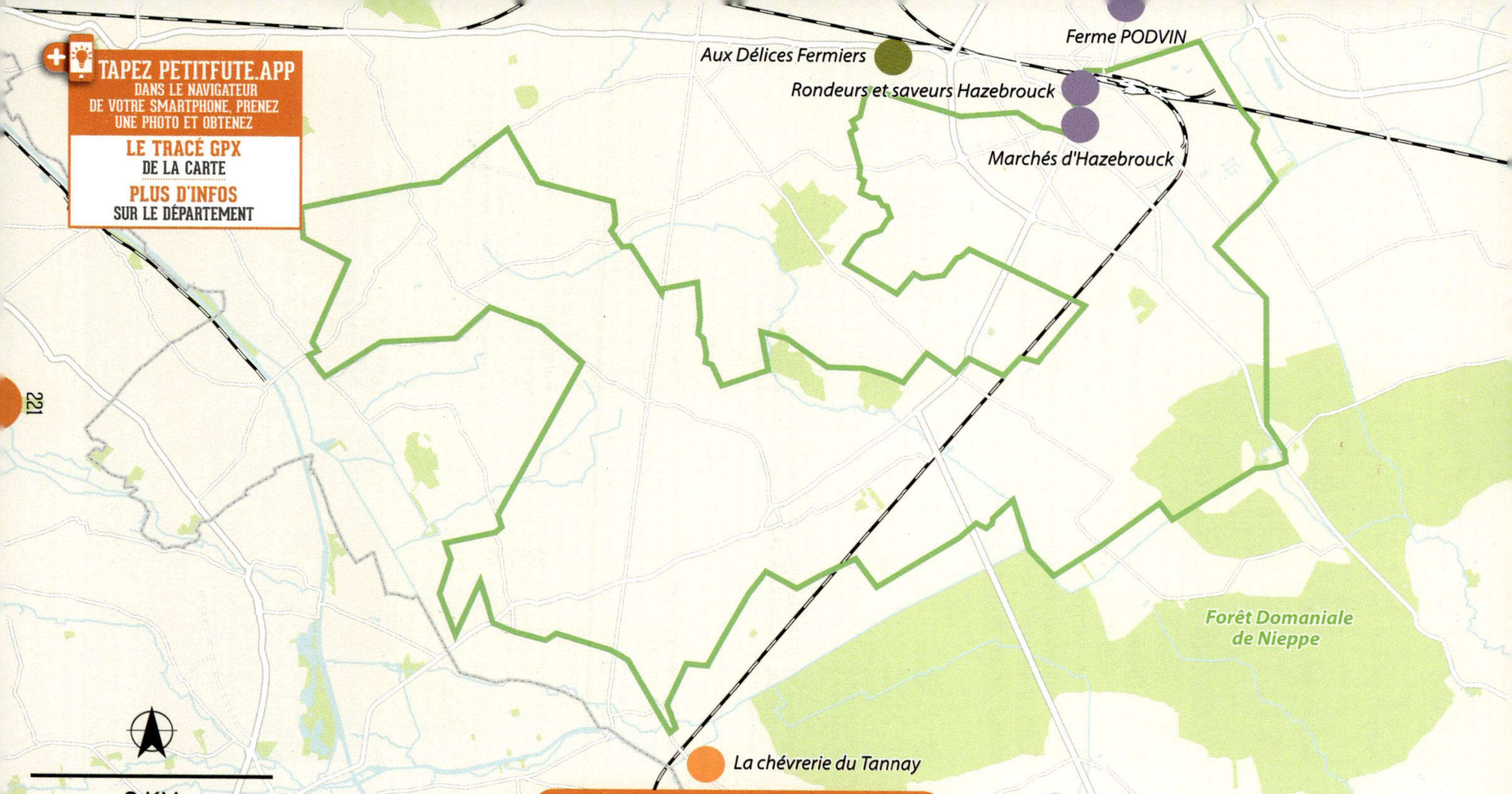

TAPEZ PETITFUTE.APP
DANS LE NAVIGATEUR
DE VOTRE SMARTPHONE, PRENEZ
UNE PHOTO ET OBTENEZ

LE TRACÉ GPX
DE LA CARTE

PLUS D'INFOS
SUR LE DÉPARTEMENT

ENTRE VACHES ET BIQUETTES, LE CHEMIN DES GALIBOTS AUTREMENT

Un itinéraire affiné dans le Nord

Le Chemin des Galibots est une boucle de randonnée qui offre un regard pluriel sur les richesses des paysages naturels et du patrimoine minier du Douaisis et de l'Ostrevent. Il emprunte en grande partie « les cavaliers », anciennes voies ferrées de la compagnie des mines d'Aniche, qui reliaient l'ensemble des carreaux de fosses et terrils.

DISTANCE *35 km*
DURÉE ESTIMÉE *3h30*
NIVEAU ▲▲▲△△

LES CHEVRETTES DU TERRIL

Rue de l'espace terril
59870 RIEULAY
✆ 06 73 54 49 52
Horaires d'ouverture : Le mercredi, samedi et dimanche de 10h à 12h et de 15h à 18h (accès libre et gratuit à la chèvrerie et à la traite de 18h)
Distance : 0,8 km
Fromages : fromage de chèvre

AU FIL DES SAISONS

27 ter, rue Jean Jaurès
59870 RIEULAY
✆ 03 66 87 00 09
Horaires d'ouverture : Du mardi au samedi de 9h à 12h et 14h à 19h
Distance : 1 km

LA FERME LAWNICZAK

29, rue Chevalier de la Barre
59490 SOMAIN
✆ 06 3 21 81 85
Horaires d'ouverture : Le vendredi de 15h à 17h30, le samedi de 10h à 12h et 15h à 17h30 et le dimanche de 10h à 12h
Distance : 0,6 km

LA FERME BRABANT

60, rue de Masny
59234 MONCHECOURT
✆ 06 13 21 63 20
Horaires d'ouverture : Du lundi au vendredi de 8h30 à 12h30 et 14h30 à 19h. Le samedi de 8h30 à 19h et dimanche de 8h30 à 12h30
Distance : 4 km
Fromages : Yaourts, crème fraîche, fromage blanc

La rando biquette.

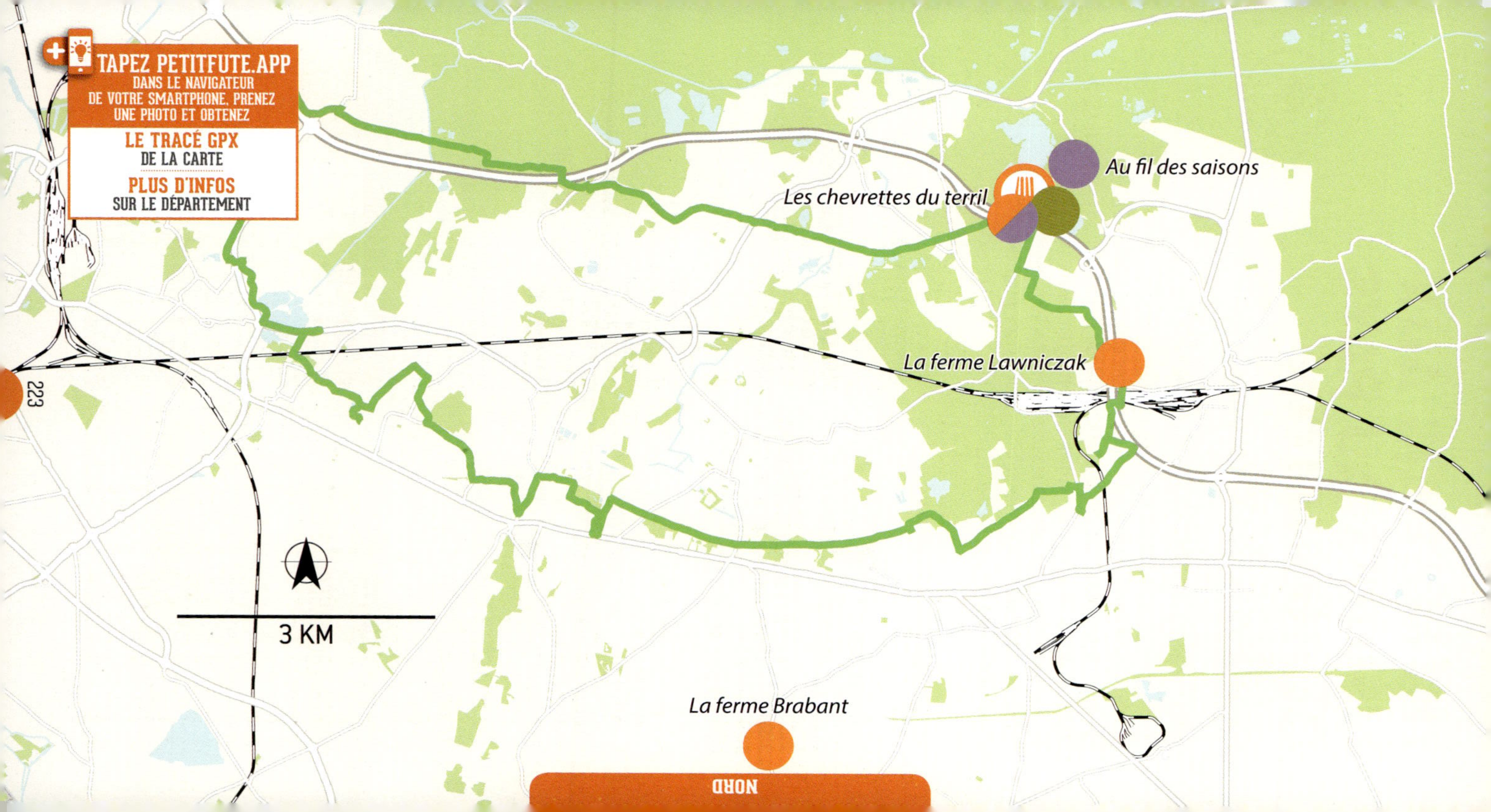
TAPEZ PETITFUTE.APP
DANS LE NAVIGATEUR
DE VOTRE SMARTPHONE, PRENEZ
UNE PHOTO ET OBTENEZ
LE TRACÉ GPX
DE LA CARTE
PLUS D'INFOS
SUR LE DÉPARTEMENT
Au fil des saisons
Les chevrettes du terril
La ferme Lawniczak
La ferme Brabant
3 KM

DU MARAIS AUX LIÈVRES AU PAYS DU HOUBLON

Un itinéraire affiné dans le Nord

Cet itinéraire frontalier relie deux villes chargées d'histoire : Hazebrouck et Poperinge en Belgique. Vous pourrez tout au long de votre route découvrir le patrimoine culinaire locale, notamment à l'Abbaye cistercienne du Monts des Cats où l'on fabrique un fromage du même nom et où l'on brasse une excellente bière trappiste. Votre route sera parfumée par les cultures de houblons de Poperinge, terminez d'ailleurs par la visite du musée du Houblon de la ville.

DISTANCE *28,2 km – avec variant de retour : 31,9 km soit 60,1 km*

DURÉE ESTIMÉE *2h30 sans les étapes - 4h circuit principal*

NIVEAU ▲▲▲△△

NORD

AUX DÉLICES FERMIERS

1285, les 5 rues - 59190 HAZEBROUCK
✆ 03 28 44 32 17 / 06 81 56 47 51
Horaires d'ouverture : Les lundis, mardis, mercredis, vendredis et samedis de 14h30 à 18h15
Distance : 2 km
Fromages : Fromage de vache, beurre, crème fraîche et yaourts

RONDEURS ET SAVEURS HAZEBROUCK

9, rue du maréchal Leclerc - 59190 HAZEBROUCK
✆ 03 28 41 79 92
Horaires d'ouverture : Du lundi au samedi de 9h à 12h30 et de 14h30 à 19h, le dimanche de 9h à 12h30
Distance : 0,7 km
Fromages : Fromages locaux

MARCHÉS D'HAZEBROUCK

Place du Général De Gaulle
59190 HAZEBROUCK
Horaires d'ouverture : Le lundi de 8h à 14h et le dimanche de 8h à 14h
Distance : Sur l'itinéraire

LA FROMAGERIE D'EECKE

10 Résidence du Vivier - 59114 AECKE
✆ 06 88 57 19 62
Horaires d'ouverture : Le vendredi de 18h à 19h30 et sur réservation
Distance : Sur l'itinéraire
Fromages : Eeckekaes, P'tit Belge, le Carré, le Trhoublon

ABBAYE DU MONT DES CATS

2470, route du Mont des Cats
59270 GEAERSVELDE
✆ 03 28 43 83 60
Horaires d'ouverture : Le dimanche et lundi de 14h à 18h et le mercredi et samedi de 10h à 12h et de 14h à 18h
Distance : Sur l'itinéraire
Fromages : Mont des Cats, Flamay, Mont des Cats vieux, Mont des Cats à la bière trappiste

L'ESTAMINET AU ROI DU POT'JE

31, rue du Mont des Cats
59 270 GODEWAERSVELDE
✆ 03 28 42 52 56
Horaires d'ouverture : sur réservation
Distance : Sur l'itinéraire

ABBAYE BRASSERIE ST BERNARDUS

Trappistenweg 23
8978 WATOU
✆ +32 57 38 80 21
Distance : 2 km

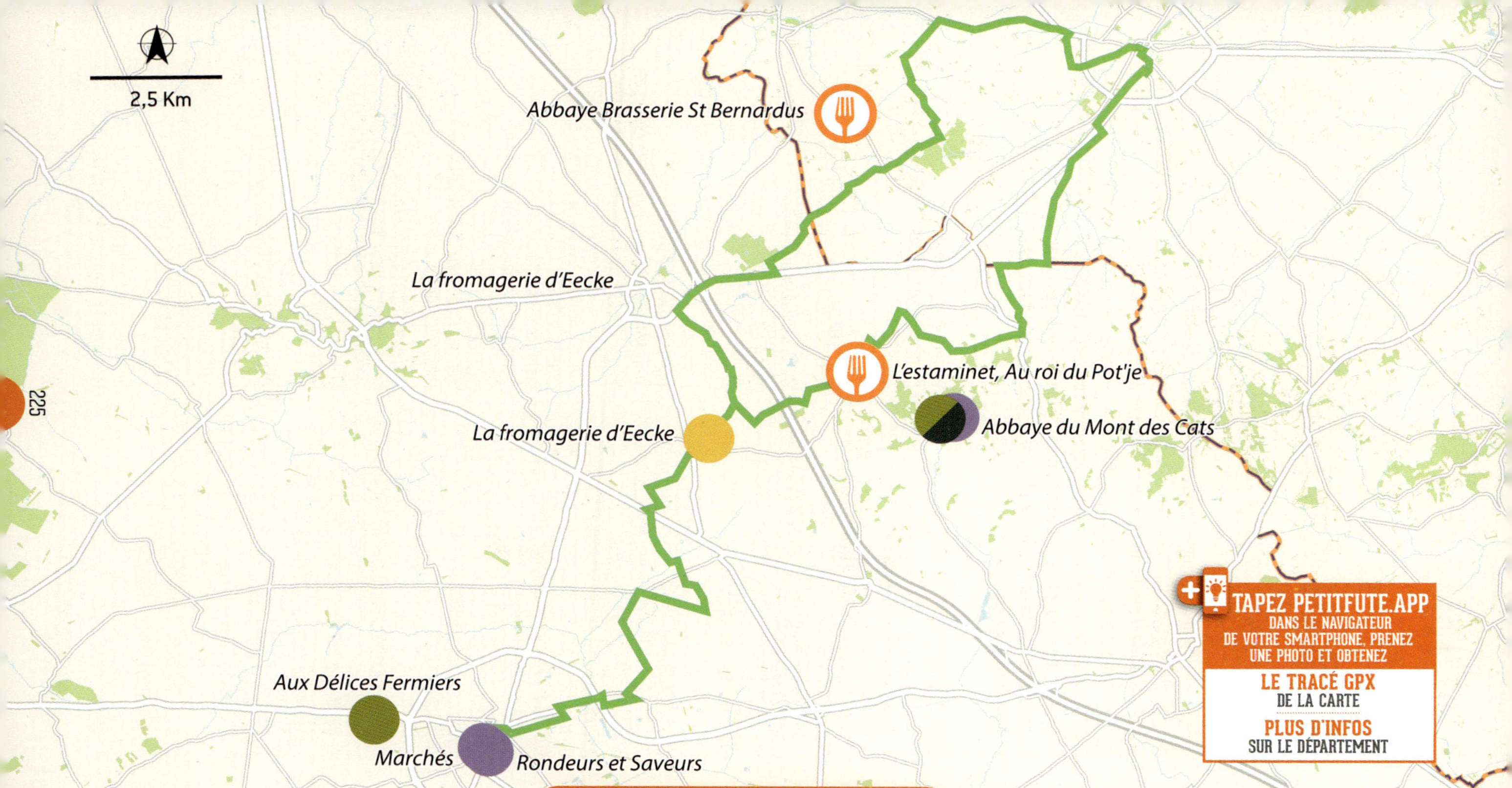

TAPEZ PETITFUTE.APP
DANS LE NAVIGATEUR
DE VOTRE SMARTPHONE, PRENEZ
UNE PHOTO ET OBTENEZ

LE TRACÉ GPX
DE LA CARTE

PLUS D'INFOS
SUR LE DÉPARTEMENT

FROMAGE EN ALTITUDE, AUTOUR DE L'EVEREST DES FLANDRES

Un itinéraire affiné dans le Nord

Pour les plus courageux, gravir 76 fois la montée de la Porte d'Aire jusqu'au Moulin de Cassel, revient à gravir le mont Everest (soit l'équivalent de 8 849 m de dénivelé). Ne vous en faites pas, il y a sur cet itinéraire de nombreux camps de base qui vous permettront de vous ravitailler en fromage de chèvre, en boulet de Cassel et autres produits laitiers. Cette boucle ravira autant les cyclistes en quête d'exploits que ceux à la recherche d'un itinéraire sans trop de tracas !

DISTANCE *23,3 km ou 34,2 km*

DURÉE ESTIMÉE *3h*

DÉNIVELÉ POSITIF *564m*

NIVEAU ▲▲▲△△

NORD

LA CHÈVRERIE

Ouverture avril 2020
927, route du Waeghedrugge - 59114 TERDEGHEM
© 06 62 70 74 06
Horaires d'ouverture : Le vendredi de 16h à 18h et le samedi de 10h à12h et de 16h à 18h
Distance : 1,4 km
Fromages : Fromage de chèvre

FERME BEUN

150, chemin de Terdeghem
59670 SAINTE-MARIE-CAPPEL © 03 28 42 45 25
Horaires d'ouverture : Tous les jours de 9h30 à 12h30 et de 14h30 à 19h, fermé le dimanche
Distance : Sur l'itinéraire
Fromages : Fromage de chèvre et de vache

ELEVAGE VAESKEN

3, route du Korten Loop
59114 SAINT-SYLVESTRE-CAPPEL
© 03 28 40 14 09
Horaires d'ouverture : Sur RDV
Distance : 2 km

LA FERME DES TEMPLIERS

1, rue de Staple - 59670 OXELAËRE
© 03 28 40 50 37
Horaires d'ouverture : Du mercredi au vendredi de 14h à 18h, le samedi de 9h à 12h30 et de 14h à 18h et le dimanche de 9h à 18h30
Distance : Sur l'itinéraire
Fromages : Le Boulet de Cassel, beurre, yaourts

LE COURT-CIRCUIT JEAN PHILIPPE PODEVIN

4, rue du verger - 59670 OXELAËRE
© 06 45 50 30 81
Horaires d'ouverture : Commande le jeudi sur lecircuitcourt.fr, retrait des commandes le vendredi de 15h à 18h30 et le samedi de 14h à 19h
Distance : 2,8 km

AU KONING VAN PEENE

8, contour de l'église - 59670 ZUYTPEENE
© 03 28 44 83 92
Horaires d'ouverture : Le vendredi, samedi, dimanche de 12h à 15h et de 19h à 23h
Distance : Sur l'itinéraire

RACINES (VARIANTE)

2, rue Bollaert le Gavrian - 59670 CASSEL
Horaires d'ouverture : Le mercredi de 14h30 à 18h, le jeudi, vendredi et samedi de 10h à 12h et 14h30 à 18h et le dimanche de 10h à 12h30 et de 15h à 18h
Distance : Sur l'itinéraire
Fromages : Fromages fermiers locaux

TRADITION EN NORD (VARIANTE)

36, Grand Place - 59670 CASSEL
Horaires d'ouverture : Tous les jours sauf le mercredi, de 10h à 12h et 14h30 à 17h45
Distance : Sur l'itinéraire
Fromages : Fromages fermiers locaux

AUX CAVES DE CASSEL (VARIANTE)

43, Grand Place - 59670 CASSEL
Horaires d'ouverture : Du mardi au samedi de 9h à 12h30 et de 14h30 à 19h. Le dimanche de 9h30 à 12h30
Distance : Sur l'itinéraire
Fromages : Fromages fermiers locaux

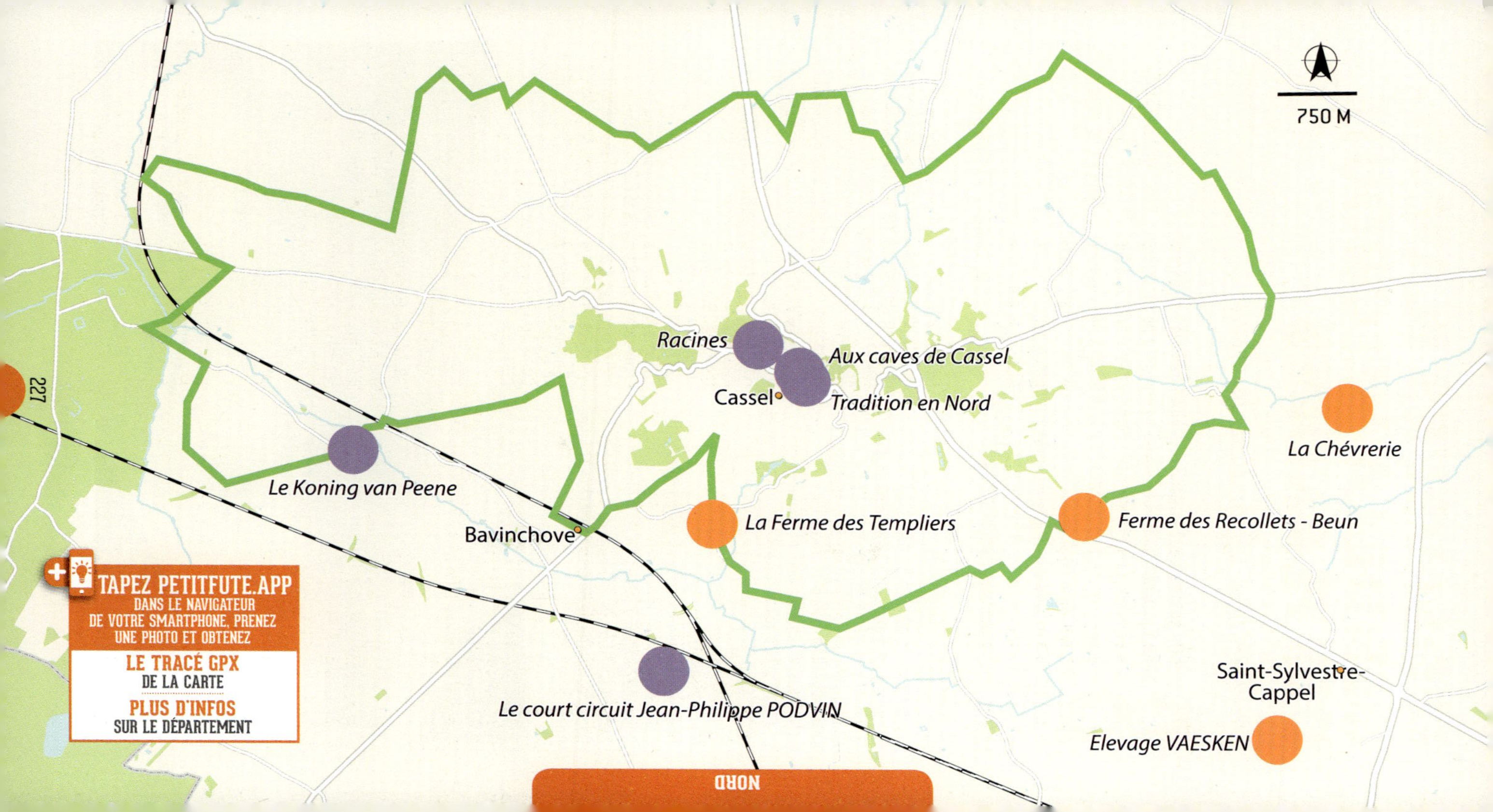

750 M
Racines
Aux caves de Cassel
Cassel
Tradition en Nord
La Chévrerie
Le Koning van Peene
La Ferme des Templiers
Ferme des Recollets - Beun
Bavinchove
Saint-Sylvestre-Cappel
Elevage VAESKEN
Le court circuit Jean-Philippe PODVIN
TAPEZ PETITFUTE.APP
DANS LE NAVIGATEUR
DE VOTRE SMARTPHONE, PRENEZ
UNE PHOTO ET OBTENEZ
LE TRACÉ GPX
DE LA CARTE
PLUS D'INFOS
SUR LE DÉPARTEMENT

LES SAVEURS FLAMANDES DE LA VÉLOROUTE DES FLANDRES

Un itinéraire affiné dans le Nord

Si Brel disait des Flamandes qu'elles dansent sans rien dire, il a omis que leurs saveurs sont en revanche bien parlantes… Cet itinéraire de la gare d'Armentières à la gare d'Escquelbecque vous guide, sur la véloroute des Flandres, de fromage en fromage. Vous pourrez tout au long du chemin observer pousser le houblon et le blé dans le pré.

DISTANCE 64,1 km
DURÉE ESTIMÉE 5h
NIVEAU ▲▲▲△△

LA FERME DU PONT D'ACHELLES

1926, route de Bailleul - 59850 NIEPPE
✆ 03 20 48 60 63 / 06 81 33 99 33
Horaires d'ouverture : Du lundi au jeudi de 9h à 12h30 et de 13h30 à 19h, le vendredi et samedi de 9h à 19h
Distance : 2,5 km
Fromages : Produits laitiers et fromages

FERME HENNION

4343, Nooteboom - 59270 BAILLEUL
✆ 03 28 49 23 58
Horaires d'ouverture : Du lundi au samedi de 10h à 19h
Distance : sur l'itinéraire
Fromages : Fromage de Bergues, Camembert flamand, Tomme de Bailleul, Steent'joie, Brique rouge Flamande

AU ROND-POINT FERMIER

50, avenue de l'Europe
59270 BAILLEUL
✆ 03 28 50 43 99
Horaires d'ouverture : Du mardi au vendredi de 9h30 à 19h et le samedi de 9h30 à 18h30
Distance : 0,9 km
Fromages : Fromages de chèvre frais et affinés, Camembert flamand

MARCHÉ HEBDOMADAIRE DE BAILLEUL

Place Achille Liénard
59270 BAILLEUL
Horaires d'ouverture : Le mardi de 8h à 13h
Autre adresse : *Parvis de la gare*
59270 BAILLEUL
Horaires d'ouverture : Le jeudi de 16h à 20h
Distance : Sur l'itinéraire

La fromagerie d'Eecke.

2,5 KM
Ferme DEJONGHE
Le Marché des saveurs
Oh! Prè de chez vous
Le Marché du coin
L'estaminet, Au roi du Pot'je
La fromagerie d'Eecke
La Ferme des Saules
Au Panier d'Antan
Marché de Bailleul
Ferme Brasserie Beck
Le Rond Point Fermier
La Ferme du Pont d'Achelles
Ferme Hennion
TAPEZ PETITFUTE.APP
DANS LE NAVIGATEUR
DE VOTRE SMARTPHONE, PRENEZ
UNE PHOTO ET OBTENEZ
LE TRACÉ GPX
DE LA CARTE
PLUS D'INFOS
SUR LE DÉPARTEMENT

LES SAVEURS FLAMANDES DE LA VÉLOROUTE DES FLANDRES

Un itinéraire affiné dans le Nord

AU PANIER D'ANTAN

7, rue d'Occident
59270 BAILLEUL
✆ 03 28 50 00 69
Horaires d'ouverture : Le mardi de 14h15 à 19h15, du mercredi au vendredi de 8h45 à 12h30 et de 14h15 à 19h15, le samedi de 8h45 à 19h15 et le dimanche de 8h45 à 12h30
Distance : Sur l'itinéraire

LA FERME DES SAULES

453, route du Mont Noir
59270 BAILLEUL
✆ 03 28 49 13 75 / 06 15 64 39 31
Horaires d'ouverture : Le lundi, mercredi, jeudi, vendredi de 9h à 12h30 et de 14h à 19h, samedi de 9h à 12h30 et de 14h à 19h et le dimanche de 9h30 à 12h. Fermé le mardi.
Distance : 0,4 km
Fromages : Ch'ti Gris, Gouda, Saint Piat

BRASSERIE FERME BECK

1180, Eeckelstraete
59270 BAILLEUL
✆ 03 28 49 03 90
Horaires d'ouverture : sur réservation
Distance : Sur l'itinéraire

L'ESTAMINET AU ROI DU POT'JE

31, rue du Mont des Cats
59 270 GODEWAERSVELDE
✆ 03 28 42 52 56
Horaires d'ouverture : sur réservation
Distance : Sur l'itinéraire

ABBAYE DU MONT DES CATS

2470, route du Mont des Cats
59270 GEAERSVELDE
✆ 03 28 43 83 60
Horaires d'ouverture : Le dimanche et lundi de 14h à 18h et le mercredi et samedi de 10h à 12h et de 14h à 18h
Distance : Sur l'itinéraire
Fromages : Mont des Cats, Flamay, Mont des Cats vieux, Mont des Cats à la bière trappiste

LA FROMAGERIE D'EECKE

10, résidence du Vivier
59114 EECKE
✆ 06 88 57 19 62
Horaires d'ouverture : Le vendredi de 18h à 19h30 et sur réservation
Distance : 0,1 km
Fromages : L'Eeckekaes, P'tit Belge, le Carré, le Trhoublon

OH ! PRÉ DE CHEZ VOUS

81, chemin des Cendres
59114 STEENVOORDE
✆ 06 37 64 92 21
Horaires d'ouverture : vente sur le marché de Steenvoorde de 8h à 12h
Distance : 2 km
Fromages : Yaourts brassés, crèmes glacées

LE MARCHÉ DES SAVEURS

2, Grand Place Norbert Segard
59114 STEENVOORDE
✆ 03 28 40 67 24
Horaires d'ouverture : Le mardi, jeudi, vendredi et samedi de 9h à 12h et de 14h30 à 19h, le mercredi 14h30 à 19h et le dimanche de 9h à 12h, fermé le lundi
Distance : Sur l'itinéraire
Fromages : Fromages locaux

FERME DEJONGHE HARDIFORT

1657, Wylder Straete
59670 HARDIFORT
✆ 03 28 42.44.32
Horaires d'ouverture : Du lundi au samedi de 8h à 19h, fermé jeudi et dimanche
Distance : Sur l'itinéraire
Fromages : Produits laitiers

Abbaye du Mont des Cats.
© I D'HULST

TOMMES SUR LE POUCE AU PAYS DES GRE-NOUILLES ROUSSES

Un itinéraire affiné dans le Nord

Dans le Parc naturel régional Scarpe-Escaut, la plaine humide bucolique, la rivière et la forêt offrent un écrin de verdure entre Orchies et Somain. Sur les voies vertes, le chant des grenouilles, mais aussi l'odeur des fromages ! Tomme d'Orchies et de Marchiennes et autres spécialités sont à découvrir chez les producteurs et commerçants. Et si vous finissiez la journée en assistant à la traite ?

DISTANCE *23,5 km*

DURÉE ESTIMÉE *1h30 sans étapes, environ 2h30 si arrêt aux 5 étapes*

DÉNIVELÉ POSITIF *35 m*

NIVEAU ▲△△△△

FERME DES TUILERIES

Route de Marchiennes - 59310 ORCHIES

✆ 03 20 05 53 10

Horaires d'ouverture : Du lundi au samedi de 9h30 à 12h et de 14h30 à 19h, le dimanche de 9h30 à 12h

Distance : 2,08 km

Fromages : Tomme d'Orchies, Mimolette, Maroilles, Camembert

FERME DES SABLIÈRES

Rue du moulin - 59310 BEUVRY-LA-FORÊT

✆ 06 75 83 94 48

Horaires d'ouverture : Le samedi de 9h à 12h

Distance : 0,5 km

Fromages : Fromage frais et yaourts

LA CAVE D'ÉRIC

7, rue Auguste Maton
59870 MARCHIENNES

✆ 03 27 96 48 49

Horaires d'ouverture : Du lundi au samedi de 10h à 12h30 et de 14h30 à 19h

Distance : 0,85 km

Fromages : Tomme de Marchiennes

AU FIL DES SAISONS

27 ter, rue Jean Jaurès - 59870 RIEULAY

Horaires d'ouverture : Du mardi au samedi de 9h à 12h et de 14h à 18h

Distance : 1,8 km

Fromages : Tomme, produits locaux

LES CHEVRETTES DU TERRIL

Rue de l'espace terril - 59870 RIEULAY

✆ 06 73 54 49 52

Horaires d'ouverture : Le mercredi, samedi et dimanche de 10h à 12h et de 15h à 18h (accès libre et gratuit à la chèvrerie et à la traite de 18h)

Distance : 0,8 km

Fromages : fromage de chèvre

Scarpe à vélo.

TAPEZ PETITFUTE.APP
DANS LE NAVIGATEUR
DE VOTRE SMARTPHONE, PRENEZ
UNE PHOTO ET OBTENEZ
LE TRACÉ GPX
DE LA CARTE
PLUS D'INFOS
SUR LE DÉPARTEMENT
Ferme des Tuileries
La Ferme des Sablières
La Cave d'Eric
Au fil des saisons
Les Chevrettes du Terril
3 KM

LA VÉLOROUTE DE L'AVESNOIS-THIÉRACHE

Un itinéraire affiné dans le Nord et dans l'Aisne

Terre de bocage, paysages de vergers et de rivières sinueuses, l'Avesnois et la Thiérache vous plongent en plein cœur d'une nature d'exception ! Suivez l'EuroVelo 3 et devenez l'aventurier que vous avez toujours souhaité devenir ! Ce parcours ludique vous propose de nombreuses haltes gourmandes à la découverte du fameux Maroilles et ses dérivés laitiers (Boulettes d'Avesnes, Dauphin...) et surprenez vos papilles en dégustant le bon cidre fermier du cru ou le jus de pomme.

DISTANCE *103 km*
DURÉE ESTIMÉE *10h*
DÉNIVELÉ POSITIF *250 m*
NIVEAU ▲▲▲△△

NORD

MARCHÉ DE MAUBEUGE

Place de Wattignies - 59600 MAUBEUGE
✆ 03 27 53 75 75
Horaires d'ouverture : Le samedi de 8h à 13h
Fromages : Fromages au lait cru de vache et fromages de chèvre

MARCHÉ DE SOLRE-LE-CHÂTEAU

Grand Place
59740 SOLRE-LE-CHÂTEAU
✆ 03 27 56 12 90
Horaires d'ouverture : Tous les mardis des semaines paires, de 9h à 12h, semaines paires de novembre à février
Fromages : Fromages au lait cru de vache et fromages de chèvre

FERME DU PARADIS

13, rue Cromboulie
59740 CLAIRFAYTS
✆ 03 61 21 41 01
Horaires d'ouverture : Sur RDV
Distance : 6,5 km
Fromages : fromages de chèvre

FERME DU PONT DE SAINS

3, le Pont de Sains - 59610 FÉRON
✆ 03 27 60 83 83
Horaires d'ouverture : Du lundi au samedi de 9h à 12h30 et de 13h à 18h
Distance : 5,5 km
Fromages : Maroilles bio

MARCHÉ LOCAL DE FÉRON

Place du village
59610 FÉRON
✆ 03 26 60 10 46
Horaires d'ouverture : 2e dimanche de chaque mois de 10h à 13h
Fromages : Fromages au lait cru de vache et fromages de chèvre

MARCHÉ D'HIRSON

Place de la République
02500 HIRSON
✆ 03 23 58 38 88
Horaires d'ouverture : Tous les jeudis de 8h à 13h
Fromages : Fromages au lait cru de vache et fromages de chèvre

LES COPAINS D'THIÉRACHE

7, place Victor Hugo
02500 HIRSON
✆ 09 73 22 18 74
Horaires d'ouverture : De 10h à 12h30 et de 14h30 à 18h30, fermeture dimanche et lundi après-midi
Fromages : Fromages au lait cru de vache

MARCHÉ BIO, LOCAL ET ARTISANAL

Place de la Mairie
02580 ÉTRÉAUPONT
✆ 03 23 97 40 46
Horaires d'ouverture : 3e samedi de chaque mois, de 16h à 20h
Fromages : Maroilles, fromages au lait cru et fromages de chèvre

La boulette d'Avesnes.

LA VÉLOROUTE DE L'AVESNOIS-THIÉRACHE

Un itinéraire affiné dans le Nord et dans l'Aisne

FROMAGERIE LEDUC

4, route de La Capelle
02260 SOMMERON
✆ 03 23 97 23 86
Horaires d'ouverture : Du lundi au vendredi de 9h à 12h et de 14h à 16h30
Distance : 3,5 km
Fromages : Maroilles

LES COPAINS D'THIÉRACHE

24, rue Camille Desmoulins
02120 GUISE
✆ 09 73 22 18 74
Horaires d'ouverture : Du mardi au vendredi de 10h à 12h30 et de 14h30 à 18h30, le samedi de 8h30 à 12h30 et de 14h30 à 17h, fermé le dimanche et lundi

FROMAGERIE LESIRE

11, rue Dardennes
02500 MONDREPUIS
✆ 03 23 58 13 51
Horaires d'ouverture : Le jeudi de 8h30 à 11h45
Distance : 3 km
Fromages : Maroilles

FROMAGERIE LAIT DE FERMES

2, rue de la Hérie
02500 EPARCY
✆ 06 74 96 67 07
Horaires d'ouverture : Du lundi au samedi de 9h à 12h et le vendredi de 9h à 12h et de 15h à 19h
Distance : 4,5 km
Fromages : Maroilles

FERME DE LA FONTAINE ORION

1, rue Hurtebise
02140 HAUTION
✆ 03 23 98 22 50
Horaires d'ouverture : Du lundi au vendredi de 9h à 12h et de 14h à 18h et le samedi de 10h à 12h
Distance : 6 km
Fromages : Maroilles

LA MAGUETTERIE

1, rue du Cimetière - 02120 CHIGNY
✆ 03 23 60 25 96
Horaires d'ouverture : Tous les jours de 17h à 18h pour la traite
Distance : 0,8 km
Fromages : Fromages de chèvre

MARCHÉ DE GUISE

Place d'Armes
02120 GUISE
✆ 03 23 61 80 80
Horaires d'ouverture : Tous les samedis de 8h à 13h
Fromages : Fromages au lait cru de vache, fromages de chèvre

Le maroilles, fromage de caractère typique de la région.

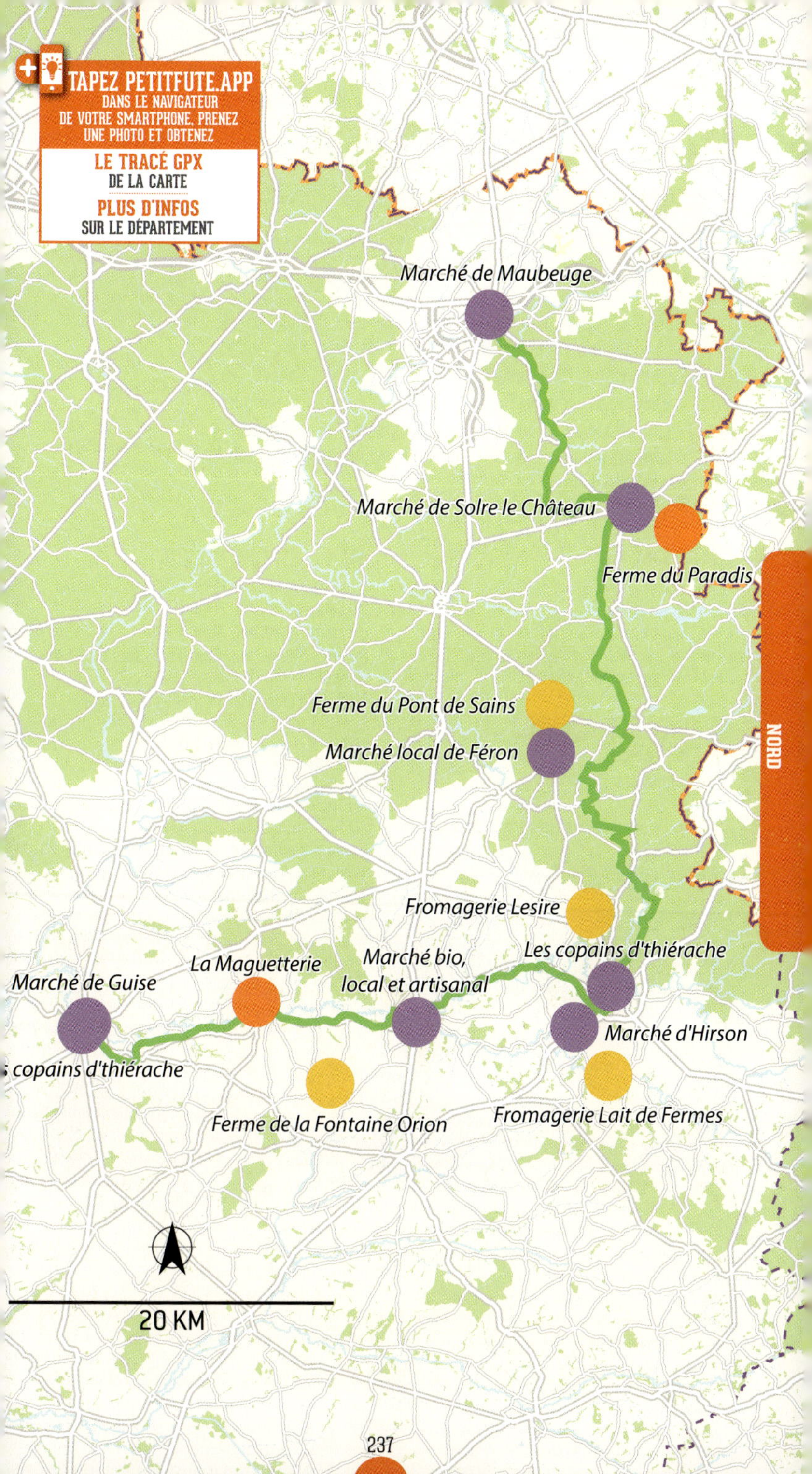
TAPEZ PETITFUTE.APP
DANS LE NAVIGATEUR DE VOTRE SMARTPHONE, PRENEZ UNE PHOTO ET OBTENEZ
LE TRACÉ GPX
DE LA CARTE
PLUS D'INFOS
SUR LE DÉPARTEMENT
Marché de Maubeuge
Marché de Solre le Château
Ferme du Paradis
Ferme du Pont de Sains
Marché local de Féron
Fromagerie Lesire
Les copains d'thiérache
Marché bio, local et artisanal
La Maguetterie
Marché de Guise
copains d'thiérache
Marché d'Hirson
Ferme de la Fontaine Orion
Fromagerie Lait de Fermes
20 KM

VÉLO & FROMAGES PAR ÉCOUCHÉ-LES-VALLÉES

Un itinéraire affiné dans l'Orne

Cet itinéraire s'appuie sur le schéma départemental vélo. Il constitue une boucle reliant Écouché-les-Vallées et Briouze, au coeur du Pays du Houlme, berceau de la marque emblématique « Gillot », ce camembert AOP d'exception fabriqué à partir de lait cru collecté chez les producteurs de la zone du bocage ornais.

DISTANCE *49 km*
DURÉE ESTIMÉE *3h20*
NIVEAU ▲△△△△

ORNE

GILLOT SAS

Le Moulin - 61220 SAINT-HILAIRE-DE-BRIOUZE
✆ 02 33 62 14 00
Vente : vendredi 9h-12h et 14h-16h
Fromages : Camembert de Normandie, Pont l'Évêque, Coulommiers, Brie

GAEC DES COURBES DE LA CANCE

La Noë - 61150 TANQUES
✆ 02 33 67 05 51
Horaires d'ouverture : Visite sur rendez-vous, vente à la ferme
Fromages : yaourt, beurre, lait de vache

LA CHÈVRE BLEUE

La Durandière
61150 RÂNES
✆ 02 33 39 79 49
Horaires d'ouverture : Tous les jours de 9h à 13h et de 16h à 19h30, traite à 19h
Fromages : faisselle, fromages de chèvre

LA FERME KER'FLAVEUR

L'Être aux Brières
61210 LA FRESNAYE-AU-SAUVAGE
✆ 06 43 80 77 79
Horaires d'ouverture : Le vendredi de 16h à 20h, visite sur rendez-vous

Camembert.

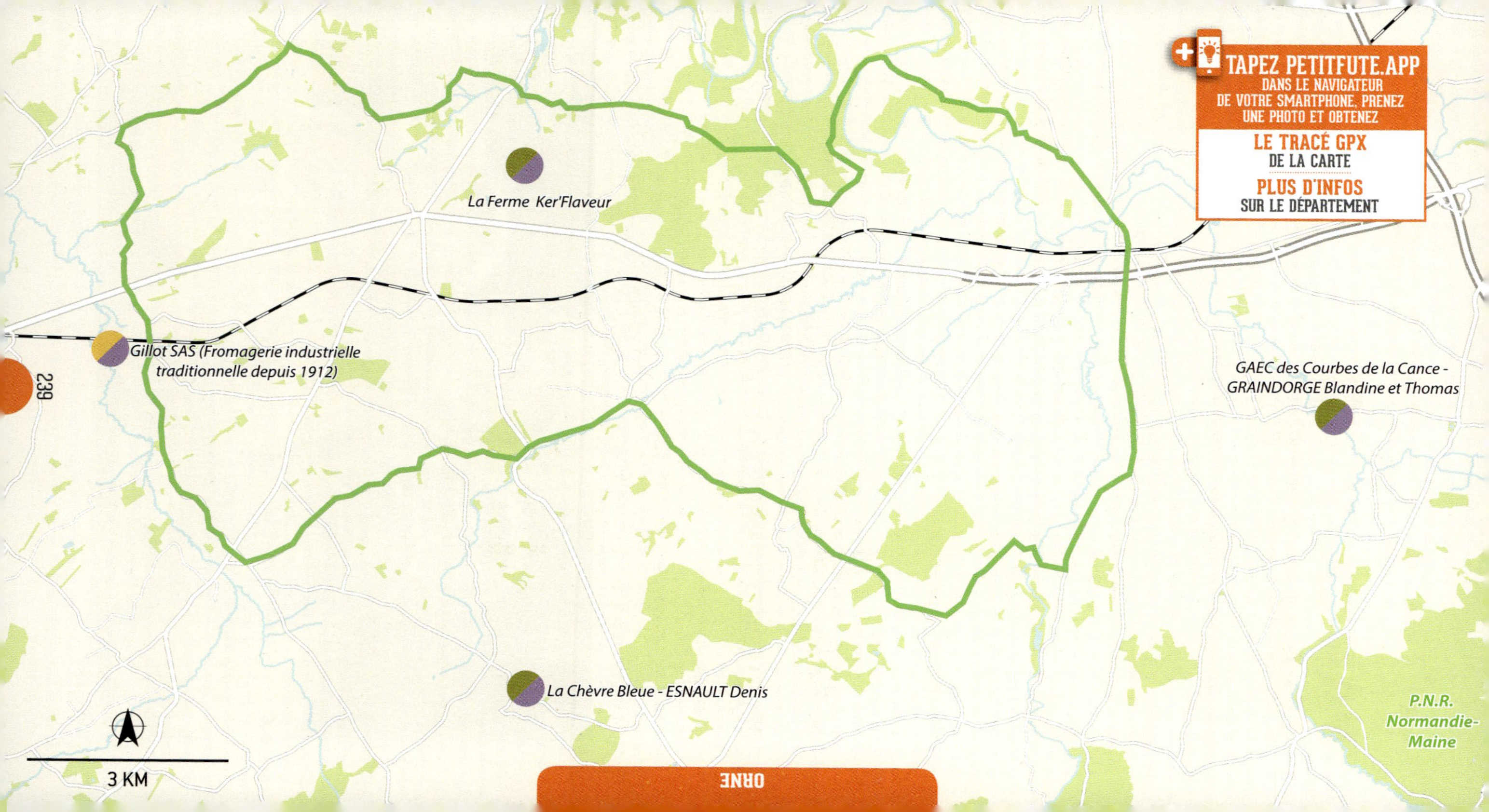

TAPEZ PETITFUTE.APP
DANS LE NAVIGATEUR
DE VOTRE SMARTPHONE, PRENEZ
UNE PHOTO ET OBTENEZ
LE TRACÉ GPX
DE LA CARTE
PLUS D'INFOS
SUR LE DÉPARTEMENT
La Ferme Ker'Flaveur
Gillot SAS (Fromagerie industrielle
traditionnelle depuis 1912)
GAEC des Courbes de la Cance -
GRAINDORGE Blandine et Thomas
La Chèvre Bleue - ESNAULT Denis
P.N.R.
Normandie-
Maine
3 KM

VÉLO & FROMAGES PAR LA VÉLO FRANCETTE

Un itinéraire affiné dans l'Orne

Ce parcours entre Flers et Domfront emprunte les voies de la Vélo Francette, cet itinéraire cyclable à la découverte des saveurs de la douce France ! Idéal pour une promenade en famille, il offre en quelques kilomètres l'opportunité de visiter 3 sites fromagers normands qui raviront les papilles des petits et des grands !

DISTANCE *23 km*
DURÉE ESTIMÉE *1h10*
DÉNIVELÉ POSITIF *68 m*
NIVEAU ▲△△△△

GAEC DES BULÉES

Les Droulis
61100 FLERS
✆ 02 33 96 13 98
Vente : à retrouver en grandes et moyennes surfaces à Flers
Crèmerie : beurre, crème crue

LA FERME DE CHAMPSECRET

La Novère
61700 CHAMPSECRET
✆ 02 33 37 60 19
Horaires d'ouverture : en libre service tous les jours sauf dim. 8h-20h
Vente direct sam. 10h-12h à la ferme
Visites : toute l'année sur RDV
Fromages : Camembert bio AOP et fermier, crème, beurre

GAEC LA CHÈVRERIE

La Martinière
61450 BANVOU
✆ 02 33 66 99 30
Horaires d'ouverture : du lun. au sam. 10h-13h et 16h-19h (fermé en janvier), grandes et moyennes surfaces à Flers et Domfront, marché de Domfront le ven.
Fromages : tomme de chèvre, faisselle, fromage frais

Camemberts.

TAPEZ PETITFUTE.APP
DANS LE NAVIGATEUR
DE VOTRE SMARTPHONE, PRENEZ
UNE PHOTO ET OBTENEZ

LE TRACÉ GPX
DE LA CARTE

PLUS D'INFOS
SUR LE DÉPARTEMENT

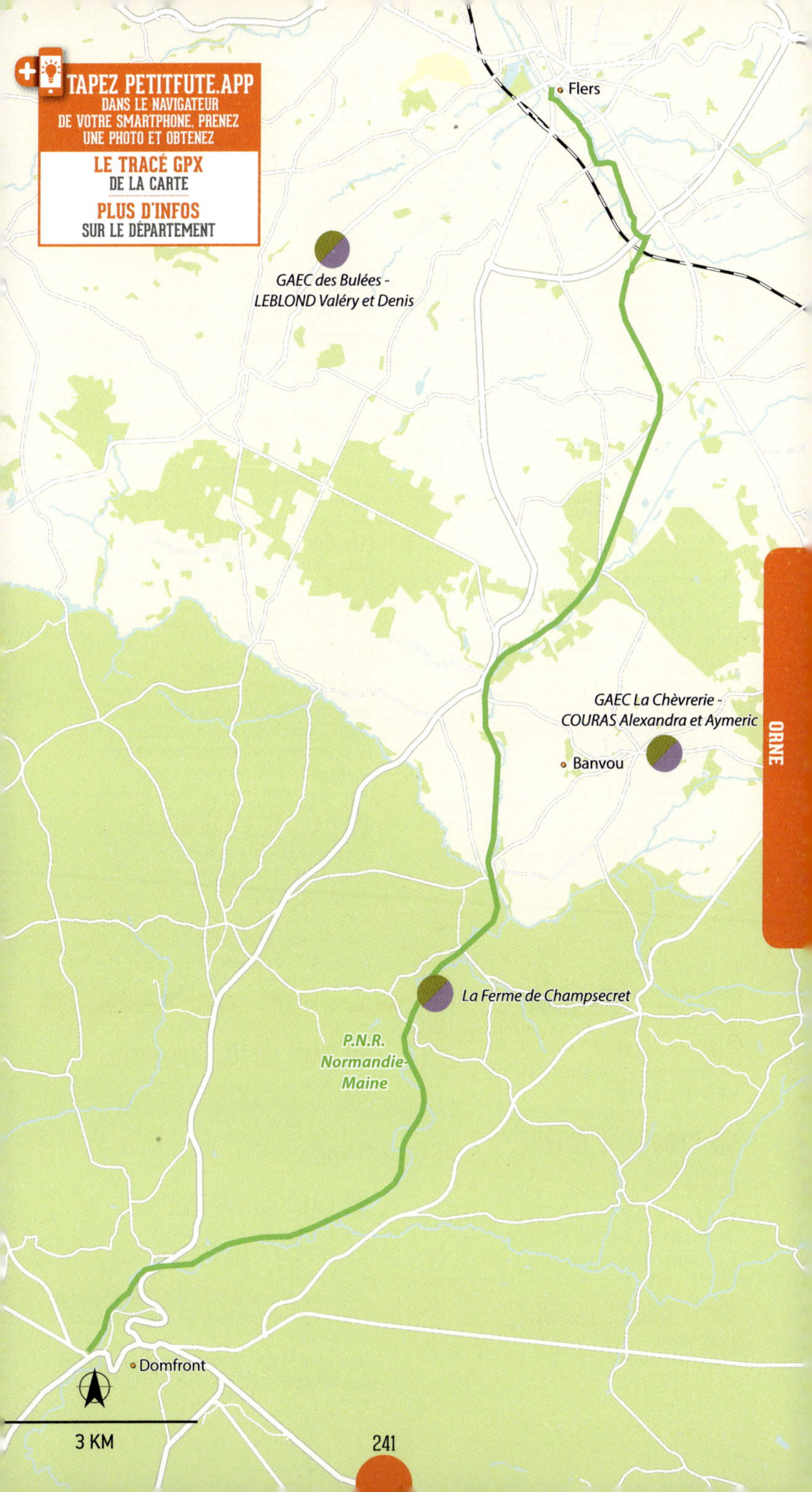

VÉLO & FROMAGES PAR LA VÉLOSCÉNIE

Un itinéraire affiné dans l'Orne

Ce parcours emprunte les routes de la Véloscénie, cet itinéraire vélo « grand spectacle » qui reliera bientôt Paris au Mont-Saint-Michel ! Sur les chemins ornais au croisement de Mortagne-au-Perche, vous pourrez effectuer deux boucles fromagères à la découverte des producteurs, des fermiers et même des glaciers de ce joyau préservé du Perche.

DISTANCE *91,6 km*
DURÉE ESTIMÉE *6h05*
DÉNIVELÉ POSITIF *1037 m*
NIVEAU ▲▲▲△△

LES FROMAGES DE STÉPHANIE

Le Champ Laudier
61170 ST LÉGER-SUR-SARTHE
Horaires d'ouverture : marchés du Mêle sur Sarthe (mer.), Intermarché de Saint Julien sur Sarthe
Fromages : Tomme de vache, Camembert de Normandie AOP, Fromage blanc, crème crue, yaourt

R10

5, place Notre-Dame
61400 MORTAGNE-AU-PERCHE
✆ 06 83 70 71 41
Horaires d'ouverture : En été du mardi au samedi de 9h30 à 18h.
Produits : glaces artisanales

GLACE'ART

2, rue des Déportés
61400 MORTAGNE-AU-PERCHE
✆ 02 33 85 70 38
Horaires d'ouverture: Du mardi au jeudi de 16h à 19h, le vendredi de 10h à 12h et de 15h à 19h, le samedi de 10h à 19h et le dimanche de 10h à 13h
Produits : glaces artisanales issu de lait bio de vaches normandes

VÉRONIQUE QUINET

La Grossinère
61130 COURGEOUT
✆ 06 24 39 15 77
Ouvert tous les jours sur rdv
Fromages : chèvre

FERME DE L'ETOILE

Hôtel Neveu
61400 COURGEON
✆ 02 33 25 10 67
Horaires d'ouverture : jeu. ven. 10h-12h et 15h-18h30 et sam. 15h-18h30
Crèmerie : beurre, crème crue, crème caramel, fromage blanc, lait de vache

GAEC DE LA PILLIÈRE

La Pilière
61400 LE PIN-LA-GARENNE
✆ 02 33 83 82 26
Vente : marché à Mortagne au Perche le sam. matin, magasin de détail à Bellême, Le Pin la Garenne, Rémalard, Mortagne au Perche
Fromages : Petit Percheron, Piloise

GAEC DES CABRIOLES

La Blanchardière des Landres
61400 MAUVES-SUR-HUISNE
✆ 09 54 02 14 69
Horaires d'ouverture : du 15/03 au 15/11 ven. 16h-19h, sam. et dim. 15h-19h
Vente : marché de Bellême jeu. matin, marché couvert de Mortagne au Perche le sam. matin
Fromages : chèvre, Cabriole, Pyramide

GAEC DU VAL PRIMBERT

Saint Jean de la Forêt
61340 PERCHE EN NOCÉ
✆ 06 88 36 73 21
Fromages : brebis

GAEC DU PIS VERT

La chevrolière Nocé
61340 PERCHE EN NOCÉ
✆ 06 84 21 67 77
Horaires d'ouverture: Sur le marché à Nogent-le-Rotrou le samedi matin et à Margon le vendredi après-midi
Fromages : vache, tommes, meul de « Grand ouy », faisselle, crème, beurre, yaourts

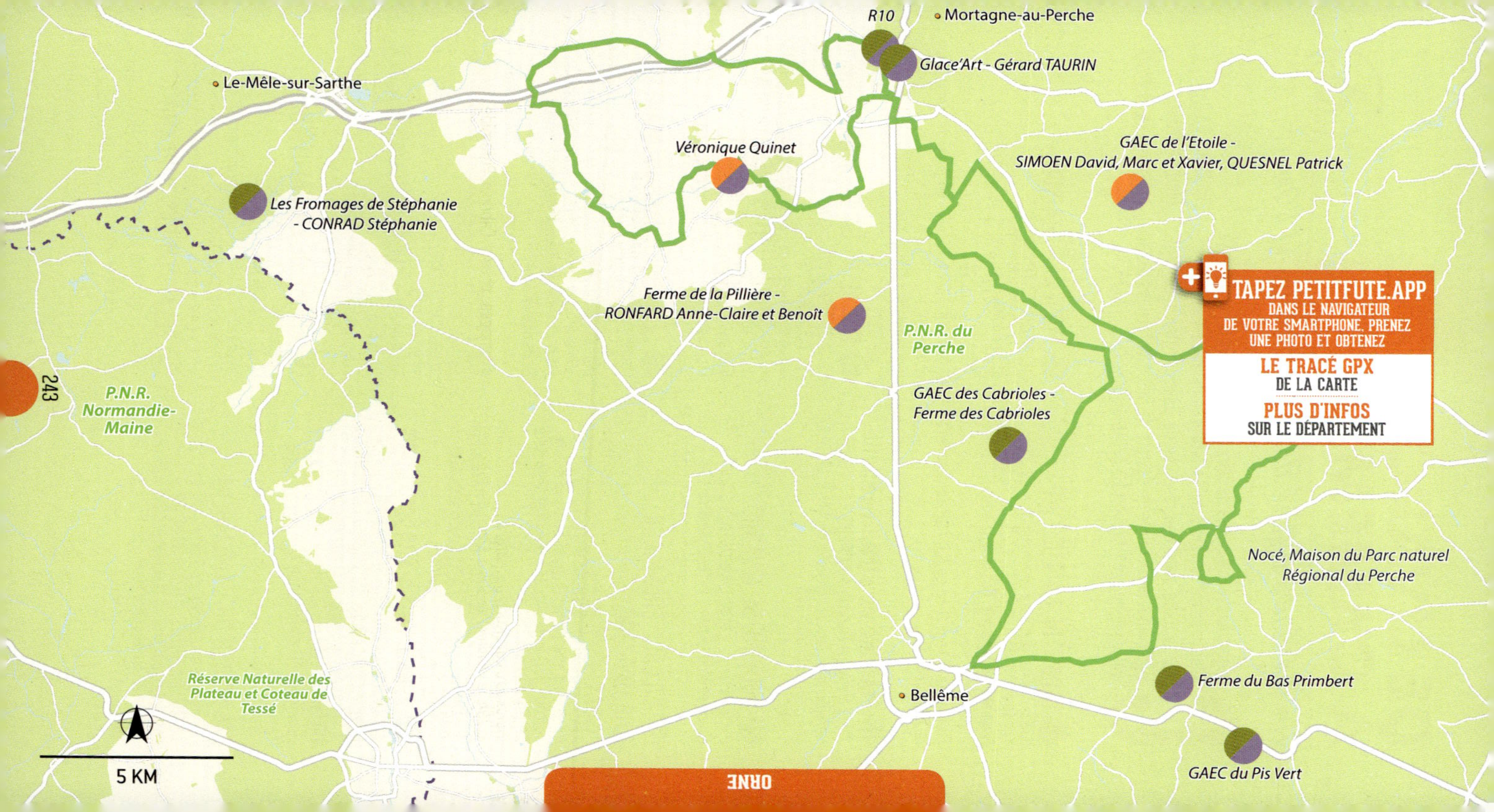
R10
Mortagne-au-Perche
Glace'Art - Gérard TAURIN
Le-Mêle-sur-Sarthe
Véronique Quinet
GAEC de l'Etoile - SIMOEN David, Marc et Xavier, QUESNEL Patrick
Les Fromages de Stéphanie - CONRAD Stéphanie
Ferme de la Pillière - RONFARD Anne-Claire et Benoît
P.N.R. du Perche
TAPEZ PETITFUTE.APP
DANS LE NAVIGATEUR DE VOTRE SMARTPHONE, PRENEZ UNE PHOTO ET OBTENEZ
LE TRACÉ GPX
DE LA CARTE
PLUS D'INFOS
SUR LE DÉPARTEMENT
P.N.R. Normandie-Maine
GAEC des Cabrioles - Ferme des Cabrioles
Nocé, Maison du Parc naturel Régional du Perche
Réserve Naturelle des Plateau et Coteau de Tessé
Bellême
Ferme du Bas Primbert
GAEC du Pis Vert
5 KM

DE LIVAROT À CAMEMBERT

Un itinéraire affiné dans le Calvados et l'Orne

Ce parcours relie deux hauts lieux fromagers dont la notoriété n'a plus besoin d'être prouvée : Livarot et Camembert. Vous pourrez, sur la route, faire des réserves de délicieux fromages, mais également découvrir leurs secrets de fabrication en visitant le Village fromager E. Graindorge et le musée du Camembert.

DISTANCE *55 km*
DURÉE ESTIMÉE *3h*
NIVEAU ▲▲▲△△

FERME DE LA TUILERIE
1388, chemin du Cèdre Le Mesnil-Durand
14140 LIVAROT-PAYS D'AUGE © 06 09 38 08 51
Horaires d'ouverture : Sur rendez-vous
Distance : 7 km
Fromages : Production de lait AOP Camembert de Normandie

MARCHÉ DE VIMOUTIERS
Place Mackau - 61120 VIMOUTIERS
Horaires d'ouverture : Le lundi de 14h à 18h et le vendredi de 8h30 à 13h

MARCHÉ DE LIVAROT
Place Pasteur - 14140 LIVAROT-PAYS D'AUGE
Horaires d'ouverture : Le jeudi de 8h à 13h

VILLAGE FROMAGER E.GRAINDORGE
42, rue du Général Leclerc
14140 LIVAROT-PAYS D'AUGE © 02 31 48 20 00
Horaires d'ouverture : Du lundi au vendredi de 10h à 12h30 et de 14h30 à 17h30 et le samedi de 10h à 13h
Distance : Sur l'itinéraire
Fromage : Livarot AOP, Camembert de Normandie AOP, Pont-l'Évêque AOP, Neufchâtel AOP

FERME DE LA MOISSONNIÈRE
14140 FERVAQUES © 02 31 32 31 23
Horaires d'ouverture : Du lundi au vendredi de 8h à 13h et de 14h à 16h et le samedi de 8h à 12h
Distance : 1,1 km
Fromages : Pont-l'Évêque AOP, Pavé d'Auge, Fervaques

MUSÉE DU CAMEMBERT
10, avenue du Général de Gaulle
61120 VIMOUTIERS © 02 33 39 30 29
Horaires d'ouverture : Du lundi au dimanche de 14h à 18h ou de 10h à 18h en fonction de la saison
Distance : Sur l'itinéraire

MUSÉE ET MAISON DU CAMEMBERT
61 Le Bourg
61120 CAMEMBERT
© 02 33 12 10 37
Horaires d'ouverture : tous les jours de 10h à 18h en saison
Distance : Sur l'itinéraire

FERME DE LA HEURTAUDIÈRE
61120 CAMEMBERT
© 02 33 39 10 75
Horaires d'ouverture : Du lundi au samedi de 9h30 à 12h30 et de 14h30 à 17h30 et le dimanche de 10h à 12h
Distance : 3,6 km
Fromages : Crème fraîche, beurre, confiture de lait

LES CONFITURES DE MARYSE
Launay - 61120 CROUTTES
© 02 33 36 07 31
Horaires d'ouverture : Du mercredi au samedi de 10h à 17h. Visite de la ferme avec découverte du robot de traite et élevage des petits veaux.
Distance : 7 km

FERME DE LA CROIX BLANCHE
La Croix Blanche
61120 VIMOUTIERS
© 02 33 39 32 05
Horaires d'ouverture : Tous les jours à partir de 17h30
Distance : 3,3 km
Fromages : Fromage blanc

FERME DE LA GALOTIÈRE
La Galotière - 61120 CROUTTES
© 02 33 39 05 98
Horaires d'ouverture : du lundi au samedi, de 9h à 12h30 et de 14h à 18h

FERME DU BAS VAUCANU
14140 ST-GERMAIN-DE-MONTGOMMERY
© 02 33 39 25 13

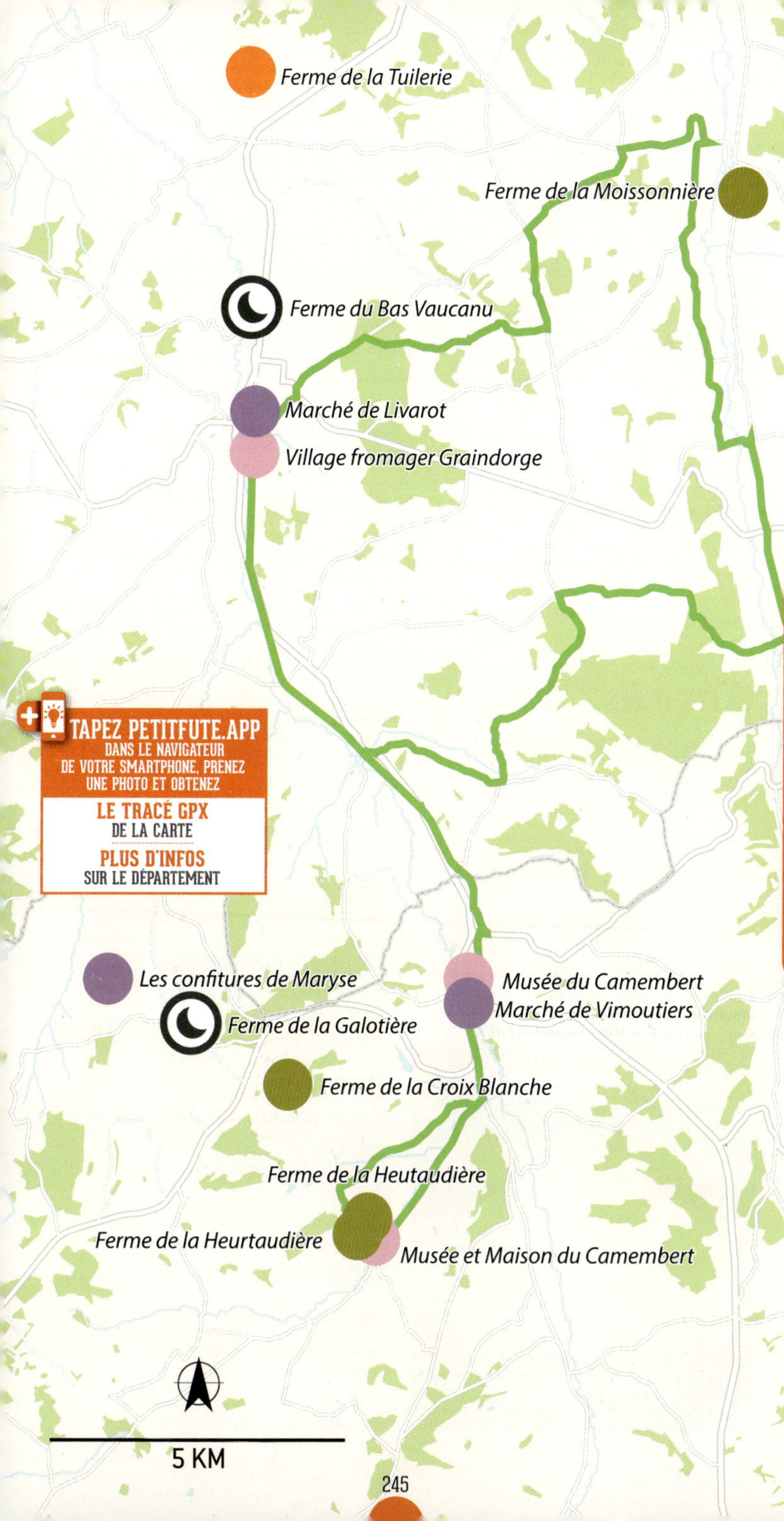
Ferme de la Tuilerie
Ferme de la Moissonnière
Ferme du Bas Vaucanu
Marché de Livarot
Village fromager Graindorge
Les confitures de Maryse
Ferme de la Galotière
Musée du Camembert
Marché de Vimoutiers
Ferme de la Croix Blanche
Ferme de la Heutaudière
Ferme de la Heurtaudière
Musée et Maison du Camembert
5 KM

GTMC : DE LA BOURGOGNE À LA MÉDITERRANÉE

Un itinéraire affiné dans le Puy-de-Dôme

La légendaire Grande Traversée du Massif Central (GTMC) qui reliait depuis 1995 Clermont-Ferrand à Sète, via 700 km de pistes, des montagnes à la mer, est relancée sur un format XXL et un itinéraire encore plus ambitieux et spectaculaire de 1380 km au départ du Morvan. Ce périple inoubliable n'est pas réservé qu'aux experts mais accessible à des novices ou à des familles sur certains tronçons.

DISTANCE *200 km*
NIVEAU ▲▲▲△△

PUY-DE-DÔME

FERME DES COMBES

Rue du château d'eau - Montcheneix
63210 ROCHEFORT-MONTAGNE
✆ 04 73 65 82 61
Ouvert du merc. au sam. 15h-19h et les vend.-sam. 10h-12h30
Fromages : Vache

FERME DES PLANCHETTES

63210 ORCIVAL
✆ 04 73 65 91 99 / 06 23 40 15 96
Visite du lundi au vend. à 10h30
Vente tous les jours 9h-18h
Fromages : Saint-Nectaire

DOMAINE LE PRÉ LAVAL

Pré Laval
63850 ÉGLISENEUVE-D'ENTRAIGUES
✆ 04 73 71 92 11 / 06 28 32 33 95
Ouvert tous les jours 8h-19h
Fromages : Vache et chèvre

© GUILLAUMEBLANCHON CNIE

Saint-Nectaire.

FERME DE LAMBRES

Lieu-dit Lambres, D643
63710 ST-NECTAIRE
✆ 04 73 87 53 34
Ouvert du lundi au vend. 10h-13h et 14h-19h, sam. 11h-13h et 14h-19h, dim. 11h-13h.
Fromages : Saint-Nectaire fermier AOP

FERME DE LAVAL

Moulin de Laval
63710 LE VERNET-SAINTE-MARGUERITE
✆ 04 73 83 62 74
Ouvert tous les jours 7h-19h
Fromages : Saint-Nectaire

FERME LA CLEF DES CHAMPS

Champs
63610 BESSE-ET-SAINT-ANASTAISE
✆ 06 75 54 71 40
Visite possible sur rdv
Fromages : Saint-Nectaire

FERME RANDANNE - GAEC DES VIOLETTES

Pré Laval
63850 ÉGLISENEUVE-D'ENTRAIGUES
✆ 06 74 83 76 63 / 06 30 34 04 09
Horaires d'ouverture : mardi, merc., jeudi, sam. de 10h-12h et 15h-19h ; vend. 17h-19h
Fromages : Vache et chèvre

GAEC DE LA LIGULAIRE

63970 SAULZET-LE-FROID
✆ 04 73 79 31 32
Ouvert du lundi au samedi 11h-18h
Fromages : Saint-Nectaire

Massif du Sancy.

GTMC : DE LA BOURGOGNE À LA MÉDITERRANÉE

Un itinéraire affiné dans le Puy-de-Dôme

© JODIEWAY

Salage.

GAEC DE LA ROUTE DES CAVES

Beaune le Froid - 63790 MUROL
✆ 04 73 88 63 11 / 06 09 69 33 92
Visite tous les jours à 9h et le dimanche sur RDV. Vente les lundi, mardi, jeudi, vend. et sam. de 8h30 -12h30 et de 14h-20h. Le merc. de 8h30-12h30. Le dim. de 8h30-12h30 et 15h-20h.
Fromages : Saint-Nectaire

GAEC DE L'OISEAU

Coudert Grand - 63790 CHAMBON-SUR-LAC
✆ 06 12 07 65 78
Ouvert tous les jours 9h-12h et 14h-18h
Fromages : Saint-Nectaire

GAEC DE MONTJEUDI

Bravant - 63210 OLBY
✆ 06 72 80 92 46
Horaires d'ouverture : Lundi, merc., jeudi de 9h-12h et 14h-16h. Vend. de 16h-19h. Sam. de 9h-12h. Visite sur RDV.
Fromages : Vache

GAEC DES MONTS DORES

Pré Laval - 63850 ÉGLISENEUVE-D'ENTRAIGUES
✆ 04 73 88 64 75 / 06 23 79 60 12
Visite du lundi au sam. à 9h15. Vente du lundi au sam. 8h30-12h et 14h-19h30. Le dim. 8h30-12h.
Fromages : AOP Saint-Nectaire fermier

GAEC DU LAC PAVIN

Pealat - 63610 BESSE-ET-SAINT-ANASTAISE
✆ 04 73 79 51 30 / 06 87 30 31 24
Ouvert tous les jours sans RDV
Fromages : Saint-Nectaire

GAEC DUSSAP

Le Bourg - 63210 CEYSSAT
✆ 04 73 87 11 10 / 06 61 51 61 92
Horaires d'ouverture : sur RDV
Fromages : Vache

FERME LE ROC

1 Le Mini Roc - 63210 ORCIVAL
✆ 04 73 21 29 95
Horaires d'ouverture : du lundi au dimanche de 11h-12h et 16h-19h
Fromages : Saint-Nectaire

GAEC TIXIER

Beaune-le-Froid - 63790 MUROL
✆ 04 73 88 81 10 / 06 70 42 74 10
Visite en été à 9h le lundi, mardi et merc. sinon sur réservation. Vente tous les jours sauf dimanche et jours fériés de 9h-12h et 14h-16h30.
Fromages : Saint-Nectaire

LES BONHEURS DE SOPHIE / LA GRANGE À LUDO

Serre Haut - 63610 BESSE-ET-SAINT-ANASTAISE
✆ 06 13 25 02 82
Ouvert toute l'année
Fromages : brebis et chèvre

TERRE DE SEIGLE

Jassy - 63420 SAINT-ALYRE-ÈS-MONTAGNE
✆ 04 73 71 78 86 / 06 86 87 82 77
Ouvert tous les jours de 8h30-20h sauf le merc. de 8h30-12h30
Fromages : Chèvre et Vache

GAEC LES RUISSEAUX

Ferme les Sagnes
63610 BESSE-ET-SAINT-ANASTAISE
✆ 09 63 47 38 25
Ouvert du lundi au samedi
Fromages : Saint-Nectaire

GAEC DE LA CIME DES PRÉS

La Cime des Prés
63850 ÉGLISENEUVE-D'ENTRAIGUES
✆ 04 73 71 93 88 / 06 28 19 51 01
Goûter ou petit déjeuner à la ferme sur réservation (la veille). Traite à l'estive à 18h. Fabrication du Saint-Nectaire à 19h (hors vacances scolaires sur RDV). Vente du lundi au sam. de 9h-20h.
Fromages : Vache

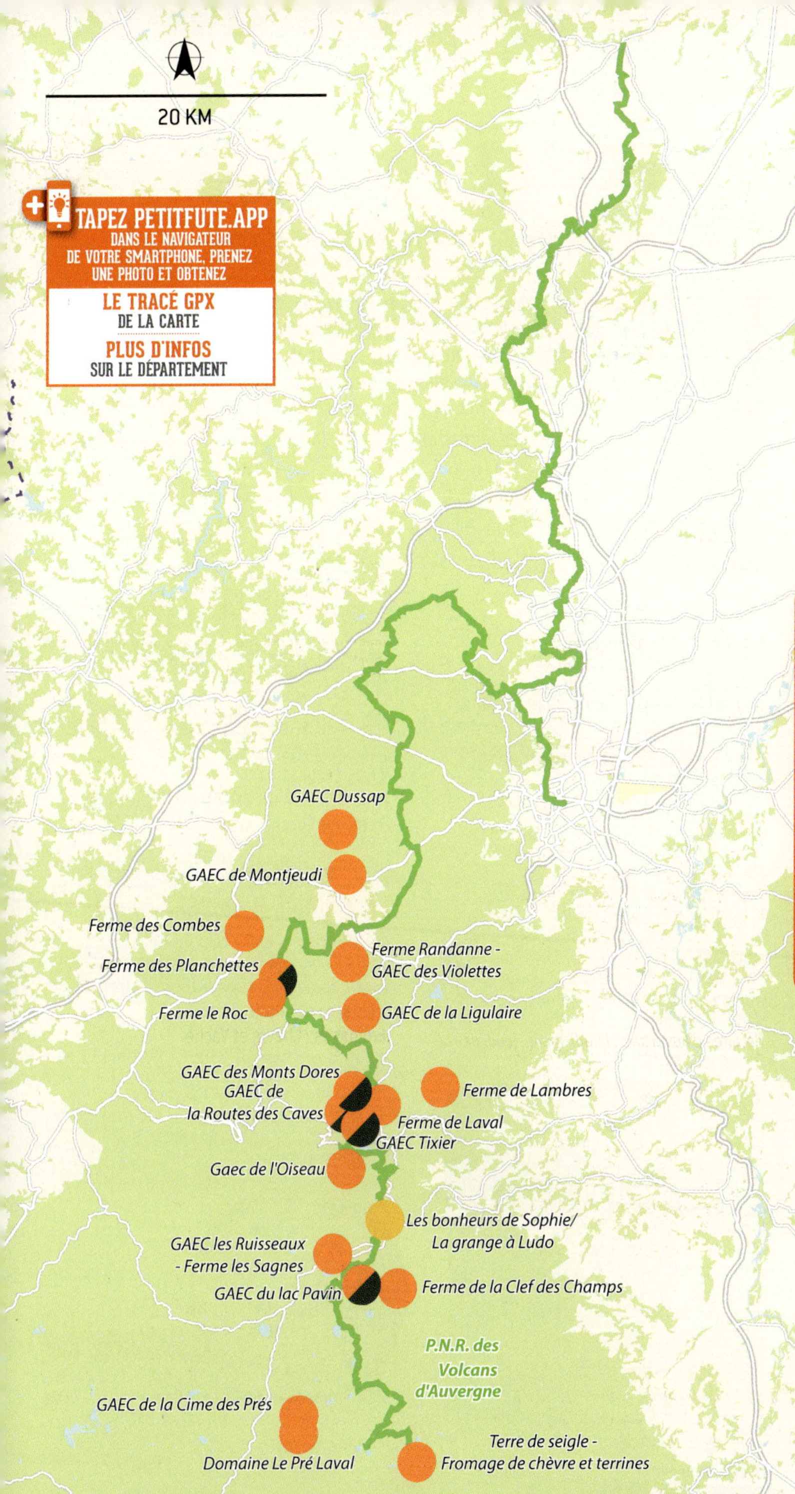
20 KM
TAPEZ PETITFUTE.APP
DANS LE NAVIGATEUR
DE VOTRE SMARTPHONE, PRENEZ
UNE PHOTO ET OBTENEZ
LE TRACÉ GPX
DE LA CARTE
PLUS D'INFOS
SUR LE DÉPARTEMENT
GAEC Dussap
GAEC de Montjeudi
Ferme des Combes
Ferme Randanne -
GAEC des Violettes
Ferme des Planchettes
Ferme le Roc
GAEC de la Ligulaire
GAEC des Monts Dores
GAEC de
la Routes des Caves
Ferme de Lambres
Ferme de Laval
GAEC Tixier
Gaec de l'Oiseau
Les bonheurs de Sophie/
La grange à Ludo
GAEC les Ruisseaux
- Ferme les Sagnes
GAEC du lac Pavin
Ferme de la Clef des Champs
P.N.R. des
Volcans
d'Auvergne
GAEC de la Cime des Prés
Domaine Le Pré Laval
Terre de seigle -
Fromage de chèvre et terrines

CIRCUIT DU FOREZ

Un itinéraire affiné dans le Puy-de-Dôme

Le circuit du Forez réalise une boucle au départ de la mairie d'Ambert célèbre pour sa prestigieuse Fourme ! En rejoignant Arlanc, les rivières Dore et Dolore offrent un cadre exceptionnel aux cyclistes amoureux de nature et de bons produits. Les adeptes de fromage pourront trouver leur bonheur en visitant les différentes fermes présentes tout au long de l'itinéraire.

DISTANCE *66 km*
DURÉE ESTIMÉE *3h25*
DÉNIVELÉ POSITIF *1732 m*
NIVEAU ▲▲▲▲▲

GAEC RODARY - FROMAGERIE L'AMBERTOISE

Ligonne
63600 AMBERT
✆ 04 63 33 24 64
Ouvert du lundi au samedi 8h30-12h et vend. 14h-19h
Fromages : bleus, tommes, Saint Nectaire

FERME DE BRUGEAILLES

Brugeailles
63940 MARSAC-EN-LIVRADOIS
Fromages : fourmes, tomme, bleu

GAEC DU BOIS DORÉ

Le Péaghier - 63980 FOURNOLS
✆ 04 73 72 93 75 / 06 84 10 77 21
Vente tous les matins de 9h-11h45 sauf les jeudis, le week-end de 10h-12h. Sinon sur RDV.
Fromages : petits bleus, tommes, fromage blanc, faisselles

FERME DU CHALISSOUS

63600 SAINT-JUST
✆ 04 73 72 97 31
Ouvert de mars à décembre le mardi, merc. et vend. de 15h-17h, le week-end de 16h-18h.
Fromages : faisselles, fromages frais, mi-secs ou secs, crémeux ou aux herbes

GOURMANDISES À LA FERME

Combris - 63600 AMBERT
✆ 06 78 68 16 43
Vente tous les jours de 17h-19h, visite sur RDV
Fromages : vache

MAISON DE LA FOURME D'AMBERT

29, rue des Chazeaux - 63600 AMBERT
✆ 04 73 82 49 23
Ouvert du mardi au samedi 10h-12h30 et 14h-18h
Fromages : Fourme d'Ambert

Fourme d'Ambert.

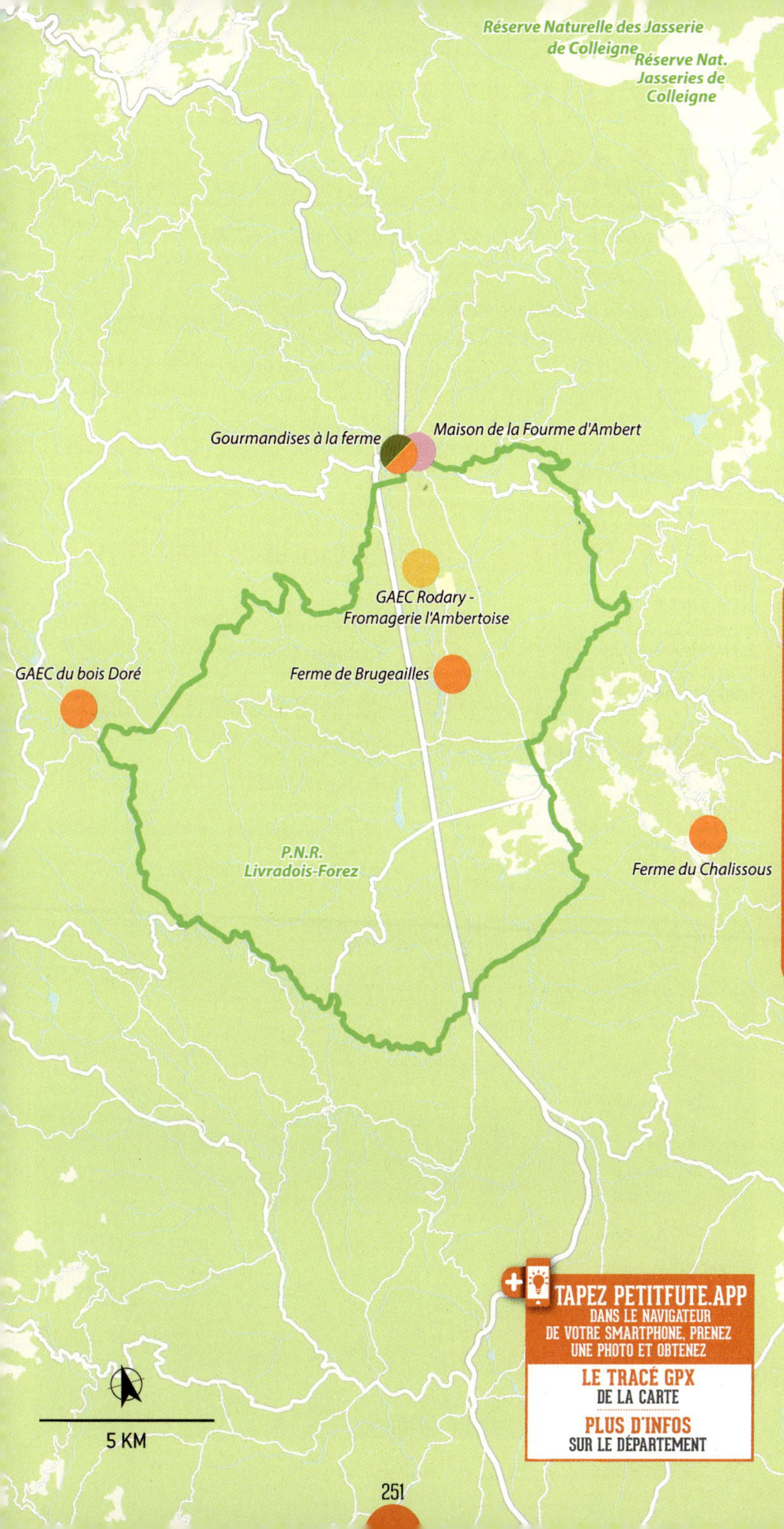

TAPEZ PETITFUTE.APP DANS LE NAVIGATEUR DE VOTRE SMARTPHONE, PRENEZ UNE PHOTO ET OBTENEZ

LE TRACÉ GPX DE LA CARTE

PLUS D'INFOS SUR LE DÉPARTEMENT

AUTOUR DU MASSIF DU SANCY

Un itinéraire affiné dans le Puy-de-Dôme

Le circuit du tour du Sancy réalise une boucle au départ de Besse-et-Saint-Anastaise. Il emprunte de petites routes peu fréquentées au coeur du massif du Sancy et vous conduira jusqu'au somptueux lac Pavin, d'où vous pourrez admirer des paysages à couper le souffle. Tout en appréciant ce décor naturel, vous découvrirez les secrets de production de fromage dont le fameux Saint-Nectaire.

DISTANCE *78 km*

DURÉE ESTIMÉE *3h55*

DÉNIVELÉ POSITIF *1622 m*

NIVEAU ▲▲▲▲△

GAEC DE BERTINET

Lieu-dit Betinet
63680 SAINT-DONAT
✆ 04 73 22 30 68
Ouvert le matin et l'après-midi à partir de 16h, après la traite des vaches
Fromages : Saint-Nectaire

FERME DE LA CLEF DES CHAMPS

Champs
63610 BESSE-ET-SAINT-ANASTAISE
✆ 06 75 54 71 40
Visite : sur rdv

GAEC DE LA BONNE ÉTOILE

63680 CHASTREIX
✆ 04 73 21 55 22
Visite de la ferme sur RDV
Fromages : Saint-Nectaire

GAEC DES MILLEPERTUIS

Reboisson
63680 CHASTREIX
✆ 04 73 21 53 16
Vente tous les jours sauf le dimanche sur RDV et sur les marchés d'Orcet (vend.), Moissat (vend.) et Riom (sam.)
Fromages : vache et Saint-Nectaire

PUY-DE-DÔME

Lac Pavin.

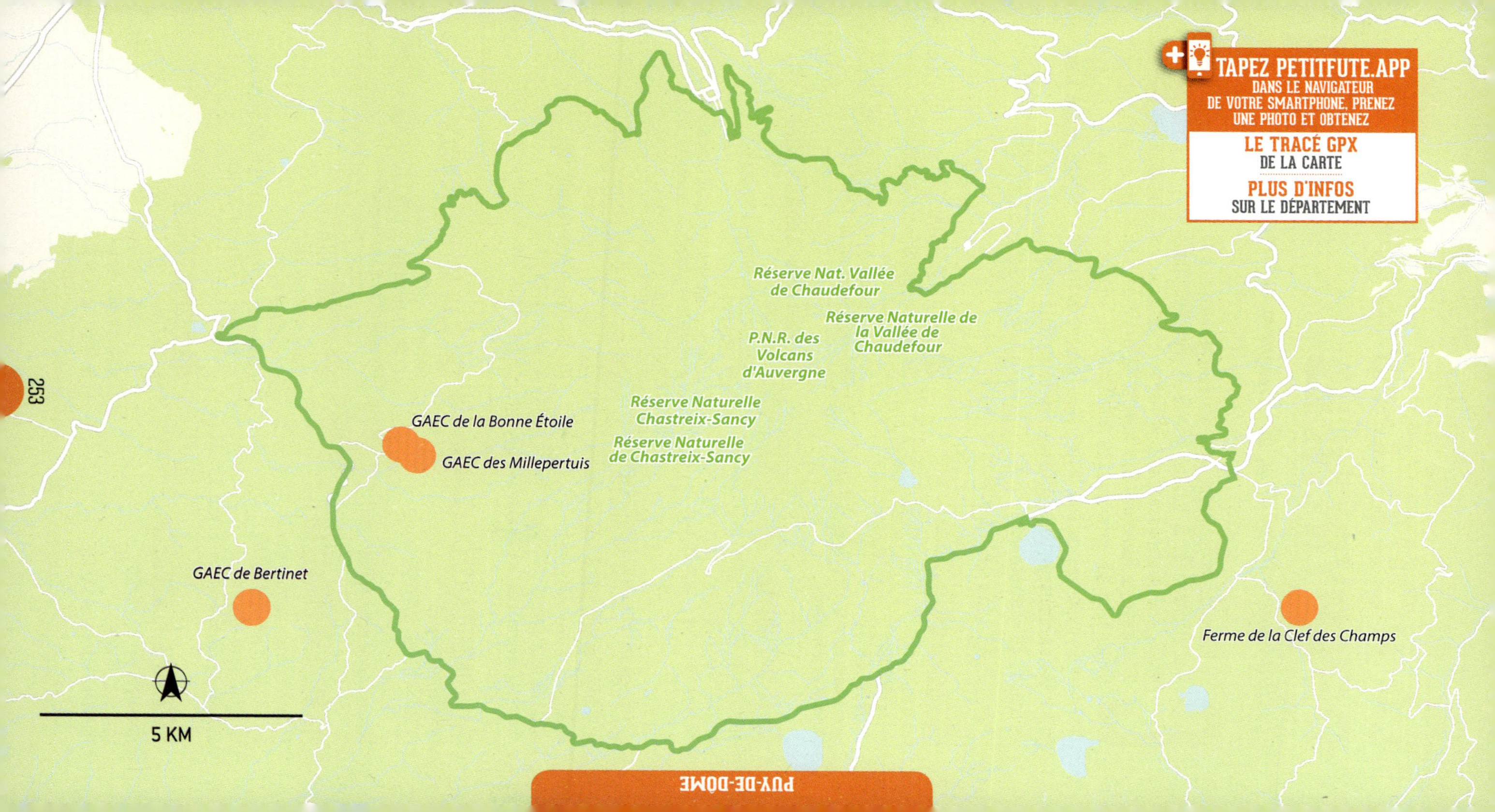
TAPEZ PETITFUTE.APP
DANS LE NAVIGATEUR
DE VOTRE SMARTPHONE, PRENEZ
UNE PHOTO ET OBTENEZ
LE TRACÉ GPX
DE LA CARTE
PLUS D'INFOS
SUR LE DÉPARTEMENT
Réserve Nat. Vallée de Chaudefour
Réserve Naturelle de la Vallée de Chaudefour
P.N.R. des Volcans d'Auvergne
Réserve Naturelle Chastreix-Sancy
Réserve Naturelle de Chastreix-Sancy
GAEC de la Bonne Étoile
GAEC des Millepertuis
GAEC de Bertinet
Ferme de la Clef des Champs
5 KM
PUY-DE-DÔME

LA ROUTE DES COLS DES PYRÉNÉES

Un itinéraire affiné dans les Pyrénées-Atlantiques

Cet itinéraire de montagne relie l'Océan Atlantique à la Mer Méditerranée à travers le massif pyrénéen. Dans les Pyrénées-Atlantiques, depuis Hendaye jusqu'au col d'Aubisque, la Route des Cols traverse le terroir de l'AOP Ossau-Iraty sur près de 238 kilomètres et emprunte plusieurs cols mythiques qui sont rentrés dans l'histoire du Tour de France. Des sommets que pourront tutoyer les forçats de la route ou les adeptes du vélo électrique !

DISTANCE *238 km*
DÉNIVELÉ POSITIF *7049 m*
NIVEAU ▲▲▲▲▲

FERME GOXOAN
Xabat Baita
64122 URRUGNE
✆ 05 59 54 33 64
Horaires d'ouverture : tous les jours 15h-18h sauf dim. et jours fériés

FERME IHITIA
Ihitia Quartier Elbarrun Auzoa - 64310 SARE
✆ 05 59 54 22 16
Horaires d'ouverture : tous les jours 10h-12h et 15h-19h

FERME TXILAR MORGANE & XABI SAINT-MARTIN
Argaineneko Borda - 64310 SARE
✆ 06 69 12 30 74
Horaires d'ouverture : du lun. au sam. 14h-18h

FERME UHARTETXEBERRIA
621 Karrika Zaharra
64310 SAINT-PÉE-SUR-NIVELLE
✆ 05 59 54 03 22
Horaires d'ouverture : sur rdv

NICOLAS DOKHELAR
Hiriberrikoborda - Quartier Artzirin
64310 SAINT-PÉE-SUR-NIVELLE
✆ 06 47 52 81 76
Horaires d'ouverture : du lun. au sam. 15h-19h

FERME OLATXAREA
Olatxarea - 64250 AINHOA
✆ 06 21 80 84 66
Horaires d'ouverture : sur rdv

KAIKU BORDA
D918 - Village des Artisans - 64780 OSSE
✆ 05 59 49 10 64
Horaires d'ouverture : du mar. au ven. 10h-12h30 et 14h-19h, le sam. 10h-13h et 14-19h30

MAÏTÉ & ARNAUD GONI
Irungaraia
64780 SAINT-MARTIN-D'ARROSSA
✆ 06 33 53 43 67
Horaires d'ouverture : tous les jours 9h-12h et 15h-20h et présent sur le marché de Guéthary le dim. matin

FAMILLE TAMBOURIN
Enautenea
64430 SAINT-ÉTIENNE-DE-BAÏGORRY
✆ 06 32 34 26 99
Horaires d'ouverture : tous les jours 9h-12H et 13h30-19h

JEAN-MICHEL MONACO
Olatxarea - 64250 AINHOA
✆ 06 21 80 84 66
Horaires d'ouverture : sur rdv

FERME OHAKO
Ohakoa - 64430 BANCA
✆ 05 59 37 49 60
Horaires d'ouverture : du 01/05 au 30/11 du lun. au sam. 8h-12h30 et 14h30-19h

FERME ELURTI
Xabat Baita - 64122 URRUGNE
✆ 05 59 54 33 64
Horaires d'ouverture : tous les jours 15h-18h sauf dim. et jours fériés

© AOP OSSAU-IRATY

Fromage Ossau Iraty.

FERME BENTTA

Route d'Arnéguy - 64220 UHART-CIZE
✆ 05 59 37 07 43
Ouvert tous les jours 9h-20h sauf dim.

ETCHEVERRIA-FALSA PEIO

Ferme Xaltroinia - Quartier Pagola
64220 ARNÉGUY
✆ 06 52 86 67 95
Horaires d'ouverture : tous les jours sur rdv

COOPÉRATIVE LAITIÈRE DU PAYS-BASQUE

La cave aux fromages Garaziko Gasna Etxea
2 place des Remparts
64220 SAINT-JEAN-PIED-DE-PORT
✆ 05 59 49 10 31
Horaires d'ouverture : du 16/09 au 30/06, du lun. au ven. 10h-12h et 14h-18H. Du 01/07 au 15/09, du lun. au sam. 10h-12H et 14h-19h

FERME ETCHAMENDY

64220 AHAXE-ALCIETTE-BASCASSAN
✆ 05 59 37 37 33
Horaires d'ouverture : tous les jours 8h-12H et 13h30-19h

FERME ETXEHERRI

Etcheberria
64220 BUSSUNARITS-SARRASQUETTE
✆ 05 59 37 17 41
Horaires d'ouverture : tous les jours 10h-18h

FERME PAULENEA

Gaec Iraunkor
64220 ESTÉRENÇUBY
✆ 05 59 37 26 92
Horaires d'ouverture : tous les jours 8h-20h

JEAN-MICHEL MAÏTIA

Xaltoinia
64220 ESTÉRENÇUBY
✆ 05 59 37 02 87
Horaires d'ouverture : tous les jours 9h-12h et 14h-20h

ANGÈLE INDART

Elixaia - 64220 LECUMBERRY
✆ 05 59 37 15 47
Horaires d'ouverture : tous les jours 9h-12h et 16h-20h30 sauf dim. après midi

MAIDER, JEAN-MARC & JOJO GOYHENEIX

GAEC Atalai Ferme Menddia
64220 LECUMBERRY
✆ 05 59 37 32 18
Horaires d'ouverture : tous les jours 9h-20h

PHILIPPE NEGUELOUART

Cayolar Irau - Montagne d'Iraty
64220 LECUMBERRY
✆ 06 30 19 19 79
Horaires d'ouverture : tous les jours de juin à octobre 8h-20h

LA ROUTE DES COLS DES PYRÉNÉES

Un itinéraire affiné dans les Pyrénées-Atlantiques

ETXOLA

Commission syndicale de Cize - Chalet d'Iraty
Chalet de Cize Plateau d'Iraty - Cize
64220 LECUMBERRY
✆ 09 82 12 70 28
Ouvert tous les jours du 01/06 au 30/09 8h-19h

FROMAGERIE ÉCOLOGIQUE D'IRATI

SARL Irati - Route d'Iraty RD 18
64220 MENDIVE
✆ 05 59 37 63 86
Horaires d'ouverture : en juillet et août, 10-18h, en juin, septembre, octobre et en périodes de vacances scolaires : 10h-17h, le reste de l'année : 10h-12h.

JEAN-BERNARD UNHASSOBISCAY

Gaec Etxepareborda Etxepareborda
64220 BÉHORLÉGUY
✆ 05 59 37 21 81
Ouvert tous les jours 9h-12h et 15h-19h

GILLES GACHEN

Gaec Ipasko Cayolar Ipaskoa
64220 BÉHORLÉGUY
✆ 06 84 38 83 20
Horaires d'ouverture : tous les jours de mai à mi-novembre 9h-20h

GAEC BASLURRE

Lopisteiko Borda - 64220 BÉHORLÉGUY
✆ 05 59 37 29 44
Ouvert du mar. au sam. 10h-19h

DOMINIQUE & GUY-MICHEL IDIART. BIXINTXO GERMAIN

Iruleia - 64220 BUSTINCE-IRIBERRY
✆ 05 59 37 13 42
Ouvert tous les jours 9h-19h sauf dim. et jours fériés

DÉSIRÉ & KATHY LOYATHO

Ferme Ekiola Au Bourg - 64220 GAMARTHE
✆ 05 59 37 88 19
Ouvert l'été 19h-12h30 et 15h-19h, le reste de l'année 10h-12h30 et sur rdv l'après midi

MONIQUE & HENRI SAUT

Quartier Arhan
64470 LACARRY-ARHAN-CHARRITTE-DE-HAUT
✆ 05 59 28 73 24
Ouvert tous les jours 9h-20h sauf dim.

Sommet du Col d'Aubisque.

JEAN-MARC & NICOLAS BENGOCHEA

Maison Elixabe - Quartier Carçaya
64560 LARRAU
✆ 05 59 28 58 23
Ouvert tous les jours 10h-13h et 15h-19h sauf dim.

FRANCIS POINEAU

Cayolar Ardakotxia - GR1 - 64560 LARRAU
✆ 06 70 63 77 11
Ouvert du 20/05 au 20/09 de 9h-13h

AMANDINE & JOHANE UTHURRALT

Salaberria
64430 SAINT-ÉTIENNE-DE-BAÏGORRY
✆ 05 59 37 42 42
Ouvert tous les jours 9h-20h

FERME BARNETXIA

Maider & Peio Quillihalt - Beñuet Larçabal
Bourg d'Artherey - 64560 LICQ-ATHÉREY
✆ 06 37 96 62 52
Ouvert tous les jours 9h-20h

DANIEL OYHARÇABAL

Maison Kurutchelhar - Quartier Athoro
64560 SAINTE-ENGRÂCE
✆ 05 59 28 52 98
Horaires d'ouverture : 10h-12h et 15h-19h30

LES BERGERS DU HAUT BÉARN

Rue de l'Eglise
64570 LANNE-EN-BARÉTOUS
✆ 05 59 34 44 17
Horaires d'ouverture : du lun. au ven. 9h30-12h30 et 14h-16h

FERME MAYSONNAVE

Quartier Barlanés
64570 LANNE-EN-BARÉTOUS
✆ 05 59 34 64 56
Horaires d'ouverture : tous les jours 9h-20h

FERME OROS-MIRASSOU

EARL Oros Mirassou - 64570 ARETTE
✆ 05 59 88 93 10
Horaires d'ouverture : tous les jours

FERME TILLOUS-BERGEZ

Quartier Bugala - 64570 ARETTE
✆ 05 59 88 92 73
Horaires d'ouverture : tous les jours 10h-18h

LUCIE BERGEZ CHANDELLE & LAURENT MONREPAUX

GAEC des Vallées - Quartier Bugala
64570 ARETTE
✆ 05 59 88 93 12
Ouvert tous les jours 9h-20h

JULIEN LASSALLE

GAEC Ferme Lassalle
Route d'Issor Maison Chinette
64570 LOURDIOS-ICHÈRE
✆ 06 07 38 46 17
Ouvert tous les jours 8h-20h

FROMAGERIE DU PAYS D'ARAMITS

Quartier Esquiasse - 64570 ARAMITS
✆ 05 59 34 63 03
Horaires d'ouverture : du lun. au ven. 9h-12h et 14h-18h, le sam. 9h-12h

FERME LAHER

GAEC Les Trois Arbres - Route d'Arette
64570 ARAMITS
✆ 05 59 34 10 78
Horaires d'ouverture : sur rdv

CÉDRIC PUCHEU

Ferme Récébire - 64570 ISSOR
✆ 05 59 34 40 57
Horaires d'ouverture : sur rdv

LES FERMIERS BASCO-BÉARNAIS D'ACCOUS

RD 834 - 64490 ACCOUS
✆ 05 59 34 76 06
Ouvert du lun. au jeu. 9h-12h et 15h-18h, le ven. 9h-12h et 15h-17h, fermé le mer. après-midi et ouvert le sam. jusqu'à 19h pendant les vacances scolaires

FERME MIRAMON

29 Rue Gambetta - 64490 BEDOUS
✆ 06 89 50 03 99
Ouvert tous les jours 10h-12h15 et pendant les vacances scolaires de la Zone A 17h-19h sauf le dim.

ISABELLE VACOSAIT

Le Plateau de Bious-Artigues
Cabane de Cap-de-Pont - Route du Pourtalet
64440 BIOUS-ARTIGUES
✆ 06 87 24 88 44
Ouvert tous les jours 10h-20h

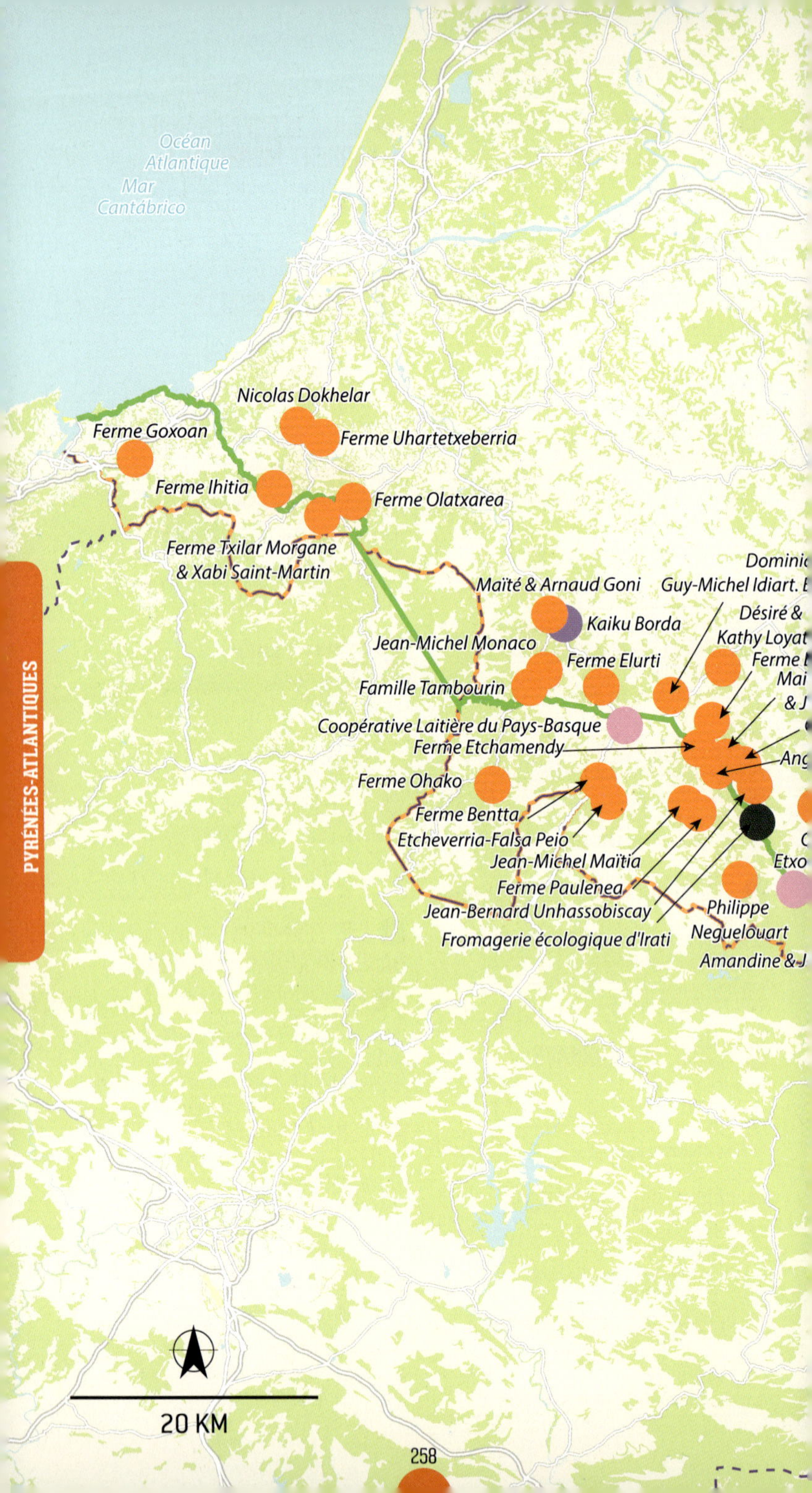

Océan
Atlantique
Mar
Cantábrico
Nicolas Dokhelar
Ferme Goxoan
Ferme Uhartetxeberria
Ferme Ihitia
Ferme Olatxarea
Ferme Txilar Morgane
& Xabi Saint-Martin
Maïté & Arnaud Goni
Guy-Michel Idiart.
Kaiku Borda
Désiré &
Jean-Michel Monaco
Ferme Elurti
Famille Tambourin
Coopérative Laitière du Pays-Basque
Ferme Etchamendy
Ferme Ohako
Ferme Bentta
Etcheverria-Falsa Peio
Jean-Michel Maïtia
Ferme Paulenea
Jean-Bernard Unhassobiscay
Fromagerie écologique d'Irati
Philippe
Neguelouart
20 KM

&
ntxo Germain
herri
Jean-Marc
Goyheneix
c Baslurre
Indart
Les Bergers du
Haut Béarn
Ferme Laher
Fromagerie
du Pays d'Aramits
Ferme Tillous-Bergez
Lucie Bergez Chandelle
& Laurent Monrepaux
Ferme
Maysonnave
Monique &
Henri Saut
Cédric Pucheu
s Gachen
Jean-Marc &
colas Bengochea
Ferme Barnetxia
Ferme
Oros-Mirassou
Julien Lassalle
Isabelle Vacosait
ne Uthurralt
Daniel Oyharçabal
Ferme Miramon
Francis Poineau
Les fermiers
Basco-béarnais d'Accous
Parc National
des Pyrénées
Valles
Occidentales

LE TOUR DU VAL D'AZUN

Un itinéraire affiné dans les Hautes-Pyrénées

Cette vallée fortement marquée par le pastoralisme vous séduira par son charme authentique ! Au départ de la charmante ville thermale d'Argeles-Gazost, vous prendrez un peu de hauteur pour admirer certainement le plus beau village de la vallée : Saint-Savin et son abbatiale datant du XIe siècle. Formidable belvédère sur la vallée, le style architectural du village vous envoutera.

DISTANCE *34 km*
DÉNIVELÉ POSITIF *679 m*
NIVEAU ▲▲△△△

MARCHÉ D'ARGELÈS-GAZOST

Place du Foirail
65 400 ARGELÈS-GAZOST
Horaires d'ouverture : 8h30-13h

LA ROUTE DES FROMAGES

11 rue Maréchal Foch
65 400 ARGELÈS-GAZOST
Horaires d'ouverture : du mar. au sam. 8h30-12h30 et 15h30-19h

SERGE NEBOUT

5, rue Maréchal Foch
65 400 ARGELES-GAZOST
Vente : tous les jours 9h-12h et 15h-19h
Fromages : brebis

MARCHÉ DE PIERREFITTE-NESTALAS

Place de la Mairie
PIERREFITTE-NESTALAS
Horaires d'ouverture : sam. 8h-13h

MARCHÉ D'ARRAS EN LAVEDAN

Place de la Poste
65400 ARRAS-EN-LAVEDAN

GAEC DE VAL D'AZUN - FERME GAINZA

25 quartier Brouca
65400 ARRENS-MARSOUS
✆ 06 84 11 02 50
Horaires d'ouverture : tous les jours sur rdv
Fromages : Tommes des Pyrénées

FERME ETCHEBARNE

91 route d'Azun
65400 ARRENS-MARSOUS
✆ 05 62 97 41 77
Horaires d'ouverture : tous les jours
Fromages : vache, brebis

FERME BAYARDOUS

6 chemin des Esplaus
65400 ARRENS-MARSOUS
✆ 05 62 97 44 82 / 06 60 35 27 97
Horaires d'ouverture : Vente à la ferme sur Rdv. Sur le marché d'Arrens-Marsous le mercredi de 16 h à 20 h et le dimanche de 8h à 12h en juillet et août.
Fromages : fromages de chèvre, frais, affiné, aromatisé aux herbes ou au poivre, en tome ou en crottin, fromage blanc

FERME LACOSTE MAOUZAC

6 chemin des Esplaus
65400 ARRENS-MARSOUS
✆ 05 62 97 13 35
Horaires d'ouverture : Du lundi au samedi de 8h à 19h et le dimanche de 8h à 12h
Formages : fromage de brebis et de vache

MARCHÉ D'ARRENS-MARSOUS

Place du Val d'Azun - 65400 ARRENS-MARSOUS
Horaires d'ouverture : Juillet-Août dim. 8h-13h

FERME CAZAUX

6, chemin d'Oumpré
65400 ARRENS-MARSOUS
✆ 06 74 91 25 32
Horaires d'ouverture : tous les jours
Fromages : fromage fermier du Val d'Azun de vache, mélange et de brebis

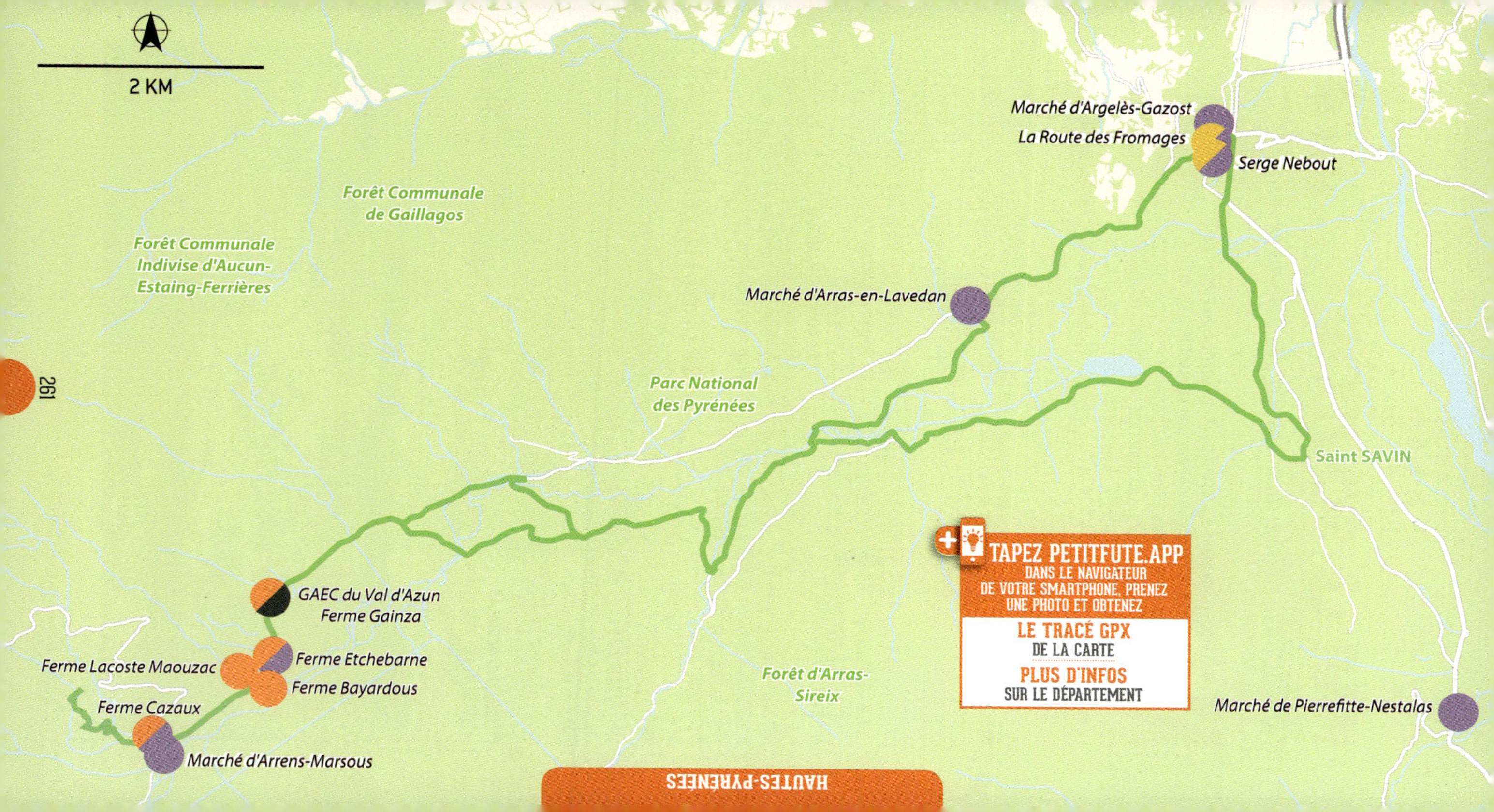
2 KM
Marché d'Argelès-Gazost
La Route des Fromages
Serge Nebout
Forêt Communale de Gaillagos
Forêt Communale Indivise d'Aucun-Estaing-Ferrières
Marché d'Arras-en-Lavedan
Parc National des Pyrénées
Saint SAVIN
GAEC du Val d'Azun
Ferme Gainza
Ferme Etchebarne
Ferme Lacoste Maouzac
Ferme Bayardous
Ferme Cazaux
Marché d'Arrens-Marsous
Forêt d'Arras-Sireix
TAPEZ PETITFUTE.APP
DANS LE NAVIGATEUR DE VOTRE SMARTPHONE, PRENEZ UNE PHOTO ET OBTENEZ
LE TRACÉ GPX DE LA CARTE
PLUS D'INFOS SUR LE DÉPARTEMENT
Marché de Pierrefitte-Nestalas
HAUTES-PYRÉNÉES

EN PASSANT PAR LE SOULOR

Un itinéraire affiné dans les Hautes-Pyrénées

Nous vous proposons ici de découvrir le Col de Spandelles et de rejoindre le col du Soulor par son versant le plus intime, Trois vallées et deux cols, au programme d'une boucle réservée aux sportifs. Cet itinéraire au départ d'Argelès-Gazost est un véritable belvédère pour découvrir les splendeurs de la vallée de l'Ouzom et du Val d'Azun et ses richesses gastronomiques.

DISTANCE *67 km*
DURÉE ESTIMÉE *4h*
DÉNIVELÉ POSITIF *2087 m*
NIVEAU ▲▲▲▲▲

MARCHÉ D'ARGELÈS-GAZOST

Place du Foirail - 65400 ARGELÈS-GAZOST
Horaires d'ouverture : 8h30-13h

LA ROUTE DES FROMAGES

11 rue Maréchal Foch - 65400 ARGELÈS-GAZOST
Horaires d'ouverture : du mar. au sam. 8h30-12h30 et 15h30-19h

SERGE NEBOUT

5, rue Maréchal Foch - 65400 ARGELÈS-GAZOST
Vente tous les jours 9h-12h et 15h-19h
Fromages : brebis

MARCHÉ DE PIERREFITTE-NESTALAS

Place de la Mairie - PIERREFITTE-NESTALAS
Horaires d'ouverture : sam. 8h-13h

MARCHÉ D'ARRAS-EN-LAVEDAN

Place de la Poste
65400 ARRAS-EN-LAVEDAN

GAEC DU VAL D'AZUN - FERME GAINZA

25 quartier Brouca
65400 ARRENS-MARSOUS
✆ 06 84 11 02 50
Horaires d'ouverture : tous les jours sur rdv
Fromages : Tommes des Pyrénées

FERME ETCHEBARNE

91 route d'Azun
65400 ARRENS-MARSOUS
✆ 05 62 97 41 77
Horaires d'ouverture : tous les jours
Fromages : vache, brebis

HAUTES-PYRÉNÉES

Col du Soulor.

TAPEZ PETITFUTE.APP
DANS LE NAVIGATEUR DE VOTRE SMARTPHONE, PRENEZ UNE PHOTO ET OBTENEZ
LE TRACÉ GPX DE LA CARTE
PLUS D'INFOS SUR LE DÉPARTEMENT
Réserve Naturelle du Pibeste-Aoulhet
Ferme Gentillet
Ferme Poulou
Marché d'Argelès-Gazost
La Route des Fromages
Serge Nebout
Marché d'Arras-en-Lavedan
Parc National des Pyrénées
GAEC du Val d'Azun Ferme Gainza
Ferme Etchebarne
Ferme Cazaux
Marché d'Arrens-Marsous
Marché de Pierrefitte-Nestalas
3 KM

EN PASSANT PAR LE SOULOR

Un itinéraire affiné dans les Hautes-Pyrénées

MARCHÉ D'ARRENS-MARSOUS

Place du Val d'Azun
65400 ARRENS-MARSOUS
Horaires d'ouverture : Juillet-Août dim. 8h-13h

FERME CAZAUX

6, chemin d'Oumpré
65400 ARRENS-MARSOUS
✆ 06 74 91 25 32
Horaires d'ouverture : tous les jours
Fromages : fromage fermier du Val d'Azun de vache, mélange et de brebis

FERME LACOSTE MAOUZAC

6 chemin des Esplaus
65400 ARRENS-MARSOUS
✆ 05 62 97 13 35
Horaires d'ouverture : Du lundi au samedi de 8h à 19h et le dimanche de 8h à 12h
Formages : fromage de brebis et de vache

FERME BAYARDOUS

6 chemin des Esplaus
65400 ARRENS-MARSOUS
✆ 05 62 97 44 82
Horaires d'ouvrir : Vente à la ferme sur Rdv, sur le marché d'Arrens-Marsous le mercredi de 16h à 20h et le dimanche de 8h à 12h
Fromages : fromages de chèvre, frais, affiné, aromatisé aux herbes ou au poivre, en tome ou en crottin, fromage blanc

FERME POULOU

65560 ARBEOST
Horaires d'ouverture : du lun. au ven. sur rdv
Fromages : vache

FERME LA CURE - CHRISTIAN SANCHOU

Route du Soulor
65560 ARBEOST

FERME GENTILLET

Route du Col de Spandelles
65560 FERRIERES
✆ 05 59 71 42 58
Horaires d'ouverture : tous les jours sur rdv
Fromages : tomes et tomettes pur brebis

FERME DU BERGONS

909 route du Bergons
65400 GEZ
✆ 06 72 45 13 63 / 06 14 82 03 95
Horaires d'ouverture : Tous les jours
Fromages : Chèvre et brebis

Fromage de Brebis.

Ferme Cazaux.

ENTRE NESTE ET BAROUSSE, AU PIED DU COL DE BALÈS

Un itinéraire affiné dans les Hautes-Pyrénées

Entre terres et eaux, les vallées de Neste Barousse forment un petit pays au coeur des Pyrénées, tourné vers la Garonne, aux airs mystiques qui font tout leur charme. Vous aurez l'occasion de vivre des moments de partage authentiques, de rencontrer des habitants ouverts et généreux, qui vous feront part de leur goût du terroir et du fameux « Barousse », un fromage au lait cru de vache fabriqué comme autrefois. Un pays sans arôme artificiel... à vélo (itinéraire vert) ou à VTT (itinéraire orange) !

DISTANCE *63 km*

DÉNIVELÉ POSITIF *980 m*

NIVEAU ▲▲▲△△

FERME FROMAGÈRE DE DENIS SOST

539 route du Cap de la Lane
65370 SOST
✆ 05 62 39 39 53 / 06 87 56 19 96
Visite et dégustation sur réservation
Fromages : Brebis, mixte, vache, le Barousse, matoun

FERME CATHY ET YVES IBOS

Cap de la Lane
65370 SOST
✆ 05 62 39 32 49
Visite et vente de fromage, le soir à partir de 17h-18h, ou sur appel téléphonique.
Fromages : Vache, le Barousse

FERME PIERRE RECORD

12 chemin Escudero - 65370 SOST
✆ 05 62 39 23 93 / 06 70 18 09 85
Horaires d'ouverture : non renseigné
Fromages : Vache, le Barousse

FOIRE AUX FORMAGES ET AUX TRADITIONS

Stade municipal
65370 LOURES-BAROUSSE
Horaires d'ouverture : 1er week-end d'août

MARCHÉ DE LOURES-BAROUSSE

Place de l'Église
65370 LOURES-BAROUSSE
Horaires d'ouverture : vendredi de 8h à 13h

LOU LOMBRÈS

65150 LOMBRÈS
✆ 05 62 99 02 19 / 06 85 40 99 98
Horaires d'ouverture : sur réservation.
Fromages : Tomme des Pyrénées

FERME ARRIEU

Centre village - 65370 THEBES
✆ 05 62 39 29 55
Horaires d'ouverture : Visite et dégustation sur réservation
Fromages : Brebis

LA FERME DE CAZAUX - JEAN-MICHEL FORTASSIN

Centre village - 65370 SAMURAN
✆ 06 79 66 76 01
Horaires d'ouverture : Visite et dégustation sur réservation
Fromages : Brebis

DANIEL REYES

Le village - 65370 SOST
✆ 05 62 39 32 34
Horaires d'ouverture : Visite et dégustation sur réservation
Fromages : Le Barousse

JEAN-LOUIS SEILHAN

Bas du Village
65370 SOST
✆ 05 62 39 28 42
Horaires d'ouverture : Visite et dégustation sur réservation
Fromages : Le Barousse

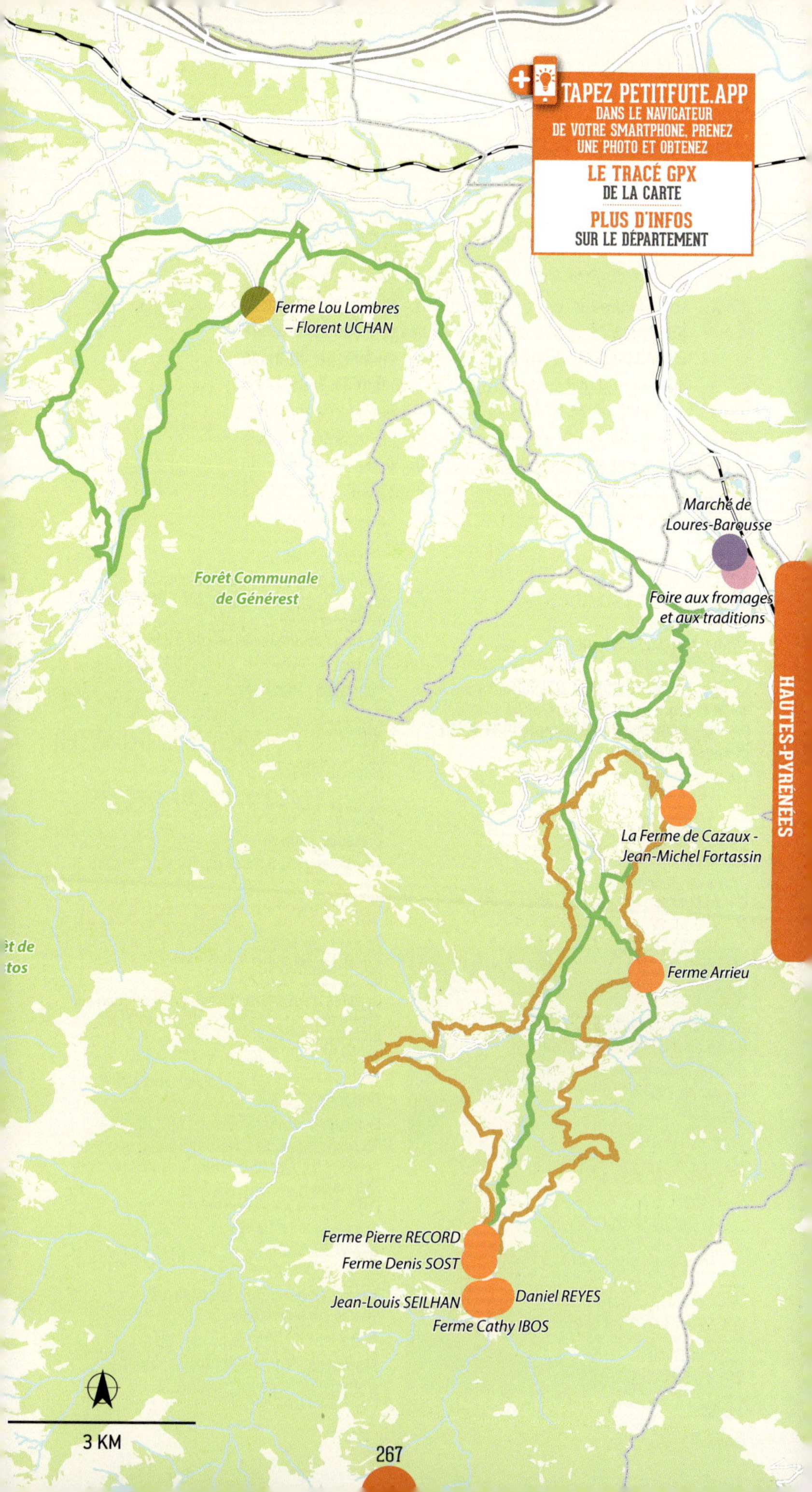

TAPEZ PETITFUTE.APP
DANS LE NAVIGATEUR
DE VOTRE SMARTPHONE, PRENEZ
UNE PHOTO ET OBTENEZ
LE TRACÉ GPX
DE LA CARTE
PLUS D'INFOS
SUR LE DÉPARTEMENT

LA VALLÉE DE MUNSTER

Un itinéraire affiné en Alsace

Cette Véloroute entre Wintzenheim et Metzeral permet d'aller à la découverte d'un produit qui a rendu la vallée mondialement célèbre. Aujourd'hui encore, le fromage de Munster est produit dans la tradition et la passion des femmes et des hommes qui ont modelé ce territoire. Sommets arrondis, hautes chaumes, versants escarpés et lacs d'origine glacière vous accompagneront dans votre découverte du Massif des Vosges.

DISTANCE *18,3 km*
DÉNIVELÉ POSITIF *206 m*
NIVEAU ▲△△△△

ALSACE

LA MAISON DU FROMAGE - MUSÉE ET BOUTIQUE

23 rue de Munster
68140 GUNSBACH
✆ 03 89 77 90 00
Horaires d'ouverture : du mercredi au dimanche de 9h45 à 12h et de 13h45 à 17h. En saison estivale, du mardi au dimanche de 9h15 à 17h
Distance : 1 km
Fromages : Munster

LA MAISON DU FROMAGE - LE RESTAURANT

23 rue de Munster
68140 GUNSBACH

© ALF PHOTO - STOCK.ADOBE.COM

Munster.

✆ 03 89 77 45 55
Horaires d'ouverture : en basse saison les mardis et mercredis de 12h à 18h et du jeudi au dimanche de 12h à 21h, en haute saison : du mardi au dimanche de 10h à 21h30
Distance : 1 km
Fromages : Munster

LES 2 MARCHÉS DE MUNSTER

Place du Marché
Horaires d'ouverture : mardi et samedi matin, 7h-12h
Distance : 500 m
Fromages : Munster et produits du terroir

FERME VERSANT DU SOLEIL

21 Route de Weier
68140 HOHROD
✆ 06 30 97 29 28
Visite libre en individuel et sur rés. pour les groupes, les mar. et jeu. à 10h.
Juillet et août : mar., jeu. et ven. à 10h.
Vente tous les jours sauf le lun. après-midi.
Distance : 2 km
Fromages : Munster fermier AOP, Barikass, Tomette, Siasskass, fromage blanc et beurre.

FERME HEINRICH

17 chemin du Hohneck
68140 STOSSWIHR
✆ 03 89 77 58 03
Vente à la ferme 7h-12h et 14h-19h, visites sur réservation
Distance : 4,5 km (dénivelé : 90 m)
Fromages : Munster, Bargkass, Tomme, fromage frais, yaourt, beurre

Maison du fromage.

ALSACE

FERME SCHMIDT

29 route de la Schlucht
68140 SOULTZEREN
✆ 03 89 77 42 42
Horaires d'ouverture : tous les jours 9h-19h + visites libres d'octobre à la mi-mai
Distance : 5 km (dénivelé : 139 m)
Fromages : Munster

CHÈVRERIE DU LONDENBACH

21 Chemin du Londenbach
68140 SOULTZEREN
✆ 06 73 01 04 27
Horaires d'ouverture : du mardi au dimanche de 17h30 à 19h, traite des chèvres à partir de 17h45
Distance : 6 km (dénivelé : 393 m)
Fromages : chèvres

FROMAGERIE DU SAESSERLÉ

155 Ferme du Saesserlé
68380 BREITENBACH
✆ 03 89 77 49 46
Horaires d'ouverture : du lundi au vendredi 8h-16h
Distance : 3 km (dénivelé : 313 m)
Fromages : Munster, Munster au cumin, Barikaas, Tomme, Siaskaas, Bibalakaas, fromage frais

FERME-AUBERGE CHRISTLESGUT

Familles Dischinger et Monod
68380 BREITENBACH
✆ 03 89 77 51 11
Horaires d'ouverture : ouverture de mi-avril au 1er novembre, sauf les mardis et mercredis matins
Distance : 5 km (dénivelé : 373 m)
Fromages : Munster, Bargkaas, Tomme, beurre, crème

FERME DE KLEINFELD

Chemin de Kleinfeld
68380 METZERAL
Vente à la ferme 10h-17h. Visites de mars à octobre.
Distance : 300 m
Fromages : chèvres en agriculture biologique

FERME « IM BERG »

Myriam Messa
68380 METZERAL
✆ 06 41 77 63 60
Horaires d'ouverture : de Pâques à septembre
Visite tous les jours à 18h pour la traite
Distance : 4 km (dénivelé : 360 m)
Fromages : chèvres et tomme

FERME PASCAL SCHICKEL

13 rue Barthelsgut
68380 SONDERNACH
✆ 03 89 77 68 99
Transformation et vente. Ferme Auberge.
Horaires d'ouverture : du mardi au dimanche 8h-22h
Distance : 2,5 km (dénivelé : 76 m)
Fromages : Munster, Bargkass, Tomme en agriculture biologique.

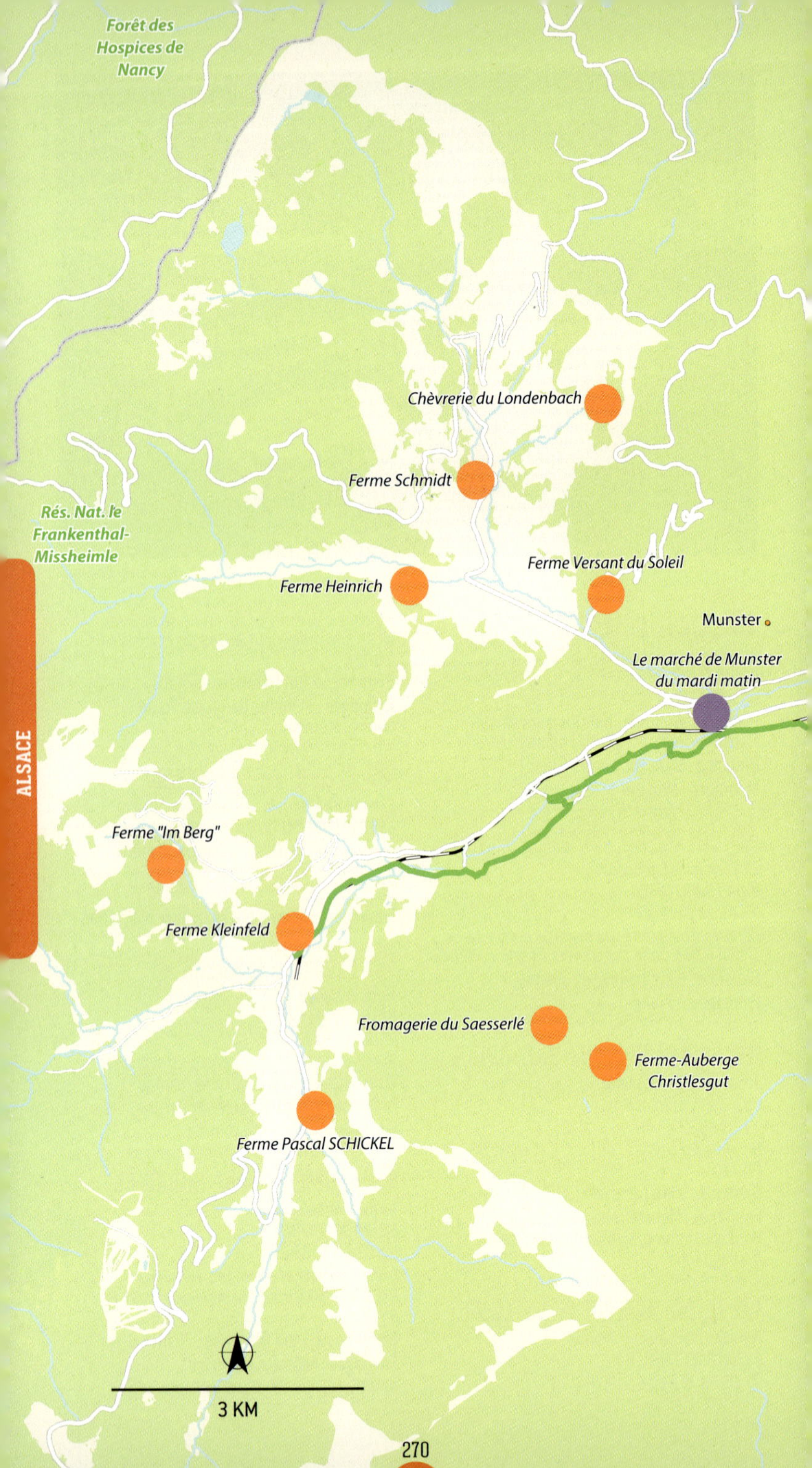
Forêt des Hospices de Nancy
Chèvrerie du Londenbach
Ferme Schmidt
Rés. Nat. le Frankenthal-Missheimle
Ferme Versant du Soleil
Ferme Heinrich
Munster
Le marché de Munster du mardi matin
Ferme "Im Berg"
Ferme Kleinfeld
Fromagerie du Saesserlé
Ferme-Auberge Christlesgut
Ferme Pascal SCHICKEL
3 KM

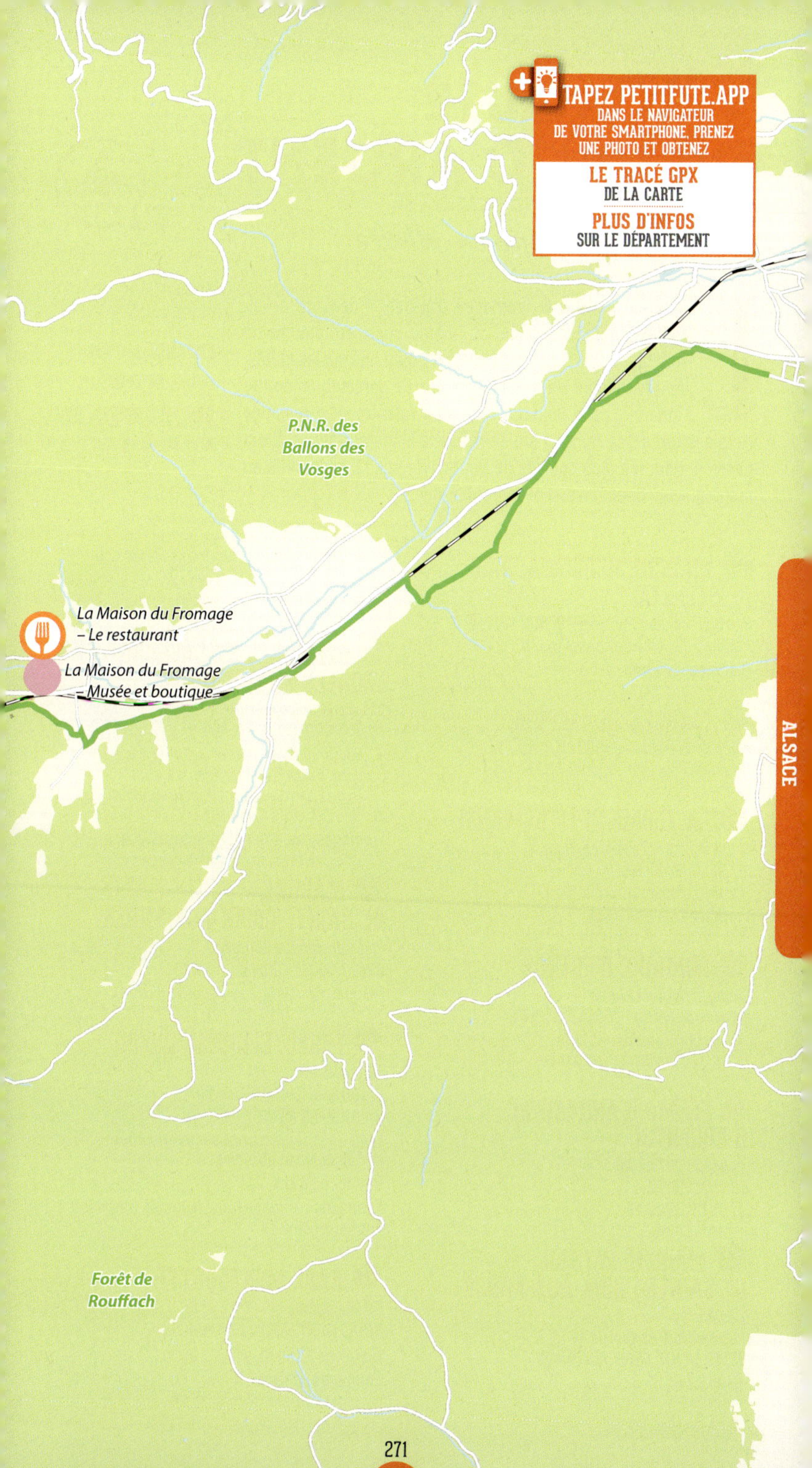

TAPEZ PETITFUTE.APP
DANS LE NAVIGATEUR
DE VOTRE SMARTPHONE, PRENEZ
UNE PHOTO ET OBTENEZ
LE TRACÉ GPX
DE LA CARTE
PLUS D'INFOS
SUR LE DÉPARTEMENT

VÉLOROUTE DU VAL D'ARGENT

Un itinéraire affiné en Alsace

L'itinéraire « Vélo & Fromages d'Alsace » démarre à Val-de-Villé, dans la Vallée du même nom au patrimoine architectural riche de châteaux forts perchés sur les crêtes, dont le célèbre Haut-Koenigsbourg. Ce parcours emprunte l'itinéraire de la Véloroute dite du « Val d'Argent » du fait de l'exploitation de ce minerai située à Sainte-Marie-aux-Mines. Il est possible pour les plus sportifs de poursuivre sur 12 kilomètres en montagne, en direction du Col du Bonhomme.

DISTANCE *17,7 km*
DURÉE ESTIMÉE *1h*
DÉNIVELÉ POSITIF *206 m*
NIVEAU ▲△△△△

MARCHÉ HEBDOMADAIRE DE SÉLESTAT
Rue du Président Poincaré - 67600 SÉLESTAT
Horaires d'ouverture : mardi 8-13h
Distance : 5,5 km

MARCHÉ DE LIÈPVRE
Place de la Mairie - 68660 LIÈPVRE
Horaires d'ouverture : lundi 7-13h

LA FERME PETITDEMANGE
Maud et Laurent Petitdemange
✆ 06 79 95 63 07
Horaires d'ouverture : sur rdv
Fromages : lait de vache

DOMAINE D'ESTARY
Fanny et Laurent Walter
1 Vallée de Frarupt - 68660 LIÈPVRE
✆ 06 74 61 96 90
Horaires d'ouverture : à l'année

FERME D'ANIMATION D'ARGENTIN
3 chemin du Frarupt
68660 LIEPVRE
✆ 03 89 22 19 19

MARCHÉ PAYSAN DE SAINTE-CROIX-AUX-MINES
Villa Burrus
11a rue Maurice Burrus
68160 SAINTE-CROIX-AUX-MINES
✆ 06 22 95 39 32
Horaires d'ouverture : mardi en juillet et août 18h-22h
Distance : 700 m

AFFINAGES ET SAVEURS LOCALES KURTZEMANN
111 rue Maurice Burrus
68160 SAINTE-CROIX-AUX-MINES
✆ 03 89 58 73 24
Horaires d'ouverture: du lundi au jeudi de 7h à 12h et de 13h à 17h et le vendredi de 7h à 12h et de 13h à 15h
Fromages : munster et tommes d'Alsace

MARCHÉ DE SAINTE-CROIX-AUX-MINES
Place du Général Bourgeois
68160 SAINTE-CROIX-AUX-MINES
Horaires d'ouverture : samedi de 8-12h

FERME BERNARD DIDION
39 pré Vareth
68160 SAINTE-CROIX-AUX-MINES
✆ 03 89 58 85 83
Vente : sur rdv, présence sur les marchés de Sainte-Marie-aux-Mines et Sélestat
Distance : 2 km
Formages : fromage frais, Munster, Bargkass, Fromage blanc

EARL MONTGOUTTE
50 Mongoutte
68160 SAINTE-CROIX-AUX-MINES
Distance : 3,5 km
Formages : chèvre

© BENOIT FACCHI

Munster et vosgiennes.

CORNE ET CAROTTE

Aire de repos des mines
1 lieu-dit « Sur Les Prés »
RN59
68160 SAINTE-MARIE-AUX-MINES
✆ 03 89 71 91 30
Horaires d'ouverture : les vendredis de 15h à 19h et les samedis de 8h30 à 12h.
Magasin de production.
Distance : 500 m

FERME DU LANGTHAL

Sylvie et Olivier Casetti
16 lieu-dit la Bourgonde
68160 SAINTE-MARIE-AUX-MINES
✆ 06 12 60 50 51
Fromages : chèvre au lait cru

LES VISITES GUIDÉES ET CONTÉES DU PAYS D'ART ET D'HISTOIRE

Office de Tourisme du Val d'Argent
Place du Prensureux
68160 SAINTE-MARIE-AUX-MINES
✆ 03 89 58 80 50
Distance : 30 m

MARCHÉ DE SAINTE-MARIE-AUX-MINES

Place des Tisserands
68160 SAINTE-MARIE-AUX-MINES
Horaires d'ouverture : samedi de 7h à 13h

FERME-AUBERGE CHALET PIERRE

Famille Strejc
10 La Côte d'Echery
68160 SAINTE-MARIE-AUX-MINES
✆ 03 89 58 55 26
Ouvert de mi mars à mi novembre

FERME HUMBERT

Didier et Mireille Humbert
30 Petite Lièpvre
68160 SAINTE-MARIE-AUX-MINES
✆ 03 89 58 77 69
Horaires d'ouverture : tous les jours sauf le samedi matin et le dimanche après-midi (jours fériés ouvert que le matin)
Fromages : munster fermier, yaourts fermiers et tommes avec spécialités.

FERME-AUBERGE GRAINE JOHÉ

Famille Didierjean - Col des Bagenelles
68650 LE BONHOMME
Ouvert tous les jours sauf le mardi
Fromages : bargkass fermier, fromage de chèvre, munster fermier, yaourts

FERME CLAUDEPIERRE

Gérard Claudepierre
159 Faurupt
68650 LE BONHOMME
Horaires d'ouverture : à l'année
Fromages : munster fermier au lait cru A.O.C, fromage blanc salé, tomme de montagne, fromage à raclette (le Brézouard)

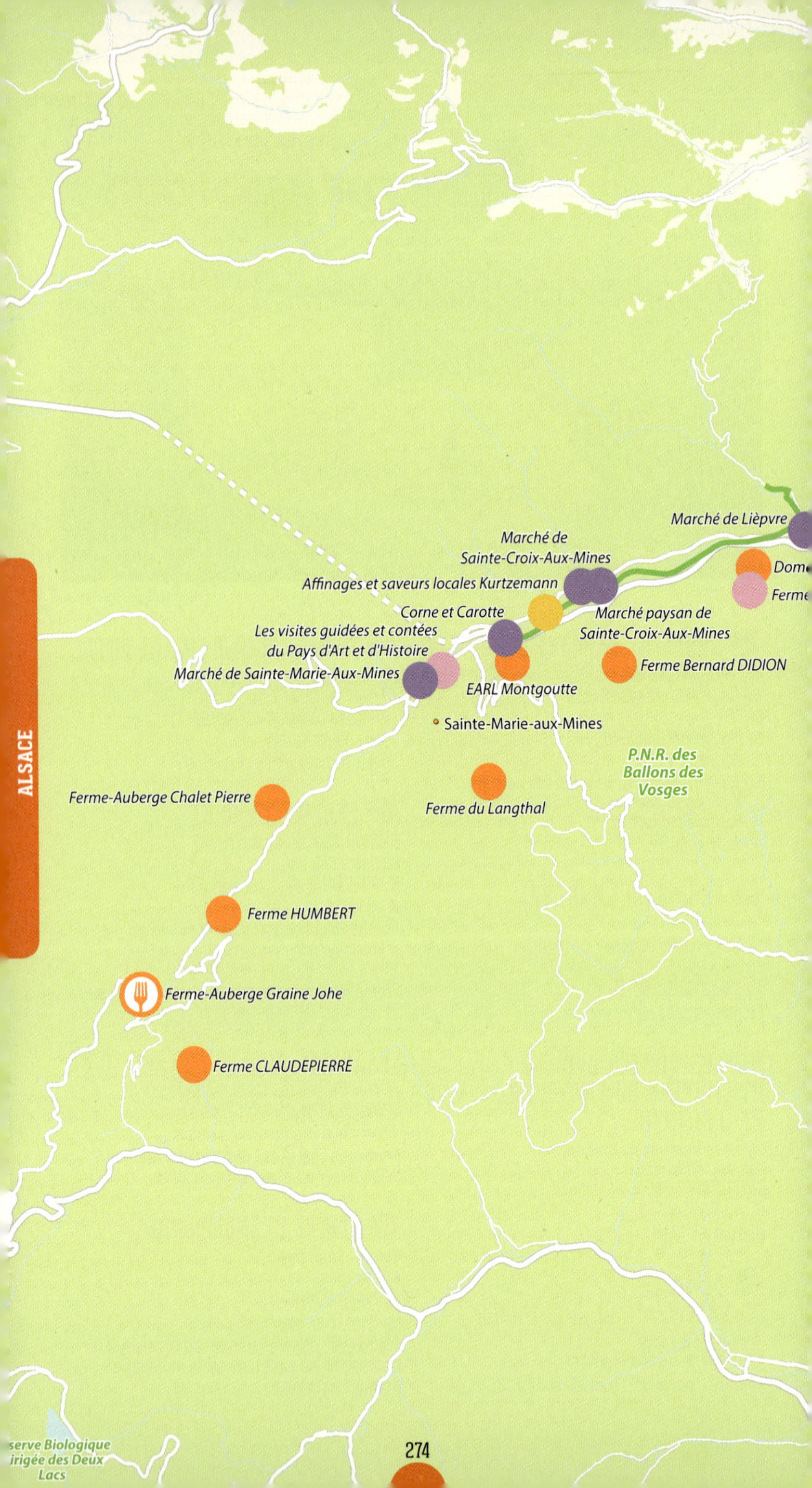
Marché de Lièpvre
Dom
Ferme
Marché de
Sainte-Croix-Aux-Mines
Affinages et saveurs locales Kurtzemann
Corne et Carotte
Marché paysan de
Sainte-Croix-Aux-Mines
Les visites guidées et contées
du Pays d'Art et d'Histoire
Marché de Sainte-Marie-Aux-Mines
Ferme Bernard DIDION
EARL Montgoutte
Sainte-Marie-aux-Mines
P.N.R. des
Ballons des
Vosges
Ferme-Auberge Chalet Pierre
Ferme du Langthal
Ferme HUMBERT
Ferme-Auberge Graine Johe
Ferme CLAUDEPIERRE
serve Biologique
irigée des Deux
Lacs

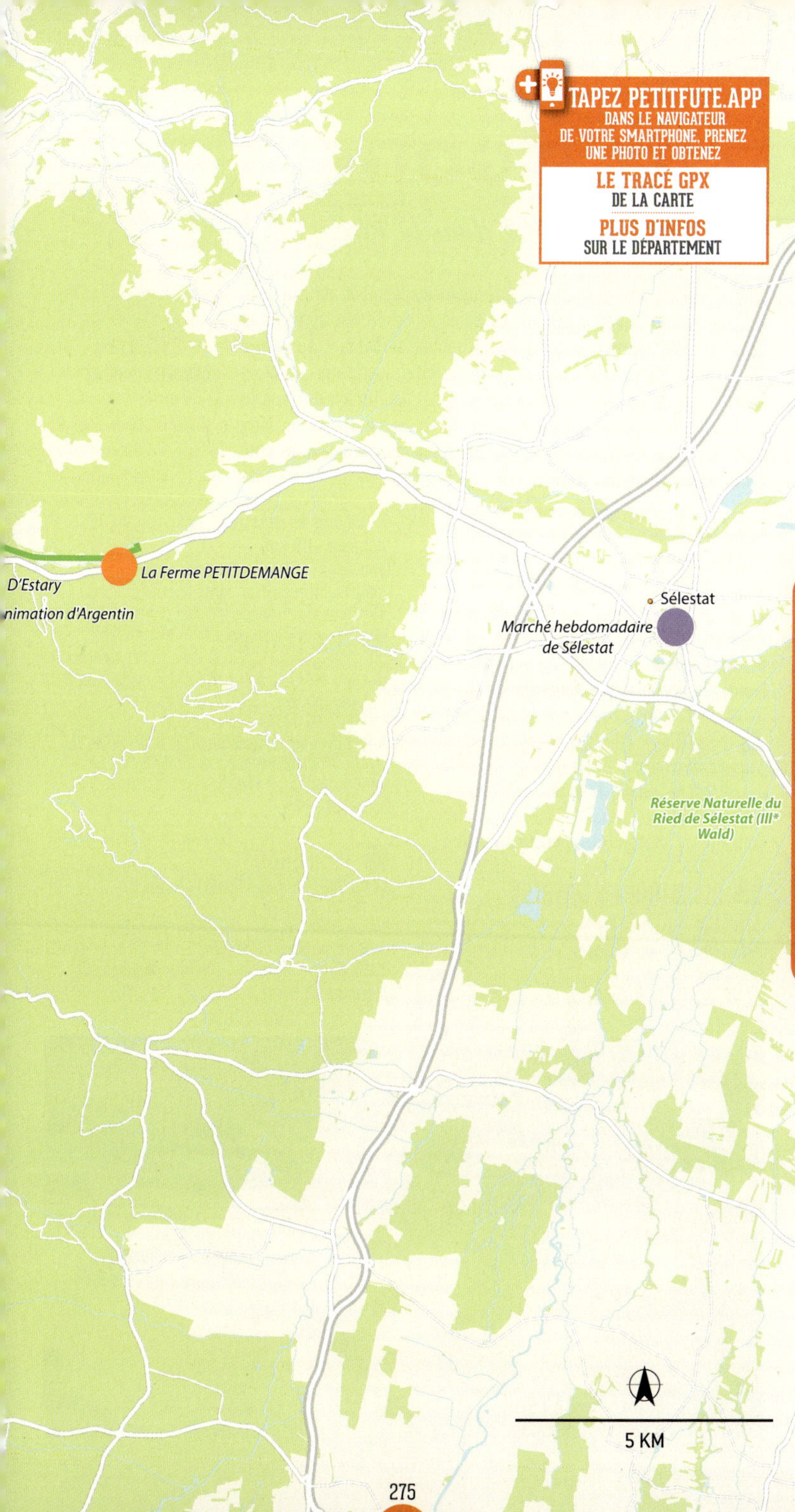
TAPEZ PETITFUTE.APP
DANS LE NAVIGATEUR
DE VOTRE SMARTPHONE, PRENEZ
UNE PHOTO ET OBTENEZ
LE TRACÉ GPX
DE LA CARTE
PLUS D'INFOS
SUR LE DÉPARTEMENT
La Ferme PETITDEMANGE
D'Estary
nimation d'Argentin
Sélestat
Marché hebdomadaire
de Sélestat
Réserve Naturelle du
Ried de Sélestat (Ill*
Wald)
5 KM

LA ROUTE DE LA RIGOTTE

Un itinéraire affiné dans le Rhône

Le panorama de Sermons, à découvrir au départ de cette boucle, donne un bon aperçu de ce parcours de 23 km, agréable et moyennement pentu sur des routes serpentant au milieu des vignes de Condrieu et Côte-Rôtie, jusqu'aux premiers plateaux du Parc naturel régional du Pilat. Un joli défi sportif avec l'ascension des cols Bourrin et Croix Régis vous attend : l'occasion d'une sortie cyclo entre amis pour partir à la découverte de la Rigotte, délicieux petit chèvre AOP au lait cru.

DISTANCE *23 km*
DÉNIVELÉ POSITIF *400 m*
NIVEAU ▲▲△△△

LE PANIER CONDRIOT

15 Route Nationale
69420 CONDRIEU
✆ 06 17 28 74 86 / 04 27 69 92 93
Horaires d'ouverture : Tous les jours de 8h à 19h30
Distance : 3 km
Fromages : La Rigotte de Condrieu

MARCHÉ DE CONDRIEU

69420 CONDRIEU
Ouvert tous les vendredis de 9h à 12h
Distance : 3 km
Fromages : Fromages de producteurs locaux

DELPHINE ET PATRICK JULIEN SATRE

791 route du Pilon - La rase
69420 LES HAIES
✆ 06 24 30 71 78
Ouvert tous les jours de 17h à 19h ou sur RDV
Distance : 1,8 km
Fromages : AOP la Rigotte, fromages blancs, yaourts, briques, fromages apéritifs

LES JARDINS DE LA CÔTE RÔTIE

29 route Taquière - 69420 AMPUIS
✆ 04 74 56 04 20
Ouvert du lundi au jeudi de 8h30 à 12h30 et de 14h00 à 19h. Le vendredi de 8h30 à 19h. Le samedi de 8h30 à 18h30
Distance : 3 km

VALFERME

13 RD 386 Veremay - 69420 AMPUIS
✆ 04 74 56 15 33
Ouvert le lundi après-midi de 14h30 à 19h.
Du Mardi au Samedi, de 08h30 à 12h30 et de 14h30 à 19h. Dimanche de 9h à 12h30 et de 15h à 19h
Distance : 3,5 km

Rigotte de Condrieu.

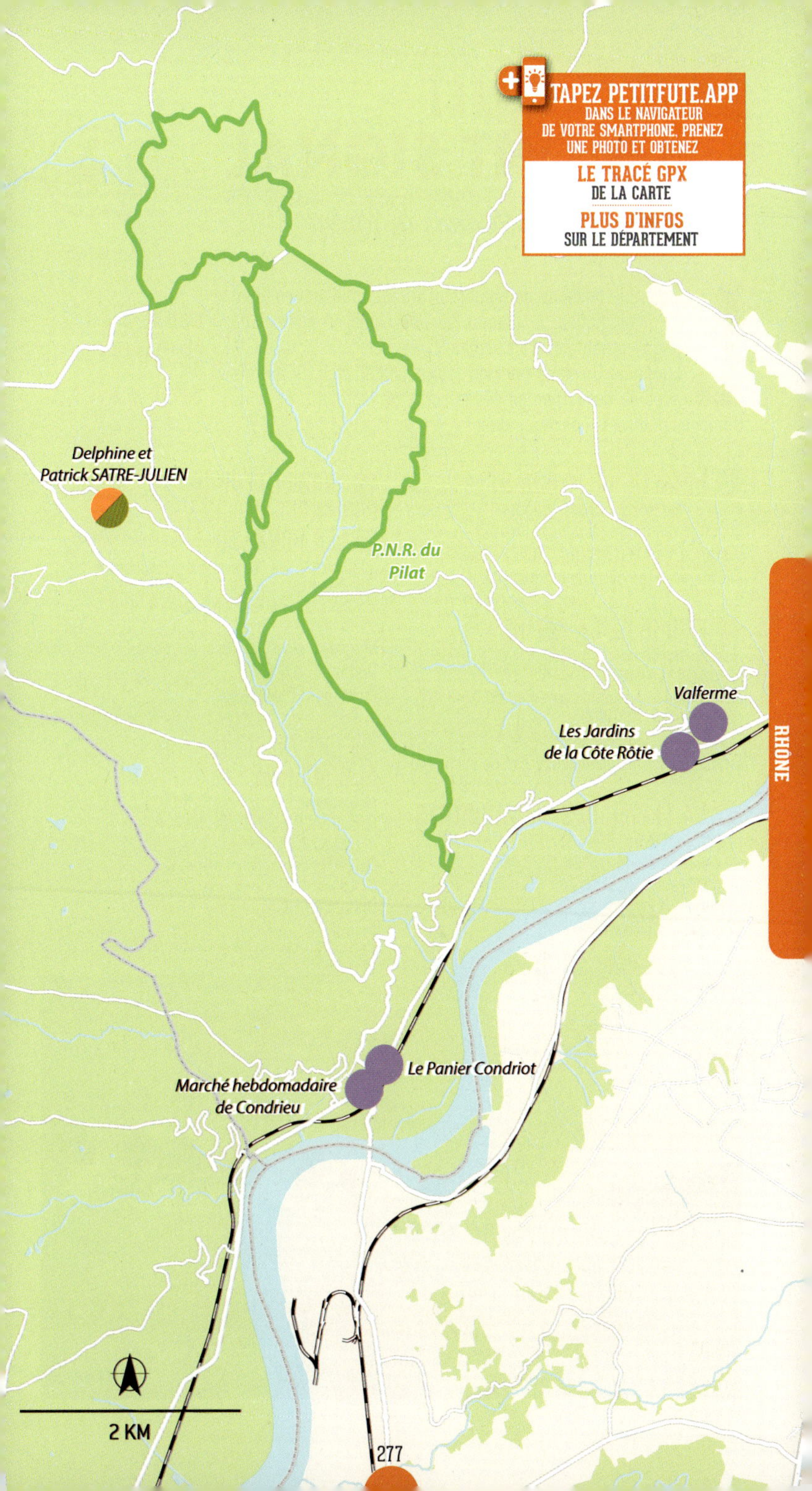
TAPEZ PETITFUTE.APP
DANS LE NAVIGATEUR
DE VOTRE SMARTPHONE, PRENEZ
UNE PHOTO ET OBTENEZ
LE TRACÉ GPX
DE LA CARTE
PLUS D'INFOS
SUR LE DÉPARTEMENT
Delphine et
Patrick SATRE-JULIEN
P.N.R. du
Pilat
Valferme
Les Jardins
de la Côte Rôtie
Le Panier Condriot
Marché hebdomadaire
de Condrieu
2 KM

LE CIRCUIT DU MONT SIGNAL

Un itinéraire affiné dans le Rhône

L'itinéraire possède de nombreux attraits touristiques, dont de magnifiques panoramas sur les Alpes, le plateau du pays Mornantais ou les vergers et vignobles des Coteaux du Lyonnais. Un plaisir pour les yeux et un défi pour les sportifs avec de belles pentes dès la sortie de Mornant... de bons fromages pourront vous requinquer !

DISTANCE *47 km*
DÉNIVELÉ POSITIF *840 m*
NIVEAU ▲▲△△△

MARCHÉ DE MORNANT

Place de la Liberté - 69440 MORNANT
Ouvert le vendredi et dimanche 9h à 12h
Distance : sur le parcours
Fromages : Fromages de producteurs locaux

FERME DE LA BELINE

Hameau La Plaine - 69440 MORNANT
✆ 06 67 15 68 06
Ouvert tous les vendredis de 14h à 19h et samedis de 9h à 12h.
Distance : 1,5 km
Fromages: Fromages de chèvre et de vache BIO

LA FERME DES SERVANNIÈRES

Les Servannières - 69440 SAINTE-CATHERINE
✆ 04 78 81 81 06 / 07 61 25 23 48
Ouvert tous les vendredis de 18h à 20h
Distance : 1 km
Fromages : Chèvre bio

PRODUCTEUR DE FROMAGES DE CHÈVRES - GILLES BONNARD

1920 chemin de Chavagneux à la place de Chavagneux
69850 SAINT-MARTIN-EN-HAUT
✆ 07 67 13 59 71
Horaires d'ouverture: Tous les matins
Distance : 4,4 km
Fromages : Chèvre bio

CHÈVRERIE DE MALACOMBE

Malacombe
69850 SAINT-MARTIN-EN-HAUT
✆ 06 10 88 72 98
Ouvert les mercredis et samedis de 14h00 à 18h00
Distance : 1 km
Fromages : Chèvre

RHÔNE

Ferme des Servanières à Sainte-Catherine.

© MATHILDE_COLLIER

LA FERME DES CHARDONS

Maintigneux
69850 SAINT-MARTIN-EN-HAUT
✆ 06 78 16 34 22
Ouvert tous les mercredis et samedis de 10h à 12h
Distance : 2,2 km
Fromages : Chèvre

MARCHÉ DE SAINT-MARTIN-EN-HAUT

Place de l'église - 69850 SAINT-MARTIN-EN-HAUT
Ouvert tous les samedis matin de 8h à 12h
Distance : 1 km
Fromages de producteurs

SARL PIEGAY - ARTISAN FROMAGER GLACIER

Le Tour 69850
SAINT-MARTIN-EN-HAUT
✆ 04 78 48 63 56 / 06 46 34 25 60
Horaires d'ouverture : Mardi, jeudi, vendredi et samedi de 10h à 12h et les mercredi et samedi de 14h à 16h
Fromages : Fromages blanc et sec, yaourts nature et aux fruits, des glaces et sorbets

PRODUCTEUR LAITIER - EMMANUEL HASSLER

La Bâtie
69850 SAINT-MARTIN-EN-HAUT
✆ 06 52 63 42 10
Horaires d'ouverture : sur RDV uniquement
Distance : 0,3 km
Fromages : Chèvre

UN DIMANCHE À LA CAMPAGNE

La Durantière
69510 THURINS
✆ 04 78 81 94 38
Ouvert les mercredis, jeudis et vendredis de 09h à 12h30 et de 15h à 19h. Les samedis et dimanches : de 09h à 12h30 et de 15h à 18h (l'hiver) ou 19h (l'été)
Distance : 2,5 km
Fromages : Chèvre

MARCHÉ BIO : LE CHAPI

69510 SOUCIEU-EN-JARREST
✆ 04 78 19 91 65
Ouvert tous les vendredis de 16h30 à 19h
Distance : sur le parcours
Fromages : Vache et chèvre

UNIFERME

D342 - Le Pont Rompu
69700 BEAUVALLON-SAINT-ANDÉOL-LE-CHÂTEAU
✆ 04 78 44 05 07
Ouvert les lundis et mardis de 15h à 19h ; les mercredis, jeudis et vendredis de 08h30 à 12h30 et de 15h à 19h
Distance : 5,3 km
Fromages : Chèvre, brebis et vache

Un dimanche à la campagne
Marché de Saint-Martin-en-Haut
SARL Piegay - Artisan fromager glacier
Producteur laitier - M.Emmanuel Hassler
La Ferme des Chardons
Chèvrerie de Malacombe
Producteur de fromages de chèvres - Gilles Bonnard
La ferme des Servannières
2 KM

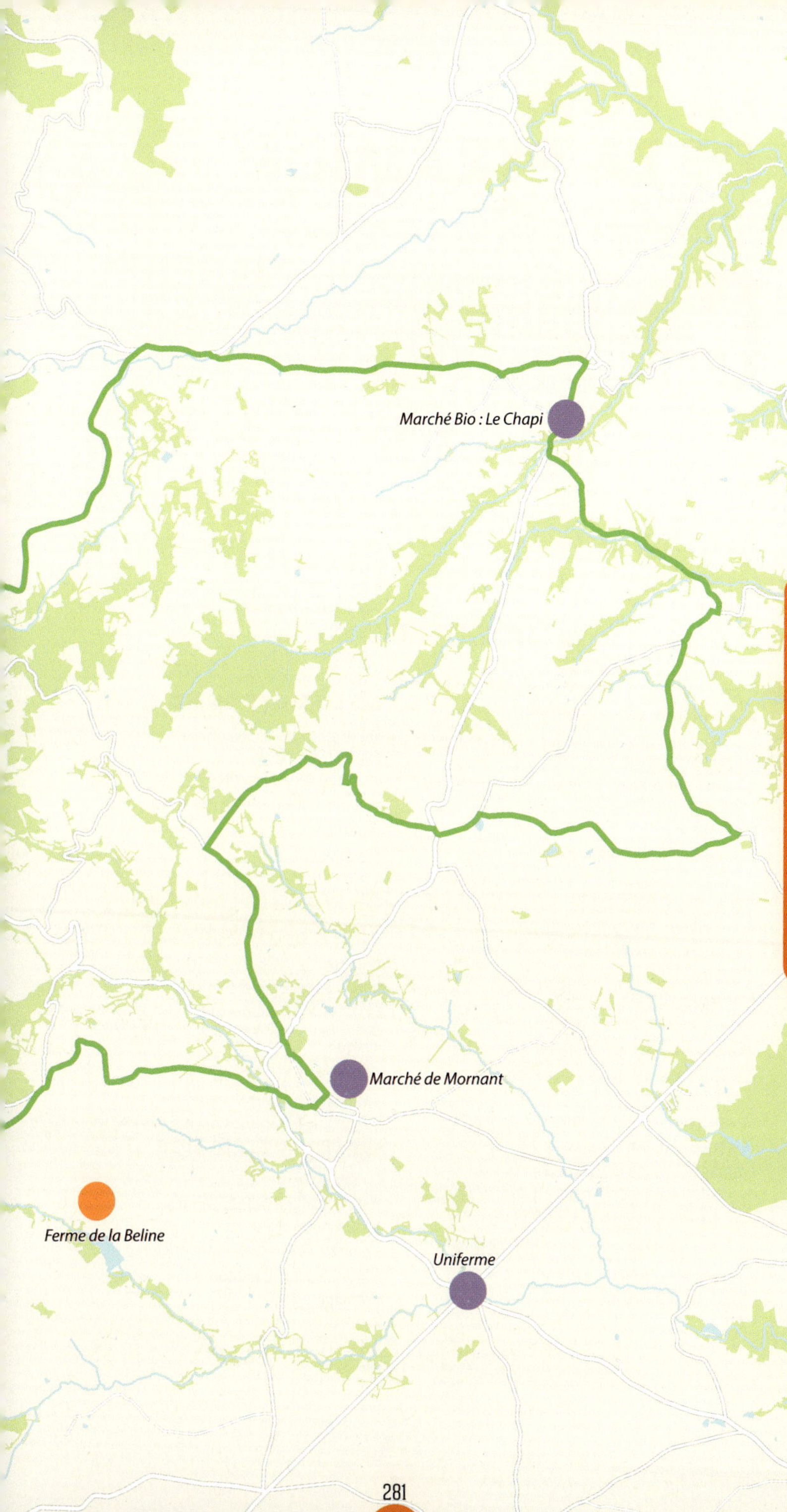
Marché Bio : Le Chapi
Marché de Mornant
Ferme de la Beline
Uniferme

LA FORÊT DE LA PYRAMIDE

Un itinéraire affiné dans le Rhône

Ce parcours forestier, sur routes peu fréquentées, permet de se frotter à des reliefs marqués, sillonnés de lignes et de crêtes tout en profitant des diverses essences forestières qu'arbore fièrement le massif de la Pyramide. Véritable Espace naturel sensible qui bénéficie d'une gestion durable de ses conifères et feuillus, il combine façades paysagères changeantes et raids pour cyclos expérimentés ! La campagne verdoyante offre quant à elle de beaux espaces de pâturage pour les troupeaux.

DISTANCE *29 km*

DÉNIVELÉ POSITIF *620 m*

NIVEAU ▲▲△△△

RHÔNE

TERROIR D'AZERGUES

Place de la Mairie - 69870 LAMURE-SUR-AZERGUES
✆ 04 74 03 55 62
Ouvert du mardi et jeudi de 9h30 à 12h30, vendredi et samedi de 9h30 à 12h30 et de 16h à 19h.
Distance : sur le parcours

FERME DE L'ESPOIR

Les Fougères - 69870 SAINT-NIZIER-D'AZERGUES
✆ 06 35 13 23 42
Horaires d'ouverture : Du lundi au samedi matin, fermé le dimanche
Distance : 1,7 km
Fromages : Vache et chèvre

LA COMPLICITÉ DU CHÉVRIER

Valchevrière - 69870 CLAVEISOLLES
Vente tous les matin. Visite ferme sur RdV
Distance : 2 km
Fromages : Chèvre

GAEC DU SOUBRAN

Creux du Soubran - 69870 CLAVEISOLLES
✆ 06 83 18 24 44
Ouvert tous les jours. Visite ferme sur Rdv
Distance : 5,2 km
Fromages : Vache et mi-chèvre

FERME DÉCOUVERTE « LA CHÈVRE ET LE PAYSAN »

La grandouze - 69870 CLAVEISOLLES
✆ 04 74 04 37 05
Ouvert pour les familles, animations à chaque vacances de printemps, d'été et d'automne.
Pour les groupes scolaires sur réservations les mardis, les jeudis et les vendredis.
Distance : 3,5 km
Fromages : Chèvre

FERME DE PIERRE PLATE

Route du col de la Croix Rosier
69460 LE PERRÉON
✆ 04 47 03 26 71 / 06 02 15 46 24
Horaires d'ouverture: En été tous les midis
Distance : 0,5 km
Fromages : Chèvre

GEOFFRAY CHRISTOPHE : VENTE DE FROMAGES DE CHÈVRE

Le Creux
69870 SAINT-CYR-LE-CHATOUX
Ouverture 7j/7. Heures d'été : 8h à 10h et 18h30 à 20h. Heures d'hiver : 8h30 à 10h et 17h30 à 18h30
Distance : 1 km
Fromages : Chèvre

FERME DESPLACES

Le Vanel
69870 LAMURE-SUR-AZERGUES
✆ 04 74 03 11 74
Horaires d'ouverture : Tous les jours
Distance : sur le parcours
Fromages : Chèvre

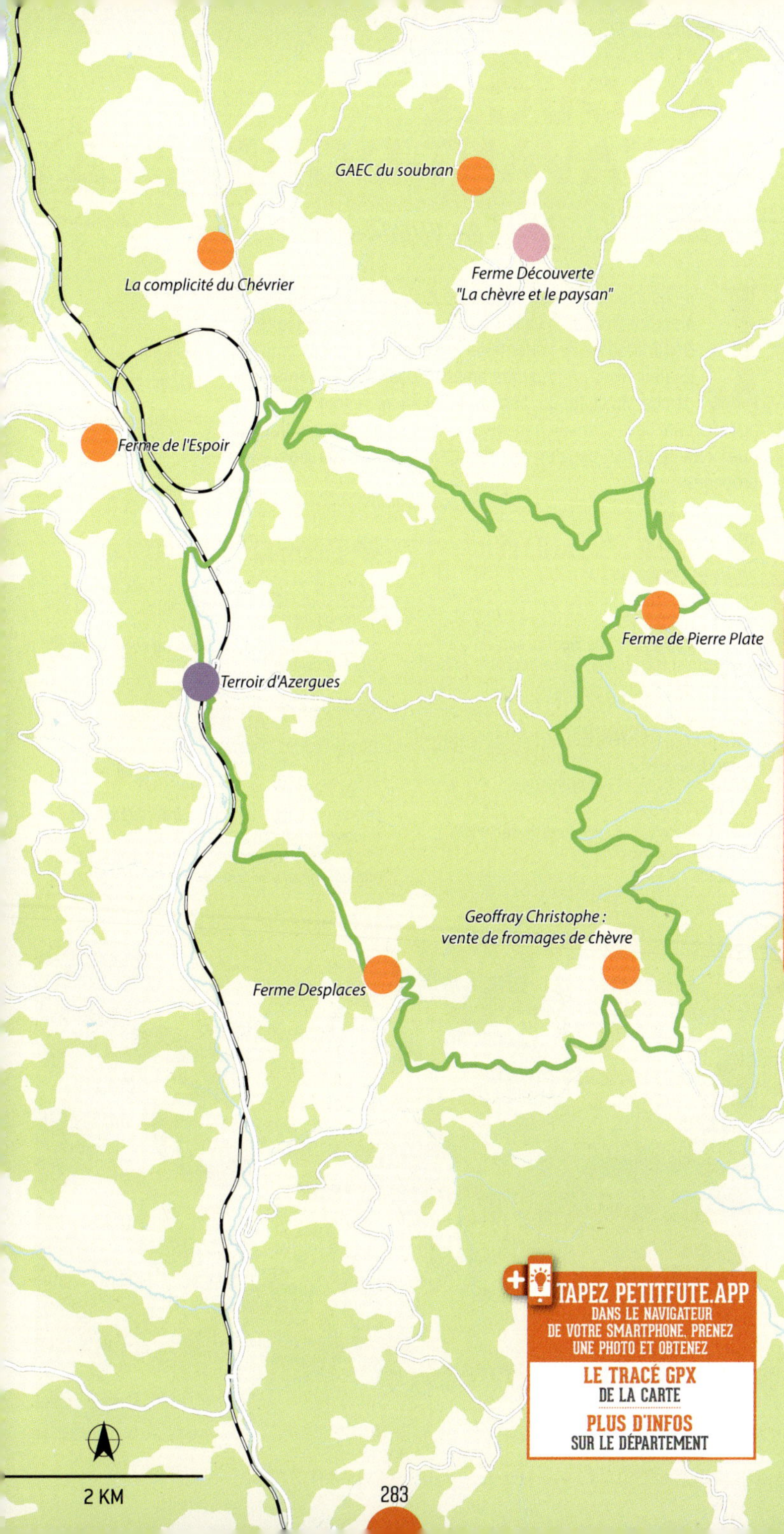
GAEC du soubran
La complicité du Chévrier
Ferme Découverte
"La chèvre et le paysan"
Ferme de l'Espoir
Ferme de Pierre Plate
Terroir d'Azergues
Geoffray Christophe :
vente de fromages de chèvre
Ferme Desplaces
2 KM

LA BOUCLE DE L'AVANT-DOUBS

Un itinéraire affiné en Haute-Saône

La boucle n°10 de l'Avant-Doubs prend sa source à Montbozon dans la vallée de l'Ognon, rivière qui délimite les Départements de la Haute-Saône et du Doubs. Elle croise le Chemin Vert, un itinéraire aménagé sur une ancienne voie de chemin de fer qui permet de rejoindre Vesoul, ville chère au répertoire de la chanson française ! C'est sur ce rythme entraînant que vous pourrez pédaler en direction des 4 sites fromagers proposés.

DISTANCE *34 km*
DÉNIVELÉ POSITIF *400 m*
NIVEAU ▲△△△△

ATELIER DES PAPILLES

20, rue des Chenevières
70230 MONTBOZON
✆ 06 43 02 04 97
Horaires d'ouverture : du lundi au samedi 8h30-13h et le mercredi, le vendredi et le samedi 15h30-19h

GAEC MONNIN

9, rue de Vevey
70230 FONTENOIS-LES-MONTBOZON
✆ 06 61 77 29 77
Horaires d'ouverture : vendredi de 16h à 18h et samedi de 9h à 12h
Distance : 500 m

FROMAGERIE MARCILLAT

Chemin de la Laiterie
70230 LOULANS-VERCHAMP
✆ 03 84 68 39 10
Horaires d'ouverture : du lundi au vendredi de 8h à 12h et de 14h à 17h

FERME AU GRÉ DU PRÉ

15, rue Charles Vincent - Hameau de Verchamp
70230 LOULANS-VERCHAMP
✆ 06 73 66 95 32
augredupre@outlook.com – www.augredupre.fr
Printemps/été : du mardi au dimanche 10h - 12h et 14h - 19h. Automne/hiver : mercredi, vendredi, samedi, dimanche 10h - 12h et14h30 - 19h

HAUTE-SAÔNE

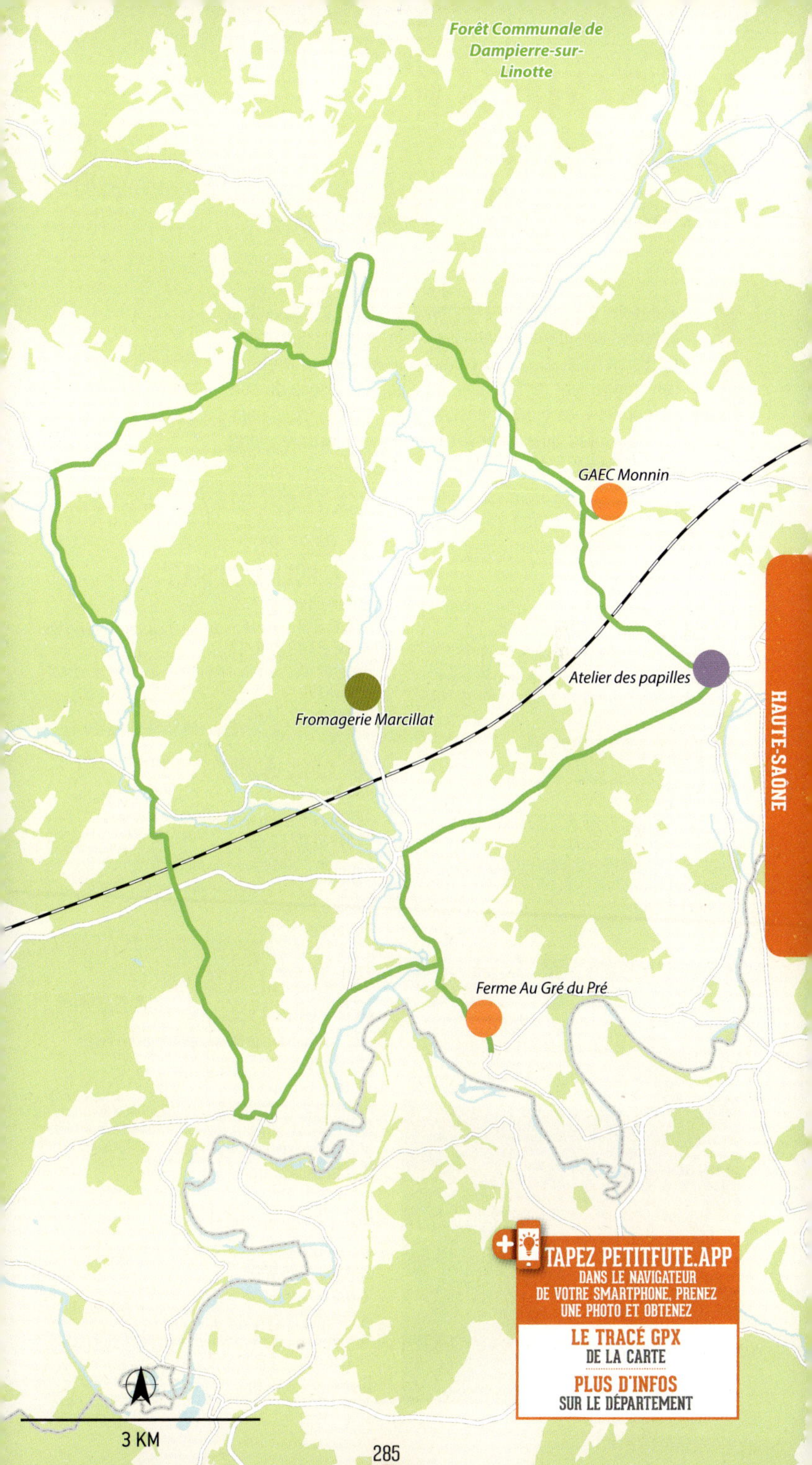
Forêt Communale de Dampierre-sur-Linotte
GAEC Monnin
Atelier des papilles
Fromagerie Marcillat
Ferme Au Gré du Pré
3 KM

LA BOUCLE DES EAUX

Un itinéraire affiné en Haute-Saône

La Boucle des Eaux (n°14) prend sa source... devant le bâtiment des thermes, dans la station thermale de Luxeuil-les-Bains, ville au riche patrimoine et à la découverte de l'environnement remarquable au pied des Vosges du sud. L'itinéraire vous guidera ensuite vers Froideconche, Saint-Bresson et Fougerolles, au pays de la cerise, où vous vous régalerez de fromages du terroir...

DISTANCE 46 km
DÉNIVELÉ POSITIF 450 m
NIVEAU ▲△△△△

HAUTE-SAÔNE

ESPRIT PAYSAN

Zone de la Zouzette
16 rue du 19 Mars 1962
70000 FROIDECONCHE
✆ 09 75 19 70 70
espritpaysanfroideconche@gmail.com
Horaires d'ouverture : lundi 14h-19h, du mardi au vendredi 9h-12h et 14h-19h, samedi 9h-18h

GAEC MENIGOZ

222 les Granges du Bois
70280 SAINT-BRESSON
✆ 03 84 94 00 21 / 06 87 20 33 85
gaec.menigoz@gmail.com
Horaires d'ouverture : du lundi au samedi (8h-12h et 14h-18h)
Distance : 6 km

© SAXOPH - STOCK.ADOBE.COM

Fougerolles.

GAEC DE LA BERGERIE DU BOUT

107 Le Bout
70220 FOUGEROLLES
✆ 06 73 42 21 82
Horaires d'ouverture : mercredi, jeudi et vendredi 17h30-19h
Distance : 3,5 km

GAEC AUBRY PATRICK

44 Le Grand Fahys
70220 FOUGEROLLES
✆ 09 61 07 62 88
Horaires d'ouverture : du lundi au samedi de 13h30 à 18h. Fermé le dimanche et les jours fériés
Distance : 5,5 km

GAEC LE RUISSEAU DES ÉCREVISSES

229 bis Hameau le Ruisseau des écrevisses
70800 BOULIGNEY
✆ 03 84 49 03 02
Horaires d'ouverture : du lundi au mercredi 9h30-12h et 14h-17h, jeudi et vendredi 9h30-12h et 17h-19h, samedi 9h30 -12h
Distance : 4,2 km

LA CHARMOTTE

40 Grand Rue
70800 BOULIGNEY
✆ 03 84 40 97 24
la-charmotte@orange.fr
Horaires d'ouverture : jeudi, vendredi, samedi de 9h30 à 19h
Distance : 3,5 km

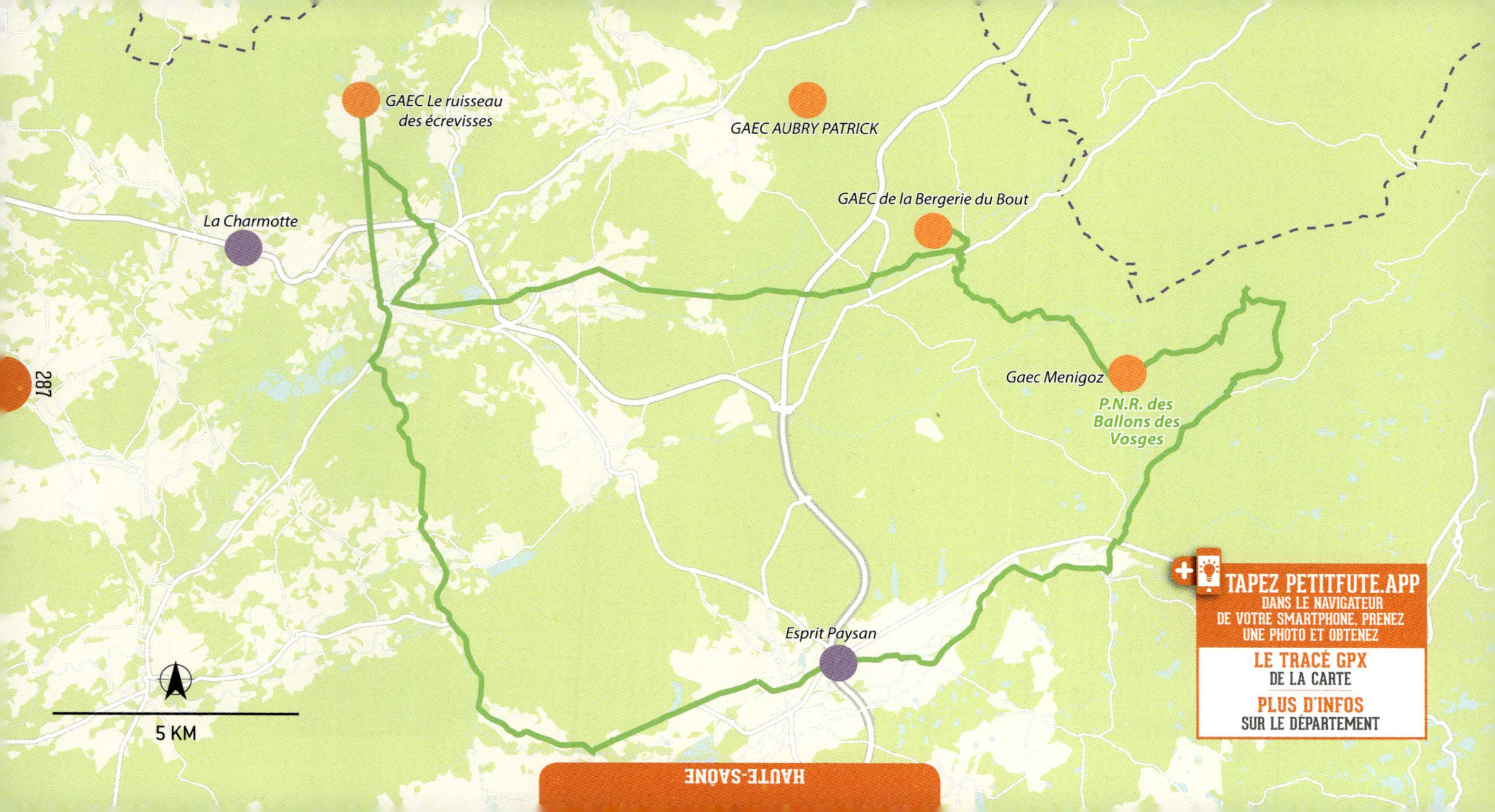
GAEC Le ruisseau des écrevisses
GAEC AUBRY PATRICK
GAEC de la Bergerie du Bout
La Charmotte
Gaec Menigoz
P.N.R. des Ballons des Vosges
Esprit Paysan
5 KM
TAPEZ PETITFUTE.APP DANS LE NAVIGATEUR DE VOTRE SMARTPHONE, PRENEZ UNE PHOTO ET OBTENEZ
LE TRACÉ GPX DE LA CARTE
PLUS D'INFOS SUR LE DÉPARTEMENT

LA VOIE BLEUE EN HAUTE-SAÔNE

Un itinéraire affiné en Haute-Saône

Le parcours de la Voie Bleue en Haute-Saône vous guidera sur les chemins de halage le long du Canal des Vosges et de la Saône. Au départ de Ambiévillers et jusqu'à Essertenne et Cecey, les 140 kilomètres à parcourir au fil de l'eau vous permettront de découvrir écluses et pont-tournants dont celui de Selles, classé monument historique. Un itinéraire tout en douceur à agrémenter de petites pauses fromagères dans l'un des 13 sites proposés.

DISTANCE *140 km*

DÉNIVELÉ POSITIF *594 m*

NIVEAU ▲▲△△△

LE P'TIT MARCHÉ DE PRODUCTEURS DE JUSSEY

Centre-ville
70500 JUSSEY
Horaires d'ouverture : vendredi de 16h30 à 18h30

FROMAGERIE LA FLEURIZELLE

8 Grande Rue
70500 ABONCOURT-GÉSINCOURT
✆ 03 84 68 79 83
lafleurizelle@orange.fr
Horaires d'ouverture : à la ferme le samedi (9h-12h) et sur le marché des producteurs à Jussey les vendredis de 16h30 à 18h30
Distance : 1 km

GAEC LES CHANSEREAUX

Route de Faverney
70170 BOUGNON
✆ 03 84 91 56 05
dhumbert@earl-chansereaux.fr
Horaires d'ouverture : mardi 8h-17h, mercredi et vendredi 8h-12h
Distance : 7,5 km

FERME DU MAGNY ROBERT

Route de la Neuvelle Les Scey
70120 CONFRACOURT
✆ 06 25 80 73 52
bomme.sandra@gmail.com
Horaires d'ouverture : du lundi au samedi sur rendez-vous
Distance : 6,5 km

Pause sur la Voie Bleue.

Haute-Saône.

© MJULY

Cancoillotte.

CHÈVRERIE DE LA ROMAINE

25 Grande Rue de Greucourt
70130 LA ROMAINE
06 40 19 13 46
jean_amandine@live.fr
Horaires d'ouverture : mercredi, vendredi et samedi (10h-12h et 15h-17h30)
Distance : 8 km

EARL LES DENAISES

115 rue de Gray
70100 BATTRANS
✆ 06 31 41 37 55
Horaires d'ouverture : mercredi et vendredi (15h-19h15) et samedi (10h-12h15)
Distance : 4,2 km

EARL DU JARDY - CHÈVRERIE DE LA TENISE

Route de Noiron
70100 CRESANCEY
✆ 06 72 45 36 28
earljardy@wanadoo.fr
Ouvert tous les jours de février à novembre de 8h à 10h
Distance : 7,5 km

FROMAGERIE MAURON

31 route de Velet
70100 GRAY-LA-VILLE
✆ 03 84 65 04 24
Ouvert du lundi au vendredi (8h30-12h et 13h30-17h)
Distance : 1,3 km

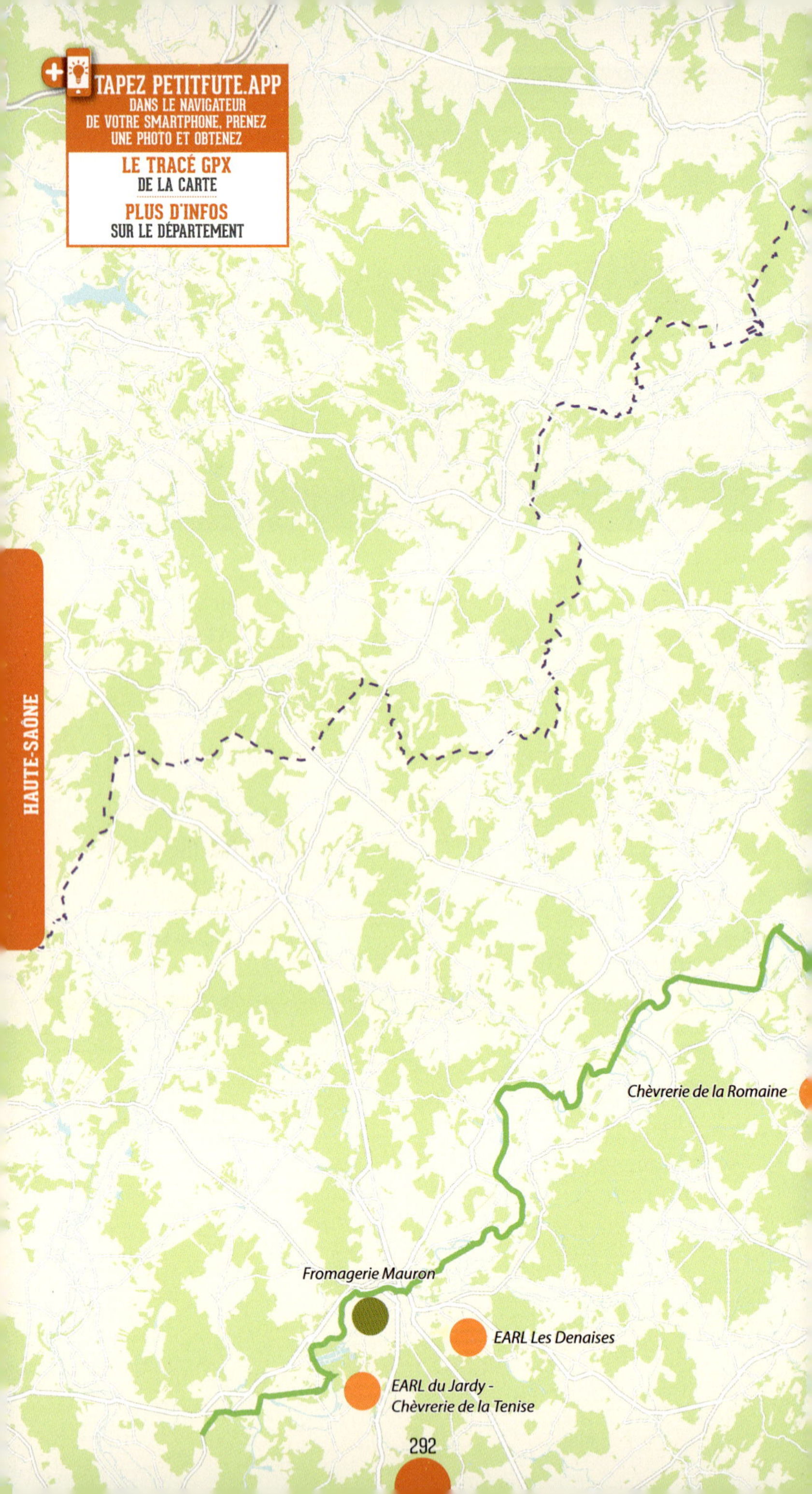
TAPEZ PETITFUTE.APP
DANS LE NAVIGATEUR
DE VOTRE SMARTPHONE, PRENEZ
UNE PHOTO ET OBTENEZ
LE TRACÉ GPX
DE LA CARTE
PLUS D'INFOS
SUR LE DÉPARTEMENT
Chèvrerie de la Romaine
Fromagerie Mauron
EARL Les Denaises
EARL du Jardy -
Chèvrerie de la Tenise

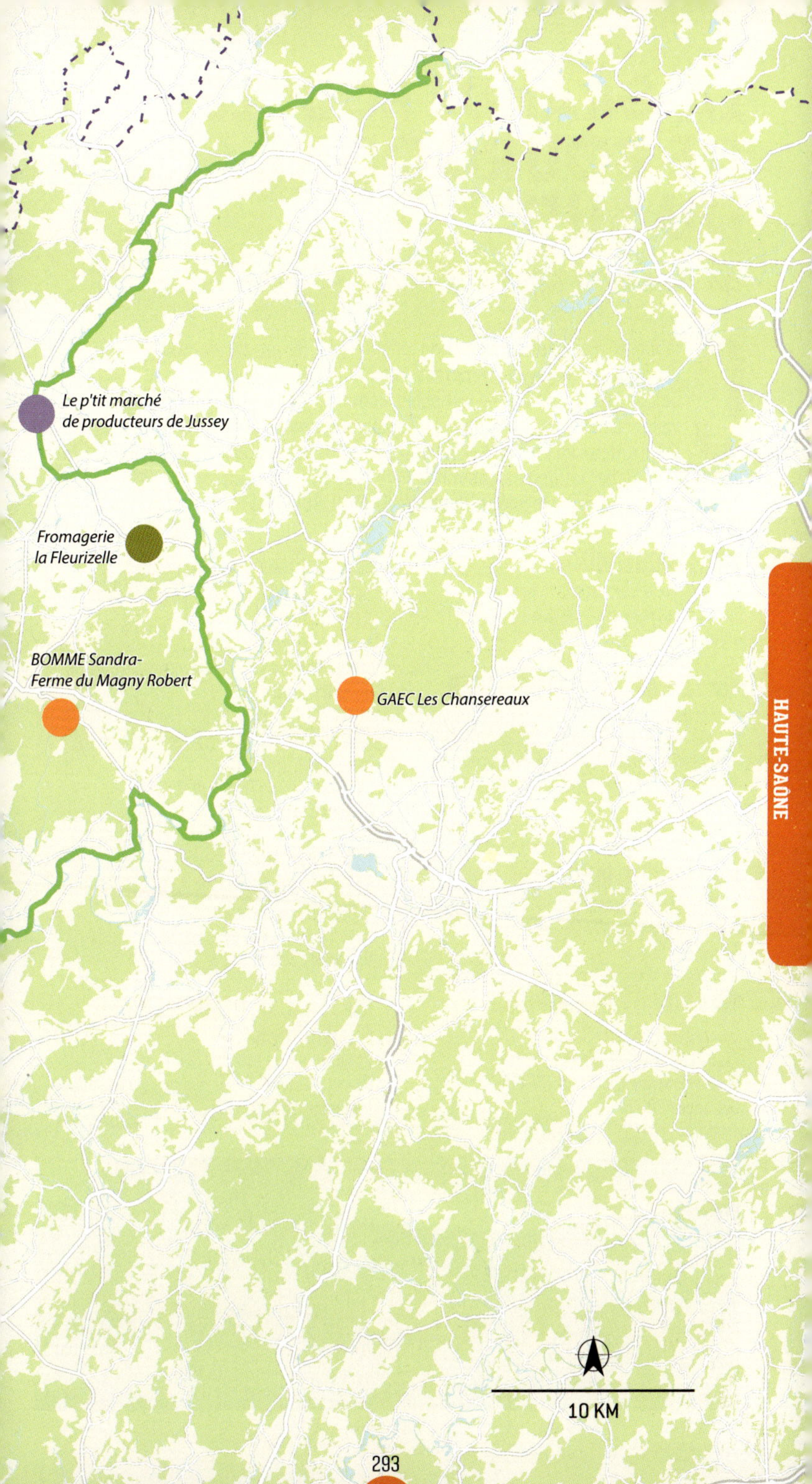
Le p'tit marché
de producteurs de Jussey
Fromagerie
la Fleurizelle
BOMME Sandra-
Ferme du Magny Robert
GAEC Les Chansereaux
10 KM

HAUTE-SAÔNE

LA GRANDE BOUCLE DE BOURGOGNE DU SUD

Un itinéraire affiné en Saône-et-Loire

Composé d'anciennes voies de chemin de fer et de chemins de halages, l'itinéraire offre aujourd'hui une balade continue entre vignobles réputés, paysages vallonnés et villages typiques. De Mâcon à Chalon-sur-Saône, deux voies s'offrent à vous, Verte ou Bleue, pour découvrir ce riche patrimoine gastronomique tout en arpentant doucement les bords de la Saône. Une belle GRANDE BOUCLE !

DISTANCE *145 km*
DÉNIVELÉ POSITIF *450 m*
NIVEAU ▲△△△△

SAÔNE-ET-LOIRE

MARCHÉ MIXTE
71100 CHALON-SUR-SAÔNE
Ouvert tous les jours de 8h-12h
Distance : 3,3 km

LE CAVEAU DU FROMAGER
12, rue de la Citadelle
71100 CHALON-SUR-SAÔNE
Horaires d'ouverture : du mardi au samedi de 9h-13 h et de 15h-19h30. Dimanche de 9h-13h.
Distance : 700 m

MARCHÉ DU CENTRE VILLE
71100 CHALON-SUR-SAÔNE
Ouvert tous les jours de 8h-19h30
Distance : 500 m

MARCHÉ DE LA PLACE DE L'HÔTEL DE VILLE
71100 CHALON-SUR-SAÔNE
Ouvert le mercredi matin de 8h-13h
Distance : 200 m

MARCHÉ DE LA PLACE SAINT-VINCENT ET DE LA RUE AUX FÈVRES
71100 CHALON-SUR-SAÔNE
Ouvert les vendredis et dimanches de 8h-12h.
Distance : 100 m

MARCHÉ DE SAINT MARCEL
71380 SAINT-MARCEL
Ouvert le mercredi matin de 8h-12h.
Distance : 100 m

MARCHÉ DES PRODUCTEURS LOCAUX
71240 GIGNY-SUR-SAÔNE
Ouvert le samedi de 9h à 12h30
Distance : 300 m

MARCHÉ HEBDOMADAIRE DE TOURNUS
71700 TOURNUS
Ouvert tous les samedis matins de 9h-12h30
Distance : 100 m

La Voie Verte.

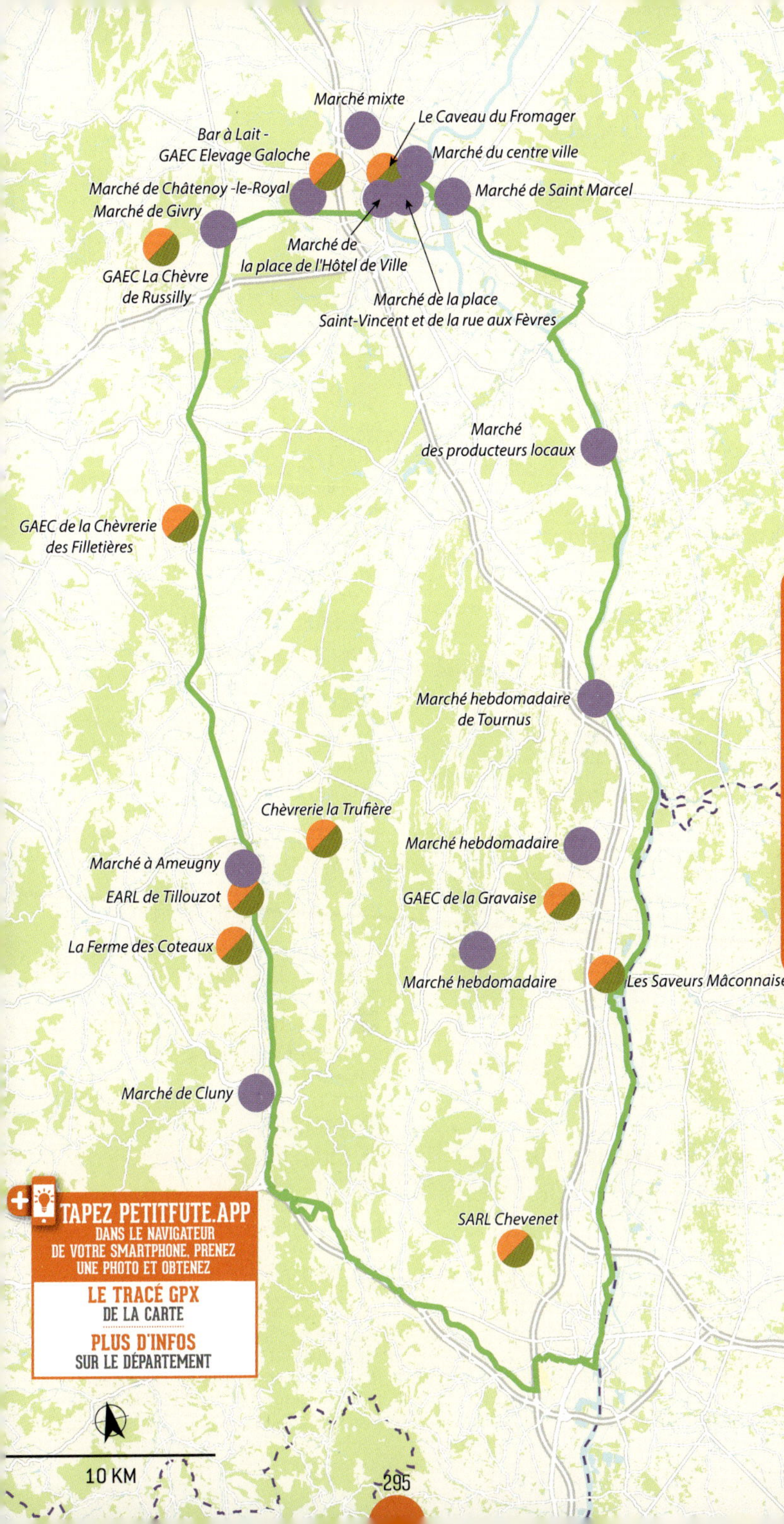

TAPEZ PETITFUTE.APP
DANS LE NAVIGATEUR
DE VOTRE SMARTPHONE, PRENEZ
UNE PHOTO ET OBTENEZ

LE TRACÉ GPX
DE LA CARTE

PLUS D'INFOS
SUR LE DÉPARTEMENT

LA GRANDE BOUCLE DE BOURGOGNE DU SUD

Un itinéraire affiné en Saône-et-Loire

MARCHÉ HEBDOMADAIRE

Place du Marché - 71700 UCHIZY
Ouvert tous les dimanches de 9h-12h.
Distance : 2,6 km

GAEC DE LA GRAVAISE

Mercey - 71260 MONTBELLET
✆ 03 85 33 12 15 / 06 19 89 34 01
Ouvert du lundi au samedi de 9h-12h et de 14h-18h.
Distance : 3,5 km

MARCHÉ HEBDOMADAIRE

Place des Halles - 71260 LUGNY
Ouvert tous les vendredis de 9h-12h.
Distance : 6,6 km

LES SAVEURS MÂCONNAISES

Rue Rabelais - 71260 FLEURVILLE
✆ 03 85 37 58 11
Horaires d'ouverture : lundi 15h-19h, mardi 8h30-12h30 et 15h-19h, mercredi et jeudi 9h-12h et 15h-19h, vendredi 9h-12h30 et 15h-19h, samedi 9h-13h et 15h-19h.
Distance : 6,6 km

SARL CHEVENET

100, rue du Bourg - 71870 HURIGNY
✆ 03 85 34 84 78
Horaires d'ouverture : du lundi au vendredi 8h-12h et 14h-17h. Samedi de 9h-12 h.
Distance : 4,1 km

MARCHÉ DE CLUNY

Place et rue du 11 août 1944 - 71250 CLUNY
Ouvert tous les samedis de 7h à 13h.
Distance : 1 km

LA FERME DES COTEAUX

La Ronzière - 454, route de Flagy - 71250 MASSILLY
✆ 03 85 50 07 96
Horaires d'ouverture : 7 j/7 de 9h -20h.
Distance : 1,3 km

EARL DE TILLOUZOT

Ferme de Tillouzot le Bas - 71250 TAIZE
✆ 03 85 50 05 58
Horaires d'ouverture : Lundi de 9h30 -12 h. Mardi au dimanche de 9h30-12h et de 16h-1 h.
Distance : 300 m

MARCHÉ À AMEUGNY

Place du Village - 71460 AMEUGNY
Ouvert chaque vendredi à partir de 17h.
Distance : 500 m

CHÈVRERIE LA TRUFIÈRE

Lys -Rue des Perrières
71460 CHISSEY-LES-MACON
✆ 03 85 50 15 26
Horaires d'ouverture : jusqu'au 3e week-end de novembre, lundi, mardi, jeudi, dimanche de 9h à 12h, mercredi, vendredi, samedi de 9h à 12h et de 16h à 18h (19h le vendredi).
Distance : 3,6 km

GAEC DE LA CHÈVRERIE DES FILLETIÈRES

Les Filletières
71390 CHENOVES
✆ 03 85 44 02 92
Horaires d'ouverture : tous les jours de 8h30 à 13h et de 15h à 19h.
Distance : 1 km

GAEC LA CHÈVRE DE RUSSILLY

Russilly - 71640 GIVRY
✆ 07 78 51 39 20 / 06 22 24 42 37
Horaires d'ouverture : tous les jours de 9h-12h et le soir à partir de 18 h.
Distance : 3 km

MARCHÉ DE GIVRY

71640 GIVRY
Ouvert le jeudi matin de 7h30-13h.
Distance : 500 m

MARCHÉ DE CHÂTENOY-LE-ROYAL

71880 CHATENOY-LE-ROYAL
Ouvert le mercredi matin de 9h-12h.
Distance : 700 m

BAR À LAIT - GAEC ELEVAGE GALOCHE

30 Avenue du Général Charles de Gaulle
71880 CHATENOY-LE-ROYAL
Horaires d'ouverture : du mardi au vendredi 9h-12h, samedi 8h-12h et 15h-17h30.
Distance : 1,8 km

Plan d'eau du Vallon à Autun / Autunois-Morvan
Vous seriez tellement mieux ici.
EN SAÔNE-ET-LOIRE.
Département de Saône-et-Loire. – LMWR. 2022 – Crédits photos
SAÔNE & LOIRE DÉPARTEMENT
Route71
BOURGOGNE DU SUD
Le plus court chemin vers le bonheur

LE TOUR DU COLOMBIER D'AILLON

Un itinéraire affiné en Savoie

Cet itinéraire au départ de Chambéry offre une incursion dans le coeur du Massif des Bauges. L'ascension du col des Prés par lequel débute ce circuit est rude, mais récompensée par une magnifique plongée au coeur du Geoparc des Bauges dont vous ressortirez par le col du Frêne, avec vue sur le Mont-Blanc en prime !

DISTANCE *80 km*
DÉNIVELÉ POSITIF *1350 m*
NIVEAU ▲▲▲▲▲

LA FROMAGERIE DU VAL D'AILLON

Chef-lieu - AILLON-LE-JEUNE © 04 79 54 60 28
Horaires d'ouverture : De 15h à 19h, fermé le dimanche après-midi. Visite guidée sur Rdv
Distance : sur l'itinéraire
Fromages : Tome des Bauges AOP

LA FERME DE LA CORRERIE

AILLON-LE-JEUNE - Station - Hameau de la Correrie
© 04 79 54 64 70
Visite : tous les jours à 17h30 sauf le mercredi
Vente : tous les jours sauf le mercredi
Distance : 3 km
Fromages : Tome des Bauges AOP

LA COOPÉRATIVE LAITIÈRE DE LESCHERAINES

LESCHERAINES - Chef-lieu - Suivre direction Col de Plaimpalais © 04 79 63 30 37
Horaires d'ouverture : tous les jours
Distance : 5 km
Fromages : AOP Tome des Bauges

FERME LA MARMOTTE EN BAUGES

2713 route de la Motte - LA MOTTE-EN-BAUGES
© 06 12 28 08 07
Horaires d'ouverture : visite libre et vente de fromages tous les jours de 7h à 10h et de 17h à 19h
Distance : 5,8 km
Fromages : Tomes des Bauges AOP

ALPAGE D'ALLANT

GAEC des Neiges - JARSY (1h30 à pied depuis le hameau de Précherel) © 06 61 33 28 58
Visite guidée et vente de fromages de juin à septembre de 9h à 12h sur réservation.
Distance : 7 km
Fromages : Tome des Bauges AOP

LA FROMAGERIE DE MARIUS

41, rue Domenget - 73250 SAINT-PIERRE-D'ALBINY
© 04 79 36 48 20
Vente du mar. au sam. 8h-12h15 et 15h-19h
Fromages : Tomes des Bauges AOP

MONTS ET TERROIR

Avenue Georges Clemenceau
73800 MONTMÉLIAN © 04 79 89 52 30
Horaires d'ouverture : Le matin en visite libre. Visite des grottes d'affinage les mercredis après-midi en été sur réservation.
Distance : 6,2 km
Fromages : AOP Beaufort, IGP Raclette de Savoie, IGP Tomme de Savoie

LA COOP

Montée de la Boisserette
73190 SAINT-JEOIRE-PRIEURÉ © 04 79 75 44 46
Ouvert du lun. au sam. 9h-12h30 et 14h-18h30

MARCHÉ DE CHALLES-LES-EAUX

Centre - 73190 CHALLES-LES-EAUX
Horaires d'ouverture : le ven. 8h-13h

MARCHÉ DES HALLES

Place des Halles - 73000 CHAMBÉRY
Horaires d'ouverture : du mar. au sam. 6h-13h30

SICA COOPÉRATIVE LAITIÈRE DE MOUTIERS

2 rue Juiverie - 73000 CHAMBÉRY © 09 67 22 08 03
Ouvert tous les jours 9h-12h30 et 14h-19h sauf dim. et jours fériés. Circuit de visite libre
Distance : 3,2 km
Fromages : Beaufort AOP

MAGASIN « TOMME ET BEAUFORT »

177 avenue du Grand Verger
73000 CHAMBÉRY © 04 79 62 30 11
Ouvert du lun. au sam. 9h-12h30 et 14h-19h, les jours féries 9h-12h30, fermé le 01/05
Distance : 3,2 km
Fromages : Tomme de Savoie IGP et Beaufort AOP

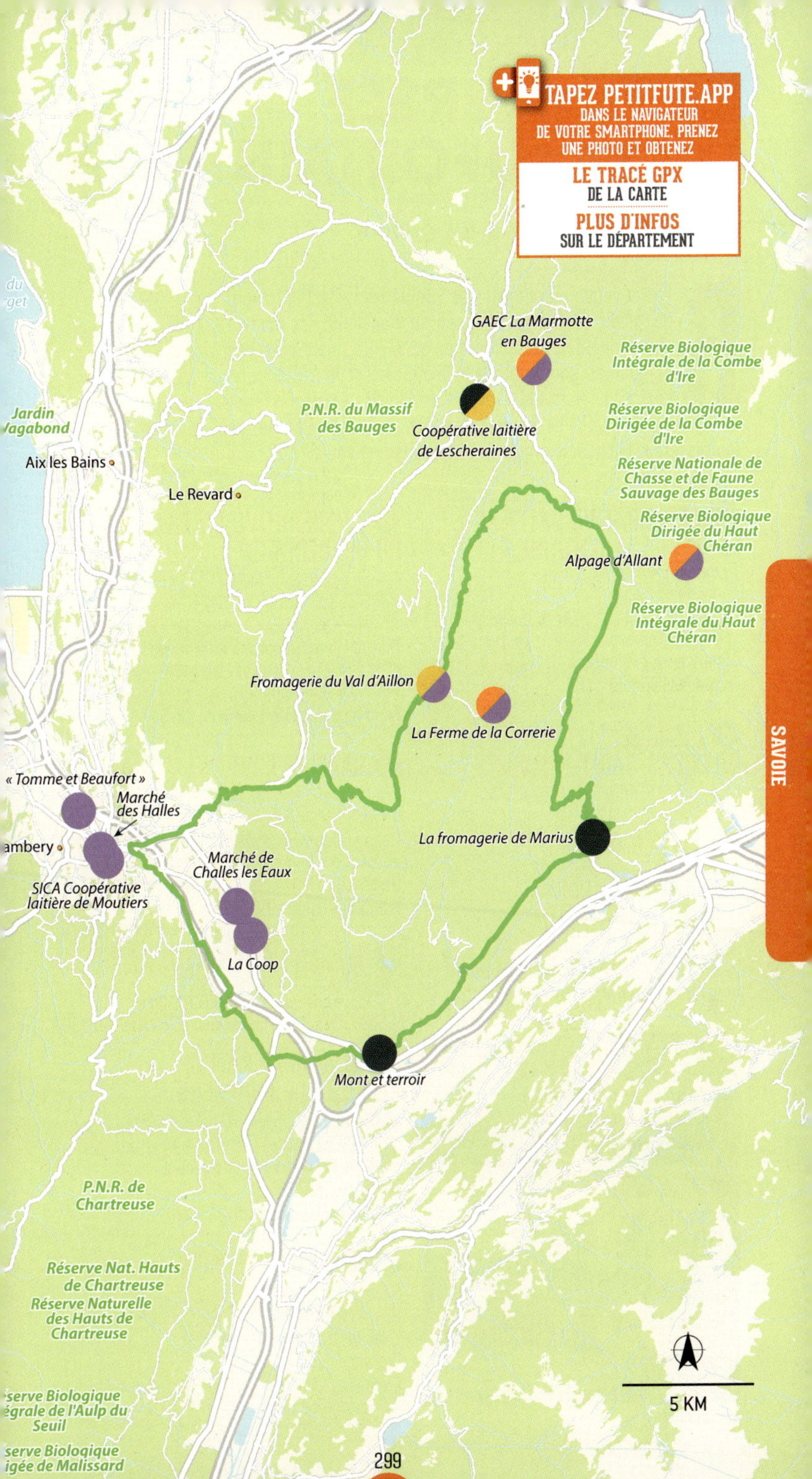
TAPEZ PETITFUTE.APP
DANS LE NAVIGATEUR DE VOTRE SMARTPHONE, PRENEZ UNE PHOTO ET OBTENEZ
LE TRACÉ GPX
DE LA CARTE
PLUS D'INFOS
SUR LE DÉPARTEMENT
GAEC La Marmotte en Bauges
Réserve Biologique Intégrale de la Combe d'Ire
P.N.R. du Massif des Bauges
Coopérative laitière de Lescheraines
Réserve Biologique Dirigée de la Combe d'Ire
Jardin
Aix les Bains
Le Revard
Réserve Nationale de Chasse et de Faune Sauvage des Bauges
Réserve Biologique Dirigée du Haut Chéran
Alpage d'Allant
Réserve Biologique Intégrale du Haut Chéran
Fromagerie du Val d'Aillon
La Ferme de la Correrie
SAVOIE
« Tomme et Beaufort »
Marché des Halles
La fromagerie de Marius
Marché de Challes les Eaux
SICA Coopérative laitière de Moutiers
La Coop
Mont et terroir
P.N.R. de Chartreuse
Réserve Nat. Hauts de Chartreuse
Réserve Naturelle des Hauts de Chartreuse
5 KM

LA TRAVERSÉE DU BEAUFORTAIN

Un itinéraire affiné en Savoie

Rendez-vous au départ de Bourg-Saint-Maurice avant de gravir le fameux Cormet de Roselend. La montée d'une vingtaine de kilomètres se mérite, mais offre des panoramas somptueux sur la Vanoise et le début de la chaine du Mont-Blanc avec l'Aiguille des Glaciers. Prenez le temps d'observer les marmottes et les fameuses vaches qui fournissent le lait pour le prince des fromages : le Beaufort AOP !

DISTANCE 58 km
DÉNIVELÉ POSITIF 1690 m
NIVEAU ▲▲▲▲▲

SAVOIE

COOPÉRATIVE LAITIÈRE DE HAUTE-TARENTAISE

73700 BOURG-SAINT-MAURICE
✆ 04 79 07 04 47
Horaires d'ouverture : Visite de l'espace muséographique tous les jours de 10h à 17h.
Distance : sur l'itinéraire
Fromages : Beaufort AOP

MARCHÉ DE BOURG-SAINT-MAURICE

Centre - 73700 BOURG-SAINT-MAURICE

ALPAGE DE PLAN MYA

Cormet de Roselend
73270 BEAUFORT-SUR-DORON

MARCHÉ DE BEAUFORT

Bourg centre - 73270 BEAUFORT-SUR-DORON
Horaires d'ouverture : les mer. 8h-12h30

© K.MANDRAY

Vache tarine.

COOPÉRATIVE LAITIÈRE DU BEAUFORTAIN

Avenue du Capitaine Bulle
73270 BEAUFORT-SUR-DORON
✆ 04 79 38 33 62
Visite de l'exposition tous les jours de 9h à 12h15 et de 14h à 18h. Visite des caves sur réservation
Distance : sur l'itinéraire
Fromages : Beaufort AOP

GAEC LE CUVY

Beaufort-sur-Doron - ARÊCHES
✆ 06 83 12 44 82
Visite guidée de la ferme sur réservation et vente de fromages le mardi et le vendredi de 10h à 12h
Distance : 6 km
Fromages : Beaufort AOP

MARCHÉ D'ALBERTVILLE

Place Grenette - 73200 ALBERTVILLE
Horaires d'ouverture : les sam. matin

SICA COOPÉRATIVE LAITIÈRE DE MOUTIERS

28 Quai des Allobroges - 73200 ALBERTVILLE
✆ 04 79 10 53 81
Horaires d'ouverture : tous les jours
Distance : 200 m
Fromages : Beaufort AOP

MONTS ET TERROIR

LA BÂTHIE
✆ 04 79 89 52 30
Visite de la fromagerie et des caves sur réservation
Distance : 6,2 km
Fromages : AOP Beaufort, IGP Raclette de Savoie, IGP Tomme de Savoie

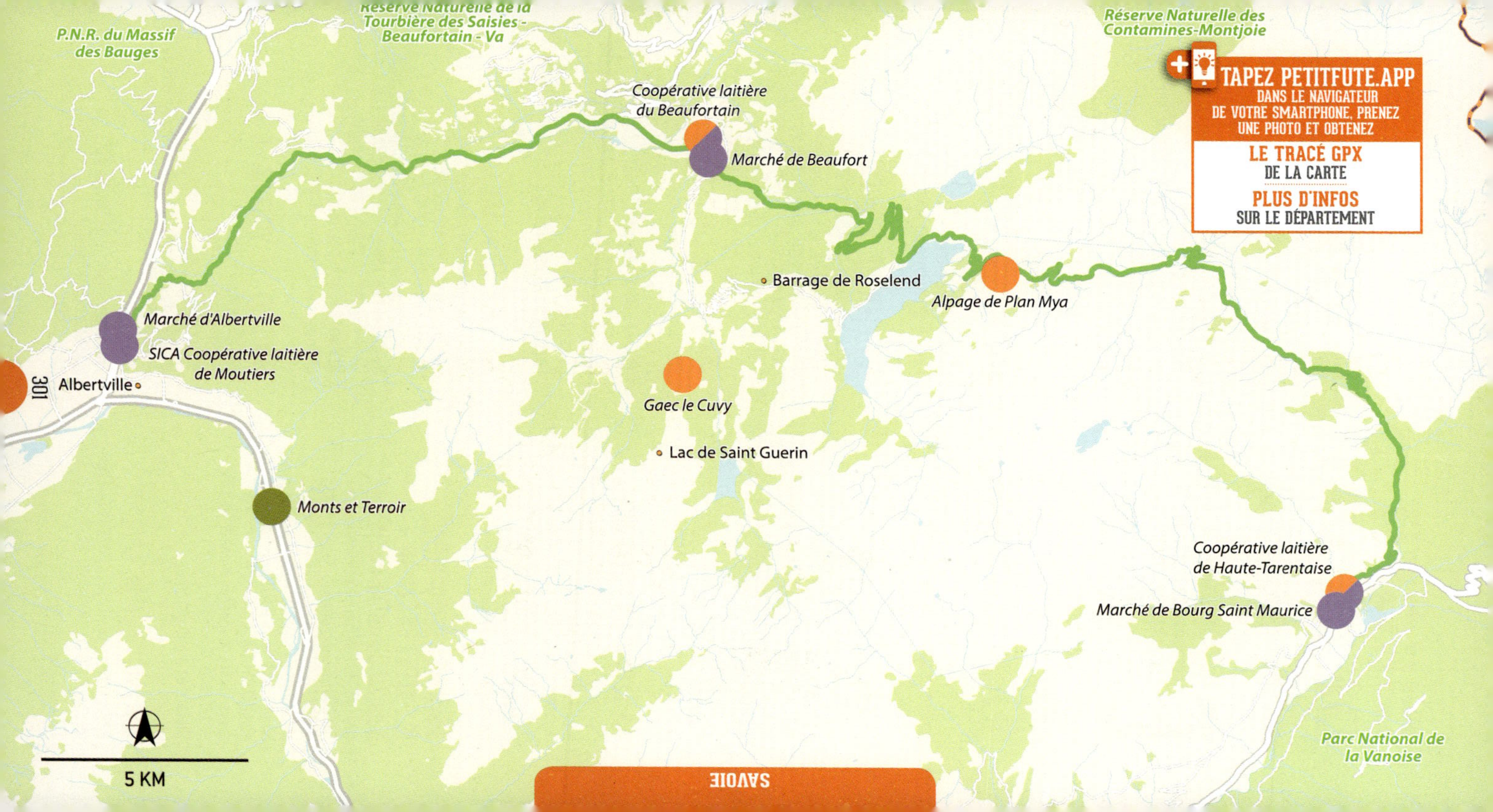
P.N.R. du Massif des Bauges
Réserve Naturelle de la Tourbière des Saisies - Beaufortain - Va
Réserve Naturelle des Contamines-Montjoie
TAPEZ PETITFUTE.APP
DANS LE NAVIGATEUR DE VOTRE SMARTPHONE, PRENEZ UNE PHOTO ET OBTENEZ
LE TRACÉ GPX
DE LA CARTE
PLUS D'INFOS
SUR LE DÉPARTEMENT
Coopérative laitière du Beaufortain
Marché de Beaufort
Barrage de Roselend
Alpage de Plan Mya
Marché d'Albertville
SICA Coopérative laitière de Moutiers
Albertville
Gaec le Cuvy
Lac de Saint Guerin
Monts et Terroir
Coopérative laitière de Haute-Tarentaise
Marché de Bourg Saint Maurice
Parc National de la Vanoise
5 KM

CIRCUIT DE LA VALLÉE VERTE

Un itinéraire affiné en Haute-Savoie

Entre nature et culture, la Vallée verte est un véritable écrin composé de 8 villages : Boëge, Bogève, Burdignin, Habère-Lullin, Habère-Poche, Saint-André, Saxel et Villard. Elle offre un spectacle permanent avec le Mont-Blanc comme témoin et le Lac Léman comme voisin. Les fans de randonnée et de fromages (AOP Abondance, AOP Reblochon, IGP Tomme de Savoie...) y trouveront leur compte !

DISTANCE *66 km*

DÉNIVELÉ POSITIF *950 m*

NIVEAU ▲▲▲△△

FERME LA BORNANDINE

97 impasse du Moulin - 74140 BALLAISON
✆ 06 73 15 39 40
Horaires d'ouverture : du lundi au samedi 9h-12h et 17h-19h (hors jours fériés) et traite à partir de 17h30
Distance : 5,1 km
Fromages : Reblochon AOP

FERME DU MONT FORCHAT

70 chemin de Vauverdanne, Les Courbes
74470 LULLIN
✆ 06 50 54 30 05
Distance : 4,2 km
Fromages : Abondance AOP

FERME DU PETIT MONT

746 route de la côte - 74470 BELLEVAUX
✆ 04 50 73 76 04
Horaires d'ouverture : du lundi au samedi 9h-12h et de 14h-18h. Ferme pédagogique.
Distance : 7 km
Fromages : Chevrotin AOP

OFFICE DE TOURISME DES ALPES DU LÉMAN - BUREAU D'HABÈRE-POCHE

18 route du Col, Place des Habères
74420 HABÈRE-POCHE
✆ 04 50 39 54 46
Horaires d'ouverture : Printemps-automne : lundi, mardi, jeudi 9h-12h, mercredi, vendredi, samedi 9h-12h et 14h-18h
Juillet-août : du lundi au samedi 9h-12h et 14h-18h. Dimanche 9h-12h
Distance : sur le parcours

FRUITIÈRE DE BOGÈVE

275 route de Plaine Joux - 74250 BOGÈVE
✆ 04 50 36 60 32 / 04 50 39 98 23
Visite et dégustation tous les mercredis sur réservation. Vente 7j/7 (distributeur automatique).
Distance : 4 km
Fromages : Abondance AOP et Reblochon AOP, Tomme et Raclette de Savoie IGP

MARCHÉ DE BOËGE

Centre du Village - 74420 BOËGE
✆ 04 50 39 10 01
Horaires d'ouverture : tous les mardis de 7h-13h (sauf les jours fériés)
Distance : sur le parcours

GAEC LE CHALET

622 route Chez Novelly
74420 BOËGE
✆ 04 50 39 17 20 / 07 88 05 61 10
Horaires d'ouverture : visite libre et vente du lundi au samedi de 8h à 12h et de 18h à 19h30
Distance : 1 km
Fromages : Abondance AOP

GAEC LE PLANE

1938 route de la Santodrionne
74420 SAINT-ANDRÉ-DE-BOËGE
✆ 06 42 33 03 56 / 06 70 93 75 24
Horaires d'ouverture : vente du lundi au samedi 8h-12h et 16h-19h et dimanche 9h30-12h.
Visite du lundi au samedi de 10h à 18h
Distance : sur le parcours
Fromages : Abondance AOP et Reblochon AOP

GAEC DE VORZIER

264 Chemin de Vorzier
74930 REIGNIER-ESERY
✆ 07 86 84 62 62
Horaires d'ouverture : visite et vente du mardi au vendredi 9h-12h et 14h-19h, le samedi de 9h-18h
Distance : 6 km
Fromages : Tomme de Savoie IGP, Raclette de Savoie IGP

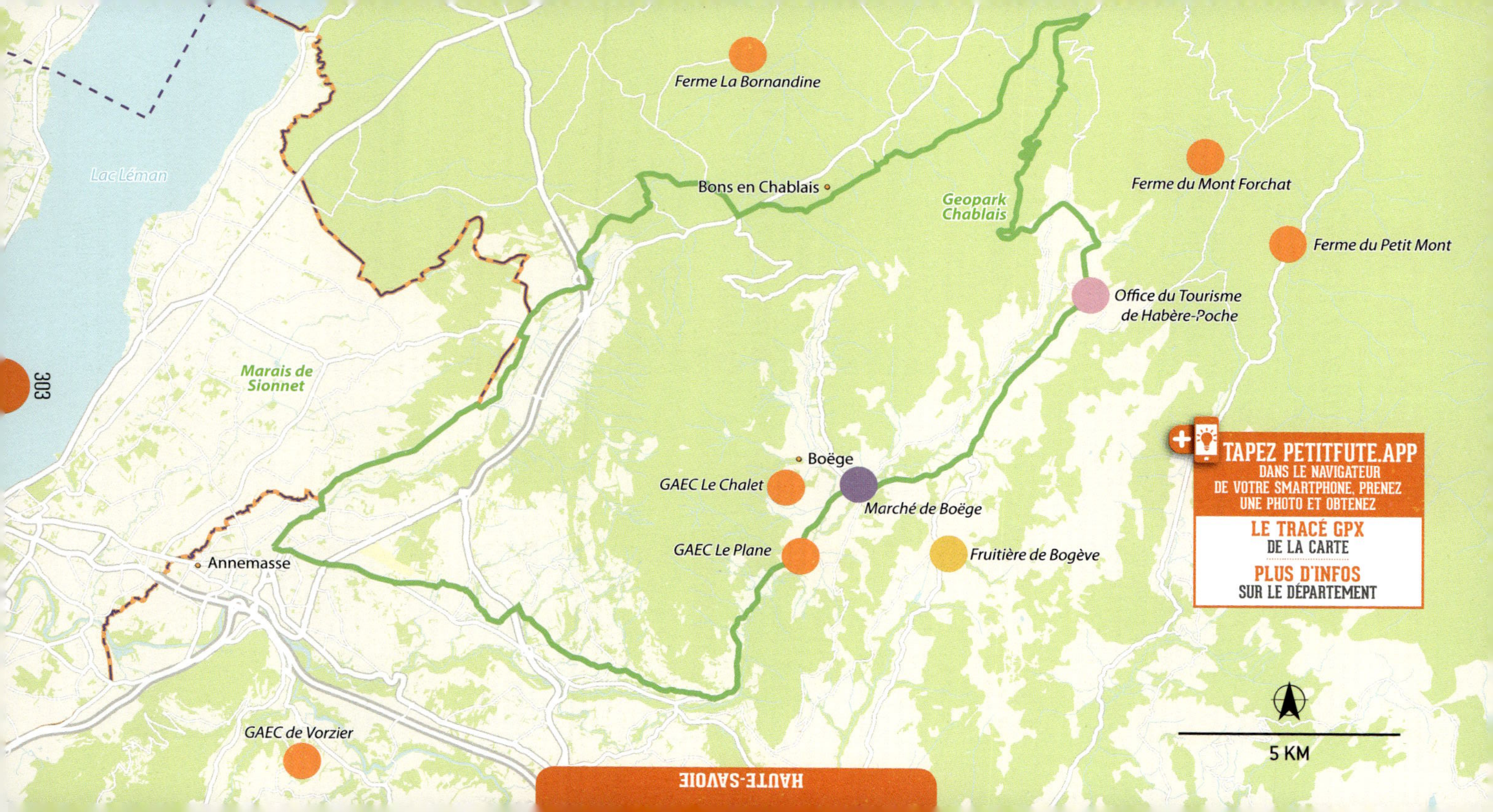
Ferme La Bornandine
Lac Léman
Bons en Chablais
Geopark Chablais
Ferme du Mont Forchat
Ferme du Petit Mont
Office du Tourisme de Habère-Poche
Marais de Sionnet
Boëge
GAEC Le Chalet
Marché de Boëge
GAEC Le Plane
Fruitière de Bogève
Annemasse
GAEC de Vorzier
TAPEZ PETITFUTE.APP
DANS LE NAVIGATEUR
DE VOTRE SMARTPHONE, PRENEZ
UNE PHOTO ET OBTENEZ
LE TRACÉ GPX
DE LA CARTE
PLUS D'INFOS
SUR LE DÉPARTEMENT
5 KM
HAUTE-SAVOIE

TOUR DU SEMNOZ

Un itinéraire affiné en Savoie et en Haute-Savoie

Cette boucle au départ d'Annecy est un circuit idéal pour débuter dans l'ascension des cols ! Avec 12 km pour 480 m de dénivelé (soit une pente moyenne de 4%) et un profil régulier, le Leschaux est le col cyclotouristique le plus parcouru de Haute-Savoie ! Il vous guidera jusqu'aux alpages du Semnoz, un lieu idéal au coeur des Bauges pour déguster Abondance AOP, Tomme de Savoie IGP et Raclette de Savoie IGP.

DISTANCE *55 km*

DÉNIVELÉ POSITIF *650 m*

NIVEAU ▲▲▲△△

OFFICE DE TOURISME DU LAC D'ANNECY

1 rue Jean Jaurès - Centre Bonlieu
74000 ANNECY ✆ 04 50 45 00 33
Horaires d'ouverture : du lundi au samedi 9h-12h30 et 13h45-18h
Distance : sur le parcours

MARCHÉ DE SEVRIER

Place de l'Église - 74320 SEVRIER
Horaires d'ouverture : mercredi 8h-12h30
Distance : sur le parcours

GAEC LES NOISETIERS EN HIVER

1101 route des Bauges
74320 LESCHAUX
✆ 06 81 08 36 37
Horaires d'ouverture : visite libre et gratuite tous les jours et vente de 16h à 19h. Visite guidée sur demande
Distance : sur le parcours
Fromages : Abondance AOP et Raclette de Savoie IGP

© AFTALP-L.MADELON

AOP Tome des Bauges.

GAEC LES NOISETIERS EN ÉTÉ

Alpage de la Combe des Villards
74320 LESCHAUX
✆ 06 50 10 25 39
Horaires d'ouverture : vente de fromage en vallée (cf. adresse Les Noisetiers en Hiver). Visite libre tous les jours de 9hà 19h et visite guidée sur demande
Distance : 9,5 km
Fromages : Abondance AOP et Raclette de Savoie IGP

FERME DE LA MARMOTTE EN BAUGES

2713 route de la Motte
73340 LA MOTTE-EN-BAUGES
✆ 06 76 43 92 92 / 06 12 28 08 07
Horaires d'ouverture : Visite libre et vente de 7h à 10h et de 17h à 19h tous les jours
Distance : 5,1 km
Fromages : Tome de Bauges AOP et Raclette de Savoie IGP

COOPÉRATIVE LAITIÈRE DE LESCHERAINES

Chef-lieu - 73340 LESCHERAINES
✆ 04 79 63 30 37
Horaires d'ouverture : visite et vente, tous les jours de 9h à 12h et de 15h à 19h. Visite guidée sur réservation
Distance : 3,1 km
Fromages : Tome des Bauges AOP

FRUITIÈRE DU SEMNOZ

3097 route des Bauges - 74540 GRUFFY
✆ 04 50 77 40 32
Horaires d'ouverture : visite libre et vente du lundi au samedi 9h-12h et de 15h-19h
Distance : sur le parcours
Fromages : Abondance AOP et Tome des Bauges AOP

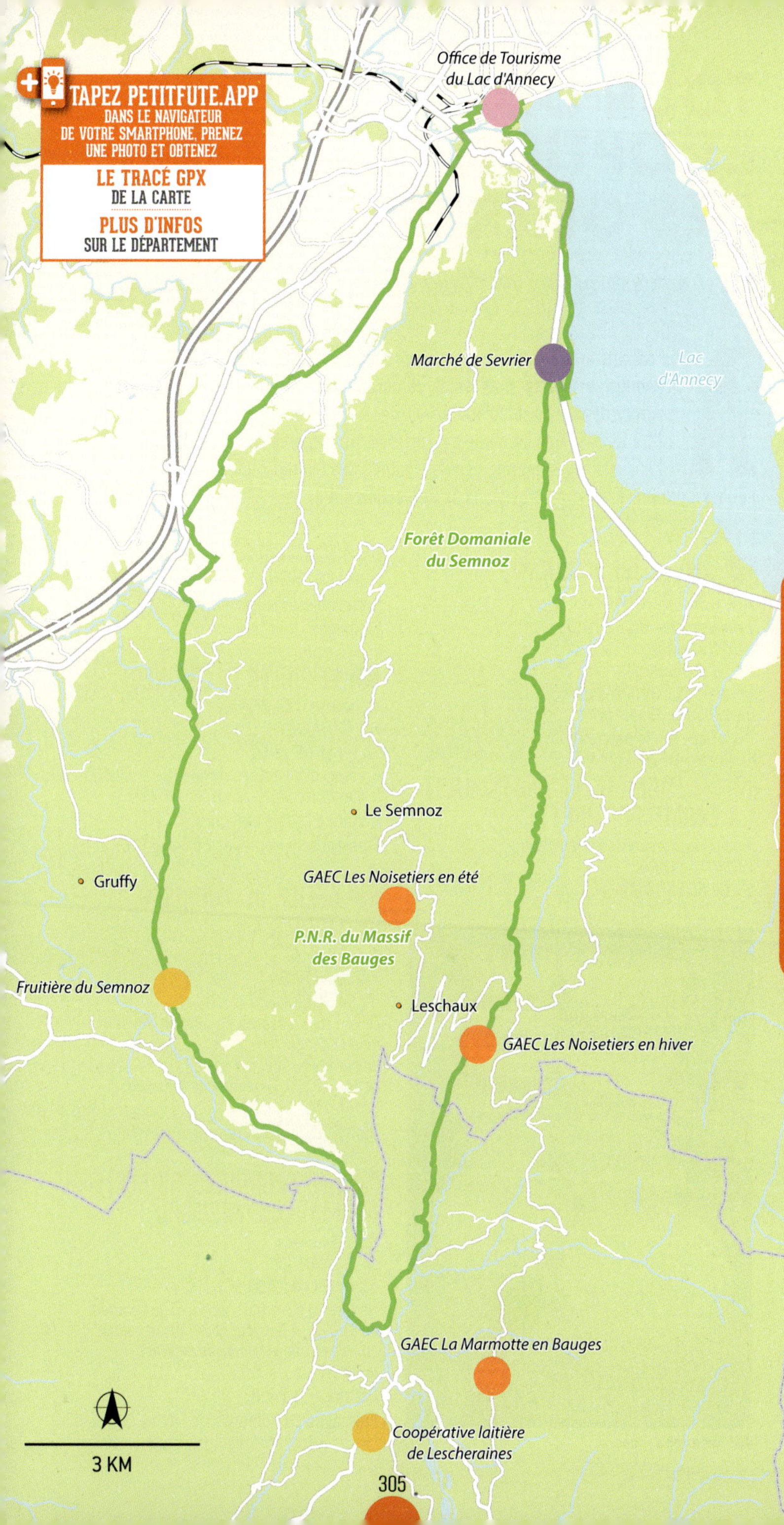
Office de Tourisme
du Lac d'Annecy
Marché de Sevrier
Lac
d'Annecy
Forêt Domaniale
du Semnoz
Le Semnoz
Gruffy
GAEC Les Noisetiers en été
P.N.R. du Massif
des Bauges
Fruitière du Semnoz
Leschaux
GAEC Les Noisetiers en hiver
GAEC La Marmotte en Bauges
Coopérative laitière
de Lescheraines
3 KM

TOUR DES GLIÈRES ET OPTION PLATEAU DES GLIÈRES

Un itinéraire affiné en Haute-Savoie

Au départ du lac d'Annecy, ce beau circuit préalpin vous conduira à travers trois villes remarquables : Thônes, capitale des Aravis, la cité médiévale de La Roche-sur-Foron et Thorens-Glières dominée par son château médiéval. Les plus sportifs grimperont jusqu'au Plateau des Glières, haut lieu de mémoire. Faites vos provisions de Reblochon AOP !

DISTANCE *90 km*
DÉNIVELÉ POSITIF *1280 m*
NIVEAU ▲▲▲▲▲

OFFICE DU TOURISME DU LAC D'ANNECY

1 rue Jean Jaurès, Centre Bonlieu
74000 ANNECY
✆ 04 50 45 00 33
Horaires d'ouverture : du lundi au samedi 9h-12h30 et 13h45-18h
Distance : sur le parcours

FROMAGERIE-RESTAURANT LA FERME DE LORETTE

Alpage au plateau de Beauregard
74220 LA CLUSAZ
✆ 04 50 05 10 20

AOP Reblochon.

Horaires d'ouverture : de juin à septembre, toute la journée
Distance : sur le parcours
Fromages : Reblochon AOP

LE FARTO DE THÔNES

40 avenue d'Annecy
74230 THÔNES
✆ 04 50 88 12 50
Horaires d'ouverture : du lundi au samedi 8h-19h, le dimanche 9h30-12h30 et 14h30-19h
Distance : sur le parcours
Fromages : 5 fromages de Savoie AOP et IGP

OFFICE DE TOURISME DE THÔNES

1 rue Blanche
74230 THÔNES
✆ 04 50 02 00 26
Ouvert tous les jours 9h-12h. et 14h-18h sauf le dimanche
Juillet-août : Du lundi au samedi 9h-12h30 et 14h-18h30. Le dimanche 10h-12h30 et 16h-18h
Distance : sur le parcours

LES FROMAGES DU FERMIER/ FROMAGERIE PACCARD

Les Béviaires
74230 MANIGOD
✆ 04 50 44 07 50
Horaires d'ouverture : du lundi au vendredi de 8h-12h et 14h30-17h30. Visite guidée sur réservation les mardis et jeudis à 14h30
Distance : 5,2 km
Fromages : 5 fromages de Savoie AOP et IGP

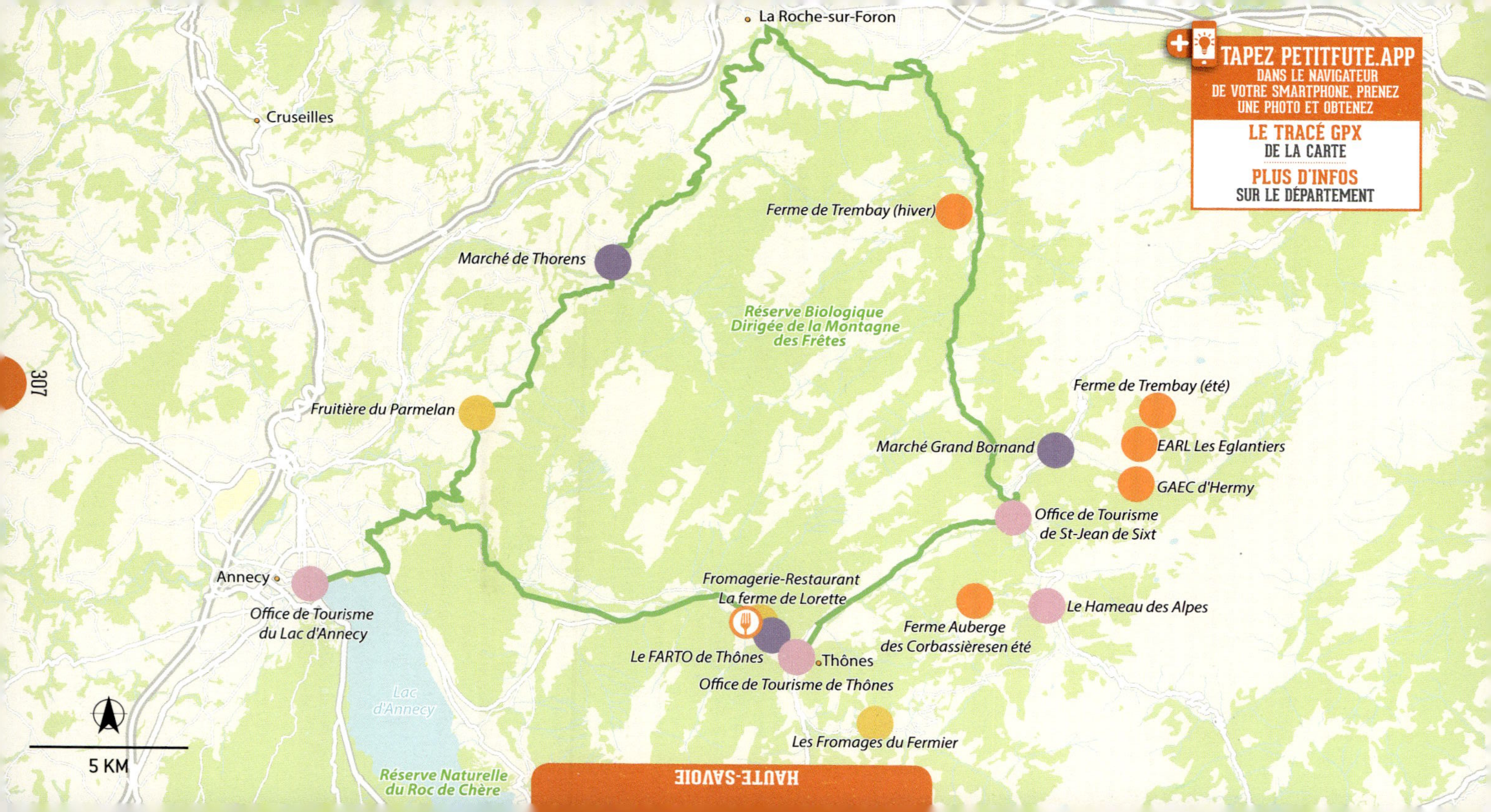
La Roche-sur-Foron
Cruseilles
TAPEZ PETITFUTE.APP
DANS LE NAVIGATEUR
DE VOTRE SMARTPHONE, PRENEZ
UNE PHOTO ET OBTENEZ
LE TRACÉ GPX
DE LA CARTE
PLUS D'INFOS
SUR LE DÉPARTEMENT
Ferme de Trembay (hiver)
Marché de Thorens
Réserve Biologique
Dirigée de la Montagne
des Frêtes
Ferme de Trembay (été)
Fruitière du Parmelan
Marché Grand Bornand
EARL Les Eglantiers
GAEC d'Hermy
Office de Tourisme
de St-Jean de Sixt
Annecy
Office de Tourisme
du Lac d'Annecy
Fromagerie-Restaurant
La ferme de Lorette
Le Hameau des Alpes
Ferme Auberge
des Corbassièresen été
Le FARTO de Thônes
Thônes
Office de Tourisme de Thônes
Lac
d'Annecy
Les Fromages du Fermier
5 KM
Réserve Naturelle
du Roc de Chère
HAUTE-SAVOIE

TOUR DES GLIÈRES ET OPTION PLATEAU DES GLIÈRES

Un itinéraire affiné en Haute-Savoie

OFFICE DE TOURISME DE SAINT-JEAN-DE-SIXT
47 chemin Léon Laydernier
Maison des Aravis
74450 SAINT-JEAN-DE-SIXT
✆ 04 50 02 70 14
Distance : sur le parcours

LE HAMEAU DES ALPES
44 route de la Patton
74220 LA CLUSAZ
✆ 04 50 66 94 34
Horaires d'ouverture : nous contacter.
Distance : 4,2 km
Fromages : Reblochon AOP

FERME AUBERGE DES CORBASSIÈRES EN ÉTÉ
Alpage des Corbassières
Massif de Beauregard
74220 LA CLUSAZ
✆ 04 50 32 63 81 / 06 71 11 34 90 (visites)
Horaires d'ouverture : tous les jours de 8h à 19h
Goûter à la ferme et découverte de l'alpage sur réservation de 15h à 19h
Fromages : Reblochon AOP

MARCHÉ DU GRAND-BORNAND
Grenette
74450 LE GRAND-BORNAND
✆ 04 50 02 78 00
Horaires d'ouverture : toute l'année, mercredi 8h-12h
Distance : sur le parcours

EARL LES EGLANTIERS
Les granges du Bouchet
276 chemin du Lavandon
74450 LE GRAND-BORNAND
✆ 04 50 02 36 78
Horaires d'ouverture : visite et atelier de fabrication tous les vendredis après-midis sur réservation
Distance : 6 km
Fromages : Raclette de Savoie IGP, Reblochon AOP

GAEC D'HERMY
En hiver : Le Bouchet
74450 LE GRAND BORNAND
En été : Col des Annes
✆ 06 09 70 25 47 / 06 76 74 27 83
Horaires d'ouverture : visite et vente sur demande
Distance : 4,8 km
Fromages : Reblochon AOP

FERME DE TREMBAY EN ÉTÉ
Col de Chatillon (en VTT)
✆ 06 72 83 22 34 / 06 89 62 35 20
Horaires d'ouverture : nous contacter. Traite des chèvres tous les jours à partir de 17h30
Distance : 10 km
Fromages : Chevrotin AOP

FERME DE TREMBAY EN HIVER
1135 route de Morat-Tremblay
74130 LE PETIT-BORNAND-LES-GLIÈRES (en VTT)
✆ 06 72 83 22 34 / 06 89 62 35 20
Horaires d'ouverture : nous contacter.
Distance : 0,8 km
Fromages : Chevrotin AOP

MARCHÉ DE THORENS-GLIÈRES
Place de la Mairie
74570 THORENS-GLIÈRES
✆ 04 50 22 82 32
Horaires d'ouverture : visite et vente du mardi au samedi de 9h à 12h et de 15h à 19h
Distance : sur le parcours

FRUITIÈRE DU PARMELAN
413 Avenue de Bonatray
74370 VILLAZ
✆ 04 50 32 41 13
Horaires d'ouverture : toute l'année du lundi au samedi 9h-12h et 15h-19h
Visite libre et gratuite
Distance : sur le parcours
Fromages : Reblochon AOP

Tour de France Glières 116.

LE GRAND CIRCUIT DU NEUFCHÂTEL

Un itinéraire affiné en Seine-Maritime

Sur la base de 5 boucles cyclables déjà aménagées, cet itinéraire au départ de l'ancienne gare de Neufchâtel-en-Bray forme une grande boucle. Découvrez sur ces petites routes de campagne les paysages de la Boutonnière du Pays de Bray qui font l'AOP Neufchâtel. Un balisage spécial fromage accompagnera vos visites à la rencontre des producteurs de fromage pour découvrir les différentes étapes de sa fabrication.

DISTANCE 75 km

DURÉE ESTIMÉE 6h15

DÉNIVELÉ POSITIF 900 m

NIVEAU ▲▲▲△△

Point de départ > Ancienne Gare de Neufchâtel

FERME DE LA VALLÉE HAUTE

Rue du Bois de la Vigne
76270 GRAVAL
✆ 02 35 94 21 69
martin.jv@wanadoo.fr
Vente : du lundi au vendredi 9h-13h
Visite : sur rdv

GAEC BRIANCHON

427 Route de Gaillefontaine
76270 NESLE-HODENG
✆ 02 32 97 06 46
contact@neufchatel-brianchon.com
Vente tous les matins et en fin d'après midi
Visite sur rdv. Marché à Neufchâtel le samedi matin.

© PHILIPIMAGE - STOCK.ADOBE.COM

Neufchâtel.

FROMAGERIE ANSELIN

17 Route de l'Eaulne
76270 SAINTE-BEUVE-EN-RIVIERE
✆ 02 35 94 04 31
fromage.anselin@nordnet.fr
Vente : du lundi au samedi 7h-12h - Pas de visite

GAEC DES FONTAINES

963 Rue du Centre - 76270 NESLE-HODENG
✆ 02 32 97 07 17
gaecdesfontaines@orange.fr
Vente : du lundi au samedi sauf sur l'heure des repas. Pas de visite

SARL ERIC ALLEAUME

65 rue des Macmonts - 76270 NESLE-HODENG
✆ 02 35 94 38 37
Horaires d'ouverture : Du lundi au vendredi de 9h à 12h

EARL JUBERT

155 Chemin Mesnil Sigaux - 76270 SAINT-SAIRE
✆ 02 35 93 12 46
daniel.jubert0311@orange.fr
Vente : Mardi 9h-12h et 14h-17h, Jeudi 9h-12h et 14h-17h, samedi 9h-12h.
Fermé le lundi, mercredi et dimanche.

EARL MONNIER PH ET FL

10 Route de Gaillefontaine
76270 NEUFCHATEL-EN-BRAY
✆ 02 35 94 40 42
philippe.monnier76@wanadoo.fr
Vente du lundi au jeudi 9h30-12h, vendredi 9h30-12h et 14h-17h30, le samedi 14h30-17h30. Fermé le dimanche et jours fériés. Présent sur le marché à Neufchâtel en Bray le samedi matin. (accessible uniquement en voiture)

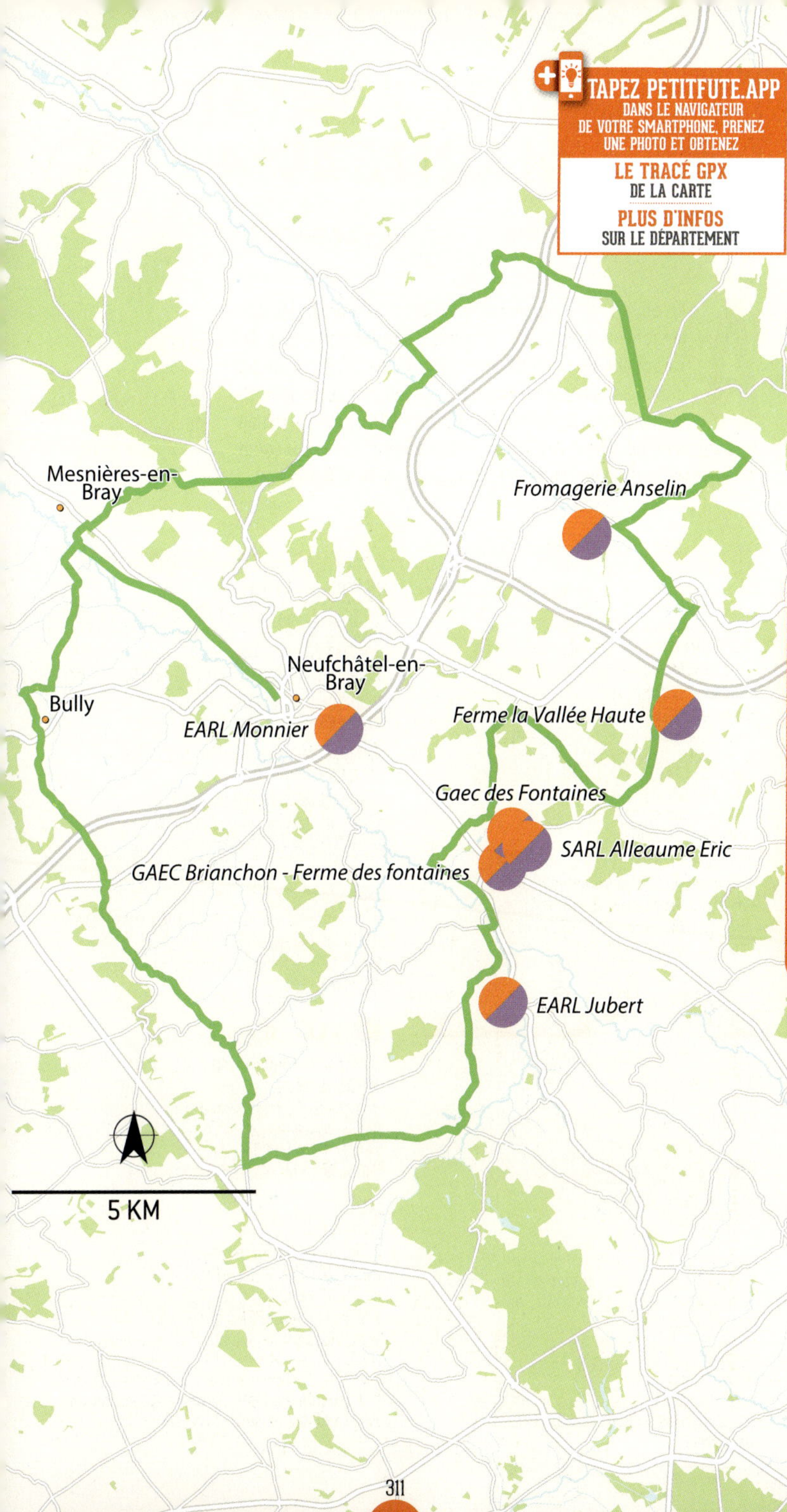

TAPEZ PETITFUTE.APP
DANS LE NAVIGATEUR
DE VOTRE SMARTPHONE, PRENEZ
UNE PHOTO ET OBTENEZ

LE TRACÉ GPX
DE LA CARTE

PLUS D'INFOS
SUR LE DÉPARTEMENT

LE CIRCUIT « BATAILLE DE LA MARNE 1914 »

Un itinéraire affiné en Seine-et-Marne

Au départ du musée de la Grande Guerre, à Meaux, prolongez votre parcours dans les pas des soldats de la bataille de la Marne, à la découverte des lieux et des hommes qui ont fait l'Histoire. En parcourant ces boucles, découvrez quelques-unes des étapes majeures du circuit de la première bataille de la Marne de 1914 qui s'est tenue au coeur du Pays de Meaux, dans les plaines de la Brie.

DISTANCE *14 km / 32 km*

DÉNIVELÉ POSITIF *465 m*

NIVEAU ▲△△△△

SEINE-ET-MARNE

FROMAGERIE SAINT FARON

Rue Jehan de Brie
77100 MEAUX
✆ 01 64 36 69 44
Horaires d'ouverture : Mardi au samedi - 10h-12h30 & 15h30-17h.
Distance : 900 m
Fromages : Brie

MAISON DU BRIE DE MEAUX

7 place Charles de Gaulle
77100 MEAUX
✆ 01 64 33 02 26
Horaires d'ouverture : Lundi au samedi - 10h-12h30 & 13h30-17h. Dimanche de 14h-17h.
Distance : 3 km

LA MAISON MELDOISE

33 rue Saint Rémy
77100 MEAUX
✆ 01 60 23 43 63
Horaires d'ouverture : Mardi et jeudi - 12h-14h & 19h-21h30. Mercredi - 19h-21h30 Vendredi et samedi - 12h-14h & 19h-22h30. Dimanche - 12h-14h30.
Distance : 3 km

LA FROMAGÈRE

4 rue du Général Leclerc
77100 MEAUX
✆ 01 64 34 22 82
Horaires d'ouverture : Mardi au jeudi - 9h-12h30 & 15h30-19h. Vendredi et samedi - 9h-13h30 & 14h30-19h15. Dimanche - 9h30-13h.
Distance : 2,5 km

FROMAGERIE DU BRIE ET D'AILLEURS

18 rue du Commandant Berge
77100 MEAUX
✆ 09 52 79 86 94
Horaires d'ouverture : Mardi au samedi - 9h30-13h & 15h-19h30. Dimanche - 9h30-13h.
Distance : 3 km

MARCHÉ DE MEAUX

Place du Marché
77100 MEAUX
Horaires d'ouverture : Samedi - 8h-13h.
Distance : 3,2 km

LA PÉNICHE

6 quai Sadi Carnot
77100 MEAUX
✆ 01 60 01 16 16
Horaires d'ouverture : Mardi au samedi - 12h-14h30 & 19h-22h30.
Distance : 3 km

L'AUBERGE DU CHAMP DE MARS

16 avenue de la Victoire
77100 MEAUX
✆ 01 64 34 15 15
Horaires d'ouverture : Mardi au vendredi - 12h00 - 13h30 & 19h00 - 21h30. Samedi - 19h00 - 21h30. Dimanche - 12h00 - 14h00.

AVERTISSEMENT : *Le trajet présente un passage à risque au niveau de la traversée de la départementale D405A, à la sortie du Musée de La Grande Guerre. Des travaux sont en cours pour sécuriser le passage.*

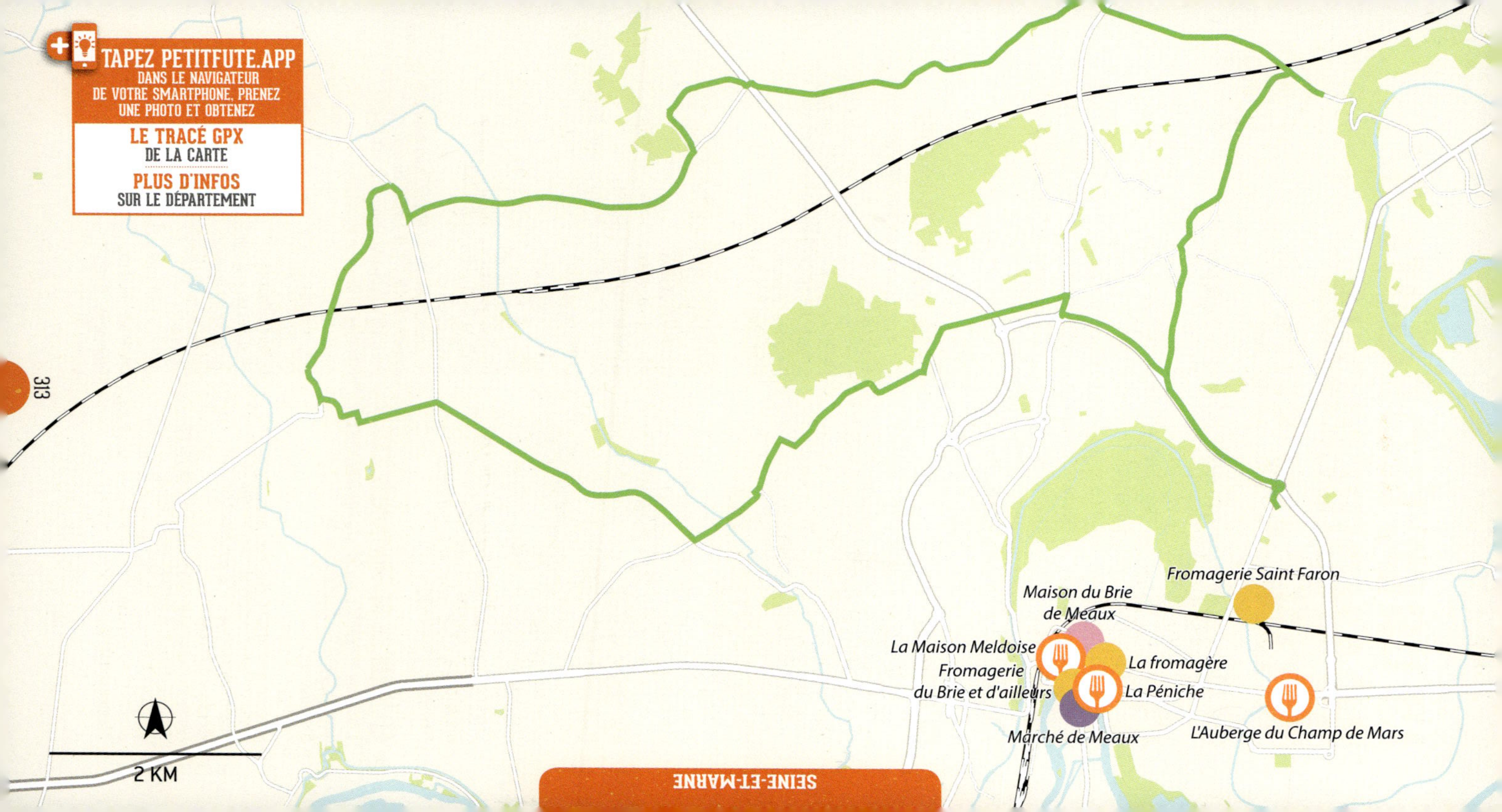
TAPEZ PETITFUTE.APP
DANS LE NAVIGATEUR
DE VOTRE SMARTPHONE, PRENEZ
UNE PHOTO ET OBTENEZ
LE TRACÉ GPX
DE LA CARTE
PLUS D'INFOS
SUR LE DÉPARTEMENT
Fromagerie Saint Faron
Maison du Brie
de Meaux
La Maison Meldoise
La fromagère
Fromagerie
du Brie et d'ailleurs
La Péniche
Marché de Meaux
L'Auberge du Champ de Mars
2 KM

L'EUROVÉLOROUTE 3/ SCANDIBÉRIQUE TRONÇON SUD

Un itinéraire affiné en Seine-et-Marne

Connu pour être le repère des peintres impressionnistes, cet itinéraire vous permettra de découvrir des décors des plus bucoliques aux plus majestueux comme ces maisons construites sur les bords de la Seine à la Belle Époque. Le parcours aménagé en Forêt de Fontainebleau vous offrira de belles vues depuis des « fenêtres » naturelles, dans des clairières ombragées, l'idéal pour une pause détente !

DISTANCE *70 km*
DÉNIVELÉ POSITIF *450 m*
NIVEAU ▲△△△△

FROMAGES & CIE

9 rue Carnot - 77000 MELUN ✆ 01 64 37 09 30
Horaires d'ouverture : mardi et mercredi - 8h30-13h & 15h30-19h. Jeudi et vendredi - 8h30-13h & 15h-19h. Samedi - 8h30-13h & 15h-19h30
Distance : 200 m
Fromages : Bries, coulommiers

MELUN FÊTE SON BRIE

26 Place Saint-Jean - 77000 MELUN
Horaires d'ouverture : 1er samedi d'octobre
Distance : 600 m

FROMAGERIE BARTHÉLÉMY-GOURSAT

92 rue Grande - 77300 FONTAINEBLEAU
✆ 01 64 22 21 64
Ouvert du mardi au jeudi - 8h-12h30 & 16h-19h15. Vendredi - 8h-13h & 15h30-19h15. Samedi - 8h-13h & 15h-19h15.Dimanche - 8h30-13h
Distance : 4,5 km
Fromages : Fontainbleau

MARCHÉ DE FONTAINEBLEAU

4 Place de la République - 77300 FONTAINEBLEAU
Ouvert : Mardi-Vendredi-Dimanche - 7h-13h
Distance : 4,3 km

LES TERROIRS DE FRANCE

41 rue des Sablons - 77300 FONTAINEBLEAU
✆ 01 64 22 50 80
Horaires d'ouverture : Mardi au jeudi - 8h30-13h & 15h30-19h30. Vendredi - 8h30-13h & 15h-19h30. Samedi - 8h30-13h & 14h30-19h30. Dimanche - 8h30-13h.
Distance : 4,5 km

LA FERME DES SABLONS

19 rue des Sablons - 77300 FONTAINEBLEAU
✆ 01 64 22 67 25
Ouvert du mardi au jeudi - 8h30-13h & 15h30-19h30. Vendredi - 8h-13h & 15h30-19h30. Samedi - 8h-19h30. Dimanche - 8h30-13h.
Distance : 4,6 km
Fromages : Fontainebleau

FOIRE AUX FROMAGES ET AUX VINS

5 Rue Claude Bernard
77250 VENEUX-LES-SABLONS
Ouvert le 1er week-end de septembre - 10h-20h/19h
Distance : 1,6 km

LA FROMAGERIE DE MORET

5 rue de l'église
77250 MORET-LOING-ET-ORVANNE
✆ 01 60 96 25 05
Horaires d'ouverture : Mardi-Jeudi-Vendredi-Samedi - 9h15-13h & 15h30-19h30. Mercredi - 9h15-13h. Dimanche - 9h15-13h
Fromages : Bries, le Morétain

TERROIR ET TRADITIONS CHAFFRAIX

16 place de la République - 77140 NEMOURS
✆ 01 64 28 02 00
Ouvert du mardi-jeudi-vendredi - 8h30-13h & 15h-18h30. Mercredi - 8h-12h30. Samedi - 7h-13h & 15h-18h30. Dimanche - 9h-12h30
Distance : 600 m
Fromages : Bries

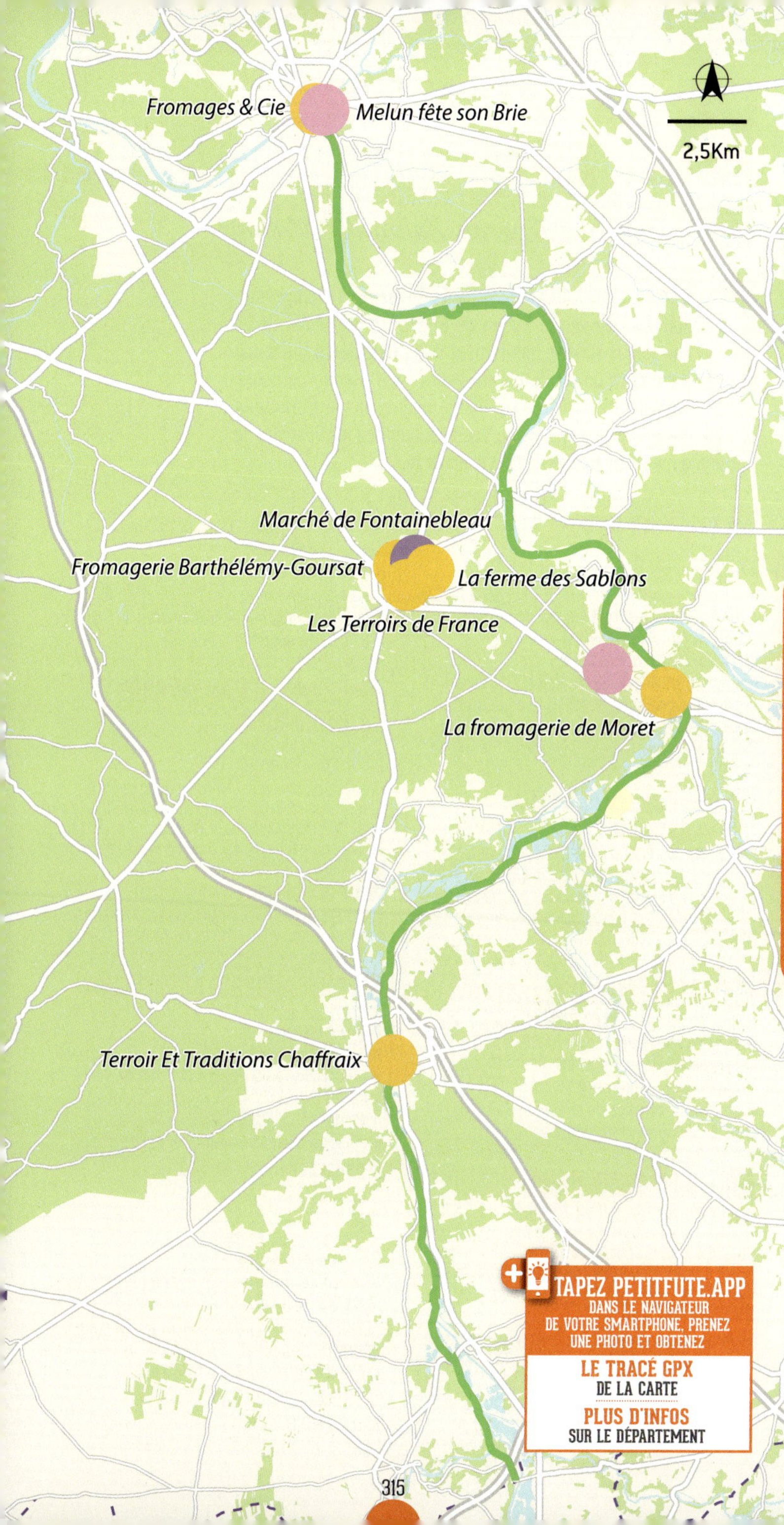
2,5Km
Fromages & Cie
Melun fête son Brie
Marché de Fontainebleau
Fromagerie Barthélémy-Goursat
La ferme des Sablons
Les Terroirs de France
La fromagerie de Moret
Terroir Et Traditions Chaffraix
TAPEZ PETITFUTE.APP
DANS LE NAVIGATEUR
DE VOTRE SMARTPHONE, PRENEZ
UNE PHOTO ET OBTENEZ
LE TRACÉ GPX
DE LA CARTE
PLUS D'INFOS
SUR LE DÉPARTEMENT

DE LA MEULIÈRE À LA BRIE

Un itinéraire affiné en Seine-et-Marne

Cet itinéraire débute sur les bords de Marne à Changis-sur-Marne et emprunte 50 km du GR11. Sur le chemin de La Ferté-sous-Jouarre, les fermes des producteurs du terroir donneront un air de balade gourmande à votre parcours. Vous entrerez à La Ferté-sous-Jouarre par le Bois de la Barre, espace naturel sensible où vous découvrirez les vestiges de l'industrie meulière dont la ville est le berceau.

DISTANCE *48,5 km*
DURÉE ESTIMÉE *4 h*
DÉNIVELÉ POSITIF *872 m*
NIVEAU ▲▲▲▲△

L'AFFINE BOUCHE

15, rue des pelletiers
77260 LA FERTÉ-SOUS-JOUARRE
Horaires d'ouverture : Du mardi au vendredi de 9h à 13h et de 15h à 19h, le samedi de 9h à 19h et le dimanche de 9h à 13h
Distance : Sur l'itinéraire
Fromages : AOP Brie de Meaux, AOP Brie de Melun, AOP Brie de Nangis, AOP Brie de Fourgerus, Coulommiers, Fromage de Brie à la moutarde, Brie de Meaux truffé

MARCHÉ DE LA FERTÉ-SOUS-JOUARRE

Rue du 8 mai - 77260 LA FERTÉ-SOUS-JOUARRE
Horaires d'ouverture : Tous les dimanches de 9h à 12h place de l'Hôtel de Ville. Tous les mercredis et vendredis de 9h à 12h boulevard de Turenne
Distance : Sur l'itinéraire

CHÈVRERIE DU MARTEROY

Rue du Marteroy - 77640 JOUARRE
Horaires d'ouverture : Le mercredi de 15h à 17h et le samedi de 10h à 12h et de 15h à 17h
Distance : Sur l'itinéraire
Fromages : Fromage de chèvre au lait cru, Bûche de chèvre, Tomme de chèvre

FROMAGERIE GANOT

Rue Cécile Dumez - 77640 JOUARRE
Horaires d'ouverture : Le mercredi, jeudi, vendredi de 15h à 19h, le samedi de 10h à 12h30 et de 15h à 18h30. Visite des caves d'affinage tous les samedis à 16h30
Distance : 0,7 km
Fromages : Tomme la meulière, AOP Brie de Meaux, AOP Brie de Melun, Brie de Coulommiers, Coulommiers fermier bio

LA HALLE AUX FROMAGES

77120 COULOMMIERS
Horaires d'ouverture : Le dimanche
Distance : 0,4 km
Fromages : Spécialités fromagères de Seine-et-Marne et de la Brie

FERME JEHAN DE BRIE, LA FROMAGÈRE

15, place du marché
77120 COULOMMIERS
Horaires d'ouverture : Mardi et jeudi de 9h à 12h30 et de 15h à 19h, mercredi de 8h30 à 12h30 et de 15h à 19h, vendredi 9h à 12h30 et de 14h30 à 19h, samedi de 9h à 13h et de 14h30 à 19h et le dimanche de 8h30 à 12h30
Distance : 0,4 km
Fromages : Fromages AOP, fermiers et artisanaux de Seine-et-Marne et de toute la France

BOULANGERIE MOUILLERON

3, rue Beaurepaire
77120 COULOMMIERS
Horaires d'ouverture : Le lundi, mardi, mercredi, vendredi et samedi de 7h à 20h, dimanche de 7h à 19h30
Distance : 0,5 km
Fromages : Pain et baguettes aux fromages de Brie

HÔTEL DE L'OURS

35, rue Bertrand Flornoy
77120 COULOMMIERS
Horaires d'ouverture : Le lundi, mardi, mercredi, jeudi, samedi et dimanche de 12h à 15h et de 19h30 à 21h30
Distance : 0,7 km
Fromages : Spécialités à base de Brie

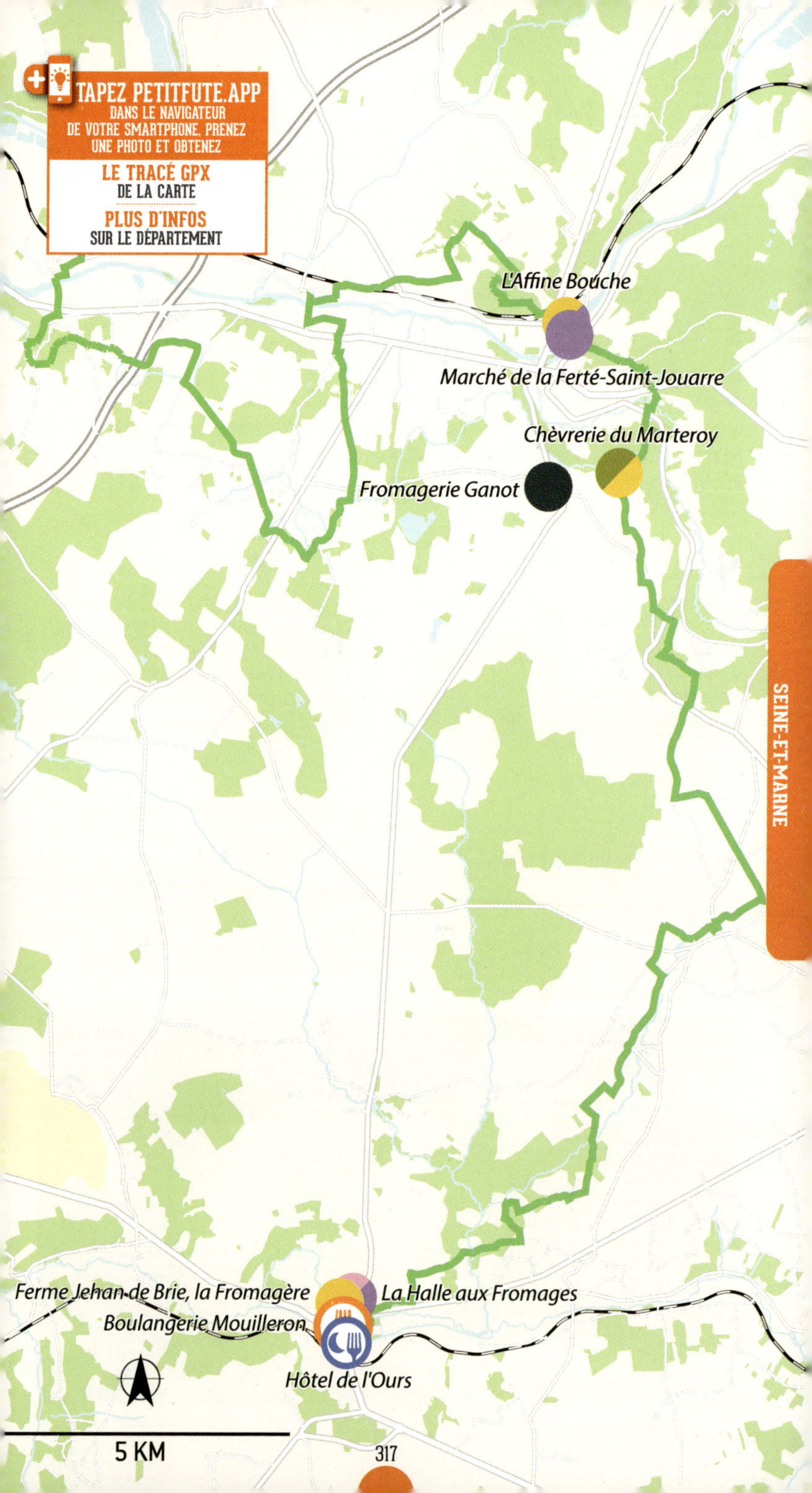
TAPEZ PETITFUTE.APP
DANS LE NAVIGATEUR DE VOTRE SMARTPHONE, PRENEZ UNE PHOTO ET OBTENEZ
LE TRACÉ GPX
DE LA CARTE
PLUS D'INFOS
SUR LE DÉPARTEMENT
L'Affine Bouche
Marché de la Ferté-Saint-Jouarre
Chèvrerie du Marteroy
Fromagerie Ganot
Ferme Jehan-de Brie, la Fromagère
La Halle aux Fromages
Boulangerie Mouilleron
Hôtel de l'Ours
5 KM

JOUARRE ET SES FROMAGES

Un itinéraire affiné dans la Seine-et-Marne

Cette boucle aux reliefs variés offre les goûts authentiques de la campagne de la Brie. Au départ de La Ferté-sous-Jouarre, capitale de l'industrie meulière, vous profiterez des saveurs des bords de Marne, au détour d'une boutique ou d'une étale les jours de Marché. Sur le parcours, vous irez à la rencontre des fromageries de nos artisans du goût. Vous ne pourrez résister à l'envie de remplir votre panier de délices fromagers et notamment de la célèbre Tomme de la Meulière.

DISTANCE *10,90 km*
DURÉE ESTIMÉE *2h*
DÉNIVELÉ POSITIF *231 m*
NIVEAU ▲▲▲△△

L'AFFINE BOUCHE

15, rue des Pelletiers
77260 LA FERTÉ-SOUS-JOUARRE
Horaires d'ouverture : Du mardi au vendredi de 9h à 13h et de 15h à 19h, le samedi de 9h à 19h et le dimanche de 9h à 13h
Distance : Sur l'itinéraire
Fromages : AOP Brie de Meaux, AOP Brie de Melun, AOP Brie de Nangis, AOP Brie de Fourgerus
Coulommiers, Fromage de Brie à la moutarde, Brie de Meaux truffé

MARCHÉ DE LA FERTÉ-SOUS-JOUARRE

Rue du 8 mai
77260 LA FERTÉ-SOUS-JOUARRE
Horaires d'ouverture : Le vendredi
Distance : 0,2 km

FROMAGERIE GANOT

Rue Cécile Dumez
77640 JOUARRE
Horaire d'ouverture : Le mercredi, jeudi, vendredi de 15h à 19h et le samedi de 10h à 12h30 et de 15h à 18h30. Visite des caves le samedi à 16h30.
Distance : Sur l'itinéraire
Fromages : Tomme de la meulière, AOP Brie de Meaux, AOP Brie de Melun, Brie de Coulommiers, Coulommiers fermier bio

CHÈVRERIE DU MARTEROY

Rue du Marteroy
77640 JOUARRE
Horaires d'ouverture : Le mercredi de 15h à 17h et le samedi de 10h à 12h et de 15h à 17h
Distance : Sur l'itinéraire
Fromages : Fromage de chèvre au lait cru, Crottin, Pyramide cendrée, Tomme de chèvre

TAPEZ PETITFUTE.APP
DANS LE NAVIGATEUR
DE VOTRE SMARTPHONE, PRENEZ
UNE PHOTO ET OBTENEZ
LE TRACÉ GPX
DE LA CARTE
PLUS D'INFOS
SUR LE DÉPARTEMENT

LA VÉLO FRANCETTE THOUARS - ST-LOUP-SUR-THOUET

Un itinéraire affiné dans les Deux-Sèvres

Cette portion de la Vélo Francette dans les Deux-Sèvres longe la vallée du Thouet. Elle relie Thouars, Airvault et Saint-Loup-sur-Thouet, homologuées Petites Citées de Caractère avec leurs abbayes et maisons à pans de bois. Une richesse architecturale dont vous pourrez profiter sans oublier d'agrémenter vos visites de quelques dégustations de fromages de chèvre...

DISTANCE *36 km*
DURÉE ESTIMÉE *3h*
NIVEAU ▲▲△△△

MARCHÉ HEBDOMADAIRE
Halle d'Airvault
79600 AIRVAULT
Horaires d'ouverture : samedi de 8h30 à 13h
Fromages : chèvre

FERME DE L'AIRVAUDAIS
18 rue de Gastine
Borcq sur Airvault
79600 AIRVAULT
✆ 06 81 49 99 39 / 06 03 66 17 44
Visite découverte de la ferme le 1er mercredi du mois à 17h ou sur RDV
Distance : 4,8 km

FLORE D'ÉTABLE
La Neurtrie
79100 STE RADEGONDE
✆ 05 49 96 60 51 / 06 07 54 13 60
Vente du lundi au vendredi 9h-12h et 19h-20h. Samedi 17h-19h.
Distance : 2 km

VIVAL
16, rue Théophane Vénard
79600 SAINT-LOUP-LAMAIRE
✆ 05 49 69 02 93
Horaires d'ouverture : du mar. au sam. 9h-12h30 et 14h30-19h30, le dim. 8h30-13h
Fromages :Saint-Loup, bûche de chèvre

RESTAURANT LE 12, MAÎTRE-RESTAURATEUR
12, rue de la Gendarmerie
79600 AIRVAULT
✆ 05 49 63 99 50
Fromages : locaux

HÔTEL-RESTAURANT LOGIS LE CYGNE
10, rue de la Gare - 79600 AIRVAULT
✆ 05 49 63 30 58
Fromages : locaux

FROMAGERIE SEIGNEURET
13 rue de Fleury - 79100 LOUZY
✆ 06 80 50 41 72
Ouvert du mardi au dimanche de 7h30 à 13h
Distance : 4,4 km
Fromages : chèvre

CHAMBRES D'HÔTES LE VIEUX CHÂTEAU
6, rue de Brelucan
79600 AIRVAULT
✆ 06 09 61 85 38

CHAMBRES D'HÔTES LA VILLA DES GLYCINES
7 boulevard Pierre Curie
79100 THOUARS
✆ 09 83 69 73 29

HÔTEL-RESTAURANT LE RELAIS DU CHAPEAU ROUGE
33, rue Théophane Vénard
79600 SAINT-LOUP-LAMAIRE
✆ 05 49 64 68 08

HÔTELLERIE SAINT-JEAN
25 Route de Parthenay
79100 ST-JEAN-DE-THOUARS
✆ 05 49 96 12 60

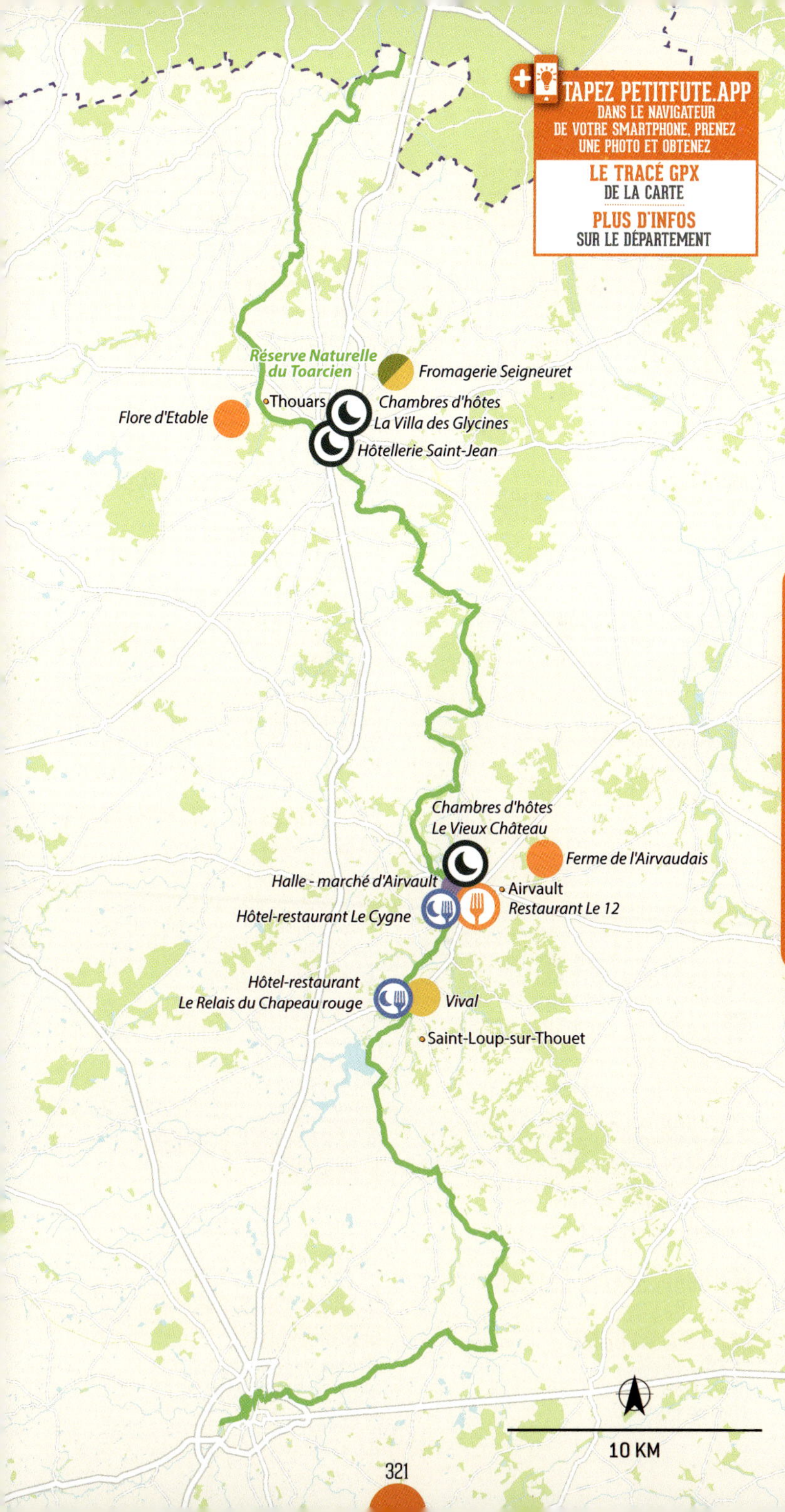

TAPEZ PETITFUTE.APP
DANS LE NAVIGATEUR
DE VOTRE SMARTPHONE, PRENEZ
UNE PHOTO ET OBTENEZ
LE TRACÉ GPX
DE LA CARTE
PLUS D'INFOS
SUR LE DÉPARTEMENT
Réserve Naturelle
du Toarcien
Fromagerie Seigneuret
Thouars
Chambres d'hôtes
La Villa des Glycines
Flore d'Etable
Hôtellerie Saint-Jean
Chambres d'hôtes
Le Vieux Château
Ferme de l'Airvaudais
Halle - marché d'Airvault
Airvault
Restaurant Le 12
Hôtel-restaurant Le Cygne
Hôtel-restaurant
Le Relais du Chapeau rouge
Vival
Saint-Loup-sur-Thouet
10 KM

DEUX-SÈVRES

LA VÉLO FRANCETTE SOUTIERS - ÉCHIRÉ

Un itinéraire affiné dans les Deux-Sèvres

Du bocage gâtinais aux rives de la Sèvre niortaise, cette portion de la Vélo Francette traverse les villages de Soutiers, Saint-Marc-la-Lande où se dressent une collégiale et la commanderie des Antonins, Échiré et les châteaux de Coudray-Salbart et de Mursay. De jolis paysages à découvrir au fil de l'eau.

DISTANCE *30,7 km*

DURÉE ESTIMÉE *2h30*

NIVEAU ▲▲△△△

FROMAGERIE ARTISANALE « LE COTEAU »

14, rue des Chaumes Le Poirier
79310 SAINT-PARDOUX
✆ 05 49 63 41 06
Horaires d'ouverture : Tous les jours de 9h à 12h15 sauf le dimanche
Distance : 1 km
Fromages : Chèvre et vache

EARL CHEVREAU

Le Petit Chanteloup
79310 SAINT-MARC-LA-LANDE
✆ 05 49 25 82 78
Vente : mer. et ven. 16h-19h, sam. 11h-12h et d'octobre à mars, mer. et ven. 16h-19h
Visite sur rdv
Distance : sur l'itinéraire
Fromages : Mothais sur feuille, bûche, petits chevreaux apéro, crottins, faisselle, fromage blanc, tomme pressée

LAITERIE COOPÉRATIVE DE PAMPLIE

51 Route du Chêne-Casse-Tête
79220 PAMPLIE
✆ 05 49 25 81 82
Vente : du mar. au ven. 14h-18h, le sam. 9h-12h30
Distance : 5,18 km
Fromages : fromage blanc

COOPÉRATIVE LAITIÈRE DE LA SÈVRE - LAITERIE D'ECHIRÉ

76, place de l'église
79410 ÉCHIRÉ
✆ 05 49 32 89 09
Vente : mer. et ven. 9h-12h30 et 14h-18h et le sam. 9h-12H30
Distance : sur l'itinéraire
Fromages : beurre et crème d'Echiré AOP Charentes-Poitou

MARCHÉ DE PRODUCTEURS À ECHIRÉ

76, place de l'Église
79410 ÉCHIRÉ
Horaires d'ouverture : 1er et 3e ven. du mois 17h-20h

MARCHÉ DE CHAMPDENIERS-SAINT-DENIS

Place du Champ de foire
79220 CHAMPDENIERS-SAINT-DENIS
Horaires d'ouverture : ven. matin

GÎTES D'ÉTAPE LE RELAIS DE LA TOUR

2, rue des Antonins
79310 SAINT-MARC-LA-LANDE
✆ 05 49 63 26 12

CHAMBRES D'HÔTES A PARADIS

5, place du Paradis
79220 CHAMPDENIERS-SAINT-DENIS
✆ 05 49 75 09 26

CHAMBRES D'HÔTES DES CHEVAUX

28, chemin du Puits Breilbon
79220 GERMOND-ROUVRE
✆ 05 49 04 05 11

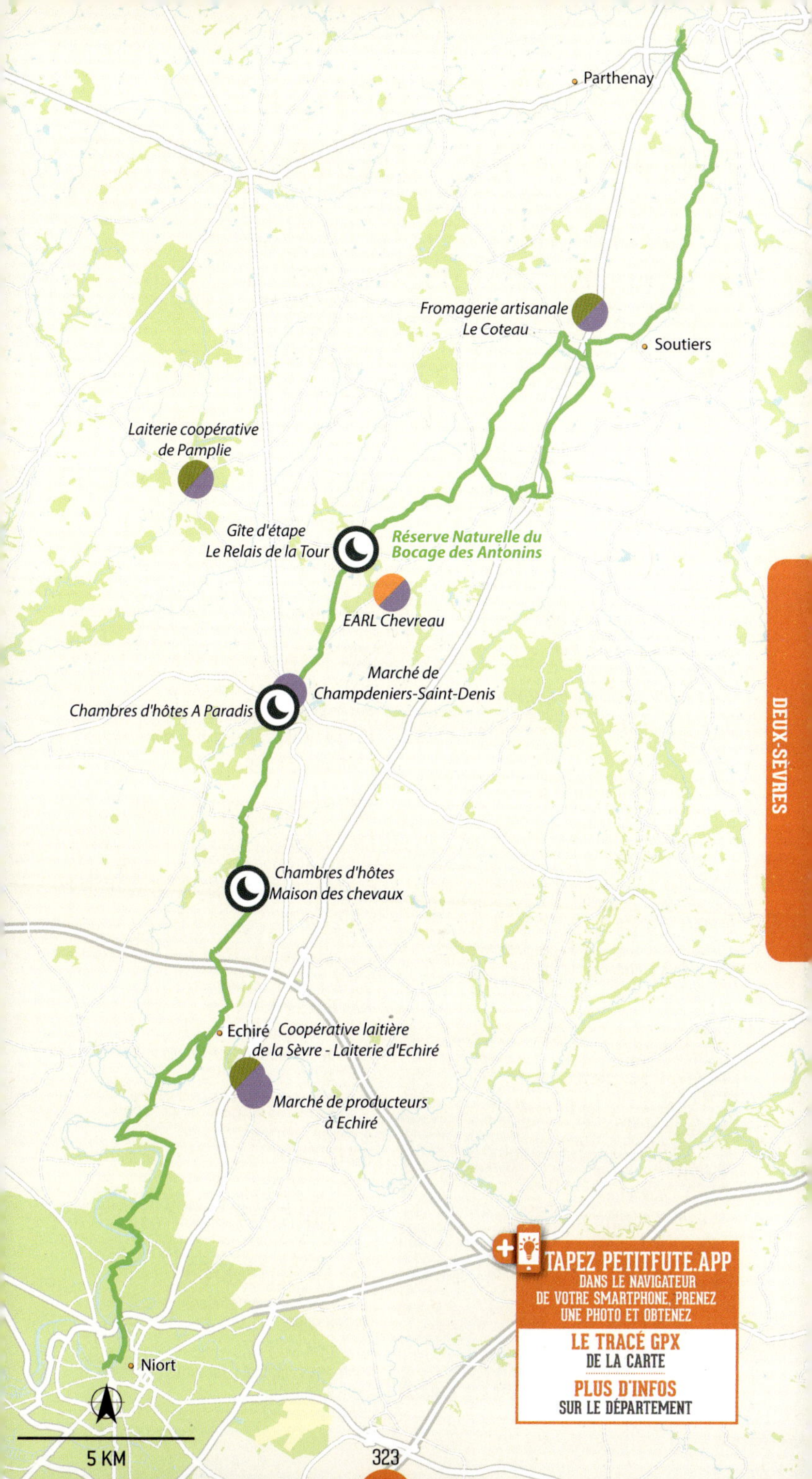
Parthenay
Fromagerie artisanale
Le Coteau
Soutiers
Laiterie coopérative
de Pamplie
Gîte d'étape
Le Relais de la Tour
Réserve Naturelle du
Bocage des Antonins
EARL Chevreau
Marché de
Champdeniers-Saint-Denis
Chambres d'hôtes A Paradis
Chambres d'hôtes
Maison des chevaux
Echiré
Coopérative laitière
de la Sèvre - Laiterie d'Echiré
Marché de producteurs
à Echiré
Niort
5 KM
TAPEZ PETITFUTE.APP
DANS LE NAVIGATEUR
DE VOTRE SMARTPHONE, PRENEZ
UNE PHOTO ET OBTENEZ
LE TRACÉ GPX
DE LA CARTE
PLUS D'INFOS
SUR LE DÉPARTEMENT

LA VÉLO FRANCETTE NIORT - LE VANNEAU

Un itinéraire affiné dans les Deux-Sèvres

Suivant les méandres de la Sèvre niortaise et alternant entre chemins de halage et petites routes, cette portion de la Vélo Francette transite par la ville de Niort le long de la coulée verte. L'itinéraire poursuit sa route en direction de Coulon, capitale de la Venise verte et des villages traditionnels maraîchins de La Garette, du Vanneau-Irleau et d'Arçais.

DISTANCE *30,6 km*
DURÉE ESTIMÉE *2h40*
NIVEAU ▲△△△△

LES FROMAGES D'EMMA

GAEC La Roche - 38, rue de Pied Blanc
79210 SAINT-HILAIRE-LA-PALUD
✆ 05 49 35 36 88
Vente : mar. et ven. 17h-19h
Distance : 6,27 km
Fromages : Mothais sur feuille, Pigouille, Tricorne, Carré du marais, Chabis, la briquette, tomme de chèvre

LA FROMAGERIE DE LA PALOUBE

Route du Vanneau
79210 ARCAIS
✆ 06 78 87 63 32
Vente : tous les jours 17h-19h sauf dim. et jours fériés
Distance : 2,5 km
Fromages : tomme au lait cru, fromage frais nature, lePaloubéen à la croûte fleurie, fromage blanc, lait

© PASCAL BELTRAMI – LA VELO FRANCETTE®

La Garette.

LES HALLES DE NIORT - MARCHÉ

Horaires d'ouverture : du mar. au dim. le matin

MARCHÉ D'ARÇAIS

Place de l'Église
79210 ARCAIS
Horaires d'ouverture : sam. matin
Fromages : chèvre

MARCHÉ DE COULON

Place de l'église
79510 COULON
Horaires d'ouverture : vendredi et dimanche de 8h à 13h

DOMAINE DE LA TUILERIE

98, route de La Rochelle
79000 BESSINES
✆ 05 49 09 12 45
Fromages : Mothais sur feuille et locaux

LE CENTRAL

4, rue de l'Autremont
79510 COULON
✆ 05 49 35 90 20
Fromages : Chabichou, Chevreau, La Tome d'Aurélien, Capri lezéen, fromage frais

LA BELLE ÉTOILE

115, quai Maurice Métayer
79000 NIORT
✆ 05 49 73 31 29
Fromages : Mothais sur feuille, Chabichou, Bonde de Gâtine

© LINDA CASTAGNIE

Coulon, marais Poitevin.

AUBERGE DE LA ROUSSILLE

30, impasse de la Roussille
79000 NIORT
✆ 05 49 06 98 38

Fromages : Mothais sur feuille, Chabichou, Tricorne, Tomme de Chèvre.

PLAISIR DES SENS

1 bis avenue des Martyrs de la Résistance
79000 NIORT
✆ 05 49 24 02 76

Fromages : locaux

CHAMBRES D'HÔTES CHOLLET PLAT

10, rue de l'Ouche
79210 ARCAIS
✆ 05 49 35 42 59

CHAMBRES D'HÔTES M. LEYSSENE

Venelle du Charron
79210 ARCAIS
✆ 05 49 35 40 06

HÔTEL AU MARAIS

48 quai Louis Tardy - 79510 COULON
✆ 05 49 35 90 43

CAMPING DE LA VENISE VERTE

178, route des Bords de Sèvre - 79510 COULON
✆ 05 49 35 90 36

CHAMBRES D'HÔTES LES ROSEAUX

285, route du Grand coin
79510 COULON
✆ 05 49 35 03 08

CAMPING LE MARTIN PÊCHEUR

155, avenue du Marais Poitevin
79460 MAGNE
✆ 05 49 35 71 81

GÎTE RURAL LA GRENOUILLE

64, rue des Gravées - 79270 SANSAIS
✆ 05 49 73 12 58

HÔTEL MERCURE

27, rue de la Terraudière
79000 NIORT
✆ 05 49 63 26 12

HÔTEL LOGIS SANDRINA

43, avenue Saint-Jean d'Angély
79000 NIORT
✆ 05 49 79 28 42

CHAMBRES D'HÔTES L'HORIZON

11 quai de Belle Ile - 79000 NIORT
✆ 06 77 02 88 89

LOGIS DE PIERRE LEVÉE

48 rue Jean Richard
79000 BESSINES
✆ 06 19 11 35 59

GÎTES LA BICYCLETTE VERTE

38 route de Saint-Hilaire
79210 ARCAIS
✆ 05 49 35 42 56

CHAMBRES D'HÔTES LE LOGIS DE SÈVRES

9 rue de Fontenay
79000 NIORT
✆ 06 87 06 13 24

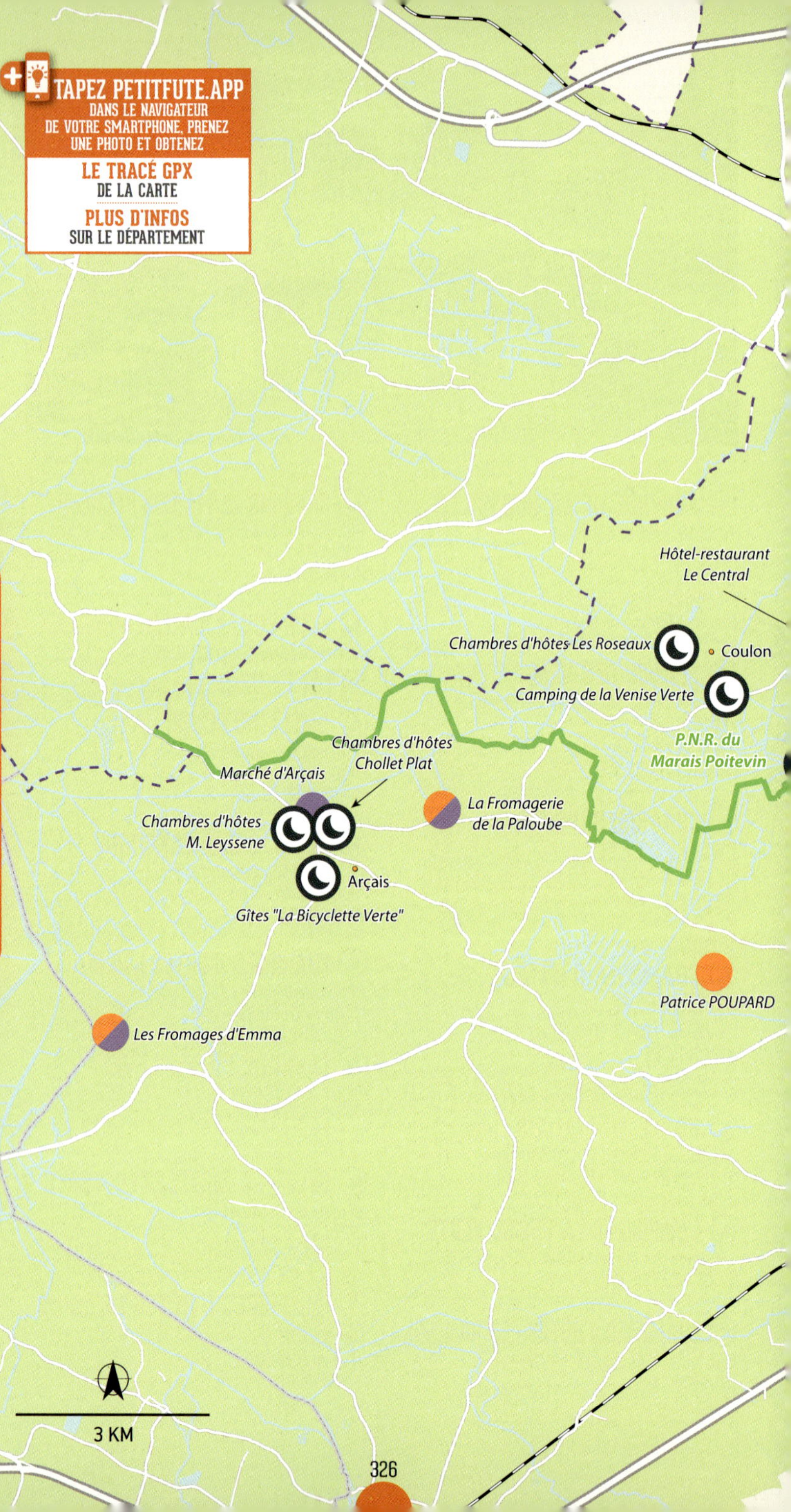
TAPEZ PETITFUTE.APP
DANS LE NAVIGATEUR DE VOTRE SMARTPHONE, PRENEZ UNE PHOTO ET OBTENEZ
LE TRACÉ GPX
DE LA CARTE
PLUS D'INFOS
SUR LE DÉPARTEMENT
Hôtel-restaurant Le Central
Chambres d'hôtes Les Roseaux
Coulon
Camping de la Venise Verte
P.N.R. du Marais Poitevin
Chambres d'hôtes Chollet Plat
Marché d'Arçais
La Fromagerie de la Paloube
Chambres d'hôtes M. Leyssene
Arçais
Gîtes "La Bicyclette Verte"
Patrice POUPARD
Les Fromages d'Emma
3 KM

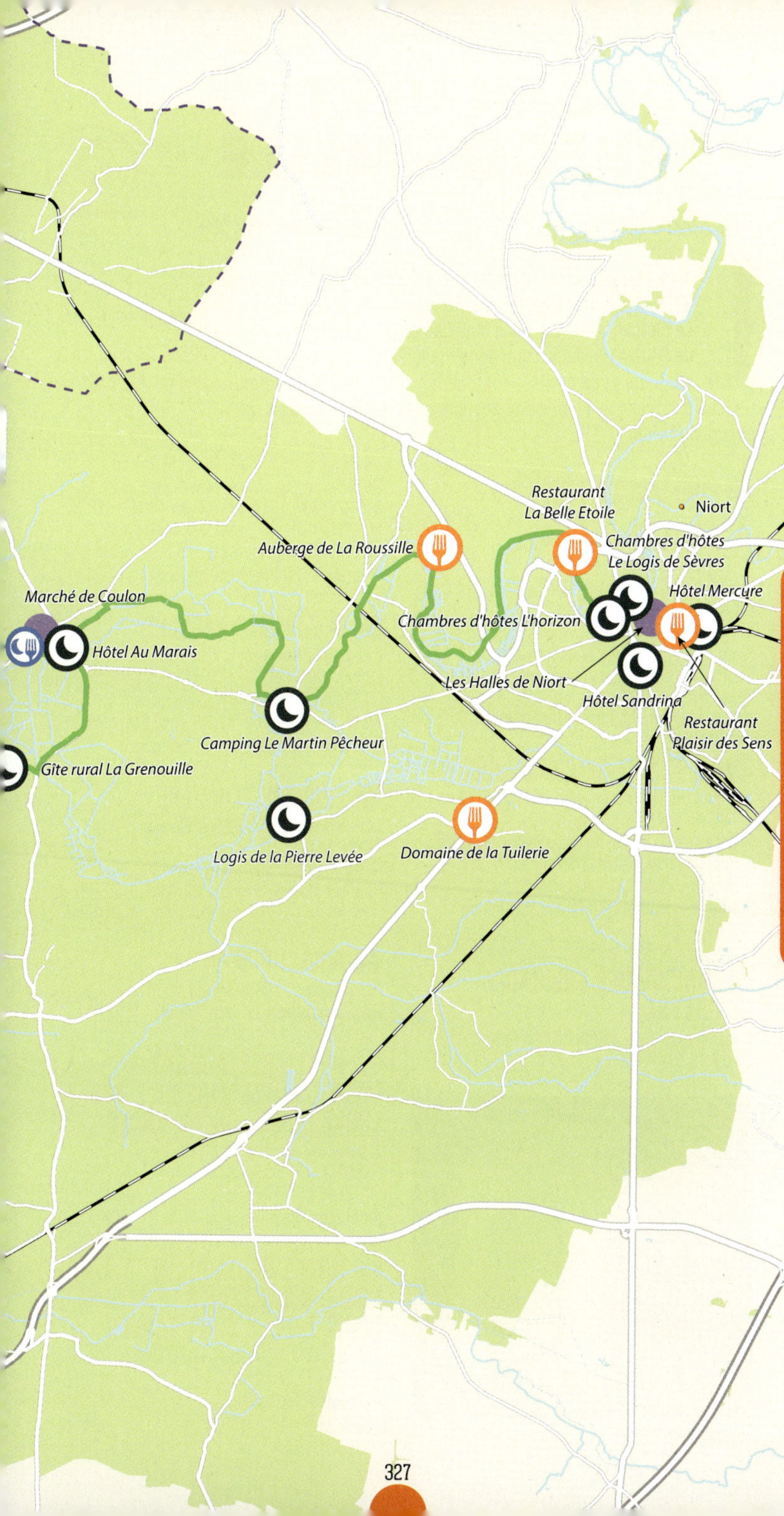
Restaurant La Belle Etoile
Niort
Auberge de La Roussille
Chambres d'hôtes Le Logis de Sèvres
Hôtel Mercure
Marché de Coulon
Chambres d'hôtes L'horizon
Hôtel Au Marais
Les Halles de Niort
Hôtel Sandrina
Restaurant Plaisir des Sens
Camping Le Martin Pêcheur
Gîte rural La Grenouille
Logis de la Pierre Levée
Domaine de la Tuilerie

DEUX-SÈVRES

LE RUBAN VERT - PRAHECQ - MELLE

Un itinéraire affiné dans les Deux-Sèvres

La voie verte « Le Ruban Vert » entre Prahecq et Celles-sur-Belle suit le tracé de l'ancienne voie ferrée Niort – Ruffec. Ce chemin blanc en sable stabilisé offre un parcours balisé de 9 km à travers la campagne melloise agrémenté de murs en pierre et de ponts, à l'ombre des arbres et des arbustes. Un cadre bucolique idéal pour déguster des petits fromages de chèvre du Poitou !

DISTANCE 15 km
DURÉE ESTIMÉE 1h10
NIVEAU ▲△△△△

FROMAGERIE DES GORS

Zone artisanale La Chagnée
14, route de la Roche - 79500 MELLE
✆ 05 49 27 06 58
Vente : du lun. au sam. 9h-12h
Visite sur rdv
Distance : 800m
Fromages : Chabichou du Poitou AOP, Couronne, Bûche, Losange, Briquette, Petit Pavé, Chevrette, Dôme, Palet, Mothais sur feuille, Tomme lactique

LA FERME DE LOUJEANNE

2, chemin du Paradis Fayolle - 79230 BRULAIN
✆ 05 49 26 42 46
Horaires d'ouverture : du lun. au sam. 8h-11h et 17h-19h, dim. et jours fériés 8h-11h
Distance : 6 km
Fromages : Mothais sur feuille, tomme de chèvre, lingot

MAISON DES FROMAGES DE CHÈVRE

1, avenue de Niort - 79370 CELLES-SUR-BELLE
✆ 05 49 16 67 16

© DEP79 P.WALL

Chabichou du Poitou.

Vente : sauf jours fériés. Mar. et mer. de 9h15-12h30 et 14h à 18h, Jeu. et ven. 9h15 à 12h30 et 14h00 à 18h30. Sam. : 9 h 15 à 12 h 30
Distance : sur l'itinéraire
Fromages : Fromages de chèvre

LES PETITS VALLONS

2 lieu dit Le Nougerat
79500 POUFFONDS
✆ 05 49 29 30 83
Vente : mer. 16h30-17h30 et sam. 11h-12h
Fromages : fromage blanc, faisselle

ÉPICERIE FERMIÈRE

11, avenue du Commandant Bernier
79500 MELLE
✆ 05 49 07 32 59
Horaires d'ouverture : lun. 15h-19h30, du mar. au sam. 9h-12h30 et 15h-19h30, dim. 9h30-12h30

MARCHÉ DE MELLE

Place Bujault - 79500 MELLE
Horaires d'ouverture : ven. matin

HÔTEL-RESTAURANT LOGIS L'HÔTELLERIE DE L'ABBAYE LOGIS TABLES GOURMANDES

1, place des Epoux Laurant
79370 CELLES-SUR-BELLE
✆ 05 49 26 03 18
Fromages : locaux

HÔTEL-RESTAURANT LOGIS LES GLYCINES LOGIS TABLES GOURMANDES

5, place René Groussard - 79500 MELLE
✆ 05 49 27 01 11
Fromages : locaux

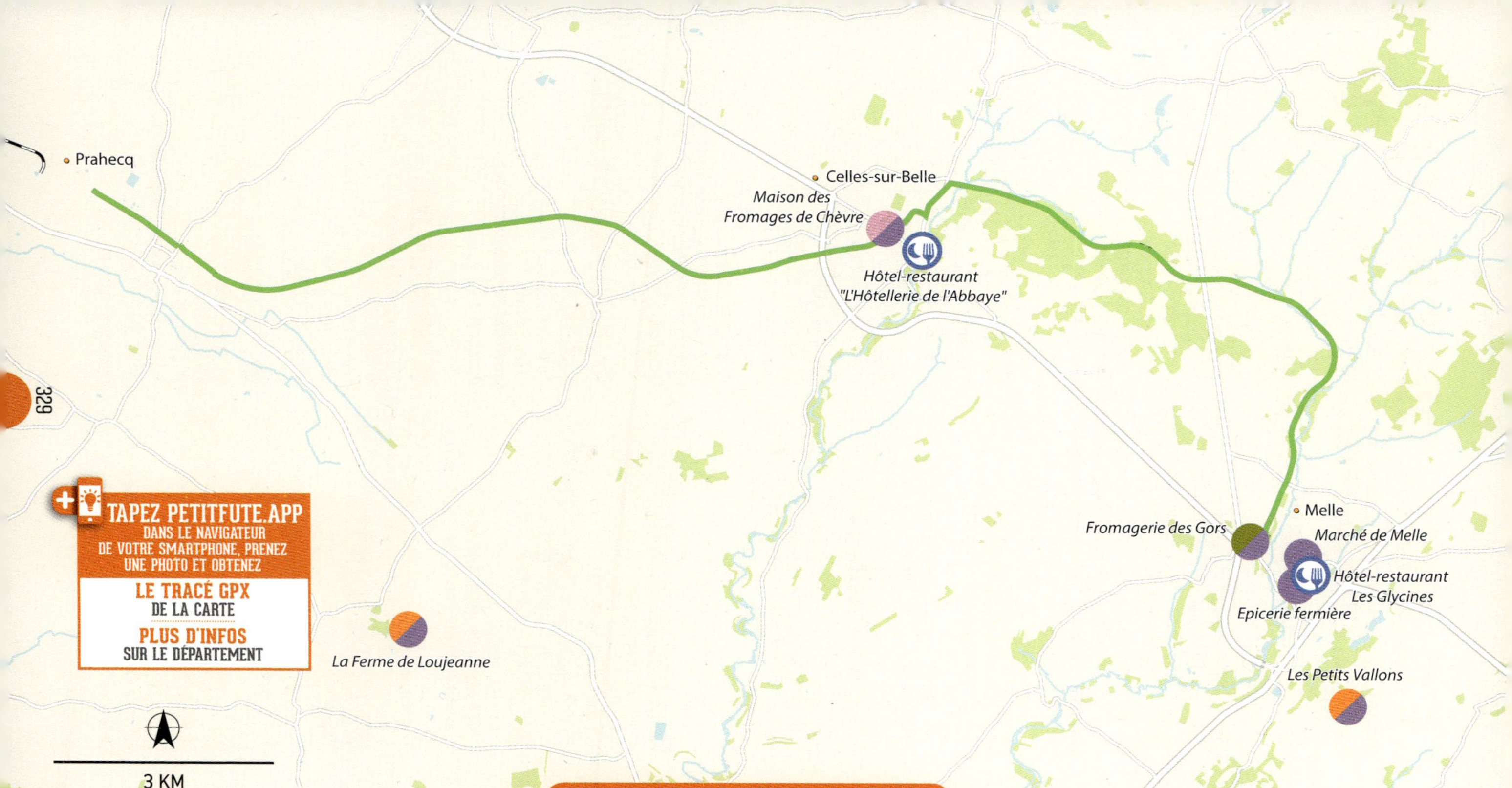

TAPEZ PETITFUTE.APP
DANS LE NAVIGATEUR
DE VOTRE SMARTPHONE, PRENEZ
UNE PHOTO ET OBTENEZ

LE TRACÉ GPX
DE LA CARTE

PLUS D'INFOS
SUR LE DÉPARTEMENT

LE CHEMIN DES DROITS DE L'HOMME

Un itinéraire affiné dans le Tarn

Anciennement utilisé en tant que voie ferrée reliant Rodez à Castelnaudary, cet aménagement cyclable désormais Voie Verte s'apparente à un long ruban de sable bordé d'herbes folles : une « traverse paysagère » qui formalise un lien ville-campagne et permet à la fois la découverte des trésors de l'Albigeois et du patrimoine local, ainsi que celle des paysages ruraux des « Collines agro-sylvestres » du pays de Cocagne. Une promenade gourmande et champêtre !

DISTANCE *44 km*
DÉNIVELÉ POSITIF *334 m*
NIVEAU ▲△△△△

MARCHÉ COUVERT ALBI
Place du Marché Couvert
81000 ALBI
Ouvert tous les jours de 7h-14h (fermé lundi)
Distance : 4,6 km

FROMAGERIE CATHARE
7, rue des Foissants
81000 ALBI
✆ 05 63 76 46 93
Horaires d'ouverture : mer. jeu. ven. sam. : 9h30 - 13 h / 16h - 19h30. dim. : 10h - 13h (fermé lundi et mardi)
Distance : 4,7 km

LE BOUSCAL
Place Fernand Pelloutier
81000 ALBI
Ouvert le samedi de 8h - 13h
Distance : 4,2 km

EARL LE BOUSCAL
Le Bouscal - 81120 DÉNAT
✆ 05 63 56 64 48 / 06 32 26 33 78
Horaires d'ouverture : mercredi et samedi après-midi
Distance : 2,9 km

MARCHÉ DE RÉALMONT
Place de la République
81120 RÉALMONT
Horaires d'ouverture : le mrecredi de 8h-13h.
Distance : 5 km

LE PALAIS DES FROMAGES
19, place de la République
81120 RÉALMONT
✆ 05 63 60 48 23
Ouvert de 8h-12h30 / 14h30-19h (fermé lundi)
Distance : 5 km

LA FERME DE BELLEGARDE
Bellegarde
81120 RÉALMONT
✆ 05 63 45 50 83 / 06 83 15 48 69
Horaires d'ouverture : Samedi de 9h à 12h30
Distance : 2,3 km

LA FERME DE ROBERT PIERRE
La Rigaudié
81120 RONEL
✆ 05 63 55 54 26
Ouvert à partir de 18h tous les jours (contacter l'éleveur au préalable)
Distance : 5,3 km

MARCHÉ PLACE JEAN JAURÈS À CASTRES
Place Jean Jaurès
81100 CASTRES
Ouvert tous les jours de 9h-17h.
Distance : 1,2 km

FROMAGER FRANCIS
173, avenue du Sidobre
81100 CASTRES
Horaires d'ouverture : 9h-12h15 / 15h30-19h (fermé dimanche et lundi)
Distance : 3,8 km

CŒUR DE BIQUETTE
46, rue Molière
81100 CASTRES
✆ 06 29 06 46 48
Ouvert tous les vendredis de 9h-12h.
Distance : 2,6 km
Fromages : Yaourts

Fromagerie Cathare
Le Bouscal
Marché couvert Albi
EARL Le Bouscal
Ferme de Robert Pierre
La ferme de Bellegarde
Le Palais des Fromages
Marché de Réalmont
Fromager Francis
P.N.R. du Haut-Languedoc
Marché place Jean Jaurès à Castres
Cœur de Biquette
Réserve Naturelle de Cambounet-sur-le-Sor
5 KM

AU CŒUR DE LA VALLÉE DU CLAIN

Un itinéraire affiné dans la Vienne

Cette boucle de 37 km vous propose une balade au cœur des Vallées du Clain à partir d'une exploitation arboricole. Dotée d'un magasin à la ferme, vous y trouverez toute une gamme de produits locaux, dont des produits laitiers et fromages typiques de la région. La boucle intercepte la Véloroute n°94 sur sa partie ouest sur 3,5 km. L'ensemble de l'itinéraire repose sur des boucles locales cyclables numérotées, balisées et sécurisées.

DISTANCE *37 km*
DURÉE ESTIMÉE *2h30*
NIVEAU ▲▲△△△

VIENNE

LES VERGERS DE CHÉZEAU
Lieu-dit Chézeau
86340 LES ROCHES-PRÉMARIE-ANDILLÉ
✆ 05 49 88 33 14
Horaires d'ouverture : Du lundi au vendredi de 9h30 à 12h30 et de 15h à 19h, le samedi de 9h à 13h et de 15h à 18h
Distance : 0,1 km

EARL DES PERVENCHES
Le Champs l'Abbé - 86340 ASLONNES
✆ 06 12 77 22 57
Horaires d'ouverture : Le vendredi de 16h à 19h
Distance : Sur l'itinéraire
Fromages : Mothais, bûche, Chabi, fromage à tartiner aromatiser

LE GARDON FRAIS
57 route de l'Ancienne Gare
86240 ITEUIL
✆ 05 49 55 00 04

FERME DU CHANT DU BOIS
7, route de Marigny-Chemereau
86370 MARÇAY ✆ 06 17 09 40 92
Horaires d'ouverture : Le mardi de 17h à 19h
Distance : Sur l'itinéraire
Fromages : Mothais sur feuille, Chabichou du Poitou AOP, Ailloux

GÎTE LA CHÈVRERIE
La Cadoue - 86370 MARCAY
✆ 05 49 60 96 46

GÎTES DE LA PRAIRIE DE LA BOURGEOISIE
Prairie de la Bourgeoisie
86240 ITEUIL
✆ 05 49 89 02 89

CAMPING MUNICIPAL DES TROIS RIVIÈRES***
Chemin des Praires
86370 VIVONNE
✆ 05 49 43 25 95

RESTAURANT AU FOUR À BOIS
35, Grand Rue
86370 VIVONNE
✆ 05 49 43 76 78

LE SAINT GEORGES
19, Grand Rue
86370 VIVONNE
✆ 05 49 89 89 01

LA PAILLOTE
53, Grand Rue
86370 VIVONNE
✆ 05 49 44 04 76

TAPEZ PETITFUTE.APP
DANS LE NAVIGATEUR
DE VOTRE SMARTPHONE, PRENEZ
UNE PHOTO ET OBTENEZ

LE TRACÉ GPX
DE LA CARTE

PLUS D'INFOS
SUR LE DÉPARTEMENT

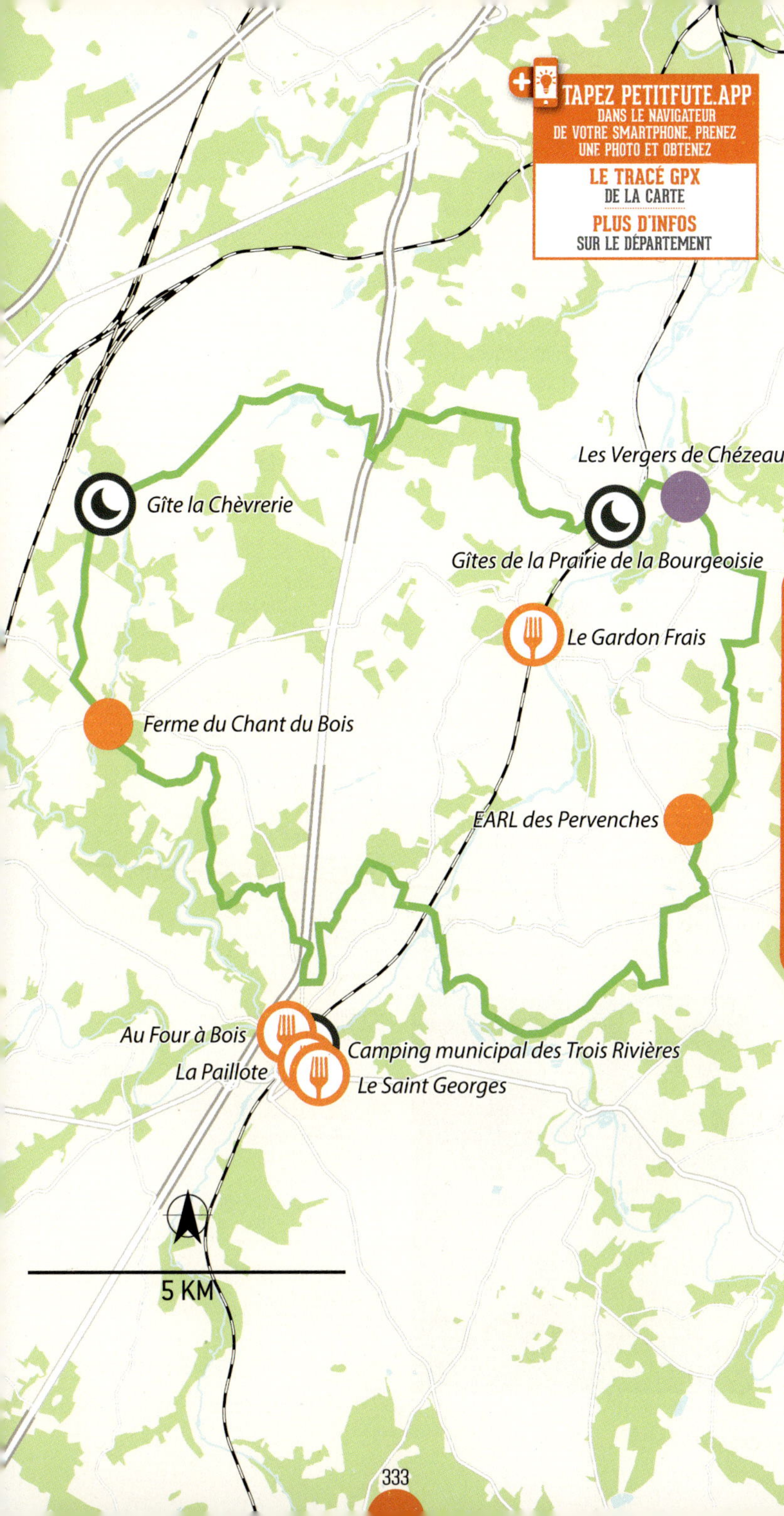

BALADE AU CŒUR DU CIVRAISIEN EN POITOU

Un itinéraire affiné dans la Vienne

Haut lieu carolingien, Charroux a été une étape incontournable du Chemin de Saint-Jacques-de-Compostelle. La prospérité de Charroux est due à son abbaye du XIe siècle. La boucle repose en partie sur le futur itinéraire jacquaire cyclable, de Charroux à Poitiers. Elle emprunte également, l'ancienne voie ferrée de Saint-Martin-l'Ars à Civray, vestige du XIXe siècle. Cette petite boucle fera la joie des promenades familiales.

DISTANCE *18 km*
DURÉE ESTIMÉE *1h30*
NIVEAU ▲▲▲▲△

VIENNE

LE MAGASIN GARGOUIL

Lieu-dit Chantegrolle
86250 CHARROUX
✆ 05 49 87 50 23
Horaires d'ouverture : Du mardi au samedi de 9h30 à 12h30 et de 14h30 à 18h30, fermé le dimanche et lundi
Distance : Sur l'itinéraire

LA C'LAIT DES CHAMPS

1, Chez Chauveau
86400 SAVIGNÉ
✆ 05 49 87 70 51
Horaires d'ouverture : Le vendredi de 16h30 à 18h30 et le samedi de 10h à 12h. Visite de la ferme sur RDV
Distance : 1,4 km
Fromages : Mothais sur feuille, Chabichou du Poitou AOP, bûche, Chabi, pavé blanc ou cendré

© DSCF7548

Plateau de fromages de chèvre.

EARL DE LA GRANDE SAUNIÈRE

Lieu-dit La Grande Saunière
86250 LA CHAPELLE-BÂTON
✆ 05 49 87 09 59
Horaires d'ouverture : Sur RDV
Distance : Sur l'itinéraire
Fromages : Fromage de chèvre

CHEZ ANOUK

3, rue Capella
86250 LA CHAPELLE-BÂTON

GÎTE DE LA HAUTE ROCHE***

Lieu-dit La Haute Roche
86250 CHARROUX
✆ 06 85 24 03 36

CHEZ LUI

9, route de Niort
86400 SAVIGNÉ
✆ 05 49 87 45 72

LE CHARLEMAGNE

7, rue de Rochemeau
86250 CHARROUX
✆ 05 49 87 50 37
Horaires d'ouverture : Du mardi au dimanche de 12h à 14h et de 19h30 à 22h

RESTAURANT O'CHAT ROUX

1, route de Civray
86250 CHARROUX
✆ 05 49 87 55 47
Horaires d'ouverture : Du lundi au vendredi de 8h à 15h

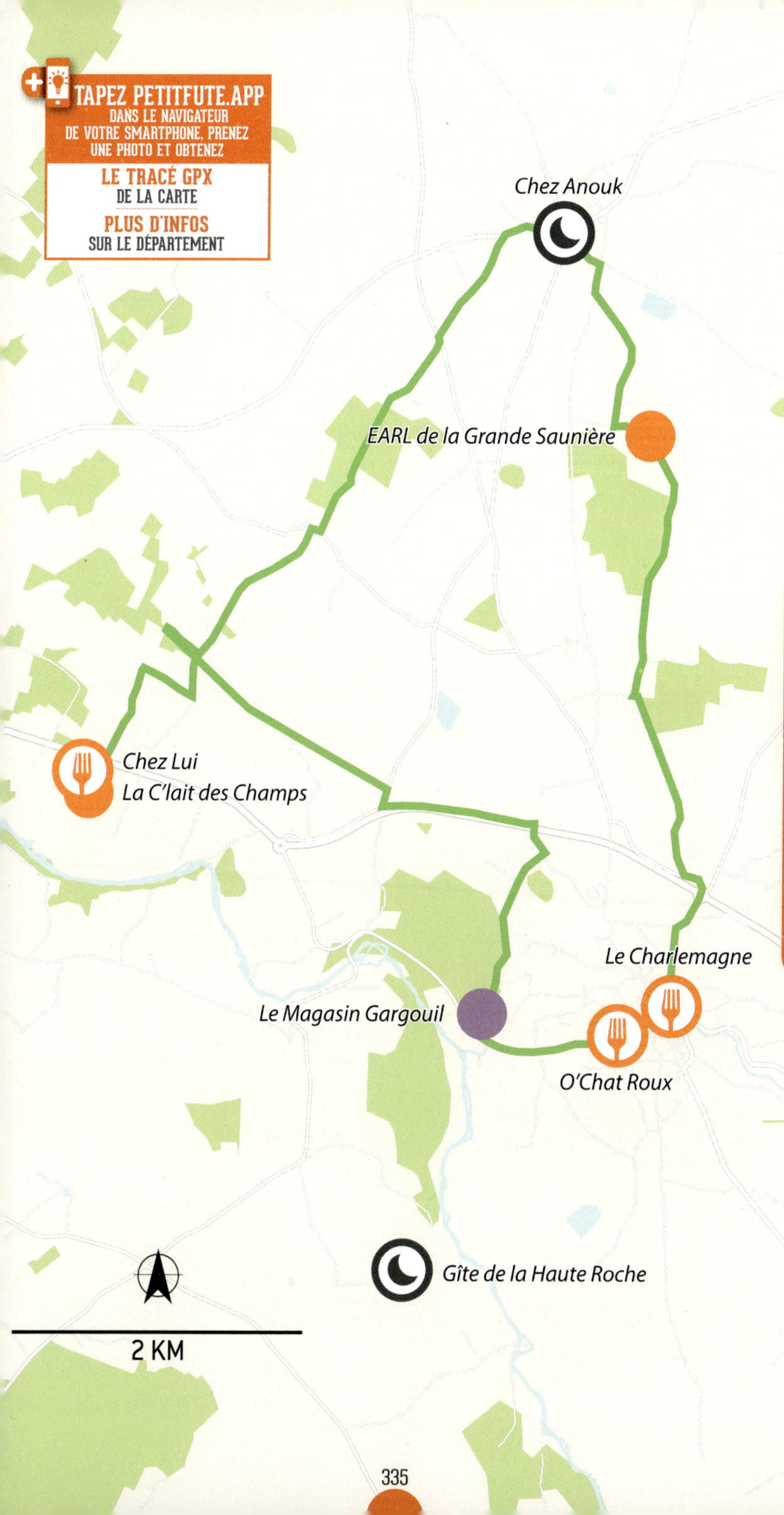
TAPEZ PETITFUTE.APP
DANS LE NAVIGATEUR DE VOTRE SMARTPHONE, PRENEZ UNE PHOTO ET OBTENEZ
LE TRACÉ GPX
DE LA CARTE
PLUS D'INFOS
SUR LE DÉPARTEMENT
Chez Anouk
EARL de la Grande Saunière
Chez Lui
La C'lait des Champs
Le Charlemagne
Le Magasin Gargouil
O'Chat Roux
Gîte de la Haute Roche
2 KM

DE LA VIENNE À LA GARTEMPE

Un itinéraire affiné dans la Vienne

Au départ de Chauvigny, ville fortifiée et joyau patrimonial en plein cœur de la vallée de la Vienne, cette boucle de 77 km vous propose une traversée depuis la vallée de la Vienne à celle de la Gartempe, jusqu'à Angles-sur-l'Anglin, village classé parmi les plus beaux villages de France. Vous profiterez de paysages tantôt bucoliques tantôt ouverts sur de vastes paysages agricoles typiques de la Vienne.

DISTANCE 61 km
DURÉE ESTIMÉE 4h30
NIVEAU ▲▲▲△△

FERME DU MARAS
Lieu-dit Le Maras - 86300 CHAUVIGNY
✆ 06 76 66 34 25
Horaires d'ouverture : Du lundi au samedi de 9h à 13h et de 17h à 18h30
Distance : 2,5 km
Fromages : Chabi, bûche, crottin

FERME DU RÂTEAU
1, Le Râteau - 86310 LA BUSSIÈRE ✆ 05 49 46 51 09
Horaires d'ouverture : Du lundi au vendredi
Distance : 2,5 km
Fromages : Chabi, bûche, Mothais

VVF CLUB ESSENTIEL LE DOMAINE DU POITOU
La Bertholière - 86310 LA BUSSIÈRE
✆ 05 49 84 58 03

LES PRAIRIES DE LA GARTEMPE
Lieu-dit Champ Fouché
86260 VICQ-SUR-GARTEMPE ✆ 06 20 09 01 28
Horaires d'ouverture : Sur RDV
Distance : 1,5 km

LE BON COIN PAYSAN
48, rue de Saint-Savin - 86300 CHAUVIGNY
✆ 05 49 52 81 69
Horaires d'ouverture : Le jeudi de 16h30 à 19h30 et le vendredi de 10h30 à 19h30 non-stop.
Distance : Sur l'itinéraire

CAMPING LA FONTAINE
42, rue de la Fontaine 86300 CHAUVIGNY

CAMPING LE GRAND PRÉ
16, route de Vicq - 86260 SAINT-PIERRE-DE-MAILLE
✆ 06 04 46 57 48
Horaires d'ouverture : Du 15 avril au 15 septembre

GÎTE ROULOTTE INSOLITE
Les Cagouillères - 86260 SAINT-PIERRE-DE-MAILLE
✆ 09 52 47 12 14 / 06 26 32 45 28

CAMPING MUNICIPAL
17, rue de la Varenne - 86300 BONNES
✆ 05 49 56 44 34
Horaires d'ouverture : du 27 juin au 12 septembre

CHAMBRES D'HÔTES ARTÉMISIA
6, rue Traversière - 86260 ANGLES-SUR-L'ANGLIN
✆ 05 49 84 01 83

CAMPING À LA FERME
M. Michel MERIGEAULT - Lieu-dit l'Étoile
86210 ARCHIGNY ✆ 05 49 46 96 01

SAINT PIERRE ET LE LOUP
15, rue Saint-Pierre - 86300 CHAUVIGNY
✆ 09 50 67 46 40

LES CHOUCAS
21, rue des Puys - 86300 CHAUVIGNY
✆ 05 49 46 36 42

L'AMARETTO
38, rue du Pont en Ville Basse
86260 ANGLES SUR L'ANGLIN
✆ 05 49 48 57 89 / 06 08 83 26 27

LE DONJON DE BACCHUS
Le Terrier du Château - Rue du Château
86260 ANGLES-SUR-L'ANGLIN
✆ 05 49 84 36 02

O'DOMEN
30, rue Roger Furgé - 86210 ARCHIGNY
✆ 05 49 02 00 93

Les Prairies de la Gartempe
Chambres d'hôtes Artémisia
Le Donjon de Bacchus
Camping le Grand Pré
L'Amaretto
O'DoMen
Gîte Roulotte insolite
Camping à la Ferme
Ferme du Rateau
VVF Club Essentiel
Le Domaine du Poitou
Camping Municipal
Les Choucas
Camping La Fontaine
Saint Pierre et le Loup
Ferme du Maras
Le Bon Coin Paysan
5 KM
TAPEZ PETITFUTE.APP
DANS LE NAVIGATEUR
DE VOTRE SMARTPHONE, PRENEZ
UNE PHOTO ET OBTENEZ
LE TRACÉ GPX
DE LA CARTE
PLUS D'INFOS
SUR LE DÉPARTEMENT

LA BOUCLE CHÂTELLERAUDAISE

Un itinéraire affiné dans la Vienne

Au départ de Châtellerault, cet itinéraire vous propose une boucle passant de la Vallée de la Vienne au plateau châtelleraudais en croisant la route d'exploitations agricoles emblématiques du territoire. Elle emprunte de Châtellerault à Scorbé-Clairvaux l'ancienne voie ferrée Châtellerault-Loudun sur 9 km.

DISTANCE 61 km
DURÉE ESTIMÉE 4h30
NIVEAU ▲▲▲△△

Ô PLAISIRS GOURMANDS

89, avenue Louis Ripault
86100 CHÂTELLERAULT
✆ 05 17 33 44 79
Horaires d'ouverture : Du mardi au samedi de 9h30 à 13h30 et 14h30 à 19h
Distance : Sur l'itinéraire

GAEC ROUX DE L'ÂNE VERT

Lieu-dit l>Âne Vert - 86230 SOSSAIS
✆ 06 37 41 28 22
Horaires d'ouverture : Du lundi au samedi de 8h à 12h, le vendredi de 8h à 12h et de 15h à 19h.
Distance : 1,1 km
Fromages : Tomme de chèvre, fromage frais, Chabichou du Poitou AOP

FERME DU PRÉ JOLY

La Robichonnière
86230 ST-GERVAIS-LES-TROIS-CLOCHERS
✆ 06 04 49 58 47
Horaires d'ouverture : Le mercredi et vendredi de 16h à 19h
Distance : 2,3 km
Fromages : Fromage de vache bio, yaourts, beurre, crème fraîche

GAEC PIED DE CHÈVRE

Lieu-dit Pied de Chèvre - 86230 VELLÈCHES
✆ 07 81 05 16 00
Horaires d'ouverture : Du mardi au vendredi de 10h30 à 12h et de 15h30 à 17h et le samedi de 14h à 17h
Distance : 0,3 km
Fromages : Fromage fermier de chèvre

FROMAGERIE EURIAL DE DANGÉ

12, rue Saint-Romain
86220 DANGE-SAINT-ROMAIN
✆ 06 82 82 93 69
Horaires d'ouverture : Le mardi de 9h à 12h, le mercredi et le jeudi de 9h à 12h et de 14h à 16h, le vendredi de 8h30 à 12h30 et de 14h à 16h et le samedi de 8h à 12h
Distance : 0,3 km
Fromages : Fromage au lait de vache et au lait de chèvre

O'PETIT MARCHÉ DE STEPH

9, route Nationale 10
86220 INGRANDES-SUR-VIENNE
✆ 05 49 15 12 84
Horaires d'ouverture : Le lundi de 15h à 19h, le mercredi de 9h à 12h et de 15h à 19h, le jeudi de 15h à 19h, le vendredi et samedi de 9h30 à 12h et de 15h à 19h et le dimanche de 9h30 à 12h
Distance : 0,1 km

GÎTE LA CLÉ DES CHAMPS

Les Caultières
86100 ANTRAN
✆ 05 49 37 19 77

GÎTE DU MANOIR DE LA BLONNERIE

Lieu-dit Blonnerie
86230 VELLÈCHES
✆ 06 80 47 03 32

GÎTES ET CAMPING LE PETIT TRIANON

1, rue Moulin de Saint Ustre
86220 INGRANDES-SUR-VIENNE
✆ 05 49 02 61 47

GÎTES DE LA PLANCHETTE

5, lieu-dit la Planchette
86230 ST-GERVAIS-LES-TROIS-CLOCHERS
✆ 05 49 37 19 77 / 05 49 90 11 74

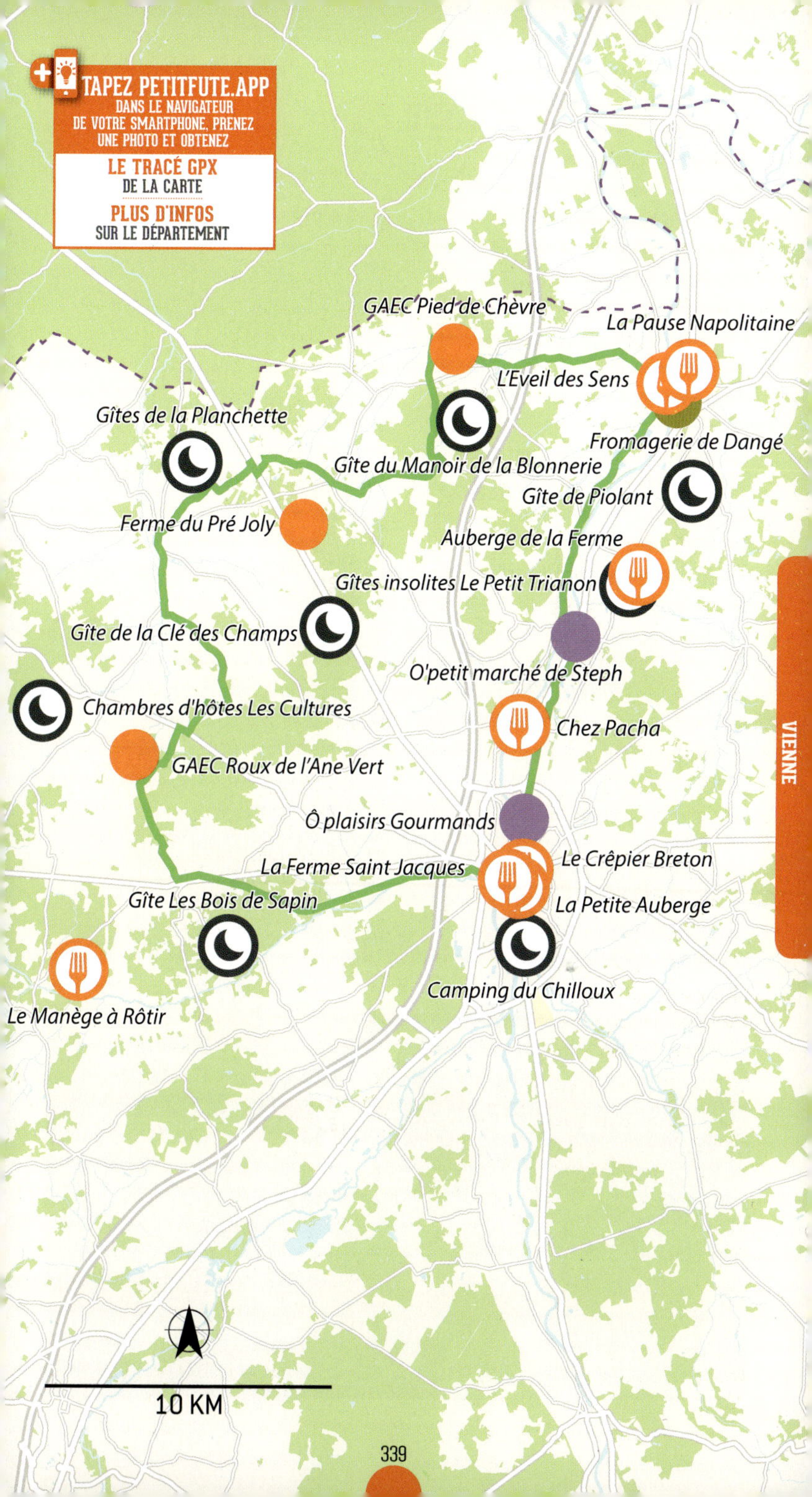
GAEC Pied de Chèvre
La Pause Napolitaine
L'Eveil des Sens
Gîtes de la Planchette
Fromagerie de Dangé
Gîte du Manoir de la Blonnerie
Gîte de Piolant
Ferme du Pré Joly
Auberge de la Ferme
Gîtes insolites Le Petit Trianon
Gîte de la Clé des Champs
O'petit marché de Steph
Chambres d'hôtes Les Cultures
Chez Pacha
GAEC Roux de l'Ane Vert
Ô plaisirs Gourmands
Le Crêpier Breton
La Ferme Saint Jacques
La Petite Auberge
Gîte Les Bois de Sapin
Camping du Chilloux
Le Manège à Rôtir
10 KM

LA BOUCLE CHÂTELLERAUDAISE

Un itinéraire affiné dans la Vienne

CHAMBRES D'HÔTES LES CULTURES
Le Château de Puygarreau
86230 SOSSAIS

GÎTE LES BOIS DE SAPIN
La Boutinerie - 86140 SCORBE-CLAIRVAUX
✆ 05 49 86 57 85

CAMPING DU CHILLOU
17 bis, chemin du Chillou
86100 CHÂTELLERAULT

GÎTE DE PIOLANT
Château de Piolant - 86220 DANGE-SAINT-ROMAIN
✆ 06 81 05 07 24

CHEZ PACHA
7, rue de la Place de l'Église - 86100 ANTRAN
✆ 06 59 85 27 70

AUBERGE DE LA FERME
1, rue du Parc de Saint Ustre
86220 INGRANDES-SUR-VIENNE ✆ 05 49 85 04 13
Horaires d'ouverture : Du lundi au dimanche de 12h à 13h30

LE MANÈGE À RÔTIR
L'Envigne - 86140 SCORBE-CLAIRVAUX
✆ 05 49 20 14 50
Horaires d'ouverture : Tous les jours

LE CRÊPIER BRETON
17, rue des Mignons
86100 CHÂTELLERAULT
✆ 05 49 21 35 69
Horaires d'ouverture : Tous les jours de 12h à 13h30 et de 19h à 21h30

LA PETITE AUBERGE
14, rue du Cognet
86100 CHÂTELLERAULT
✆ 05 49 21 72 85
Horaires d'ouverture : Du mardi au samedi de 12h à 14h et de 19h30 à 22h

LA FERME SAINT JACQUES
15, avenue John Kennedy
86100 CHÂTELLERAULT
✆ 05 49 21 01 77

L'ÉVEIL DES SENS
25, place Saint-Romain
86220 DANGE-SAINT-ROMAIN
✆ 05 49 86 40 08 / 06 32 71 25 33
Horaires d'ouverture : Le lundi et le mardi de 9h30 à 15h, le jeudi et le vendredi de 9h30 à 15h et de 18h à 22h, le samedi et le dimanche de 10h à 15h et de 18h à 22h

LA PAUSE NAPOLITAINE
56, avenue de l'Europe
86220 DANGE-SAINT-ROMAIN
✆ 05 49 86 27 75
Horaires d'ouverture : Du mardi au dimanche de 11h à 14h et de 18h à 22h

Ingrandes.

Fromages de chèvre.
© CD86

PROMENADE EN HAUT-POITOU

Un itinéraire élaboré dans la Vienne

Cette boucle propose une promenade dans la plaine du Haut-Poitou, site classé NATURA 2000 pour la préservation d'une avifaune de plaine importante. Vous scruterez l'horizon pour y apercevoir des outardes canepetières entre deux étapes gourmandes et des élevages caprins qui vous proposeront de délicieux fromages de chèvre poitevins.

DISTANCE *48 km*
DURÉE ESTIMÉE *3h*
NIVEAU ▲▲△△△

VIENNE

LES FROMAGES DE CHÈVRE COUDRET

11, Petit Couture
86380 VENDEUVRE-DU-POITOU
✆ 05 49 51 31 26
Horaires d'ouverture : Les jeudis, vendredis et samedis de 10h à 13h et de 16h à 20h
Distance : 0,2 km
Fromages : Fromage de chèvre

EARL TURPEAU

Lieu-dit Agressais - 86110 THURAGEAU
✆ 06 74 81 33 94
Horaires d'ouverture : Sur RDV
Distance : 0,3 km
Fromages : Fromage de chèvre

LES FROMAGES TAILLEFER

2, rue Garenne – Bretigny
86490 BEAUMONT-SAINT-CYR
✆ 06 60 47 43 08
Horaires d'ouverture : Tous les jours de 8h à 12h et de 16h à 19h
Distance : 0,1 km
Fromages : Fromage de chèvre au lait cru

GÎTE LA ROSERAIE

78, rue Armand Caillard
86170 NEUVILLE-DE-POITOU
✆ 06 86 56 54 63

ÉCOLE DE ROSE

7, rue Auguste Poulin
86380 JAUNAY-MARIGNY
✆ 06 47 86 71 83

À LA GLORIETTE

96, rue de Vendeuvre
86170 NEUVILLE-DE-POITOU
✆ 06 08 99 76 69

LE LOGIS DES DEUX TOURS

17, Cloître
86380 SAINT-MARTIN-LA-PALLU
✆ 06 11 76 03 95

GÎTE LA BRISSONNIÈRE

6, route du quai à vendanges
86110 THURAGEAU
✆ 05 49 50 43 08 / 06 70 99 81 96

LA PATATE ET LE SARAZIN

72, avenue de Bordeaux
86130 JAUNAY-MARIGNY
✆ 05 49 30 12 96

L'AUBERGE DE VINDOBRIGA

20, place Raoul Péret – Vendeuvre-du-Poitou
86380 SAINT-MARTIN-LA-PALLU
✆ 05 49 42 89 98

LE POURQUOI PAS

7, avenue de Saumur
86170 NEUVILLE-DE-POITOU
✆ 05 49 54 17 14

LA TABLE DE BELLEFOIS

51, route de Clan
86170 NEUVILLE-DE-POITOU
✆ 05 49 59 40 32

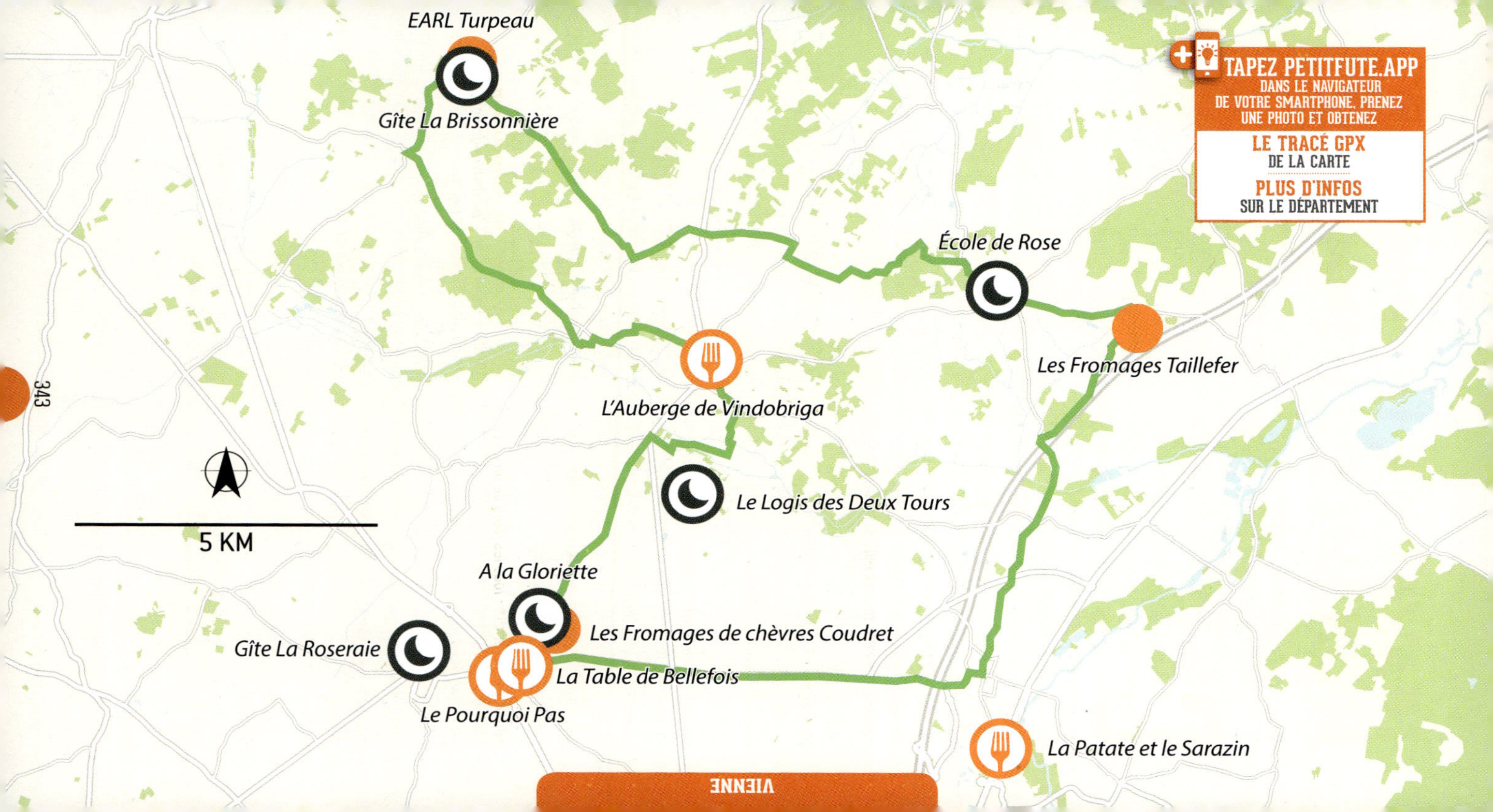

TAPEZ PETITFUTE.APP
DANS LE NAVIGATEUR
DE VOTRE SMARTPHONE, PRENEZ
UNE PHOTO ET OBTENEZ

LE TRACÉ GPX
DE LA CARTE

PLUS D'INFOS
SUR LE DÉPARTEMENT

TRAVERSÉE DU PAYS MONTMORILLONNAIS

Un itinéraire affiné dans la Vienne

Cet itinéraire reflète très bien la diversité des productions fromagères présentes dans la Vienne, en traversant une zone d'élevage et bocagère la plus marquée du territoire. C'est aussi et surtout un itinéraire sportif destiné à la pratique du VTT sur un parcours de 60 km de sentiers balisés.

DISTANCE *60 km*
DURÉE ESTIMÉE *4h30*
NIVEAU ▲▲▲△△

LA BOUTIQUE D'À CÔTÉ

4, avenue Marcel Giraud - 86150 L'ISLE-JOURDAIN
✆ 06 63 55 19 67
Horaires d'ouverture : Le samedi matin de 8h30 à 13h
Distance : Sur l'itinéraire

LES ÉCURIES DE CHADELAS

Lieu-dit Chadelas - 86430 ADRIERS ✆ 06 30 18 72 36
Horaires d'ouverture : Vente à la ferme sur RDV ou le mardi et samedi de 15h30 à 18h
Distance : 1,2 km

EN PLEIN VIRAGE

3 ter, route du Stade - 86150 QUEAUX ✆ 05 49 91 15 18
Horaires d'ouverture : Le lundi et vendredi de 10h à 13h et de 15h30 à 17h30, le jeudi de 10h à 13h et de 14h à 16h, le samedi de 10h à 13h et de 15h30 à 17h45
Distance : Sur l'itinéraire

FERME DE LA FAYAUDERIE

Lieu-dit La Fayaudrie
86320 LUSSAC-LES-CHÂTEAUX ✆ 05 49 48 43 56
Horaires d'ouverture : Le mardi de 18h à 19h, le vendredi de 9h à 12h et de 16h à 19h et le samedi de 9h à 12h
Distance : 0,3 km
Fromages : Tomme, fromage de vache, yaourts, faisselle

MAGASIN MARCH'ÉQUITABLE

2, boulevard Gambetta - 86500 MONTMORILLON
✆ 05 49 48 53 08
Horaires d'ouverture : Le mercredi et le samedi de 9h à 13h, le jeudi et le vendredi de 15h30 à 19h
Distance : 0,2 km

CAMPING MUNICIPAL DE MONTMORILLON

31, avenue Fernand Tribot
86500 MONTMORILLON ✆ 05 49 91 02 33
Horaires d'ouverture : Du 1er mars au 31 octobre

GÎTE DES GRANDS MOULINS 3 ÉPIS

Les Grands Moulins - 86150 QUEAUX
✆ 05 49 48 21 19 / 06 28 35 81 19

CAMPING DU MOULIN BEAU

La Varenne - 86320 GOUEX
✆ 05 49 48 46 14

LES VIGNES, GÎTES À LUSSAC GDF

Mme Martine COIFFARD - 8, rue Pierre et Marie Curie 86320 LUSSAC-LES-CHÂTEAUX
✆ 05 49 48 22 03/ 06 79 73 10 23

CAMPING DU RENARD

Route de Moussac - 86150 QUEAUX
✆ 06 43 90 72 57

LE LUCULLUS

4, boulevard de Strasbourg
86500 MONTMORILLON
✆ 05 49 84 09 09

CRÊPERIE LE BROUARD

1, rue Montebello - 86500 MONTMORILLON
✆ 05 49 91 18 61

LES ORANGERIES

12, avenue du Docteur Dupont
86320 LUSSAC-LES-CHÂTEAUX ✆ 05 49 84 07 07

LE TRÈFLE

1, place de la Mairie - 86320 PERSAC
✆ 05 49 83 31 68 / 05 49 48 59 18

CHEZ LESLEY

9, rue de la Cure - 86150 QUEAUX
✆ 06 33 05 90 88

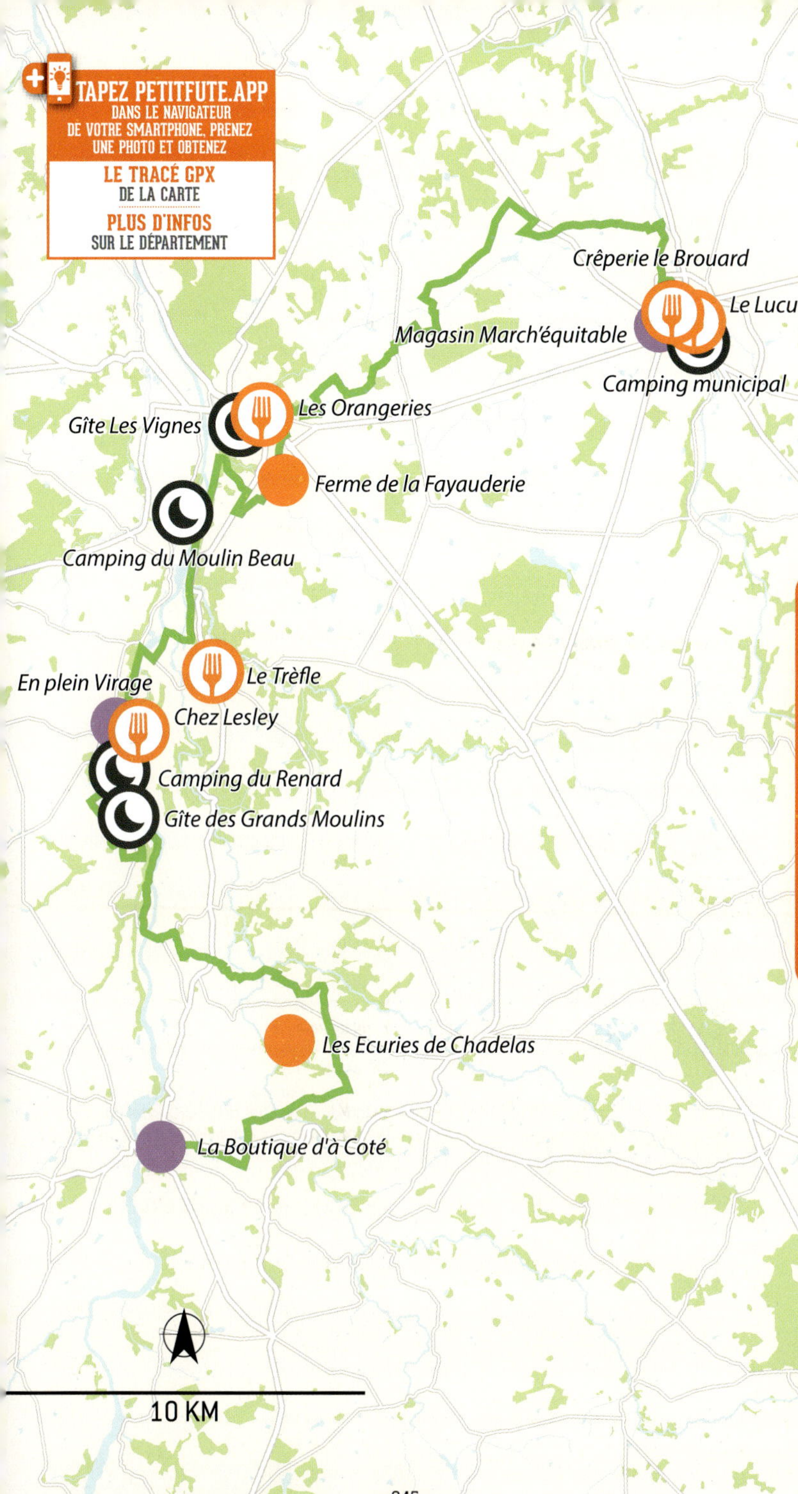
TAPEZ PETITFUTE.APP
DANS LE NAVIGATEUR DE VOTRE SMARTPHONE, PRENEZ UNE PHOTO ET OBTENEZ
LE TRACÉ GPX
DE LA CARTE
PLUS D'INFOS
SUR LE DÉPARTEMENT
Crêperie le Brouard
Le Lucullus
Magasin March'équitable
Camping municipal
Les Orangeries
Gîte Les Vignes
Ferme de la Fayauderie
Camping du Moulin Beau
Le Trèfle
En plein Virage
Chez Lesley
Camping du Renard
Gîte des Grands Moulins
Les Ecuries de Chadelas
La Boutique d'à Coté
10 KM

LA VOIE VERTE DES HAUTES VOSGES

Un itinéraire affiné dans les Vosges

Pédaler en toute sécurité, sur du plat, dans un endroit préservé au cœur des montagnes vosgiennes ? C'est possible sur la Voie verte des Hautes Vosges ! 60 km de tranquillité et de paysages verdoyants vous attendent, avec de nombreuses haltes gourmandes, activités sportives ou découvertes « nature ».

DISTANCE *60 km*
DURÉE ESTIMÉE *4h*
DÉNIVELÉ POSITIF *167 m*
NIVEAU ▲▲▲△△

FERME DE CRÉMANVILLERS

20, route de Remiremont - 88120 VAGNEY
✆ 06 22 41 17 47
Horaires d'ouverture : Les lundis, mardis, jeudis, vendredis de 15h à 17h. Le samedi matin de 10h à 12h
Distance : 2,3 km
Fromages : Yaourts, fromage blanc battu, crème dessert

FERME DU HOUTROU

3, chemin du Houtrou Maxonchamp
88360 RUPT-SUR-MOSELLE ✆ 03 29 24 32 90
Horaires d'ouverture : Tous les jours
Distance : 0,3 km
Fromages : Munster, yaourts nature et aux fruits, crème

GAEC DU VACCEUX

15, chemin de la Pécherotte - 88160 LE THILLOT
✆ 03 29 25 01 33
Horaires d'ouverture : Les matins et après 17h
Distance : 1,5 km
Fromages : Munster Géromé, Munster au cumin, Tomme des Vosges au serpolet, Tomme des Vosges au cumin, Tomme des Vosges à l'ail des ours

FERME AUBERGE LES PRENZIÈRES

2470, route de l>Envers des Graviers
88290 SAULXURES-SUR-MOSELOTTE
✆ 06 09 74 55 89
Horaires d'ouverture : Le samedi matin ou selon disponibilité
Distance : 2,5 km
Fromages : Faisselle, fromage blanc, fromage fermier, bargkass, bûchette de fromage frais

MARCHÉ HEBDOMADAIRE DE SAULXURES-SUR-MOSELOTTE

École Jules Ferry
88290 SAULXURES-SUR-MOSELOTTE
Horaires d'ouverture : Tous les mercredis matin
Distance : Sur l'itinéraire

FERME DU PERHY

62, route de Planois
88250 LA BRESSE
✆ 06 73 78 06 96
Horaires d'ouverture : Les lundis, jeudis et samedis de 10h30 à 17 h ou sur RDV
Distance : 1,5 km
Fromages : Lait transformé en yaourt, flan, fromage frais

GAEC DU XATIS AMET

28, route plaine
88120 LE SYNDICAT
✆ 06 74 05 08 72
Horaires d'ouverture : Du lundi au samedi de 10h à 12h et de 15h à 18h. Fermeture dimanche et jours fériés
Distance : 4 km
Fromages : Munster fermier, tomme au lait de vache, grayeur, chèvre frais, chèvre affiné, tomme de chèvre, faisselles et chic au lait de chèvre

MARCHÉ HEBDOMADAIRE DE LA BRESSE

Place du Champtel
88250 LA BRESSE
Horaires d'ouverture : Tous les dimanches matin
Distance : Sur l'itinéraire

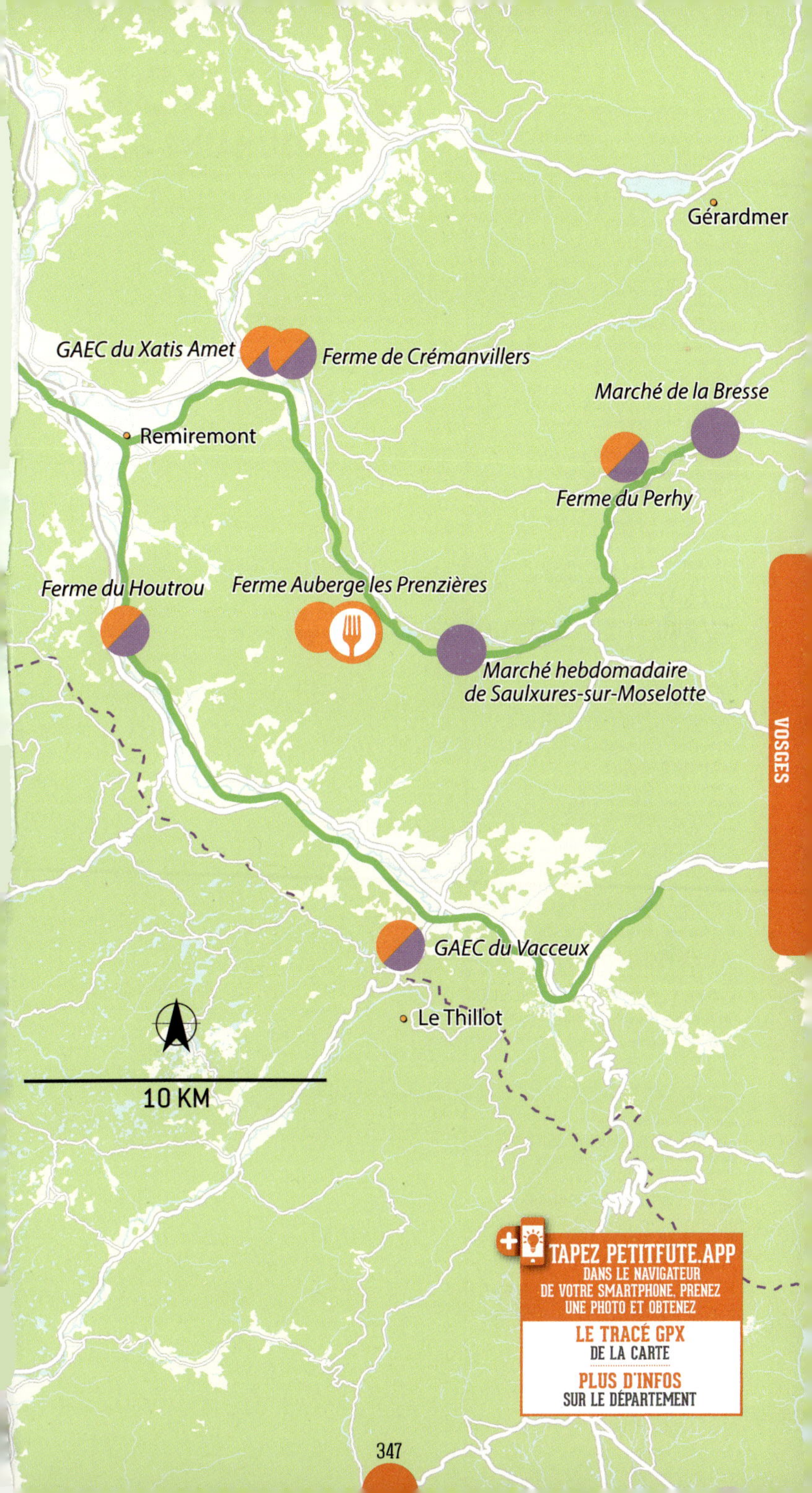
Gérardmer
GAEC du Xatis Amet
Ferme de Crémanvillers
Marché de la Bresse
Remiremont
Ferme du Perhy
Ferme du Houtrou
Ferme Auberge les Prenzières
Marché hebdomadaire
de Saulxures-sur-Moselotte
GAEC du Vacceux
Le Thillot
10 KM

ÉDITION

Directeurs de collection et auteurs : Dominique AUZIAS et Jean-Paul LABOURDETTE

Directeur Editorial : Stéphan SZEREMETA

Rédaction France : Briséis CREAC'H-MENUT, Mélanie COTTARD, Audrey VEDOVOTTO, Nicolas WODARCZAK

En collaboration avec : Karine LASSUS, Anne FAYARD, Dorine BALLUAIS, Laurent COSTEDOAT et les équipes des Départements labellisés.

FABRICATION

Maquette et Montage : Romain AUDREN, Julie BORDES, Delphine PAGANO

Iconographie et Cartographie : Anne DIOT, Julien DOUCET

WEB ET NUMÉRIQUE

Directeur Web : Louis GENEAU de LAMARLIERE

Développeurs : Guillaume BARBET, Adeline CAUX et Roland SPOUTIL

Intégrateur Web : Mickael LATTES, Antoine DION

Webdesigner : Caroline LAFFAITEUR

Community Traffic Manager : Alice BARBIER, Mariana BURLAMAQUI et Noémie LE SAUX

DIRECTION COMMERCIALE

Directeur commercial : Guillaume VORBURGER

Coordinatrice des Régies commerciales : Manon GUERIN assistée de Jonas HESOL

Account Manager Marketplace : Leila ROUGEOT assistée de Lola FAVRE-MOT

Responsable Régies locales : Michel GRANSEIGNE

Responsables Développement régie inter : Jean-Marc FARAGUET et Guillaume LABOUREUR assistés de Claire BEDON

Commercial : Yannick LEMARRE

Chefs de Publicité Régie nationale : Caroline AUBRY, François BRIANCON-MARJOLLET, Perrine DE CARNE MARCEIN, Jonathan TOUTOUX, Amélie NOEL

DIFFUSION ET PROMOTION

Directrice des Ventes : Bénédicte MOULET assistée d'Aissatou DIOP

Responsable des ventes : Jean-Pierre GHEZ assisté de Nelly BRION

Relations Presse-Partenariats : Jean-Mary MARCHAL

ADMINISTRATION

Président : Jean-Paul LABOURDETTE

Directrice des Ressources Humaines : Dina BOURDEAU assistée de Sandra DOS REIS et Eva BAELEN

Directrice Administrative et Financière : Valérie DECOTTIGNIES

Comptabilité : Guillaume PETIT, Aminata BAGAYOKO, Jeannine DEMIRDJIAN

Recouvrement : Fabien BONNAN assisté de Sandra BRIJLALL

Responsable informatique : Elie NZUZI-LEBA

VÉLO & FROMAGES 2022

LES NOUVELLES ÉDITIONS DE L'UNIVERSITE
18, rue des Volontaires - 75015 Paris.
✆ 01 53 69 70 00 - Fax 01 42 73 15 24
Internet : www.petitfute.com
SAS au capital de 1 000 000 €
RC PARIS B 309 769 966
Couverture : ©ADF/MarieAssénat
Impression : CORLET IMPRIMEUR - 14110 Condé-en-Normandie
Achevé d'imprimer : juin 2022
Dépôt légal : juin 2022
ISBN : 9782305082677

Pour nous contacter par email, indiquez le nom de famille en minuscule suivi de @petitfute.com
Pour le courrier des lecteurs : info@petitfute.com

IMPRIMÉ EN FRANCE

PEFC 10-31-1510
Certifié PEFC
Ce produit est issu de forêts gérées durablement et de sources contrôlées.
pefc-france.org

COLLABOREZ
À LA PROCHAINE ÉDITION

. . . .